创新思维法学教材
Legal Textbooks of Creative Thinking

法律文书学

Legal Writing

主编 ▶ 邓晓静

副主编 ▶ 田志娟　侯兴宇

WUHAN UNIVERSITY PRESS
武汉大学出版社

图书在版编目（CIP）数据

法律文书学/邓晓静主编.—武汉：武汉大学出版社,2014.8(2021.7 重印)
创新思维法学教材
ISBN 978-7-307-13969-5

Ⅰ.法… Ⅱ.邓… Ⅲ.法律文书—写作—中国—高等学校—教材 Ⅳ.D926.13

中国版本图书馆 CIP 数据核字（2014）第 172820 号

责任编辑:钱　静　　责任校对:汪欣怡　　版式设计:马　佳

出版发行：**武汉大学出版社**　　（430072　武昌　珞珈山）
（电子邮箱：cbs22@ whu.edu.cn　网址：www.wdp.com.cn）
印刷：武汉图物印刷有限公司
开本:720×1000　1/16　印张:23　字数:413 千字　插页:1
版次:2014 年 8 月第 1 版　　2021 年 7 月第 4 次印刷
ISBN 978-7-307-13969-5　　定价:35.00 元

编 写 说 明

本教材原版自 2009 年出版以来，得到了广大读者的认可和肯定。然而，在刚刚过去的五年时间里，法律文书及法律文书学均面临着巨大的变局：一方面，《中华人民共和国刑事诉讼法》和《中华人民共和国民事诉讼法》先后修订，公安机关、人民检察院均适时地对原有的文书样式作出了必要的修改，相应法律文书的结构模式应声而变。最高人民法院正积极酝酿着新的诉讼文书样式。公证文书、仲裁文书以及律师制作的文书也发生了一定的变化。另一方面，作为高等院校法学专业的专业基础课之一，法律文书学的研究者们愈加深刻地认识到该课程不能仅仅停留在单纯讲解各种文书应如何制作的层面，必须探究其基本理论的构建，使之真正成为一门独立的法学学科。为此，我们根据学科发展和实践的变化对原版教材全面予以修订，以求反映法律文书制作的最新动态和要求；不但如此，撰写者还竭尽所能，继续参考与借鉴国内外法律文书学的最新理论成果，力图彰显其学理性，使其更为接近法学专业学科教材的撰写模式。为此，新版特将书名改为《法律文书学》。

此次新版，各章节的作者有所调整，更为广泛地吸收了熟悉公安、检察、法院及律师文书制作的实务工作者，同时仍然保留了长期坚持从事法律文书学研究与教学的高校法学专业专任教师。理论和实践双重的积累，为新版在内容上紧跟时代前行的步伐，实现本教材的科学性、系统性和实用性提供了必要的条件。

全书由主编邓晓静拟定修订提纲并审改定稿。各位作者的具体分工如下（以撰写章节先后为序）：

邓晓静(武汉大学法学院博士研究生　中南财经政法大学)：第一章、第三章、第四章、第八章第一至第二节、第十一章；

陈玉伟(法学学士　山东省郯城县人民检察院)：第二章；

刘玉林(复旦大学法学院博士研究生　上海市金山区人民检察院)：第五章、第六章、第七章；

覃　舸(法学硕士　柳州市柳北区人民法院)：第八章第三至六节；

田志娟(武汉大学法学院博士研究生　广东科学技术职业学院)：第九章、第十章、第十三章；

陈咏梅(法学博士　广东金融学院)：第十二章；

侯兴宇(法律硕士　贵州警官职业学院)：第十四章。

各位撰写人依照修订大纲和分工进行了认真的编撰。不过，尽管我们在修订中尽了自己最大的努力，但因水平所限和时间的原因，书中的疏漏乃至错误之处或恐难免，恳请学界专家和广大读者批评指正。

目　录

上 编

总论——基础理论

第一章 绪 论

【内容提要】

法律文书是法律关系主体在参与各类诉讼案件或其他非诉法律事务的过程中，依法制作的具有法律效力或法律意义的各种文书的总称，其特点在于制作的合法性、形式的程式性、使用的实效性。

先秦时期，较成熟的判词既能说明裁判的法律依据，也能展现执法者执法时的推理过程。秦朝的《封诊式》可算得上是我国最早的法律文书样式的汇编。汉朝《春秋决狱》中所收判词大约是现存最早的拟判。判词在唐朝真正成为一种成熟完备的文体，保留下来的大部分为拟判且多为骈判。宋朝的判词则以散体的实判为主。宋朝还对诉状的格式和内容给予了严格的限定。明朝时，判词已确立了独特的风格和地位。明朝诉状制作的要求也更为明确。清朝的判词卷帙浩繁，显示了极高的水平，成为我国古代判词的最高峰。

近代，以沈家本为代表的修律大臣编纂的《考试法官必要》中对刑、民判决书格式作了统一规定。《刑事诉讼律草案》和《民事诉讼律草案》中对书状及笔录文书的制作亦进行了规定。民国时期出版并保留下来了很多法律文书。抗日战争和解放战争时期，除边区和解放区革命政府使用自己的法律文书之外，其余皆遵循国民党的六法全书。中国当代法律文书的发展分为创建、重建、改革与完善三个时期。进入新的世纪，各种法律文书的制作模式和要求得到了重构。

【基本概念】

法律文书 制作主体 适用范围 判词 书状 封诊式 拟判 实判 骈判 散判 试判 自言 爱书 鞫系书 辞牒 讼师 审语 看语 火票

第一节 法律文书概述

一、法律文书的概念

法律文书，是法律关系主体在参与各类诉讼案件或其他非诉法律事务的过程中，依法制作的具有法律效力或法律意义的各种文书的总称。

对于法律文书的这一概念，我们可以从如下几个方面进行分析说明，以便加深理解和认识。

（一）法律文书的制作主体

在各种法律关系中享有权利和承担义务的主体即为法律关系主体。法律关系主体为形成或参与各种具体的法律关系必须实施相应的行为，这其中就包括依据规范性文件的要求制作各种各样能产生一定法律效果的文书。由于法律关系的类别多种多样，因而法律文书制作主体的范围也十分广泛。根据我国现行的法律规定，法律关系主体不仅包括参与各种法律关系的特定国家机关，还包括当事人及其代理人，以及其他参与诉讼或非诉法律事务的主体。

1. 国家司法、执法机关

作为法律文书制作主体的国家机关包括司法机关和执法机关。在我国，司法机关是指人民法院和人民检察院。除此之外，制作法律文书的国家执法机关主要有公安机关、国家安全机关、监狱和劳教机关，以及行使行政职权的各级行政机关。

2. 当事人及其代理人

参加到法律关系中来的当事人及其代理人是制作法律文书的重要主体。当事人及其代理人可分为诉讼案件的当事人及其诉讼代理人和非诉法律事务的当事人及其代理人。诉讼案件的当事人及其诉讼代理人具体包括：刑事诉讼中自诉案件的自诉人及其诉讼代理人、刑事公诉案件的被告人及其辩护人、刑事附带民事诉讼的当事人及其诉讼代理人、民事和行政诉讼中的当事人及其诉讼代理人。非诉法律事务的当事人及其代理人的范围更为广泛，如订立民事合同的当事人及其代理人等。

3. 其他法律关系主体

在法律关系主体中，除了国家机关、当事人及其代理人之外，还有其他主体存在。这些主体同样能够成为法律文书的制作者。比如，具有准司法机关性质的仲裁机构，以及公证机关等。诉讼案件、非诉法律事务中的其他参与者，比如证人、鉴定人、翻译人员、勘验人员等。

（二）法律文书的适用范围和法律效果

1. 法律文书的适用范围

法律文书的适用范围，是指法律文书适用于哪些法律活动中。实际上，只要是形成法律关系的活动，法律关系主体在其中制作的文书皆为法律文书。为处理和解决民事、刑事、行政争议而制作的各种诉讼文书属于法律文书；各级

4

各类行政机关依法行使职权实施具体行政行为而制作的行政执法文书属于法律文书；公民个人、法人、其他组织及其代理人在参与的法律关系中制作的文书亦属于法律文书；在处理其他法律事务时，有关机构以及当事人、代理人制作的文书也是法律文书。

2. 法律文书的法律效果

法律关系主体制作的无论是涉及何种法律关系的法律文书，其一经制作完成并生效，将产生法律上的效果，或具有法律效力，或具有法律意义。具有效力的法律文书对制作主体或所涉及的其他主体均具有约束力，不得随意加以改变或予以否定。以人民法院制作的裁判文书为例，一旦公之于众，不但当事人要受其内容的制约，人民法院也无权任意作出改动，社会公众也必须对之表示尊重；具有法律意义的法律文书体现了制作者的某种意图，往往具有宣示或证据的作用，亦能够引发相应的法律后果。

二、法律文书的特点

(一)制作的合法性

法律文书制作的合法性，是指法律文书从形式到内容及制作程序皆合乎法律规定而能够产生制作者预期的法律效果。这里所指的法律不仅包括各种实体法、程序法，还包括相关的司法解释和其他规范性法律文件。法律文书制作的合法性具体表现为：

1. 外在形式的合法性

法律文书外在形式的合法性是指法律文书必须符合法律规定的形式。我国立法对许多法律文书的形式作出了规定。以民事起诉状为例，《中华人民共和国民事诉讼法》(以下简称《民事诉讼法》)第 120 条明确指出："起诉应当向人民法院递交起诉状，并按照被告人数提出副本。书写起诉状确有困难的，可以口头起诉，由人民法院记入笔录，并告知对方当事人。"可见，民事起诉状必须采用书面的诉状形式或者人民法院制作的笔录形式，否则起诉将会由于不符合法定的形式要件而不被人民法院所接受。

2. 制作程序的合法性

法律文书制作程序的合法性是指法律文书的制作主体、制作过程、制作期限必须符合法律规定。比如，《中华人民共和国刑事诉讼法》(以下简称《刑事诉讼法》)第 116 条要求："讯问犯罪嫌疑人必须由人民检察院或者公安机关的侦查人员负责进行。讯问的时候，侦查人员不得少于二人。"第 120 条还规定："讯问笔录应当交犯罪嫌疑人核对，对于没有阅读能力的，应当向他宣读。如果记载有遗漏或者差错，犯罪嫌疑人可以提出补充或者改正。犯罪嫌疑人承认笔录没有错误后，应当签名或者盖章。侦查人员也应当在笔录上签名。犯罪嫌疑人请求自行书写供述的，应当准许。必要的时候，侦查人员也可以要犯罪嫌疑人亲笔书写供词。"因此，讯问笔录应由人民检察院或公安机关制作，并且讯问时应有两名以上的侦查人员在场。记录完毕之后应将笔录交犯罪嫌疑人当场核对。记载出现遗漏或者差错，应允许犯罪嫌疑人提出补充或者改正。犯罪嫌疑人在笔录上签名或盖章、侦查人员也签上自己的姓名之后，笔录才会产生相应的法律效果，如若不然，该份笔录便会因为程序违法而被否定。

3. 法律文书内容的合法性

法律文书内容的合法性是指法律文书必须包含法律规定的事项。《中华人民共和国仲裁法》(以下简称《仲裁法》)第54条规定："裁决书应当写明仲裁请求、争议事实、裁决理由、裁决结果、仲裁费用的负担和裁决日期。当事人协议不愿写明争议事实和裁决理由的，可以不写。裁决书由仲裁员签名，加盖仲裁委员会印章。对裁决持不同意见的仲裁员，可以签名，也可以不签名。"包含上述内容的仲裁裁决书才具备了成为生效法律文书的条件，从而产生法定的约束力。

(二)形式的程式性

法律文书形式的程式性主要体现于两个方面：一是法律文书结构的固定化；二是形式规格和技术规范的固定化。

为适应所处理和解决的法律事务的需要，经过长期的历史发展和经验总结，法律文书大多形成了非常固定的结构模式。在本书的第二章中我们将会具体论及法律文书的结构。法律文书的结构包括形式结构和内容结构两个方面。法律文书形式结构的组成部分一般为首部、正文、尾部；而事实、理由和结论则形成法律文书的内容结构。同一类别的法律文书，其形式结构和内容结构大体一致，并不存在实质上的差异。

此外，法律文书形式的程式性还表现为其必须符合一定的形式规格和技术规范。在形式规格方面，关于法律文书制作主体的名称、文书种类名称、文书的签署和盖印等事项，相关的规范性文件中皆已指明，在制作时必须一一遵从这些要求。而在技术规范方面，对于法律文书的用纸、字体、字号，文书中必须言及的数字、人名、地名、符号怎样表达，专业术语如何运用，乃至于内容固定的词组、语句、段落到底包括哪些等，亦应与相关的国家机关或有关机构的规范性或指导性意见相吻合，而不能依制作者的喜好任意改变。

(三)使用的实效性

作为司法、执法和守法活动的具体表现，法律文书是法律实施的重要手段,昭示着法律的适用。正因为如此,法律文书就具有了较强的实效性。法律文书使用的实效性具体表现为:首先,法律文书一经宣示或由法律关系主体签署,便产生了约束力,非经法定程序不得变更或撤销。其次,已经生效的法律文书具有形式上与实质上的确定力,其所关涉的法律关系因之而被确定下来,法律关系主体及至出现争议时的裁决者必须以此为据,并不得随意中断其效力。最后,已经生效的法律文书必须得到认可与执行,具有实施的强制力。立法通常会赋予一定的国家机关以相应的职权来保障生效法律文书内容的实现,从而维护法律关系主体的合法权利。这一点体现于法律实践活动中,最为典型的就是法律文书的强制执行。比如,我国《民事诉讼法》第224条规定:发生法律效力的民事判决、裁定,以及刑事判决、裁定中的财产部分,法律规定由人民法院执行的其他法律文书,如民事调解书、仲裁裁决书、公证机关依法赋予强制执行效力的债权文书等,一方当事人拒不履行其所确定的义务的,对方当事人可以向有管辖权的人民法院申请强制执行,受申请的人民法院应当执行。

除了能够成为强制执行根据的法律文书之外,法律关系主体制作的其他文书虽不具备强制执行的效力,但仍然具有一定的法定约束力,能够对其他主体乃至国家机关产生制约作用,规制其行为。以当事人向人民法院提交的诉状为例,只要当事人制作的诉状符合法律规定的条件,则接受诉状的人民法院应当在法定的期限内决定立案受理,以启动整个诉讼程序,并行使审判权以作出最终的裁决,而不得将之拒于门外。

第二节　我国古代法律文书的发展概况

中华民族的历史文化传承,绵延五千年,生生不息。查阅古代先贤遗留下来的史料,我们可以清楚地知道,早在舜时我国就已经有了法律。为了镇压奴隶的反抗,之后的商代更是制定了苛酷的刑法。及至西周,法制思想更趋成熟,法律制度也更加完备。当时最基本的法律乃是三典五刑,即"大司寇之职,掌建邦之三典,以佐王刑邦国,诘四方。一曰,刑新国用轻典;二曰,刑平国用中典;三曰,刑乱国用重典。以五刑纠万民。一曰野刑,上功纠力;二曰军刑,上命纠守;三曰乡刑,上德纠孝;四曰官刑,上能纠职;五曰国刑,上愿纠暴"[1]。

---

[1] 《周礼·秋官·大司寇》。

法律的生命在于贯彻执行。对于执法和司法活动过程及结果的记载与反映，就形成了法律文书。我们回溯历史发展的脚步就能够探寻到我国法律文书成长的轨迹。

一、先秦时期的法律文书

1. 盟书

早在春秋时期，我国就存在着会盟制度。盟会必有盟书。盟书具有约束同盟各方，促使其履行会盟所约定之义务的效力。迄今考古发现的盟书残片显示，盟书具有固定的结构和内容：（1）会盟的日期。盟书为信约性文书，盟书生效的日期自然是其必不可少的事项。结盟的日期正是该盟书正式生效之时。（2）会盟的成员。盟约中所约定的权利义务对于参与盟会的各成员同等适用。盟书列出各参盟成员是为了明确盟约的责任承担者。一旦发生意外，可依盟书所载确定责任人。（3）会盟的缘起。盟书正文的起始部分需要陈述会盟的缘起，以便人们了解某一具体盟书产生的历史背景。（4）盟约。该部分又被称为"盟首"。盟首多用否定句表示禁止，规定参与会盟的成员应有的行为规范，以及同盟者共同享有的权利和共同承担的义务。（5）诅辞。盟书的诅辞，以神灵的名义说明了对背盟者的惩罚。诅辞在当时的社会背景下有着强大的威慑作用，是盟约为各成员遵守与执行的保证。① 华夏的先民们相信神灵具有超自然的力量，神意代表着真实和正义，欺骗神灵必将受到惩罚。故而诅辞有着强烈的神明裁判的色彩。

2. 判词

根据周礼的记载，"中"，乃判决确定之文书，《周礼·秋官·乡士》记载有："狱讼成，士师受中"；"要"，为审判记录，《周礼·秋官·遂士》载："听其狱讼，察其辞，辨其狱讼，异其死刑之罪而要之。""中"与"要"共同构成完整的判决书。②

先秦时期真正可称得上是法律文书的较为成熟的判词，是春秋时晋国的国君晋惠公处决大臣庆郑的文书，其文为："君（指晋惠公——引者注）令司马说刑之。司马说进三军之士而数庆郑曰：'夫《韩之誓》曰：失次犯令，死；将止不面夷，死；伪言误众，死。今郑失次犯令，而罪一也；郑擅进退，而罪二

---

① 董芬芬：《盟书——春秋时代特殊的法律文书》，载《甘肃政法学院学报》2006 年第 1 期。

② 丁海斌：《〈周礼〉中记载的法律文书与档案》，载《辽宁大学学报》1999 年第 2 期。

也；女(汝)误梁由靡，使失秦公，而罪三也；君亲止，女(汝)不面夷，而罪四也；郑也就刑！'"①这段引文与当今我国刑事判决书的理由部分十分相近：首先，直接援引相关条文，即《韩之誓》所约定的条款；其次，逐条比对以论证庆郑的行为与法律规定完全吻合，故"郑也就刑"。此份判决既公开了裁判的法律依据，也宣示了执法者适法时的推理过程，体现出较强的说服力。

3. 书状和辩词

西周时期，当事人进行诉讼必须提交书面文状。《周礼·秋官·大司寇》晓谕世人，"以两造禁人讼，入束矢于朝，然后听之。以两剂禁人狱，入钧金三日，乃致于朝，然后听之"。其中的"剂"即相当于今天的当事人向人民法院递交的诉状。不同的是，西周时期，欲提起刑事诉讼，作为"两造"的原、被告必须同时递交书面文状。

春秋战国"百家争鸣、百花齐放"，思想相当活跃，辩论甚是风行。这时出现了一批可堪与古希腊智者媲美的人物——"辩者"，邓析、惠施、公孙龙皆为其中的佼佼者。特别是春秋末期郑国的邓析，其人法律知识渊博，且能言善辩。《吕氏春秋·离谓》说他"与民有讼者约，大狱一衣，小狱襦绔，民之献衣襦绔而学讼者，不可胜数。以非为是，以是为非，是非无度，可与不可日变，所欲胜因胜，所欲罪因罪"。荀子也曾感叹：是说之难持也，而惠施、邓析能之。其持之有故，其言之成理，足以欺惑愚众，是惠施、邓析也。尽管其评价不无贬义，但也清楚地表明邓析、惠施等在诉讼中辩论技巧的高超。他们的辩论技巧对后世辩护词的制作应当说具有启蒙意义。

此外，作为商业合同的傅别、质剂也屡见于《周礼》。《周礼·天官·小宰》即记载："七日听买卖以质剂。"

二、秦汉时期的法律文书

为了巩固中央集权，秦王朝自秦始皇开始便崇尚严刑峻法。然而，严苛的统治遭到了民众的反抗。秦朝分崩离析后，又经楚汉相争多年，汉王朝紧随而至。汉朝基本上沿袭了秦朝的政治法律制度，并在此基础上加以改进和发展。大一统的家国统治和思想规制，完备的律法，为法律文书自成一体并走进历史舞台创造了良好的制度条件。

1. 秦朝的法律文书

秦朝的法律文书已然粗具规模。20 世纪 70 年代在湖北云梦睡虎地发掘的

---

① 《国语·晋语三》。

秦墓竹简，即《云梦秦简》包含了不少关于法律的内容。其中与法律文书直接相关的简文名为《封诊式》。《封诊式》之"封"指查封；"诊"指诊察、勘验、检验；"式"指格式和程式。《封诊式》乃是关于查封和勘验的程式的汇集，可算得是我国最早的法律文书样式的汇编。现存《封诊式》共有98支竹简，简文分为25节，除置于卷首的《治狱》、《讯狱》两节是对官吏审理案件的要求外，其余各节均为"封守"、"覆"、"有鞫"等方面的法律文书程式；另有案发现场的勘验和法医检验的报告。简文包括各类案例，但所述案例皆不用真名，而以甲乙丙丁代替。由此可见，《封诊式》选择的是极为典型的案例，用以供官吏们学习，并在处理具体案件时予以参照。《封诊式》用语准确直白、通俗易懂。如《封诊式·覆》条云："敢告某县主：男子某辞曰：'士五(伍)，居某县某里，去亡。'可定名事里，所坐论云可(何)，可(何)罪赦，(或)覆问毋(无)有，几籍亡，亡及逋事各几可(何)日，遣识者当腾，腾皆为报，敢告主。"其大意为，谨告某县负责人：男子某供称，"是士伍，住在某县某里，逃亡。"请确定其姓名、身份、籍贯，曾犯有何罪，判处过什么刑罚或经赦免，再查问还有什么问题，有几次在簿籍上记录逃亡，逃亡和逋事各多少天，派遣了解情况的人如实写录，将所录全部回报，谨告负责人。遇有男子逃亡，对有关问题均需加以调查和报告。① 从程式要求来看，竹简中样式严谨规范，内容细致全面。《封诊式》昭示着法律文书作为一种处理法律事务的公文书，在秦朝已取得相当之地位。

2. 汉朝的法律文书

刘汉王朝的法律文书在检讨前朝成败得失的基础之上，有所损益使之更加切合于现实的需要。以裁判文书为例，汉儒董仲舒等人提倡"春秋决狱"，从法律实践方面为封建正统法律思想的建立创造了条件。如《九朝律考·卷一·汉律考七》摘录董仲舒《春秋决狱》云："时疑狱曰：甲无子，拾道旁弃儿乙养之，以为子。及乙长，有罪杀人，以状语甲，甲藏匿乙，甲当何论？仲舒断曰：甲无子，振活养乙，虽非所生，谁与易之？诗曰：'螟蛉有子，蜾蠃负之。'《春秋》之义，父为子隐，甲宜匿乙而不当坐。"②董仲舒《春秋决狱》一书所收判词大约是现存最早的拟判。在古代，判词依其功用的不同可分为实判和拟判：实判是处理真实案件的判词；拟判是虚构或模拟的判词，并无实际的法律效力，但会对实判的制作产生影响或为实判所效仿。前引判词注重裁判理由

---

① 李永平：《河西汉简中"捕亡"简反映的几个问题》，http://www.jianbo.org.

② 参见汪世荣：《中国古代判词研究》，中国政法大学出版社1997年版，第30页。

的论证,具有较强的逻辑性。判文将律令规定的父为子隐扩大解释至养父子之间。《春秋决狱》使裁判文书为儒家思想渗入法律实践活动提供了方便,成为封建法律儒家化的重要过渡形式。董生所创的引礼为律的做法一直延续至魏晋南北朝,直至隋唐才发生改变。

汉时,当事人向官府提起诉讼称为"自言"。所谓"自言"并非一种口诉行为,而必须提交书面的文书。自言文书有着程式要求,据《居延汉简》推断,大约需写明自言者的身份、籍贯、爵位、姓名、年龄,次则罗列相对一方发生争议时的身份、姓名、标的及价值,最后还要说明相对当事人之现任职务。①

汉简中"爱书"一词出现多次。通常,爱书为记录罪犯供词的文书,有时也指罪状认定的判决书。爱书中的常用辞为"毋(无)以证,不言请,出入"。其意为,提不出证据,也不再提出修改供词的要求。当时录定供词后允许在三天之内进行修改,如果三日已满,即以供词定罪,不能要求更改。《居延汉简》表明,进行"爱书验问",必须记录证词:一开始记录被验问者的姓名、籍贯、年龄等,然后再叙述事情的经过及原因,最后写明"皆证也,如爱书",记录在案为凭。

汉朝还有"诏所名捕",即下诏书明确追捕者,相当于我们今天的通缉令。捕亡律中对追捕诏书的内容有所规定,要求写明被捕犯人的籍贯、年龄、长相、身高、肤色以及名、字等,并叙述其"初亡"时的具体情况,犯罪的主要事实、同案犯情况以及追捕的办法和范围,捕后如何处理等。此外,汉朝的法律文书中还包括"鞫系书",即经审问而得的供词;以及所谓"狱证","狱"者,判决也,"证"者,狱讼之证据也,简言之,即判决狱讼的凭证。这些文书皆以言辞简练平实为上,提倡表述清晰流畅,用语通俗。

三、唐宋时期的法律文书

隋唐时期,我国封建社会渐趋步入鼎盛,中国古代的传统法制也呈现出一派辉煌的景象。法律文书借此得以继续发展并开始走向成熟。唐王朝发达先进的法律文化为宋朝更上一层楼奠定了坚实的基础,再加上宋朝重文轻武,以文官治天下,法律文书于此时独树一帜,对后世影响深远。

1. 唐朝的法律文书

隋唐两朝,我国的封建社会经济发达、文化繁荣,国家兴旺强盛。传统的法律体系、立法的原则理念以及各项法律制度皆已确立。在这样一种时代背景

---

① 徐世虹:《汉代民事诉讼程序考述》,载《政法论坛》2001 年第 6 期。

之下，法律文书取得了长足的进步与发展也在情理之中。判词于此时方真正成为一种成熟完备的文体。存留至今的唐代判词，既有专集也有汇编，篇目众多。如张鷟的《龙筋凤髓判》四卷为判词专集，白居易的《白氏长庆集》中亦有《甲乙篇》百篇。保存判词最多的可能是《全唐文》和《文苑英华》。唐代的士子科举及第后还需要经过吏部的考试才能授官。吏部主要试身、言、书、判四事。所谓判就是以地方狱讼案件或经籍所载的史事为案例，要求应试者进行分析并制作判词，而且是"试文三篇，试判三则"，由此检验应试者从政的能力和素质。① 故唐朝保留下来的判词大部分为"试判"时的拟判。十数载寒窗苦读的士子们满腹锦绣文章，因而他们制作的拟判文辞典雅庄重、表达清晰流畅、论证说理充分有力，且多为骈判。骈判是采用骈体文形式写成的判词，讲求语句对仗、音韵和谐，尤其喜欢运用典故。骈判对此后我国古代判词语言风格的形成颇具影响。此外，汉朝兴起的春秋决狱，此时虽不少见，但法律适用制度却已基本确立。《唐律疏议·断狱》规定："诸断罪皆须具引律、令、格、式正文。""若制敕断罪，临时处分，不为永格，不得引为后比。若辄制罪有出入者，以故失论。"这些规定对于规范裁判文书的制作无疑具有重要的意义。当然，不容否认的是，唐朝判词的缺陷与不足亦是十分明显的：拟判的风靡使得讲求文采之风盛行，判词中一味堆砌华丽的辞藻、深奥的典故，反而忽略了对事实的认定和证明，从而在一定程度上影响了裁判法律适用的准确性。

唐律对案件的起诉与受理作出了具体的规定。当事人就所受伤害或所涉纠纷向官府告诉，应向官府呈交"辞牒"，也就是我们现在所称的诉状。当事人应向被告所在地之县衙起诉，诉状须注明年月，指陈实事，不得称疑。若对第一审衙门的判决不服，当事人需向原审衙门申请发给"不理状"，并以此为凭由下至上逐级向上一级衙门上诉。依照当时的律法，当事人的口供是最重要的证据，为了确保供词的获取，唐律允许拷讯，并且明定了法定的拷讯程序。由此，我们有理由推断当时刑讯笔录的制作也应具备了一定的规模并有可能积累了丰富的经验。

2. 宋朝的法律文书

在以科举选拔人才方面，宋朝较之唐朝具有显著的进步，出现了中国科举史上的人才高峰。宋朝的商品经济比唐朝也更为活跃，所以当时的民事立法相

---

① 吴承学：《唐代判文文体及源流研究》，载《文学遗产》1999 年第 6 期。

比前朝有了长足的发展。法律文书的制作自然也出现了新的动向。宋朝保留下来的判词绝大多数为实判,且经由唐末的散文运动,已由骈体变为散体。《名公书判清明集》收有判词 117 篇,皆出自当时的名家,如朱熹、刘克庄等之手,且俱为散判和实判。宋朝判词不但保持了唐朝判词重视说理、表述准确精练等特点,而且出于其实判的性质也使得其语言平实流畅,着重于事实、情理的分析。这种风格延续至后世,深刻地影响了明、清时代判词的制作,进而巩固了散判的主体地位。

宋朝对诉状的格式和内容进行了严格的限定。《宋刑统》卷二十四《斗讼》规定:诉状须注明年月,指陈事实,不得称疑。并且要写明告诉人的姓名,不能投匿名状。制作书状,必须使用官府颁发的印子。当事人的诉状稍有不符则起诉得不到受理。黄震《黄氏日抄》卷七十八《词诉约束·词诉条画》曾记载,"不经书铺不受,状无保识不受,状过二百字不受,一状诉两事不受,事不干己不受,告讦不受,经县未及月不受,年月姓名不实不受,披纸枷木枷、自毁咆哮、故为张皇不受,非单独无子孙孤孀、辄以妇女出名不受"。普通百姓涉诉不得不请人代书诉状。当时设有经由官府批准的专门机构——书铺代写诉状。这种书铺受官府监督,并对所写诉状负责。① 北宋的沈括在其《梦溪笔谈》中记载:"世传江西人好讼,有一书名《邓思贤》,皆讼牒法也。其始则教以侮文;侮文不可得,则欺诬以取之;欺侮不可得,则求其罪以劫之。邓思贤,人名也,人传其术,遂以之名书,村校中往往以授生徒。"可见这时已经有了专门传授诉状制作技巧的人物和书籍。南宋末年,以教唆词状为"健讼家传之学"与"积习相传之业"的珥笔健讼者,据说都有此类的家传秘本。② 由此可以想见当时诉状制作的兴盛。南宋时还出现了宋慈结合自身实践经验而撰写的、堪称集勘验检查之大成的《洗冤集录》。

四、明清时期的法律文书

明清两朝,我国封建社会表面依旧繁荣,其实已然步入末世。有明一代在继承唐宋法律传统的同时,针对社会的变化,对法律进行了必要的调整,以强化国家机器,巩固封建统治。然明朝末年,由于君主专制的极端发展损害了正常的社会秩序,王朝走向覆灭,为清朝所取代。清朝的法制依靠前朝的积累,

---

① 张德英:《宋代法律在民间的传播》,载《济南大学学报》2003 年第 6 期。

② 尤陈俊:《明清日常生活中的讼学传播——以讼师秘本与日用类书为中心的考察》,载《法学》2007 年第 3 期。

已经达到相当完备的程度。我国古代的法律文书历经各朝各代，至此终于登上自身所能达到的顶峰，进入完善阶段。然而，令人遗憾的是，相比同时期的西方法治发达国家，我们已经落在了后面。

1. 明朝的法律文书

明朝重开科考，以制判五道作为乡试、会试第二场考试的内容之一，之后渐成定制沿袭不变。当时的判词从内容上看，争议事实、判决理由、根据及裁判结果一应俱全，并且相互结合成为有机联系的整体；从表达上看，叙事清楚、说理充分、文理通顺；从语言上看，字斟句酌，用语平实。当时的判词有审语与看语的区别，对自己有权处理的案件，裁判者拟具判词后即可宣告，称为审语；对自己无权判决的案件，则拟具判词后转呈上级审核批准，称为看语。自这一时期开始，中国古代判词已确立了自己独特的风格和地位。明代判词流传下来的主要有李清的《折狱新语》、祁彪佳的《莆阳谳牍》、张肯堂的《䇹辞》等。其中李清的《折狱新语》收录判词230篇，是现存唯一的一部明朝判词专集，它是作者在宁波府推官任内审理各类民刑案件的结案判词，是当时的地方司法实录。书中判词骈散结合，表述清楚明白、简单扼要，且夹叙夹议、前呼后应；既切于实用也文辞优美。这些判词对当今判决书的制作不无借鉴意义。

对于诉状的格式和内容，明朝亦有明确的要求，必须将诉讼事实陈述清楚，不得漫诬。诉状可由原告自行书写，也可由他人代拟。当时的诉状主要由代书、讼师或当事人粗通文墨的亲友撰写。流行的讼师秘本如《萧曹遗笔》等自然就成为指导这些人制作诉状最重要的书籍。各种讼师秘本的具体内容因种类不同而有所差异，然皆有讲述如何撰写词状的文字，并附有详细的词状范本以备套用。明时，诉状由原告亲自呈送县衙。县衙在接到诉状后，须作出明确批示，提出具体的处理意见，然后再差衙役或令原告本人执票拘传被告和证人，并下帖文于乡里老人等进行勘实。明太祖朱元璋登基以后，以重典治天下，力图将所有的社会活动均纳入政府控制的范围之内，曾多次发布命令对热衷参与讼事的"刁民"进行严厉打击。明朝在各州县以及乡之里社设立了申明亭，一般户婚官司必先诉于申明亭，未能解决，再诉于县衙。在中国古代早就盛行的调处制度此时日臻完善，这也就必然促进了民间调解类文书制作的繁盛与成熟。

2. 清朝的法律文书

清朝处于我国法制开始走向近代化的承上启下的重要历史变革时期。清朝的法律，也是封建法律的集大成者。清朝保留至今的判词更是卷帙浩繁，并显示了极高的水平，堪称我国古代判词的最高峰。① 清朝的判词专集有《樊山判牍》、《陆稼书判牍》、《于成龙判牍菁华》、《张船山判牍》及《清朝名吏判牍选》等。清代的档案材料中，也收录有大量的判词。清朝只有民事案件以及轻微的刑事案件由州县官作最终判决。对于应判处徒刑以上刑罚的较严重的犯罪则必须逐级复审，死刑案件皆由皇帝决定。但是下级刑官虽不能作出最终判决，却要提出判决意见。上级刑官对下级刑官的判决意见也可提出自己的看法，称为"批词"或"驳词"。这些皆属于广义判词的范畴。这时的判词多为实判，或骈或散，各成一体：或重在认定事实和判断、说明；或重在分析和评价，对争议事件根据法理、法律进行条分缕析的剖析，并据以裁判。清代吏部尚书刚毅在其所著《审看拟式》中，提出了"情节形势，叙列贵乎简明；援律比例，轻重酌乎情理"的制判要求。② 这一时期的判词讲究用词，注重援引律例分析案情，已至完善之境。

与前朝相比，清朝法律文书存世较多。从案例档案可知，现代诉讼程序中的许多文书当时已经出现且趋于定型。清时的诉状一般都以所谓"状式条例"限定字数，以防词语枝蔓，于是制状之人在撰写词状时无不字斟句酌。③ 当时的诉状首行均列有起诉时间、当事人（具呈人）姓名、案由及诉讼请求，如"同治十三年(1874)十二月十八日徐延燮呈为噬修被殴泣求讯追事"。此案的案由是"噬修被殴"，诉讼请求是"泣求讯追"。当时绝大部分案由为四字句格式，被称为"珠语"。诉状的另一重要部分是诉讼请求及理由，主要出现在诉状结尾，以四字格式为主，少部分是六字或以上格式。其特点在于：当事人的诉求并不以（也不存在）类似于现代法律规定的权利义务为前提，而是直接在指控对方当事人严重危害性（存在夸大现象）的基础上，请求衙门通过惩办对方，以除暴安良、扶弱除强。④ 除诉状之外，由于立法对审判中的证据已有明确规定：对于人命重案，必须检验尸伤，然后填写部颁"尸格"；盗窃案件必须赃证明确；证人证言、被害人陈述、被告人的口供也都是定案的重要根据。⑤ 这些要求强化了各种笔录的制作。除此之外，类似于现今诉讼活动中的开庭传

---

① 汪世荣：《中国古代判词研究》，中国政法大学出版社 1997 年版，第 85 页。

② 汪世荣：《中国古代判词研究》，中国政法大学出版社 1997 年版，第 36~38 页。

③ 尤陈俊：《明清日常生活中的讼学传播——以讼师秘本与日用类书为中心的考察》，载《法学》2007 年第 3 期。

④ 邓建鹏：《讼师秘本与清代诉状的风格——以"黄岩诉讼档案"为考察中心》，载《浙江社会科学》2005 年第 4 期。

⑤ 张晋藩主编：《中国法制史》，中国政法大学出版社 1999 年版，第 375 页。

票、核准死刑等文书也已经出现并有文本传世。当时，官府紧急拘传犯人须持有一种签牌，名为"火签"或"火票"，其作用类似于当今的逮捕证。

第三节　中国近现代法律文书的发展概况

一、中国近现代法律文书的发展概况

(一)中国近代的法律文书

清朝中后期，封建专制社会逐渐走向没落；又兼之西方列强伴随着坚船利炮的轰鸣不断入侵，延续几千年的中华法系面临着极大的挑战。迫于无奈，晚清法制改革被动地施行。自 1901 年起，在此后不到十年的时间里，清王朝任命修律大臣、聘请国外法学专家在借鉴西方立法和司法经验的基础上，大规模修律改制，先后制定、颁布了几十部法律和单行法规。此次改革虽因清王朝的覆灭而最终夭折，但其在法律观念、法律制度、法律体系等方面所表现出来的近代化特征依然带给后世以有益的启迪。法制改革促进了司法的革新，司法独立、审判公开、民刑分审、律师辩护、回避等制度初步确立。传统的司法专断开始向现代的司法公正迈进；司法活动的职业化之旅也终于破冰启航。

关于法律文书的制作和研究彼时一直为人们所关注，传世之作甚多。《现行律令、判牍成案汇览》一书中共汇集了判牍 525 篇，被时人评价为"法理精醇、文笔雅结"。宣统年间，以沈家本为代表的修律大臣编纂了《考试法官必要》，其中对刑、民判决书的格式作了统一规定。刑事判决书的内容大体包括：罪犯之姓名、年龄、籍贯、职业、住所；犯罪之事实；证明犯罪之理由；援引法律某条；援引法律之理由。民事判决书的内容主要有：诉讼人之姓名、年龄、籍贯、职业、住所；呈诉事实；证明事实之缘由；判决主文。讼费书于判决主文的末尾。这些格式已相当接近于当代判决书的制作模式了。

1911 年辛亥革命前，清朝编成《刑事诉讼律草案》和《民事诉讼律草案》，其中对书状及笔录文书的制作作出了规定。《民事诉讼律草案》明确作出解释，所谓诉讼笔录是指明示各诉讼事件始末的书状，有诉状、声请书、准备书状、笔录或附具书状、审判原本及送达证书等。该草案要求书状包括当事人姓名、身份、职业及住址；诉讼物；一定之声明的事实要领；对于相对人事实上主张之陈述和证据方法或声叙方法之陈述；附属文件及其件数；年月日；审判衙门；当事人签字诸项内容。草案还对当事人为法人以及有代理人参加诉讼的情形给予了规定，要求写明法人的名称及住址；代理人须写出姓名、身份、职业

及住址。①

（二）中国现代的法律文书

民国时期，我国的判决书基本沿用了上述格式，与此同时，也增加了有关审判庭之名称、推事姓名及制判年月日等内容。这一时期，出版并保留下来很多的法律文书，如《司法公牍》（魏易著，1913 年版）；《司法公文式例解》（胡暇编，1914 年版）；《司法案牍菁华》（天虚我生编）；《司法公牍类存》（张树声著，1922 年版）；《分类译解司法公文程式大全》（张虚白编，1925 年版）；《民刑裁判大全》（谢森等著，1937 年版）；《民刑事裁判指误》（张敬修编，1947 年版）等。② 如此丰富的著述为后来我国法律文书制作的进一步规范和提高打下了良好的基础。

抗日战争和解放战争时期，除边区和解放区革命政府之外，其余皆遵循国民党的六法全书，文书制作也大体沿用民国政府制定的文书格式。在边区和解放区革命政府所辖范围内适用自己的法律。为了适应战争环境和解放区的实际需要，当时的法律文书在种类上有所减少，制作时格外强调通俗易懂，反对文词晦涩。在说理方面，大多充分周详且深入浅出。此种制作原则和要求，影响了中华人民共和国成立后直至现在法律文书的制作。

二、中国当代法律文书的发展概况

（一）开创阶段

中华人民共和国成立后，1951 年中央人民政府司法部在基本沿用民国时期和革命根据地格式的基础上借鉴当时苏联、东欧等社会主义国家的文书格式制定了一套《诉讼用纸格式》。同时废除了文言，改直排为横排。这是历史上第一次系统地对诉讼文书格式予以规范。公证制度建立后，1956 年司法部总结各地经验，首次制定了全国通行的《公证文书格式》，包括公证书格式和公证等级簿共计 13 种格式。当时对法律文书的文风也十分重视，60 年代初，最高人民法院下达《关于改进审判文书的文风问题》，要求裁判文书叙述事实简明清晰，特别要把关键问题交代清楚；判断事实观点正确、态度鲜明、理由充分、引用法律与政策恰当；使用语言文字确切精练，通俗易懂，标点符号也应运用正确，使识字的人一看就懂，使不识字的人一听就懂。不过，此后法律虚无主义盛行，法律文书制作流于抽象化、概念化，文书制作质量处于下滑

---

① 张晋藩主编：《中国法制史》，中国政法大学出版社 1999 年版，第 440 页。
② 韦锋主编：《法律文书写作学》，中国政法大学出版社 1997 年版，第 143 页。

阶段。

（二）重建阶段

"文化大革命"结束后，法律文书的规范化重被提上议事日程。1980年，司法部重新修改制定了《诉讼文书样式》8类64种，突出强调了裁判文书对理由的表述和法条的引用。公安部、最高人民检察院、最高人民法院等也相继制定或重新拟订了本系统最急需的法律文书格式。

1. 人民法院法律文书的重建

1982年，为贯彻《中华人民共和国民事诉讼法（试行）》，最高人民法院民庭、经济庭制定了《民事诉讼文书样式》70种。在民事诉讼法和行政诉讼法正式出台后，最高人民法院在1992年6月20日印发了于1993年1月1日起试行的《法院诉讼文书样式（试行）》共计14类314种。

2. 人民检察院法律文书的重建

对于检察法律文书的规范化、制度化建设，最高人民检察院也非常重视，并于1983年3月制定了《刑事检察文书格式（样本）》。接着，在1986年12月发布了《控告申诉检察文书格式（样本）》。1987年，《刑事技术文书样表》和《监所检察法律文书格式（样本）》同时出台。1991年6月最高人民检察院颁布《人民检察院制作刑事检察文书的规定》25条，并重新修订了《刑事检察文书格式（样本）》。1992年3月，《直接受理自行侦查刑事案件法律文书格式（样本）》共计75种文书格式发布并于1993年施行。这些检察法律文书格式为全国各地各级人民检察院依法制作有关法律文书提供了统一的标准。

3. 其他法律文书的重建

1989年，公安部在原格式基础上制定了《预审文书格式》48种。80年代公证制度恢复重建后，司法部于1981年颁发了《公证书试行格式》共计24式，之后又制定了提存、招投标、票据拒绝证书、强制执行等公证书格式。1992年下半年，司法部对公证书格式进行了大规模修订，拟就了囊括公证书、现场公证词、通知书、代书等在内的公证书格式共计59式106种。

（三）改革与完善阶段

1. 法律文书的改革

自《中华人民共和国刑事诉讼法》进行了重大修改之后，为配合这部法律的实施和适应新形势的需要，公安部于1996年制定了《公安机关刑事法律文书格式》109种；最高人民检察院也及时对检察机关刑事诉讼法律文书进行了修订，制定出《人民检察院刑事诉讼法律文书格式（样本）》。1997年12月12日最高人民检察院印发了《人民检察院刑事赔偿工作暂行规定》,并于同时制发了人民检察院刑事赔偿诉讼文书样式8种。1999年最高人民法院讨论并通过了《法院刑事诉讼文书样式》164种。

自此之后,最高人民法院为适应司法实践改革发展的需要,对于民事、行政法律文书以及其他类型的法律文书也陆续印发了许多新的样式。例如,2000年1月最高人民法院为国家赔偿案件确定了包括赔偿申请书、赔偿决定书、司法建议书以及通知书和笔录等在内的22种文书样式。为推动最高人民法院《关于民事诉讼证据的若干规定》的施行,最高人民法院审判委员会于2003年1月印发了《〈关于民事诉讼证据的若干规定〉文书样式(试行)》共计有文书样式31种。2003年3月,为深入贯彻《中华人民共和国海事诉讼特别程序法》,又发布了《海事诉讼文书样式(试行)》共计9类87种。2003年12月1日,最高人民法院《关于适用简易程序审理民事案件的若干规定》正式施行。为了配合该司法解释的实施,《民事简易程序诉讼文书样式(试行)》问世,其中包括新的文书样式16种。为了与司法实践前行的步伐相一致,最高人民法院于2004年12月8日向全国发布了《一审行政判决书样式(试行)》和《行政诉讼证据文书样式(试行)》。2008年4月1日《民事案件案由规定》生效,这一规定对于规范民事裁判文书的制作,统一文书中案由的表述,其意义不言而喻。

最高人民法院还指出①:在一审判决中具有金钱给付义务的,应当在所有判项之后另起一行写明:"如果未按本判决指定的期间履行给付金钱义务,应当依据《中华人民共和国民事诉讼法》第二百三十二条之规定,加倍支付迟延履行期间的债务利息。"

2002年1月1日,人民检察院开始施行新的《人民检察院法律文书格式》,共计有159种法律文书和3个附件。其中包括刑事法律文书7类139种,民事、行政法律文书15种,此外还有通用法律文书5种。而公安机关早在2000年就开始着手对公安刑事法律文书的修订,历经两年多于2002年12月发布了《公安机关刑事法律文书格式》,并于2003年5月1日正式启用,其中共有文书92种。

2000年后,为推进公证证明方式的改革,司法部发布了《司法部关于保全证据等三类公证书试行要素式格式的通知》,从公证书格式的规范、改革入手,陆续推出了现场监督、保全证据、合同(协议)、强制执行与继承等要素

---

① 参见最高人民法院《关于在民事判决书中增加向当事人告知民事诉讼法第二百三十二条规定内容的通知》。

式公证书格式试行范本，极大地促进了公证文书的规范化，有利地推动了公证事业的健康发展。2008 年 4 月 23 日，中国公证协会第五届常务理事会第五次会议通过了《办理具有强制执行效力债权文书公证及出具执行证书的指导意见》，为规范相关公证文书的制作程序及内容提供了明确的依据。2008 年 12 月，司法部发布了《关于推行继承类、强制执行类要素式公证书和法律意见书格式的通知》，同时下发了继承权、强制执行公证书和法律意见书的格式要求，在全国推行。

2. 法律文书的完善

2011 年，为了更好地适应公证业务发展的时代需要，切实提高公证文书制作的规范性和制作质量，司法部根据《中华人民共和国公证法》和《公证程序规则》的规定，对以往的定式公证书格式进行了全面清理和修订，发出了《关于推行新的定式公证书格式的通知》，并发布《定式公证书格式（2011 年版）》，将定式公证书格式从原来的 14 类 59 式，调整为 3 类 35 式。该格式自 2011 年 10 月 1 日起在全国范围内施行。

2012 年 3 月 14 日，第十一届全国人民代表大会第五次会议通过了《关于修改〈中华人民共和国刑事诉讼法〉的决定》，对刑事诉讼法进行了较为广泛且颇具深度的修订，法条增加到了 290 条，修改的内容涉及人权保障、证据制度、强制措施、对辩护权的保障、侦查措施、审判程序、执行程序、刑事特别程序等方面。修订后的条文深刻地影响了公安司法机关刑事法律文书的制作。公安部根据该法和《公安机关办理刑事案件程序规定》等要求，对 2002 年 12 月 18 日印发的《公安机关刑事法律文书格式》做了必要的修改，印发《公安机关刑事法律文书式样（2012 版）》于 2013 年 1 月 1 日起正式启用；最高人民检察院也及时出台了《人民检察院法律文书格式（2012 版）》，以配合新修订的《刑事诉讼法》于 2013 年 1 月 1 日起的施行。

在人民法院方面，2011 年 4 月，最高人民法院为了进一步规范和统一民事申请再审案件诉讼文书的制作，结合民事再审审查工作的实际，制定了《民事申请再审案件诉讼文书样式》并予发布。最高人民法院在 2008 年规定的基础上，经过修改，制发了《民事案件案由规定》，对民事裁判文书中案由的表述结合新的形势进行了必要的规范。对于审判机关而言，更为重要的是，除了新修订的《刑事诉讼法》外，紧随其后修订的《民事诉讼法》亦于 2013 年 1 月 1 日起生效，其中增加了诸如民事公益诉讼、小额诉讼程序、对调解协议的司法确认、实现担保物权等程序与事项。此外，最高人民法院《关于人民法院在互联网公布裁判文书的规定》（法释[2013]26 号）已于 2013 年 11 月 13 日由最高人民法院审判委员会第 1595 次会议通过，自 2014 年 1 月 1 日起施行。该规定第 4 条指出：人民法院的生效裁判文书应当在互联网公布。上述这些新的立法规定、新的司法解释对人民法院法律文书的制作提出全新的、更高的要求，推动着人民法院法律文书的制作更趋规范、更加系统化，同时也促进了文书结构模式的丰富与完善。

思考题

1. 简述法律文书的概念与特点。
2. 试述我国先秦时期法律文书的发展概况。
3. 我国古代判词有哪些种类和特点？
4. 唐宋时期法律文书得以繁盛的原因何在？
5. 试分析我国古代的诉讼理念与诉状制作之间的关系。
6. 我们今天应如何看待法律文书的传统文化遗产？

参考文献

1. 汪世荣. 中国古代判词研究[M]. 北京：中国政法大学出版社，1997.
2. 梁治平. 法辨[M]. 北京：中国政法大学出版社，2002.
3. 丁海斌. 《周礼》中记载的法律文书与档案[J]. 辽宁大学学报，1999(2).
4. 吴承学. 唐代判文文体及源流研究[J]. 文学遗产，1999(6).
5. 苗怀明. 论中国古代公案小说与古代判词的文体融合及其美学品格[J]. 齐鲁学刊，2001(1).
6. 徐世虹. 汉代民事诉讼程序考述[J]. 政法论坛，2001(6).
7. 苗怀明. 中国古代判词的发展轨迹及其文化蕴涵[J]. 广州大学学报：社会科学版，2002(2).
8. 张德英. 宋代法律在民间的传播[J]. 济南大学学报，2003(6).
9. 徐忠明. 小事闹大与大事化小：解读一份清代民事调解的法庭记录[J]. 法制与社会发展，2004(6).
10. 林林，林鸿荣. 唐判发微——略论几则涉林判词的史料价值[J]. 北京林业大学学报：社会科学版，2005(3).
11. 邓建鹏. 讼师秘本与清代诉状的风格——以"黄岩诉讼档案"为考察中心[J]. 浙江社会科学，2005(4).
12. 刘愫贞. 清代判词语言的法文化视角[J]. 学术交流，2005(11).

13. 谢晖. 中国古典法律解释的知识智慧——法律解释的知识形态[J]. 法律科学，2005(6).

14. 董芬芬. 盟书——春秋时代特殊的法律文书[J]. 甘肃政法学院学报，2006(1).

第二章　法律文书的结构

【内容提要】

　　法律文书的结构是组织安排法律文书的构成要件的各种具体形式，是构成法律文书形式的要素之一。法律文书的结构具有文书样式模式化、文书内容固定化、结构用语程式化的特点。

　　从构成要件来看，法律文书的结构由形式要件与内容要件两个方面的事项所决定。形式要件是指构成法律文书外在组织形式的基本元素。最常见的法律文书结构的形式要件有首部、正文、尾部三个部分；法律文书结构的内容要件是法律文书中所应当包含的、体现其制作目的的具有内在联系的各种材料，一般由事实、理由和结论三个部分组成。根据形式要件和内容要件的不同，法律文书能够划分为不同的结构类型，即填充、表格类文书，笔录类文书和叙议类文书。

【基本概念】

　　法律文书的结构　形式要件　内容要件　填充、表格类文书　笔录类文书　叙议类文书

第一节　　法律文书结构概述

　　无论撰写或制作何种文体的文章，作者均基于一定的目的，运用语言文字，或宣扬一种主张，或抒发一种情感，或阐明一个问题。因此，制作时必须紧紧围绕主题，遵从表情达意的需要，对已经收集和掌握的各种材料适当加以裁剪，按照明晰的思路组织编排使之成文。各种谋篇布局的方法与手段，构成了文章的结构。"结构"一词，原本是建筑学的专用术语，指的是建筑的内部构造、整体布局。借用到写作中，就是指文章内部的组织形式。结构是文章部分与部分、部分与整体之间的内在联系和外部形式的统一。结构是构成文章形式的要素之一。由于法律文书的特殊属性，结构在其中所处的地位或许更为重

要。通常人们从制作的角度对法律文书予以分类，就是以其结构为依据的。

一、文章结构的概念和应遵循的原则

(一) 文章结构的概念

文章结构，是作者有目的地将分散而独立的素材，按照一定的方式组织编排成一个有序的、互相联系和相互作用的有机整体的形式。① 结构不仅与文章的表达质量密切相关，而且在一定意义上还可以生成或者改变其思想内容。一般而言，文章有四种基本的结构模式：记叙型、议论型、说明型和综合型。这其中的每一种结构模式都具有鲜明的特点。

各种文章体裁中，在结构模式方面最为突出的恐怕要算我国古代的八股文了。所谓八股文，也称制义，由破题、承题、起讲、入手、起股、中股、后股、束股八个部分组成。其间的起承转合皆有一定之规。除去最初三段和末段可采散文形式之外，中间四段都要用排偶的句子。明清两朝，八股文是科举考试的主要文体。科举考试的题目多出自《四书》，由于当时严令考生作文要"代圣贤立言"，不允许发表自己独到的见解，严重禁锢了士子们的思想，故而八股文多为后世所诟病。不过，其严密精巧的形式安排却能帮助我们更为直观地感知何为文章结构。

(二) 文章结构应遵循的原则

作为文章组织编排的形式，文章结构应遵循一定的原则，主要包括以下几个方面：

1. 应遵循事物的客观发展规律

叙述生动具体的事件，或论证说明必要的问题，或抒发特别的情感，凡此种种，人们才有提笔撰文的冲动。而反映客观事物和现实问题的文章，尽管其对象范围广博纷繁、具体内容千差万别，但其间皆有一定规律可寻。在时空范畴内，时间的先后继起，空间的远近高低，均有一定之规。具体的事件，有它的前因后果、起承转合；专门的问题，也有着缘起、发展的变化过程。这些正是客观事物的发展规律及其内在联系。严谨认真的制作者在撰写各式各样的文章时，常常会深刻认识、如实反映对象的发展规律及内在联系，并依此来安排文章的结构。唯有如此，我们才能够断言文章的结构实际上是作者对客观事物发展规律的认识在写作方法上的反映。

---

① 梁志林：《文章结构的美学分析》，载《河北大学学报》1987 年第 1 期。

2. 应体现思维的正常形成经过

阅读文章的过程就是人们体验、揣摩作者思想和情感的历程。文章作者对所反映的对象经过内心的感受与思考，借助于语言文字表现出来，往往会遵循其思维形式和思维结构敷衍成文。于是，文章结构必然成为作者思维的体现和深化。文章结构与思维规律具有一致性，是人们正常思维的一种反映。无论是叙述事件经过、说明事物，还是论证事理，那些真正打动人心、使人折服的文章，其结构总是依循着作者的思维形成过程，真实地揭露事物的本质属性和逻辑关系，正确展现与其他密切相关事物的联系的。

3. 应准确表达文章的主题思想

文章结构是一种形式，展现了作者的思路。它将作者对主题和材料的深刻认识蕴涵其中。不管文章的内容多么复杂，在布局谋篇时，都必须紧密围绕主题确定材料的主次详略、先后秩序及相互联系。文章结构形成与展露的过程，也是文章主题逐步呈现的过程。结构模式的逐步展开，建构起结构的谱系、文章各部分的划分及内在联系，每一具体部分的推演，其目的皆在于主题的表达。不论文章的结构如何复杂多变，都必须密切切合文章的中心思想。同时，结构安排的各个环节，也必须紧扣主题，为表达主题思想服务，这是安排结构的首要原则。凡与主题无关的材料或观点应当毫不吝啬地删去。

二、法律文书结构的概念与特点

(一)法律文书结构的概念

在法律文书中，结构是指组织安排法律文书的构成要件的各种具体形式。

作为处理和解决法律事务的公文书，法律文书的结构，或者通过立法，或者由相关国家机关或有关机构在一定程度上进行约束与规范。由此，法律文书虽然不像八股文那样对结构限制得严密细致，但也与文学艺术作品大相径庭，因为后者的结构主要由作者自己来权衡和抉择。法律文书的制作者在撰写文书之前却必须充分了解掌握已成定式的文书的结构特征，如若不然，其制作的文书是不合要求的。

(二)法律文书结构的特点

出于专业性和实用性的需要，法律文书的结构与其他文体的结构有着非常显著的差异，其特点十分突出，主要表现为：

1. 文书样式模式化

为了与所处理和解决的问题的性质相适应，也出于便利文书制作和运用的需要，更重要的是为了维护法律的统一实施，法律文书大多采用相同的结构样式来安排同一种类文书的层次和段落。这种稳定的结构层次和排列顺序形成固定的模式，往往不允许或者不提倡制作者随意进行增删改造。以刑事判决书为例，无论案情复杂程度怎样、被告人所实施行为的性质如何，也不管案件证据的多寡，适用普通程序审理的第一审刑事判决书的结构样式皆是一致的。

2. 文书内容固定化

法律规范及其实施过程具有普遍性和稳定性的特点，具体法律文书的每一组成部分所包含的事项，与之相应，亦是统一的和稳定的。法律文书各个组成部分涵盖事项的固定化，要求其内容清楚明确、层次合理分明，而不能事项纷繁、形神散漫。如人民法院各类裁判文书的事实部分，要求全面并且完整地表述各类案件事实的叙述要素，并将法律关系构成要素的各个方面囊括其中，此前或此后还要分析说明裁判者认定案件事实所依据的证据。

3. 结构用语程式化

法律文书结构样式的模式化和内容的固定化决定了其结构用语的程式化。法律文书中要求准确地使用法律术语，而且通常采用正常的语序，必要时运用程式化的句式来表达相对固定且明确为法律所规定的内容。程式化的句式，其组成成分、词序、语序固定，如起诉书的案件来源和诉讼程序部分，必须表述为："本案由××××公安局侦查终结，以被告人×××涉嫌××罪，于××××年××月××日向本院移送审查起诉。本院受理后，于××××年××月××日已告知被告人有权委托辩护人，××××年××月××日已告知被害人及其法定代理人（或者近亲属）、附带民事诉讼的当事人及其法定代理人有权委托诉讼代理人，依法讯问了被告人，听取了被害人的诉讼代理人×××和被告人的辩护人×××的意见，审查了全部案件材料……（写明退回补充侦查、延长审查起诉期限等情况）。"

三、法律文书结构的基本要素和基本类型

（一）法律文书结构的基本要素

制作一份符合要求的法律文书，在进行结构布局时，应当认真思考如何将已经获取的各种材料信息安排得井然有序。为了实现这一目标，制作者首先要从制作目的出发，紧扣主题，形成文书的层次，并加以有机地排列、组合与贯通。

与其他文体一样，一份合格的法律文书，不仅要划分出明晰的层次，而且要清楚地划分出段落。由此，也就形成了法律文书结构的两大基本要素：层次和段落。层次，是指法律文书表现主题内容的次序。层次是制作者展现主题时所形成的相对完整、相对独立的思想单位，是其思想脉胳的直接体现。在文书结构的诸要素中，层次居于核心地位。段落，是构成法律文书的最小单位。段落是制作者在表达文书的思想内容时因转折、强调、间歇等需要而产生的文字停顿。

在法律文书中，层次和段落这二者之间既相互区别，又形成密切的关联：层次着眼于思想内容的划分，段落则基于文字表达的需要。二者之间有时是一致的，一个段落就是一个层次；而有时层次大于段落，一个层次由若干段落组成；有时又反之，段落大于层次，一个段落之中包含了几个不同内容的层次。

（二）法律文书结构的基本类型

法律文书结构的基本类型分为纵向结构和横向结构两种。纵向结构，是指法律文书应包含的内容按照"由浅入深，由点到面，渐次展开，层层推进"的表现手法铺陈敷衍，主体部分的诸段落相互之间呈现出逐层递进和渐趋深入的关系。此种结构类型在法律文书中较为常见，依时间顺序叙述案件事实的文书即属于此。横向结构，是指法律文书主体部分按照并列关系进行布局与排列，各个段落之间并不具有明显的主次区别，诉讼代理人或辩护人从法律关系的诸构成要件一一进行分析论证以表明己方观点，有时会采用横向结构。相对而言，纵向结构比横向结构在文书中运用得更为频繁。也有的法律文书采用了混合式的结构，其中既有纵向结构的部分，也有横向结构的表现。

第二节　法律文书的结构要件

对于法律文书的结构，可从形式和内容两个方面解析其构成要件，从而形成结构的形式要件与内容要件。这两者各自具有不同的内涵，其组成部分也存在较大差别，在此分别对之进行分析与说明。

一、法律文书结构的形式要件

（一）法律文书结构形式要件的概念

法律文书结构的形式要件，是指构成法律文书外在组织形式的基本元素。法律文书结构的形式要件因文书的具体种类而异，最为常见的法律文书结构的形式要件通常为首部、正文、尾部三个部分。

（二）法律文书结构的形式要件构成

1. 首部

首部是法律文书的开篇部分，一般包括：文书标题，文书编号，当事人或利害关系人的基本情况，案由或事由，案件来源和处理经过等事项。如人民法院民事判决书的首部包含如下内容：

(1)标题，包括文书制作机关名称和文书名称(已印制好)；(2)文书编号，顺次写明立案年度、作出判决的人民法院的简称、案件性质、审判程序代字以及案件顺序号；(3)诉讼参加人的基本情况，依次列明所有诉讼参加人，包括当事人及其诉讼代理人的身份情况；(4)案件由来和审理经过。

2. 正文

正文是法律文书的核心部分，每一份文书都不可或缺。正文部分全面体现了文书所要解决的问题及法律事实和法律依据，是制作法律文书的目的之所在，故其所包含的内容较多。比如，第一审行政判决书的正文包含如下内容：

(1)被诉的行政机关作出的具体行政行为以及相关证据；(2)原、被告双方的诉辩意见；(3)法院调取和认定的证据；(4)法院认定的案件事实；(5)判决理由部分；(6)判决结果。

3. 尾部

尾部是法律文书的结束部分，大多需要交待权利义务告知事项、制作机关或制作者的签署、日期、用印、附项等内容。不同的文书，尾部的事项略有不同，但是制作者或制作机关的签署、文书签发日期、用印则是通用的必备事项。法律文书尾部的程式化特征特别显著，制作者不能任意取舍、变更。

起诉书的尾部包括如下内容：

(1)受文机关，写明接受起诉书的人民法院的名称；文书的签署，起诉书由具体承办案件的公诉人署名，应写明其法律职务和姓名；注明提起公诉的日期并加盖检察机关印章。(2)附项，写明在押被告人的候审状况，注明羁押场所或监视居住、取保候审的处所；证据目录、证人名单和主要证据复印件，并注明数量；有关涉案款物的情况；被害人附带民事诉讼的情况以及其他需要附注的事项。

二、法律文书结构的内容要件

(一)法律文书结构内容要件的概念

法律文书结构的内容要件，是指法律文书中所应当包含的、体现其制作目的的、具有内在联系的各种必备成分。法律文书结构的内容要件由事实、理由和结论三个部分组成。

（二）法律文书结构的内容要件构成

1. 事实

法律文书中所称的事实就是案件事实或者具有法律意义的事件经过。法律文书的事实属于法律事实，包括能够引起各种法律关系产生、变更或消灭的事实和构成各种法律关系本身的事实。

2. 理由

法律文书的理由是将所述的事实与案件或事件的处理或认定结果有机联系起来的纽带。具有结论意义的法律文书应结合相关法律规定写明作出裁决或得出结论的理由。文书的理由部分通常必须具备以下内容：对已查明的案件事实或事件经过进行法律上的定性分析；结合案件的具体情节作出法律上的定量分析，确定具体情节的法律意义；必要时明确双方当事人或利害关系人的是非责任；就解决争议焦点所适用的法律规定予以论证；引述处理该问题适用的法律条文。

3. 结论

法律文书的结论直接表明了法律文书的制作目的或意图，是文书制作主体依据其职权或权利对案件或事件的实体及程序问题作出的权威性或具有法律意义的判定。结论在法律文书中必须独立和醒目。比如人民法院制作的判决书的结论就是其判决结果。判决结果应当明确、具体、完整，在判决书中是一个单独的部分。

第三节　法律文书的结构类型

根据法律文书结构的形式要件与内容要件的不同，人们将法律文书划分为不同的结构类型来加以把握。我们将法律文书分成填充、表格类，笔录类和叙议类三类，下面分别予以介绍。

一、填充、表格类文书

填充、表格类文书，其制作形式和内容较为固定，相对而言比较容易掌握。这一类文书还可进一步细分为两类：填充类文书与表格类文书。

（一）填充类文书

填充类文书结构的形式要件与内容要件比较单一，制作者只需根据应处理或宣示的事项在文书中相应的空格按要求进行填写就完成了制作任务。这一类文书的形式与内容均一目了然。填充类文书往往特别强调时效性，应依照法律规定的期限及时制作完成。公安机关的被取保候审人义务告知书是典型的填充类文书，共一式三份，一份附卷，一份交被取保候审人，一份交执行机关。被取保候审人义务告知书附卷联的结构如下：

被取保候审人义务告知书

　　根据《中华人民共和国刑事诉讼法》第六十九条第一款的规定，被取保候审人在取保候审期间应当遵守以下规定：

　　(一)未经执行机关批准不得离开所居住的市、县；

　　(二)住址、工作单位和联系方式发生变动的，在二十四小时以内向执行机关报告；

　　(三)在传讯的时候及时到案；

　　(四)不得以任何形式干扰证人作证；

　　(五)不得毁灭、伪造证据或者串供。

　　根据《中华人民共和国刑事诉讼法》第六十九条第二款的规定，被取保候审人还应遵守以下规定：

　　(一)不得进入＿＿＿＿＿＿＿＿＿＿＿＿＿＿等场所；

　　(二)不得与＿＿＿＿＿＿＿＿＿＿＿＿＿会见或者通信；

　　(三)不得从事＿＿＿＿＿＿＿＿＿＿＿等活动；

　　(四)将＿＿＿＿＿＿＿＿＿＿＿证件交执行机关保存。被取保候审人在取保候审期间违反上述规定，已交纳保证金的，由公安机关没收部分或者全部保证金，并且区别情形，责令被取保候审人具结悔过、重新交纳保证金、提出保证人，或者监视居住、予以逮捕。

　　本告知书已收到。

被取保候审人：

年　　月　　日

　　(二)表格类文书

　　表格类文书的形式要件明确而固定，只有少量的事项留出空格由制作者加以填充。这类文书的内容要件单一而简明，无须进行复杂的叙述和严谨的分析说理。法律文书中这一类的文书种类较多，各个文书制作机关或其他制作主体必要时皆需制作表格类文书。公安机关的会见犯罪嫌疑人申请表即为填充类文书，其具体填写事项已在表格中列出，制作者应按照要求逐项进行填充。

会见犯罪嫌疑人申请表

申请人		性　　别		出生日期	
单　位		律师执业证编　号			
犯罪嫌疑人		性　　别		出生日期	
涉嫌罪名		拘留/逮捕/监视居住时　间			
我受＿＿＿＿＿＿委托，为犯罪嫌疑人提供辩护。根据《中华人民共和国刑事诉讼法》第三十七条第＿＿＿款之规定，特申请会见犯罪嫌疑人。 申请人：　　　　　　　　　　　　　　　　年　月　日					
侦查机关意见	办案人意见： 　　　　　　　　　　　　　　　年　月　日				
	办案单位意见： 　　　　　　　　　　　　　　　年　月　日				
	领导批示： 　　　　　　　　　　　　　　　年　月　日				

二、笔录类文书

（一）笔录类文书的概念与特点

1. 笔录类文书的概念

笔录类文书是公安司法机关、公证机关、仲裁机关、行政机关、律师以及司法行政机关依照法定程序，以文字形式如实记录诉讼活动或非诉讼活动的实录体的法律文书。对于诉讼案件而言，笔录是案卷材料的重要组成部分，是法定诉讼证据之一。在各种非诉活动中，笔录同样起着证明作用。就外在表现形式来讲，笔录类文书是制作者运用规范的语言文字记录相关事项于特定的笔录纸上，而不能采用图形、符号等方式进行记载，也无须利用录音、录像等现代化手段。

2. 笔录类文书的特点

(1)内容的纪实性

这是笔录类文书最基本的特征。作为实录体的法律文书，笔录必须如实记录法律活动中出现的对话或行为经过。尽管在记录时出于技术原因不得不有所概括和总结，但是真实反映记录者耳闻目睹的有关情况始终是笔录制作的根本要求。在记录过程中制作者无须重构所直面的记录对象，即使明知记录对象陈述或行为中存在虚假或错误，笔录者也只能如实呈现。比如，犯罪嫌疑人在接受讯问时，故意歪曲案件事实；行政执法者在进行现场调查时未出示工作证件等情况，笔录者都应当真实地记录下来。前者表现了犯罪嫌疑人供述时的态度；后者说明了行政机关在实施具体行政行为时程序违法。

(2)材料的原始性

无论笔录类文书的表现形式和制作主体有多么不同，各种笔录的材料，或由当事人、证人、知情人直接提供，或留存在相关场所由办案人员亲自提取、固定，对于文书制作者而言，均源于其亲自的接触。就此，笔录材料的摄取途径与其他法律文书相比，就显得更为原始。笔录内容自然也就成了法律工作者获得的第一手与案件相关的信息。

(3)制作的及时性

笔录必须在记录客体呈现的当场制作，而不像判决书或诉状那样是在事发后的一定时间段内，经过深思熟虑之后再字斟句酌地制作出来的。只有及时制作才能保证记录内容的准确，才能有效防止因记忆或者其他因素的干扰而对笔录的客观性所产生的不利影响；而且只有及时制作，才能够促使被记录的主体当场在笔录上进行签字，从而确保笔录符合法律规定的要求，否则其证据能力和证明力将受到质疑。

(4)适用的广泛性

笔录类文书适用的广泛性主要体现在两个方面：首先，笔录文书的制作主体十分广泛，既包括公安机关、人民检察院、人民法院，同时还包括公证机关、仲裁机构、行政机关、律师和司法行政机关等；其次，笔录的记录对象亦十分广泛。在诉讼活动和非诉法律活动中的各个阶段都会出现需要以文字形式留存下来的信息，都缺少不了笔录类文书。

三、叙议类文书

（一）叙议类文书的概念

叙议类文书，是形式结构与内容结构皆齐备与完整的法律文书。这一类文书大多具有法律效力，体现了制作主体对具体法律争议或问题的观点或主张，制作时既需要如实叙述案件事实或事件事实，也必须详细罗列相关证据，阐明提出观点或主张的理由，并在此基础上得出明确的结论。叙议类文书样式规范，结构完整，突出地体现了法律文书的结构特征。叙议类文书在制作难度上明显超过填充、表格类文书和笔录类文书，是法律文书学学习和研究的重点。

（二）叙议类文书的基本结构

叙议类法律文书的具体类别有着各自不同的结构模式，本书将在分论中予以介绍。

在此，我们简要介绍一下普通法系国家判决书的结构，让大家初步了解与认知叙议类法律文书结构的形式要件与内容要件的一般表现：①

判决书分成几部分，使用标题、小标题甚至使用段落编号可以大大地有助于阅读、理解和参考；使用简单的词语和句子会更加有助于阅读。

1. 开篇或介绍性部分

如："本案是根据 1995 年商标法，对商标注册委员会 2000 年 8 月 30 日作出的决定提出的上诉。"

很多普通法的判决书在最后部分才披露判决的结果。在这方面的选择可能取决于法官是愿意通过逻辑步骤引导读者得出结论，还是愿意让读者在知道主要争议和答案的情况下，考虑判决的内容。

无论选择何种方式开始写判决书，形式上应该是简洁和整齐的，没有不必要的细节性东西。开篇应该确定诉讼各方，其他场景简单明了地交代就可以。

在交代背景的时候，只有对争议的理解有实质性作用的事项才应该被包括进去，而且应简单处理。列出不必要的事实可能导致混淆和掩盖法官要确定的真正争议、法律和事实问题。

---

① 参见［澳大利亚］凯瑟琳·布兰森：《判决书的结构和内容》，载《人民法院报》2003 年 12 月 8 日。

2. 事实认定

在认定事实方面，普通法判决书注重对推理过程的关注。

事实可分成三类：基本事实、推定事实和最终事实。基本事实是证人可以对自己的所见所闻提供直接证据的事实。推定事实是从经证实的基本事实中推断出来的事实。最终事实则是法律和事实的混合体。在大多数情况下，法庭会发现它必须在这三个层次上分别认定事实。但是，法院对基本事实的认定可以说最为重要。法院会通过推理对事实进行认定。

判决书中记录认定事实的语言应该清晰地表明，法庭是否肯定地认定了事实，或者法庭是否对当事人主张的事实无法认定(即法庭对于所主张的事实，既不认为已经被证明了，也不认为没有被证明)。

3. 将法律适用于事实

判决书中应阐述完整的推理过程，即如何通过经认定的事实推导出法律结论，这一点至关重要。理想的判决书应当能够说服读者，使之相信法庭的裁决有充分的理由支持。

应该明确地确定双方的争议是事实争议(即争议是关于发生了什么)，关于法律的争议(即争议是关于适用什么法律规则和法律规则的含义是什么)或者涵盖二者的混合争议，或者双方仅仅是不能就将确定的法律适用于确定的事实达成协议。在清楚地确定了双方之间的争议是什么之后，判决书接下来应该解决争议，清楚地解释为何解决的结果依照法律是正确的。

思考题

1. 简述法律文书结构的特点。
2. 法律文书结构的形式要件由哪些部分构成？
3. 试述法律文书结构的内容要件。
4. 试述法律文书结构的形式要件与内容要件之间的关系。
5. 简述法律文书的结构类型。
6. 请谈谈你对叙议类文书结构的形式要件与内容要件的认识。

参考文献

1. 王亚新. 对抗与判定——日本民事诉讼的基本结构[M]. 北京：清华大学出版社，2002.

2.［美］小查理德·K. 诺伊曼 . 法律推理和法律文书写作［M］. 北京：中信出版社，2003.

3.［澳大利亚］凯瑟琳·布兰森 . 判决书的结构和内容［J］. 人民法院报，2003-12-8.

第三章　法律文书的语言运用

【内容提要】

法律关系主体在参与诉讼或非诉法律事务的过程中制作各种法律文书时所运用的语言，即法律文书的语言。其并非一个独立的语言体系，但自成一派，具有独树一帜的特性。

法律文书语言的语调以平调和降调为主，对于升调和曲调运用较少；词汇多用规范的正式用语，强调法律术语的使用，注重词语的褒贬色彩；论及语法，法律文书通常要求语句结构完整、逻辑合情合理，以陈述句和长句为主导。法律文书的语体属于书面语体中的公文语体，具有准确、庄重、简明、严谨的特点。法律文书依语体可划分为四类，即通俗灵活的法律对话语体、庄重规范的法律公文语体、情理交融的法律演说语体、简约自由的法律应用语体。

法律文书语言的修辞需具备基本的条件，即结构形式模式化、内容表述条理化、修辞手段消极化。其修辞着重于消极修辞，积极修辞受到较为严格的限制。模糊修辞在法律文书中一般表现为模糊语言的运用，主要体现在表示时空、数量、程度、评价等方面，但必须服从于一定的原则要求。

【基本概念】

法律文书的语言　语调　词汇　法律术语　语法　陈述句　长句　法律文书的语体　口头语体　书面语体　消极修辞　模糊语言

第一节　法律文书语言的特点

法律文书的语言，是指法律关系主体在参与诉讼或非诉法律事务的过程中制作各种法律文书时所运用的语言。法律文书的语言并非一个独立的语言体系，没有形成自身独立的语音、词汇和语法系统。不过，由于法律文书运用语言进行表达的客体具有特殊性，反映了侦查、起诉、审判、执行、仲裁、公证及行政执法等诉讼或非诉活动的经过和结果，展现着法律的尊严和权威，于是在漫长的历史流变中，法律文书的语言逐渐具有了独树一帜的特性。众所周知，语音、词汇、语法乃是语言的三要素，下面将从这三要素出发来分析法律文书语言的特点。

一、法律文书语音的特点

作为语言的物质外壳，语音不仅将语义内容以物质形态传递出来，而且凭借自身具备的各种特性，生动形象地传达情境、感触和思想。虽然法律文书的语言多以书面形式呈现出来，但众多法律文书，特别是诉讼法律关系主体制作的诉讼文书常常要在庄严肃穆的法庭上进行宣读或口头表述，故而其语音方面的特点同样值得人们探究。

音节是人们从听觉上最容易分辨出来的最基本的语音单位，一个汉字就是一个音节。汉语的音节结构由声、韵、调三部分组成。声即声调，是一个音节高低升降的变化形式。现代汉语有阴平、阳平、上声、去声四调，大体对应汉语拼音的一、二、三、四声。四声可分成平仄两类：阴平、阳平属平声，上声、去声属仄声。平声字上扬，音感宏亮，读时声音可以拉长；仄声字下抑，音感清快，读时声音短促。声调具有区别意义的作用。韵即韵律，汉语语音的音高、音强、音长和音色各种要素，通过不同的排列组合，能够构成声韵、平仄、停延、高低、轻重、长短、快慢等节律的基本形式。虑及我国法律文书制作的现实状况，目前过于强调法律文书语言的声、韵问题，颇有好高骛远之嫌，此处存而不论。

调为语调，狭义的语调专指语音高低起伏的变化。语调的结构一般分为调头、调核、调尾三个部分。汉语普通话的语调有平调、升调、降调和曲调四种。前三种语调是单向的，曲调是双向的。① 出于表达各种情感和语气的需要，人们在运用语言时会选择不同的语调：平调，即调头、调核、调尾基本维持在同一语音高度上，无明显的高低变化，多用来叙述、说明，通常表达沉静、庄严的内容；降调，即调头或调核高于调尾，多用于陈述、感叹和祈使句，通常体现肯定、沉重、请求的语气；升调，即调头或调核低于调尾，多用来表达疑问、命令，通常展现疑问、反诘、激愤的情绪；曲调，由升调和降调混合而成，多用于恐惧、惊讶、讽刺、夸张的句式，适宜宣泄复杂的情感。

法律文书重在以理服人，期间情感的流露一般比较克制和隐忍，奉行"不

---

① 孙汝建：《汉语语调的语气和口气功能》，载《南通师范学院学报（哲学社会科学版）》2000 年第 3 期。

着一字，尽得风流"的"春秋笔法"。所以在语调方面，制作者无须刻意追求丰富多彩的变化，以选择平调和降调为上。升调和曲调偶尔会在公诉意见书、辩护词或代理词等更易展露情感的文书中出现。

二、法律文书词汇的特点

（一）使用正式规范的词汇

1. 采用正式用语

一方面，在一般情况下，正式用语就是指的书面语。现代汉语包括单音节词和多音节词，其中多音节词在数量上占有绝对的优势。通常，语气正式则音长语重，而单音节轻、多音节重。在这两个原则的共同作用下，多音节的形式自然就被用来表达正式庄重的语气了。尽管多音节的词汇不限于书面语，但是书面语的词汇大多是多音节的。① 多音节词汇表意更为明确，音节的协调和匀称也更符合法律文书对语言的要求。因此在制作法律文书时宜选用更为正式的多音节词汇。行文时，法律文书的制作者往往需要将单音节词调整为多音节词汇来进行表达：如将"偷"调整为"盗窃"，"买"调整为"购买"，等等。更进一步，在多音节词汇中，法律文书还应选择更加书面化、更加正式的词语，比如，"借钱"与"借款"、"粗心"与"疏忽"相比，后者显然更为规范和庄重。

另一方面，为了体现用语的规范、凝练和文雅，法律文书又选择以单音节的文言词汇代替多音节的现代汉语词汇，如："未能尽到必要的注意义务"中的"未"、"不足采信"中的"足"等。此一点与采用现代汉语的多音节词汇，看似相反实则相成。

2. 准确运用法律术语

制作法律文书时，常常既要把整个事件经过、证据资料的占有、相关的理由和最终的观点与结论符合要求地展现出来，又必须语言朴实、言辞简练，用较少的词句传达出较大的信息量。因此文书制作者应当选取最能反映事物本质的词语。这其中最为关键的就表现在正确使用法律术语这一方面了。法律术语是立法机关用于表达法律概念的专门术语，含义单一、固定，而且界限分明。此举亦有助于体现法律文书的威严和权威。为此，文书制作者要仔细辨别法律术语的内涵、性质、适用范围，对于词义相近和差别细微的术语，如："疏忽大意"与"过于自信"、"抵押"与"扣押"、"承认"与"认诺"等，应仔细推敲与

---

① 冯胜利：《论汉语书面正式语体的特征与教学》，载《世界汉语教学》2006 年第 4 期。

鉴别，避免出现使用错误。

（二）区分词汇的褒贬色彩

词语本有褒义、贬义和中性之分，这构成了词义的感情色彩。展现对事物肯定、喜爱、赞美、尊敬的感情或态度，多采用含有褒义的词汇；宣泄对事物否定、厌恶、贬斥、鄙视的感情或态度，多采用含有贬义的词汇；不显露爱憎，中正平和的词语，则为中性词。我们在运用语言进行交流时，必须辨别与区分词语的褒贬色彩，从而更准确、更鲜明地传递思想，提高语言的表达效果。尽管大多数的法律文书无须也不宜直接表露情感，以如实反映客观对象为指针，但其鲜明的倾向性仍不时地经由词汇本身的感情色彩透露出来，使人们感受到制作者的立场和态度。如：

> 本案被害人姜×与同伙实施抢劫后逃离现场，针对黄××的不法侵害行为已经结束。此后黄××驾车寻找并追赶姜×及同伙，姜×一边逃跑一边持水果刀对坐在车内的黄××挥动，其行为是为阻止黄××继续追赶，并未形成且不足以形成紧迫性的不法侵害，故黄××始终不具备正当防卫的时间条件，辩护人关于正当防卫的辩护意见本院不予采纳。

在这份判决书所涉及的刑事案件中，姜×虽为被害人，但因实施了抢劫的犯罪行为，故法院在界定其行为时使用了明显含有贬义的词语——"同伙"与"逃离"，既与后文的"不法侵害"相对应，也反映了裁判者对其不法行为的否定态度。

表明制作者的立场为法律文书所必需，故应适当采用褒贬含义不同的词语。不过，应予注意的是，"对人及其存在的尊重，是现代法治的基本精神"。这一基本精神要求在法律文书中运用具有褒贬色彩的语词时注重文明，以不损及他人人格尊严为限，"即使面对的是十恶不赦的罪犯，亦须尊重其人格"。①换言之，即使有时不免心怀否定与憎恶，也不能因之而有损他人的人格尊严。

三、法律文书语法的特点

（一）语句结构完备严谨

1. 语义明确，避免歧义

无论何种文体，皆是语言的艺术。不同之处在于，文学作品意在传情，法

---

① 张建伟：《司法文书与人格尊重》，载《法制日报》2003年1月13日。

律文书重在达意。重在达意，所以法律文书特别强调语句涵义的自足、独立，即使脱离语境和上下文，也不会引发歧义。因此，文书中的每一语句皆应遵循语法规范、结构完整，每个句子的主要成分均需完备。语句一旦含义模棱两可或者语带双关，就产生了歧义。歧义的出现通常基于两种情形：一种是由于语句的内涵少、外延大所致；另一种则在于标点符号的使用错误。此均为法律文书造句应竭力避免的情形。如"原告与两被告先后两次协商达成了解决方案，但事后两被告均未履行义务"。这里到底是"原告与两被告先后分别协商一次"，还是"原告与两被告共同协商两次"，实在令人困惑；又如"打伤被告人的辩护律师"，究竟是"（他人）打伤被告人的辩护律师"还是"辩护律师打伤了被告人"，确实令人费解。在文书制作的过程中以及制作完毕后，制作者应仔细阅读、认真推敲，力求将其中存在歧义、令人难以决断的语句查找出来予以改正。

2. 语序正常，逻辑合理

句子成分一般有相对稳定的排列顺序，按照常规语序排列的句子，为常式句；改变正常排列顺序的句子，为变式句，也叫倒装句。常见的倒装句有主谓倒装、状语与中心语倒装等类型。法律文书的语言常常带有多重定语或状语，但从来不出现定语后置或状语后置等现象，这是因为定、状语的后置带有某种表情因素，类似于描绘手段。法律文书要求采用正常语序，并采用一些程式化的句式，其组成成分、词序固定，如起诉书正文的法律依据部分，必须表述为："其行为触犯了《中华人民共和国刑法》第××条，犯罪事实清楚，证据确实充分，应当以××罪追究刑事责任。根据《中华人民共和国刑事诉讼法》第一百七十二条之规定，提起公诉，请依法判处。"这是不允许制作者随心所欲进行改变的。此外，语句除了规范、完整，只能形成单一的理解、语序正常之外，句子内部、句群之间还必须前后协调、逻辑合理，与文书的主旨相统一。句子内部、句群之间，以及段落之间必须符合同一律、矛盾律的逻辑规律。倘若前后观点未保持一致，自相矛盾，则既不能准确反映客观事物，也不能正确表达思想。到底是"法不能恕，情有可原"，还是"情有可原，法不能恕"，切不可随意论定，必须虑及判定者以及文书前文的主张是意在宽恕还是主张严惩。

(二)句型少变，长句为主

1. 以陈述句为基本句型

法律文书的基本句型为陈述句，必要时兼采判断句式。当然，在有节制地表达情感之际，也可以通过反诘句来增强力度。对疑问句和感叹句的使用则较为谨慎。同时，为了理解的方便，文书中多采用主动语态，少用被动语态。标点符号也多用逗号、顿号、分号、冒号和句号，很少出现问号、感叹号和破折号等。如：

　　辩护人认为，在刑事诉讼中，首先适用的是"无罪推定"原则。在这一原则下，如果要认定被告人有罪，必须要有确切和充分的证据证明被告人具备适当的主体资格要求、有主观过错，实施了相关的行为并且其行为侵犯了相应的客体和应当受到刑罚处罚。而要得到这些证据必须依照法定程序、采取合法的方式取得；在认定这些证据时，要求必须是不存在任何合理怀疑、绝对可信赖的；所有这些证据必须形成完整的链条，通过这一证据链条能够得出一个完整的结论，这一结论必须是唯一的、没有其他任何可能存在的。而且在刑事诉讼过程中，如果在运用证据上产生怀疑时，应当从有利于被告人的原则进行认定；如果在认定事实上产生歧义时，应当从有利于被告人的角度作出解释；如果在适用法律上产生困难时，应当从有利于被告人的方向进行选择。

　　这里所引的辩护词片段，全文皆为陈述句；标点符号中也没有问号、感叹号和破折号。整段文字观点明晰，论证严密且逻辑合理。

　　2. 长句为主，短句为辅

　　语句有长句短句之分。一般而言，长句结构复杂，句子较长、修辞语多、层次复杂，表意时显得严谨、精确、细致；短句则结构简单，句子较短、用语较少、层次简单，表意多半简洁、明快、有力。在各种法律文书的语体中，接近口头语体风格的文书以短句为主，其他文书则视需要和制作者的表达习惯而定，如：具有命令、禁止意味的祈使句及表意单纯的陈述句，大多表现为短句；而周详地叙述案情或缜密地法律推理论证则往往通过句中套句的长句来展现。总体来看，法律文书的语句以长句为主，短句相对较少。

　　法律文书中还活跃着不少文言句式。适当采用文言句式，既可以使内容简明有力，又能增添庄重色彩，如："且刑满释放后，在 5 年内又重新犯罪，属累犯，并多次犯罪，仍屡教不改，主观恶性极深，应从重处罚。"

第二节　法律文书的语体

一、语体概述

1. 语体的概念

在语言学的理论中，所谓语体，是指适应不同的社会活动领域的交际需要所形成的具有一定功能风格特点的语文体式。① 语体是各种制约因素对语音、词汇、句式、修辞等语言材料、表达手段经过长期地选择运用，造成功能分化而历史地形成的结果。不同的交际功能形成不同的语体。一定的语体具有特有的文风、格调、外在表现形式和一定的语言体式。

2. 语体的分类

依不同的标准区分，可对语体作不同的分类。最常见的分类标准为依语言传播方式的不同将其划分为口头语体和书面语体。口头语体与书面语体存在显著的区别。口头语体讲求生动、活泼，多用短句、省略句和独语句；书面语体主张严谨、庄重，多用长句、规整句和复句。

口头语体又可进一步分为对话语体和演说语体；书面语体以文体来进行区分，包括文学语体、政论语体、新闻语体、科技语体和公文语体等。应用文是人们处理公私事务时使用的，用于解决具体问题的具有固定或惯用格式的文体。应用文的语言体系属于公文语体。因此，公文语体又称为应用语体。它主要包括法律应用语体、行政应用语体、外交应用语体、日常应用语体、广告应用语体等。法律应用语体是各种规范性法律文件和法律文书中所运用的语言体系的总称。前者可称为立法语体，后者即为法律文书语体。

二、法律文书语体的特点

法律文书的语体，是法律关系主体，即公安司法机关、当事人和律师以及公证、仲裁、行政机关等在从事法律事务的活动时，根据工作的性质和制作目的而形成的具有一定功能风格特点的应用语体。

一般而言，应用语体的主要写作手法是记述，实用是其目的。诉讼活动和非诉法律活动的特殊性质、目的、内容和程序，促使法律文书语体不同于

① 《辞海·语词分册》，上海辞书出版社 1987 年版，第 65 页。

其他公文语体，具有更为显明而独特的风格。法律文书语体的特点主要表现为：

1. 准确

准确是指在法律文书中无论是运用语言反映事实经过、各种事物及现象，还是论证理由和得出结论都必须从实际出发、实事求是，不能欺瞒伪作、夸大错漏。表述准确才能做到清晰明确，模糊不清是无法令人探知真实情况的。

2. 庄重

庄重是指语言端庄规范，格调郑重严肃，不使用具有描绘色彩的形容词或形容词的重叠式、动词的重叠式。在法律文书中选词造句强调正式得体，体现出法律的威严。庄重反映了法律的权威性和严肃性对法律文书语言运用的影响。

3. 简明

简明就是简洁明确，法律文书要求语言表达简明扼要、流畅自然，没有过多地铺排和渲染，多选用负载信息量大的语言；把法律活动及关系中相关的人、事、物和道理直接了当、明白无误地呈现出来，并且不生歧义。前文已经提到，制作法律文书，重在直接传达意图，委婉曲折的表达方式并不适宜。

4. 严谨

严谨就是用语细致周密、搭配适当，文句结构紧密、符合逻辑，用相同的概念和术语表示同一事物。法律文书要么具有法律效力，要么具有法律意义，因此其表达意见和陈述观点皆要有理有据，落实到语言运用上就体现为不能前后矛盾、漏洞百出。在进行表达时，应次序合理、层次分明。

三、法律文书语体的分类

法律文书语体的特点在各种法律文书中均能得到充分体现。可是由于法律文书具体类别的差异，其语体特点在基本方面一致的前提下，仍然存在着一些细微的分别，故而能够进一步将之划分为不同的语体。由此，我们可将法律文书的语体分为四类。

(一)通俗灵活的法律对话语体

口语表达大多比较随意，其特点在于通俗、简短、灵活。一般而言，口语表达中会有较多的省略句，使用非正式用语也较为频繁，而且经常出现众多不合语法规则的语句和随心所欲的词类活用。这些现象在对话语体中表现得尤其明显。法律文书作为一种书面语体自然是与此截然不同的。但是文书制作客观性的要求却使得其不可避免地表现出口头语体的某些特点。这其中最为典型的就是各种对话体笔录。对话体笔录记录的是法律活动中的对话经过，从如实记录的要求出发必然要呈现出对话语体的风格。但记录对象的特殊性和留存、固定证据的笔录的制作目的决定了其不同于一般的对话语体。全然不合语法规则，且难以为人所理解的省略语句在记录时也不得不稍作补充或解释；完全别出心裁的词类活用当然也不能照录不误。凡此种种的取舍过程，再加上记录的内容关涉法律活动，这就在法律对话语体和其他口头语体之间划出了一道醒目的分界线。对话体笔录因此也就具备了与众不同的语体特色。

（二）庄重规范的法律公文语体

庄重规范鲜明地体现了法律文书语体的特点和风格。法律的权威性借此得以彰显。这正是最具代表性的法律文书语体特点的显现。公安司法机关、有权就相关问题作出处理决定的组织制作的、表明自己的意见和结论的法律文书当仁不让地具有此种语体特点。如公安机关的起诉意见书、检察机关的起诉书、人民法院的裁判文书、仲裁机构的仲裁裁决书等。这些文书遣词造句必须认真推敲、使用正式的书面用语和法律术语、必要时采用固定不变的句式或表达方式，而且这类文书皆有着通行的结构模式。

（三）情理交融的法律演说语体

法律文书着重于以理服人，希望凭借充分地论说阐明事理和法理以求引起共鸣，使自己的观点和主张得到阅读者的认同和首肯。但在适当的时候也不必强行压抑情感的外泄。有时以情感人也不失为一种赢得支持的有力方法。所以在具有演说性质的辩护词、代理词以及检察机关在法庭上发表的公诉意见书中不可避免地会有情感的直接流露。法律演说重在直接获得他人——有权作出最终裁决的主体的接受和认同，必然要注重语言的感染力和说服力，情理交融的风格于是成为当然之选。

（四）简约自由的法律应用语体

因法定权益受到侵害或者与他人发生争议，争议主体为了寻求公正而合理合法的解决往往需要制作各式各样的申请类或反驳类的法律文书，如刑事自诉状、民事起诉状、行政答辩状、仲裁申请书等。这些文书由于制作者个体的差异，在语言运用方面的个性特征无法消除。而法律出于平等保护各方主体权利的需要，大多不对这类文书的制作提出过高的要求和采用较高的衡量标准。这类文书在语言运用上或通俗自由或规范得体，语言表达或详尽全面或简单概括，只要满足基本的法定形式要件，就不会影响制作主体目的的实现从而成为合乎要求的文书。

第三节 法律文书语言的修辞

语言的特点和语体风格决定了法律文书不以追求词藻的华丽、句法的新奇、意境的深远、情感的真挚为上。但是，这并不意味着法律文书可以全然抛开语言的修辞，只是其中的修辞手段不同于其他文体而已。

一、法律文书语言修辞的基本要求

·根据已经掌握的语言材料，对各种表现手段进行恰当地运用，从而使语言表达准确清晰、新奇自然、栩栩如生且引人入胜，这就是修辞。为了使文章更具有表现力、感染力，更富于欣赏性，各种修辞手段应运而生。作为文体之一的法律文书，修辞手法不可或缺。不过，法律文书语言的修辞必须遵循一些不同于其他文体的特别要求。

1. 结构形式模式化

为适应所表现内容的需要，也为了体现所处理和解决的问题之性质，更重要的是为了坚持法律实施的统一性，法律文书多采用相同的结构形式来安排同一种类文书的篇章结构。这种稳定的结构层次和排列顺序形成固定的模式，不允许或者不提倡制作者依自己的意思随意增删改造。以针对作为具体行政行为而制作的行政判决书为例，不管行政争议的具体性质究竟如何，案情复杂程度怎样，双方当事人之间分歧的多寡，第一审程序的行政判决书的结构模式皆是同一的。

2. 内容表述条理化

在结构模式化的基础上，具体法律文书的每一个组成部分所包含的事项，都要求内容明确齐备、条理清楚合理，而不能内容纷繁、形神散漫。如各类民事法律文书的事实部分，均要求全面而合理地反映民事案件的基本叙述要素，并将当事人之间所形成的法律关系以及法律关系发展变化以致引发争议的过程展现出来，随后列出的证据亦应与所叙事实相互对应。

3. 修辞手段消极化

法律文书的语言不同于文艺作品的语言，不能过于追求艺术化。那些艺术性非常强的修辞手段与法律文书的风格实不相宜。故而法律文书在修辞手段上宜遵循消极化的原则，以达意的明白、准确和逻辑的周密、有序为目标。①

上述修辞的基本要求在任何一份法律文书运用语言的过程中皆应得到遵循，如此才能使法律文书的特性得以突出，形成自己的风格，并与所处理和解决事项的属性相当。

二、法律文书语言的修辞手段

（一）消极修辞与积极修辞

1. 法律文书中的消极修辞

消极修辞主要关涉遣词造句和篇章结构的基本原则，要求用词准确、语义明晰、文理通顺、结构合理、繁简适当，使所要表达的内容清楚明了。消极修辞与前文所论及的词汇、语法等有着较为密切的关联。消极修辞重在选词炼句，慎用修辞格，其所采用的各种手段和技巧为修辞律，也称辞律。

法律文书中消极修辞的辞律主要有：（1）明确，包括内容的明确和表达方式的明确，也即语言简洁明晰、条理分明，不随意省略；（2）通顺，也就是行文紧紧围绕制作意图，线索清楚、顺序合理且前后衔接照应；（3）得体，即表达的内容与语言的运用和谐一致，词句平易、适当。

2. 法律文书中的积极修辞

积极修辞，又称为文学修辞，其重点和核心在于修辞格的运用，要求调动一切修辞手段，形象地表现内容、营造意境，意在使其表达生动感人、引发共鸣。积极修辞最根本的要求就是动人。

法律文书具有庄重严肃的风格特征，所以积极修辞，特别是极富艺术感染力的比拟、夸张、婉曲、反语、析字、闪避等含蓄委婉、曲折表意的辞格，是绝对排斥的。但法律文书中并非杜绝一切修辞格，有些艺术意味不是那么浓厚的修辞格，特别是章句上的辞格，如比喻、排比、对偶、层递、引用，以及借代、借用等仍不时闪现。

（二）模糊修辞

1. 模糊语言的概念

法律文书的语言追求清楚明晰，要求界定分明、区别显著。然而，依现代语言学理论，有些语言符号并不存在明确可指的语词对象。不但客观事物自身

---

① 吴礼权：《基于计算分析的法律语体修辞特征研究》，载《云南师范大学学报》2003年第6期。

存在着模糊性，而且人们对客观事物的认识也有着不确定性，于是就产生了模糊语言。所谓模糊语言，就是为了界定生活中那些不易准确表达或不宜准确表达的事物，适当减少内涵、扩大外延，以表示不精确的相对概念的词语。实际上，模糊语言并非表达的含糊与模棱两可，在一定的语境中，借助上下文的帮助，模糊语言其实都有确指的含义。模糊语言是对表达对象的一种客观表述。

2. 模糊语言在法律文书中的运用

模糊修辞在法律文书中主要体现在模糊语言的运用上。法律文书运用模糊修辞，不是为了追求语言表现的朦胧含蓄，使得文书更有意蕴和趣味，而是试图减少一些不必要的修饰，过滤掉琐碎无用的细节，避免粗俗鄙陋的言词，以使表达显得严肃庄重。有时借助于模糊语言还能达到保守国家秘密、商业秘密和个人隐私的目的。其实，在特定的语言环境中，模糊语言有时比精确语言含义更为准确，更符合客观实际情况。

模糊语言在法律文书中运用得比较多的方面主要有：

（1）表示时空。如果时间界限或空间范围难以查清或无法确定时，可以运用模糊语言来进行表述。时间方面，如："11月18日凌晨"、"3月23日17时30分左右"、"谈话进行了大约20多分钟"、"2007年底"、"2008年4月初"、"2002年12月至2005年8月间"等；空间方面，如："在本市大兴区亦庄鹿圈三队附近"、"在×××路公共汽车总站南侧"、"××路农贸市场门口西侧便道"等。

（2）表示数量。当事物的数量无从计算或无法度量时，可以运用模糊语言来进行表述。如："数次"、"1400多万元"、"以每克50元左右的价格购进"、"30多万亩土地"、"××公司借款约定的利率大多是银行贷款利率的1倍多，不超过2倍"等。

（3）表示程度。程度多用形容词、副词表示，绝大部分情况下是无法量化的，只能运用模糊语言。如："后果严重"、"情节显著轻微"、"危害不大"、"无合法、有效的证据证明存在着起诉书认定的重大损失"、"对这种执法的平衡和法律的严肃性必须予以高度重视"等。

（4）表示评价。对事物、行为、态度等进行评价时，往往也是难以寻找到合适的精确词语予以表达的，需要采用模糊词语。如："不存在逼供、诱供的环境，对被告人相对有利"，"积极采取补救措施"，"在量刑时可以依法对被告人石××酌情从轻处罚"等。

必须注意的是，运用模糊语言，理应服从于一定的原则：一是需要有相对确定的范围或者存在比较性、层级性的限定，比如上文中"酌情从轻处罚"的处理结论是能够通过与"依法处罚"和"依法从轻处罚"的相互对比来加以把握的；二是不能影响最终的处理结果或者印证相关的观点，否则就应当采用精确的语言来表述相关内容。

思考题

1. 法律文书语调的特点是什么？
2. 法律文书词汇的特点主要表现在哪些方面？
3. 在各类法律文书中对法律术语运用的要求有何区别？
4. 简述法律文书语法的特点。
5. 法律文书语体的特点是什么？
6. 试论法律文书语体的分类。
7. 在法律文书中如何运用消极修辞？
8. 试述积极修辞在法律文书中的表现。
9. 试论模糊修辞在法律文书中的运用。

参考文献

1. 刘红婴．法律语言学［M］．北京：北京大学出版社，2003.
2. 杜金榜．法律语言学［M］．上海：上海外语教育出版社，2004.
3. 吴江水．完美的合同［M］．北京：中国民主法制出版社，2005.
4. 孙汝建．汉语语调的语气和口气功能［J］．南通师范学院学报：哲学社会科学版，2000(3).
5. 吴礼权．基于计算分析的法律语体修辞特征研究［J］．云南师范大学学报，2003(6).
6. 朱前鸿．汉语背景下法律基本语词的模糊性研究［J］．国家检察官学院学报，2005(5).
7. 赵静．语体的融合与转换——以古代判词为基本依据［J］．四川师范大学学报：社会科学版，2006(3).
8. 谢宏滨．论法律语言的意义和作用——自社会语言学跨领域的视角观察［J］．太平洋学报，2006(10).
9. 唐师瑶，王升远．中日刑事裁判文书的法律语言比较研究［J］．修辞学习，2006(4).

第四章　法律文书的表达方式

【内容提要】

法律文书中的主要表达方式为叙述、说明和说理。

法律文书叙述的对象是法律事实，包括能够引起各种法律关系产生、变更或消灭的事实和构成各种法律关系本身的事实。刑事法律事实与非刑事法律事实在叙述的必备要素和常用方法方面皆存在着差异，制作时应注意予以区别。文书制作者叙事的视角和能力也会对事实叙述产生影响与制约。

法律文书中的说明对象可分为两个类别：一类是法律关系主体，即对参与诉讼或非诉法律活动的主体的身份情况、身体状态、组织机构及相互关系等进行解说；一类是具体的事物及抽象的事理。前者在于解说事物的性质、特征、功能和状态，后者着眼于对事物的本质、事物内部或事物相互之间的关联予以解说。法律文书说明的方法主要有：列举、描摹、解释、分解、分类、比较。

法律文书中的说理就是论证说理。论证说理有论点、论据和论证三要素，可从法、事、情等不同的角度来进行，在此基础上，还必须满足一些基本的要求。较为接近大陆法系的我国，论证说理所采用的方法为演绎性的，遵循的是形式逻辑的路径。论证说理必须选取最恰当的方法，基本的方法为引证法、例证法和反证法，其他方法主要包括喻证法和归谬法。

【基本概念】

表达方式　法律事实　案件事实　证明对象　自然顺序法　突出主罪法　突出主犯法　标题罪名法　纵横交错法　分项叙述法　叙事者的视角　对法律关系主体的说明　对事物及事理的说明　法律推理　引证法　例证法　喻证法　反证法　归谬法

第一节　叙述在法律文书中的运用

叙述、说明、议论、描写和抒情，为文章的基本表达方式。在形成各种法律关系、处理解决法律争议的过程中，不论是司法机关、执法机关，还是当事人、律师以及其他法律关系主体，其制作法律文书均不以描摹场景、渲染气氛或抒发情感为要旨。因此，法律文书中所采用的表达方式主要是叙述、说明和议论三种。具体而言，在法律文书中，叙述通常用以展现法律关系或法律争议的形成及发展；说明用于解说人物、事物的性质和状态；议论，更准确地表述应该是说理，其对象为认证结果、争议的是非曲直及法律适用。描写、抒情这两类文学艺术色彩较为浓厚的表达方式在法律文书中的运用受到较多限制，其范围和程度不可与前三种表达方式同日而语。

一、法律文书叙述的对象

(一)法律事实的含义和分类

1. 法律事实的含义

在文章的表达方式中，叙述多用来记叙主体的行为或者某一特定事件发生、发展的经过。而法律文书与其他文体不同之处在于，其叙述的对象是与争议有关的、受法律规范规制的案件事实，即法律事实。

在罗马法中，"因其存在而使主体获得或不再拥有主体权利的那些限制或条件叫做法律事实。这些事实在人们之间创立的关系是法律关系"。或者说"法律事实是法律使某一权利的取得、丧失或变更赖以发生的条件，换言之，是引起法律后果的事实"。① 由此可见，法律事实乃因法律而生。经过生效法律的规范和调整，普通的生活事实摇身一变成为规范性的法律事实。

在此基础上，并结合实践中的各种法律争议的具体情形和法律文书制作的实际需要，我们认为，所谓法律事实，是指引起各种法律关系产生、变更或消灭的事实和构成各种法律关系本身的事实的总称。随着人们之间社会交往的日益频繁和深入，交往范围的不断扩展，法律规范和调整的事实范围呈现出不断扩张的趋势。一般意义上的事实日渐增多地成为了法律事实。

法律事实的构成要素中既包括物的要素也包括人的要素：物的要素是指法律事实中外在于人的物(包括自然物和人造物)及其运动的过程；人的要素又分为人的行为和人的心理两个方面。行为是指主体在事实中曾进行的身体运动；心理是指主体在运动前后及运动过程中的内心活动，包括目的、动机和意识状态等。

---

① [意]彼德罗·彭梵得：《罗马法教科书》，黄风译，中国政法大学出版社 1992 年版，第 23、56 页。

2. 法律事实的分类

从因果关系出发，可将法律事实分为两类：一是能够引起法律关系产生、变更或消灭的原因事实。这一类法律事实又依是否以人的主观意志为转移作标准，分为法律事件，即由法律规范规定的、不依人的主观意志为转移而能够引起法律关系产生、变更或消灭的客观现象；法律行为，即由一定主体有意识实施的，能够引起法律关系产生、变更或消灭的实际行为。二是由原因事实引发的法律关系本身。

(二)法律事实叙述的特点

1. 叙事为主，平实简洁

叙述的对象主要为人和事，只不过有的着意于叙述事件的整个过程，有的则在于通过事件表现其中的行为主体。法律文书以叙事为主，着力叙人极为少见。尽管无论何种类型的法律关系必有人的参与，法律关系主体要素不可或缺，然而法律文书的叙述重在展现事件经过及结果。叙述者的首要任务在于把所涉事件的具体情况真实地反映出来，将各种关系交待清楚。叙事过程中涉及的主体身份情况，多采用说明的表达方式加以介绍。如果法律文书着重于叙人，将会与其制作目的和语体风格产生冲突。这是因为着力写人的文章多为表达某种深切难忘的情感，其中即使描述一些故事和事件也是为了凸显所叙人物的性格特征或人格魅力，是为突出人物而服务的。这是文学作品中刻画人物的常用之法，而不是法律文书的叙述重点。此外，法律事实的叙述既不追求精细刻画、铺陈敷衍，也排斥冗长拖沓、繁琐啰嗦。其平实简洁具体表现为制作法律文书重在以较少的言词表达出较大的信息量。因此文书叙事必须选用最能反映事物本质的词语。在法律文书中并不杜绝使用形容词、副词，如新、旧、方、圆、大、小、软、硬、轻、重、强、弱等。但是那些描述性强、文学色彩浓厚的词语，如贼眉鼠眼、悄无声息、暴跳如雷等，则不宜使用。当然，言辞质朴并不等于遣词造句草率随意，它仍要求制作者认真推敲，选择运用凝练严肃的书面语，从而有效地反映法律文书所应具有的真实性，体现出其权威性或说服力。

2. 准确完整，直陈其事

任何文章的叙述都要求准确，但不同的文体，其准确的内涵并不相同。文学作品所要求的准确乃在于叙事状物活灵活现、表情达意细致入微，令人身临其境。而法律文书的叙事则在于确切清晰，既能够将整个事件经过全面展现出来，又做到明白易懂。为了满足这一要求，法律文书的制作者多选用含义确定、程度分明的名词、动词和数量词来进行叙述，形容词、副词多半起辅助作用，感叹词则较少使用。

法律事实固然并不能也无法等同于客观事实，但毫无疑问，实事求是乃是法律文书叙事所必须秉持的态度。叙述法律事实既不能夸大也不应缩小。法律事实的真实性就在于其可证性。但具备可证性也并不一定就是符合要求的叙事，如果叙述要素、法律事实的基本内容残缺不全同样也会被否定。叙述法律事实不但要求清楚阐明各个叙述要素，而且应当开门见山地直接切入正题。法律文书不讲求将含蓄深邃的思想内容通过一个个幽深曲折、生动细腻的故事表达出来，更不追求运用比拟的手法间接地表情达意。正如国外有学者所言，法律文书的主要阅读者——法官和律师——都是十分繁忙的人，他们希望能够迅速而直接地把握文书内容，而不愿花费大量的时间去琢磨文字背后的涵义，也不愿如同赏析作品般地将文书多读几遍。① 因而法律文书的叙事必须直陈其事，烘托环境、营造气氛皆无甚必要，否则将会喧宾夺主以至于淹没主题。法律文书在陈述法律事实时，也不得含蓄隐晦，而必须做到能让普通阅读者在无须借助背景材料的情况下明了文书所涉之法律关系的性质到底是什么，此种法律关系如何发生、发展、变更和消灭。更为重要的是，它还要求能使不同的阅读者从叙述中得出近乎一样的对事件的认识，所以法律文书中的叙事以直接了当为上。

3. 概述为上，因果明确

概括叙述和具体叙述在叙事时都是必不可少的，但在不同文体中这两者的运用比例大不相同。法律文书所叙述之事实蕴含了法律的适用，是一种以法律规范为中心的叙事。故法律文书表现法律事实不应纠缠于细枝末节，只需要按照所适用的法律规范将相关情节叙述清楚，使人知之信之就足够了，所以在叙述中多采用概述。不过对于直接影响最后处理结果的情节，也即是有关定性定量的情节则通常应该在强有力的证据的支持下具体详细地叙写。这里所谓详细的叙述也不是细致地描述和精细地刻画，尤其不会细腻地描摹人物内心起伏不定的情感变化。尽管法律事实也要求表明行为者的动机和目的，但它是通过其表现于外的能为他人所感知的语言和行为来体现的。因为法律规范要求法律文书中的事实以客观真实为上，也即是前文已提及的具有可证性，能够凭借证据进行证明。在这一点上法律文书与其他文体明显不同。文学作品中，作者深入主体内心，精工细描的、独特的个人体验无助于冷静客观地反映事物、主体之

---

① ［美］小查理德·K. 诺伊曼：《法律推理和法律文书写作》，中信出版社 2003 年版，第 52 页。

间受法律规范所调整的现实形成的社会关系。而且作家这种经由自身的体认所栩栩如生地展现的思想和感情，对法律文书的制作者来说并非都能够实际拥有。后者所陈述的是过去的、且往往是他人所经历的事件，制作者其实大多未亲自接触所叙述的法律事实，即便如当事人这样的亲历者也会因为观察、感知、记忆能力的局限，难以全面回顾事件发生时的原貌，在这种情况下去营造感同身受的境界反而会由于不切实际让人觉得虚假。当然法律文书并非完全摒弃情感因素，它的力量和感人之处就在于始终贯彻其中的实事求是的精神和对公平正义的执着追求。

不过，尽管强调概述，但法律文书的叙事必须将因果关系交待得清楚明白。行为人实施的行为和实际的危害后果之间是否存在着因果关系，对于明确争议的性质和行为人责任的有无及大小有着重要意义。比如在交通肇事案中，被害人的死亡与被告人的违章驾驶行为之间是否存在因果关系，直接决定着被告人应否承担刑事责任以及刑事责任的大小。在损害赔偿的民事纠纷中，行为人的损害行为与损害结果之间是否存在因果联系，也影响着行为人是否需要承担民事赔偿责任以及责任大小。而这其间的因果关系应通过事实叙述直接地表现出来。与此同时，发生争议的当事人之间、当事人与司法机关或其他组织之间以及司法机关或其他组织相互之间对同一争议的认识很可能不相一致，有时甚至会出现原则性的分歧。对于这些分歧或争执焦点，文书制作者在进行叙述时不能回避，而应结合自己的认识明确表明态度，并在此基础上提出自己的观点和看法。

二、案件事实的要素和属性

(一)案件事实的要素

在法律文书中叙述的法律事实就是通常所指的案件事实。法律争议的性质不同，其案件事实的必备要素所涵盖的具体内容也会不同。据此，我们将案件事实分成两个大的类别：刑事案件事实和非刑事案件事实(即民事、行政案件以及不构成案件的事件事实)。刑事案件事实的必备要素通常包括：犯罪行为发生的时间和地点、行为人、行为的起因(即动机和目的)、行为经过(包括情节和手段)、行为的后果以及行为人事后的态度和犯罪行为所涉及的人与事等；非刑事案件事实的必备要素则包括：纠纷发生的时间、地点，纠纷的各方当事人，纠纷的起因、经过、结果等。

虽然案件事实的必备要素固定不变，但这并不意味着每一次的事实陈述时都必须详细而全面地展现上述各个要素。叙述过程中对要素的表现应当因案而异，比如在一般性的故意伤害案中，行为人行为的起因大多无须特别交待以示强调。同样，在对合同是否有效，双方当事人之间并无争议的加工承揽合同纠纷中，合同的签订地点自然也不必当做叙述的重点。

(二) 案件事实的属性

属性是一事物的质的规定性，是一事物区别于它事物的根本之所在。我们研讨案件事实的属性，必须从其最一般的含义出发来进行界定。换言之，我们是在案件事实即为事件的经过这一层面上来理解其属性的。

有学者曾经指出，事实其实包含两层含义，"即事实存在和事实判断。事实存在是指作为认识对象的'事物的真实情况'。其中所说的'事物'，可能有不同的形态和状态：物质的、制度的或观念的；历史的或现实的；直接的或间接的，等等。事实存在处于认识之外，是一种'自在'。当这种'自在'进入人们的认识，就有了事实判断，即对'事物的真实情况'的陈述或认定"。所以，"尽管人们所说的事实经常指的是事实判断，但从认识的有机过程和联系而言，一个活生生的事实，应该由事实存在和事实判断来构成"。① 也就是说，从哲学的角度出发来看待事实，有两个不同的角度：一是从本体论出发，二是从认识论出发。

1. 案件事实的客观性

从本体论出发，案件事实的客观性首先是指案件事实的实在性，即案件事实独立于主体的思维、意识、观念之外现实地存在于或曾经存在于客观物质世界之中。不论人们认知与否，都不影响案件事实在世界中的存在。② 这是不以人的主观意志为转移的。正因为案件事实具有这一属性，它才能为人所感知和反映。其次，案件事实的客观性是指对案件事实的记忆和表达必须依靠客观的物质载体，如人的大脑和语言文字。仅凭借精神的力量，案件事实无法展现出来，更难以为人所知。

2. 案件事实的主观性

案件事实的存在和对案件事实的认识其实是两个不同的概念。案件事实的存在先于对案件事实的认识。如上所述，案件事实的存在是客观的，是不以人的意志为转移的。就此而言，案件事实尚处在未知的领域。但是，案件事实只有过渡到主观性才具有实存的价值。案件事实的客观性是他在的，尚未被人们

---

① 张志铭：《裁判中的事实认知》，载王敏远主编：《公法》第 4 卷，法律出版社 2003 年版，第 4 页。

② 王麟：《论法律中的事实问题》，载《法律科学》2003 年第 1 期。

的主观意识所把握，它所有的价值都潜而不彰。从认识论的角度出发，凡是为人们所认识并被用于一定的目的，案件事实就不可避免地会烙上主观性的印记。案件事实的主观性表现为案件事实被有关主体记忆、认识、理解、表达和接受的整个过程。所以，案件事实的主观性表现为一个变动不居的过程。

由此可见，案件事实具有双重属性。事件经过与将之表现出来为他人所知的语言及其他载体之间存在着客观的、内在的必然逻辑联系；但是，人们只有通过其主观能动性才能发现和认识案件事实。案件事实的客观性和主观性是相统一的。

三、案件事实的基本内容

法律活动中相关事件发生、发展及结束的经过，到底哪些应归属于需要在法律文书中进行叙述的案件事实呢？我们知道案件事实是发生于过去的事实，是历史的事实，必须借助于证据才能证明其确实曾经存在过。在证据法学中，证明对象是一个非常重要的概念。证明对象，也称证明的客体，是指在诉讼过程中，由证明主体运用证据加以证明的，与裁判结果有着紧密联系的案件事实。证明对象的范围相对明晰地为我们勾勒出了法律文书中应予叙述的案件事实的范围。

（一）刑事诉讼中的案件事实

刑事诉讼中的证明对象是指为了赢得诉讼而必须由公诉人、自诉人予以证明的案件事实，以及受到刑事指控的被告人及其辩护人为了有效地进行辩护而加以证明的案件事实。根据刑事诉讼法及有关司法解释的规定，我国刑事诉讼中的案件事实主要有：

1. 被指控犯罪的构成要件事实

依据犯罪构成理论，我国刑法所规定的每一种犯罪行为皆应具备相应的构成要件。犯罪嫌疑人、被告人被指控的罪名不同，其犯罪构成要件必然存在差异，案件事实亦有所区别。犯罪构成要件包括犯罪客体、犯罪主体、犯罪的客观方面和犯罪的主观方面四项。刑事案件中的证明对象应着重围绕这四个方面加以确定，刑事法律文书中叙述案件事实也以这四个方面的内容为核心来进行。

2. 被指控罪行轻重的量刑情节事实

在刑事诉讼中，不但要确定罪名，而且还需依行为人实施罪行的情节轻重来考量如何量刑。其所要解决的问题主要就在于对被告人应否量刑、应判处何种刑罚以及应如何确定刑期。根据刑法的有关规定，影响量刑的情节事实包括法定情节事实和酌定情节事实。这些情节如果有证据证明在案件发生的过程中确实曾经出现，法律文书的叙事就不能忽略它们。

3. 排除行为的违法性、可罚性和行为人刑事责任的事实

证明排除行为的违法性、可罚性和行为人刑事责任的事实，是为了在惩罚犯罪的同时，依法保障无罪的人不受刑事追究。如果行为人所涉及的案件事实中具有符合这些条件的事项，文书制作主体在叙述时不能遗漏。

此外，还有关于刑事诉讼程序的事实，只要在控辩双方或当事人之间出现争议，主张该事实的一方当事人同样需对其进行证明并在相关法律文书中给以陈述。

(二) 民事诉讼中的案件事实

民事诉讼中的证明对象围绕当事人的主张来确定，因而民事诉讼法律文书中叙述的案件事实主要涉及以下几项。

1. 案件的主要事实

民事案件的主要事实与当事人之间的民事权利义务关系密不可分。在诉讼过程中，当事人之间的权利义务关系暂时处于一种不确定的状态。诉讼的推进，其目的就在于促使这种不确定的状态逐步明确，并借助于法律的强制力使权利付诸实现。所以，民事诉讼证明对象的主要内容就涵盖了当事人之间是否存在民事权利义务关系，其民事权利义务的具体表现及范围如何，其分歧及争议的焦点何在，等等。这些事项也就成为民事诉讼法律文书中应着力予以叙述的重要内容。

2. 案件的相关事实

民事案件的相关事实主要包括两个方面：一是双方当事人的有关情况；二是当事人主张的程序法事实。这些事实虽不直接涉及双方当事人之间争议的实体问题，但能够保障整个诉讼活动的顺利进行，同样也需要运用证据加以证明，因而也属于证明对象，属于应当叙述的事实范围之列。

3. 免证的事实

在一般情况下，上述事实都是民事诉讼中的证明对象。不过，当出现特殊情形时，这些事实的全部或部分有可能不必运用证据进行证明即能视之为存在，也即可依法免予证明。因此又称之为无须证明的事实。根据《民事诉讼法》和最高人民法院《关于民事诉讼证据的若干规定》，免证的事实包括：众所周知的事实；自然规律及定理；推定的事实；已为人民法院发生法律效力的裁判所确认的事实；已为仲裁机构的生效裁决所确认的事实；已为有效的公证书证明的事实；当事人自认的事实等。案件事实无须证明不等于无须陈述。对免

证事实的叙述，使得法律文书叙述的案件事实的范围与证明对象的范围略有差异。也就是说，我们借助证明对象来说明诉讼中案件事实的具体内容，并不表示这两者的范围完全重合，少许差异的出现在所难免。这两者毕竟属于不同的范畴。

（三）行政诉讼中的案件事实

行政诉讼中双方争议的焦点在于被诉具体行政行为的合法性，所以，行政诉讼中的证明对象应围绕这个中心来确定。行政诉讼法律文书中所要叙述的案件事实也借此得以确定。

1. 被告应证明的案件事实

根据相关法律规定，被诉具体行政行为及所依据的事实应由被告予以证明。具体行政行为既可为行政相对人设定、确认或恢复权利，也可以限制、剥夺其权利，还能够设定或减免行政相对人的义务。法律要求行政机关对行政相对人为具体行政行为时，首先要有事实依据。不但如此，被告还应该进一步证明自己在作出具体行政行为时所依据的规范性文件，以及被诉具体行政行为是否符合法定程序。在行政答辩状和判决书中，这些事实就理所当然地成为叙述的对象。

2. 原告应证明的案件事实

作为行政相对人的原告在诉讼中应依法证明下列对象：被诉具体行政行为存在；起诉符合法定的条件。除此之外，在起诉被告不作为的行政诉讼中，原告还应提供其在行政程序中曾经向被告提出申请的证据材料；在行政赔偿诉讼中，原告要提供证据证明其遭受损害的事实。所以，在行政起诉状及裁判文书中，这些也是需要阐述清楚的案件事实。

非诉法律活动的法律文书亦可参照上述方式来确定叙述的对象及其基本内容，并在必要时结合自身特点适当地进行变化。

四、叙述案件事实的方法

（一）基本的叙事方法

法律文书中最基本、最常用的叙事方法是自然顺序法，也称为时间顺序法，就是按照案件事实发生和演进的时间顺序来叙述案情的方法。不管是诉讼案件，还是仲裁、公证等事项，皆主要运用此种方式展现事实内容。自然顺序法能够清晰地将事件从头至尾全面呈现且不易引发理解上的阻碍。民事、行政案件等一般情况下均采用此种方法叙述事实。在刑事案件中，一人犯一罪、多人犯一罪或一人犯数罪但数罪之间有因果联系的案件也适宜采用自然顺序法叙事。并且，法律文书中其他的叙事方法是以自然顺序法为基础的。

(二)刑事案件的主要叙事方法

1. 突出主罪法

突出主罪法大多适用于犯罪嫌疑人、被告人实施了多起不同性质的犯罪且罪行轻重区别较大的案件。运用这种叙事方法时，不必拘泥于行为主体实施的各种犯罪行为在时间上的先后顺序，而以其罪行的轻重来决定叙述的主次，即重罪在前轻罪在后，且重罪详述轻罪略述。至于每一种犯罪行为本身，则仍采用自然顺序法。

2. 突出主犯法

共同犯罪，特别是犯罪集团，涉案人员众多，如果只依时间顺序平铺直叙，既难以明确主犯，也不利于准确区分其他犯罪嫌疑人、被告人在共同犯罪中所起作用和所处地位。此类犯罪大多案情复杂、头绪纷繁，没有一条贯彻始终的叙述主线，会使阅读者感到内容琐碎、杂乱，无法对案情形成一个清晰的整体印象。因此当叙述多人犯一罪或者多人犯多罪时，可采用以主犯为线索，经由主犯的行为轨迹推进和展示整个事实情节的叙述方法。突出主犯法正是如此。采用此法则在犯罪的各个具体环节中主犯起到了什么作用、处于何种地位，其他成员何时参加进来，各自实施了哪些罪行，以及罪行轻重一望便知。不仅如此，主犯的罪行也得以彰显，叙述的重点也愈加突出。

3. 标题罪名法

倘若一名或者多名犯罪嫌疑人、被告人在一定的时间段内，实施了两种以上不同种类的犯罪行为，而且这些犯罪行为之间并不存在明显的轻重之分，则可采取列项标明罪名的方法在各个项下分别叙述犯罪嫌疑人、被告人实施的该犯罪行为的案件事实，在每一案件事实叙述完毕之后，紧接着解说证明该项犯罪事实的证据。这样既可以非常清楚地对犯罪嫌疑人、被告人实施的所有犯罪行为分别予以陈述，并且也能够从总体上充分体现出行为人罪行的严重程度、社会危害性程度等。如：

一、伪造国家机关证件

1999年11月中旬，为了应付香港××会计师事务所的审计，在被告人吴××的指使下，被告人孙××准备了空白产权证，欧阳××准备了"深圳市运输局营运中心"的公章和钢印以及要伪造的出租车车牌号、营运牌号、产权证号，由被告人张××、戴××、郭××填写空白产权证，刘××加盖公章和钢印并用太阳晒和烟熏的方法除去油墨味，伪造了深圳某A小汽车服务有限公司、深圳某 B 小汽车服务有限公司、深圳某 C 小汽车服务有限公司的《深圳市出租小汽车营运牌照产权证》300 多本。该批虚假的产权证审计后，由戴××保管。

上述事实，有以下证据记录在卷：(略)

二、合同诈骗

1999 年底，被告人吴××成立了"中心工作领导小组"，专司利用出租车"融资"，任命张×为组长、李××为副组长，成员有郭××等，由刘××、欧阳××具体指挥。张×对吴××提供的"出租汽车经营承包合同"的有关条款进行了修改；欧阳××准备了用于签订合同的出租汽车情况表。承包形式为两种：合同期均为 30 年，承包金一为 30 万元、一为 50 万元，前者两年后交车、后者当即交车，前者每月返还 8500 元的返租款。2000 年 1 月初，开始对外签订合同，李××负责签订合同，张××负责办理公证，郭××负责监督出纳收款。

2000 年 3 月，被告人吴××成立了"外联部"，由吴××、刘××指挥，张×、李××、张××、陈××负责具体工作。签订合同由张×批准，陈××、张××签订合同，欧阳××指使李××刻制了某 A 公司的合同专用章，戴××提供了伪造的出租车产权证，欧阳××联系办理公证。

2000 年 6 月，在被告人吴××的指使下，成立了由李××、陈××负责的"业务部"，和"外联部"一起对外签订合同。

吴××等人利用虚假产权证先后和 200 多名承租者签订了承包合同，骗取租金 102355500 元，扣除诈骗过程中和案发后退还给承租者的部分租金 39064137 元。案发后，经过政府部门的多方面的工作退还 42924903 元，现在尚有 20366460 元没有退还。

上述事实，有以下证据记录在卷：(略)①

(三)非刑事案件的主要叙事方法

1. 纵横交错法

民事、行政案件以及仲裁案件，通常既要求叙述纠纷的起因、发展和结果，突出双方当事人之间的分歧，同时又要做到叙事简洁、层次清楚。为实现这一目标，宜采用纵横交错的方法。依据该方法，大体先横向平行分成两支分别交代双方当事人的情况；接着以时间为纵轴介绍当事人之间法律关系的产

---

① 文书片段引自深圳市中级人民法院(2002)深中刑二初字第 27 号刑事判决书。

生；而后又从横向展示双方形成的法律关系的具体内容；再从前往后按照时间顺序讲述纠纷发生、发展的经过及持续至今的状态；最后横向罗列相关细节和双方的分歧。经过这样一番纵横交错的陈述，则整个争议的来龙去脉便一目了然。如：

> "桂×××"字号始于 1916 年，在 20 世纪 60 年代，属于糖业烟酒公司，考虑海淀的需要，北京桂××的前身在海淀开了一个分店，被告海淀桂××是在原告北京桂××前身的帮助下建起来的。80 年代初，按属地将各门市部进行了划分，北京桂××在西城，归西城副食品公司管理，海淀桂××在海淀，归海淀副食品公司管理。1984 年，海淀桂××办理了正式的营业执照，双方正式分开。1985 年 3 月 30 日，海淀桂××注册"圆明园"为商标。1988 年 5 月 22 日，北京桂××将"桂××"注册为商标。

该文书片段先以时间为轴，简要介绍了原被告两家企业名称及注册商标的由来。然后，通过横向比较的方式清楚而直接地认定原被告的企业名称及商标的不同之处：

> 在双方分立前后的经营中，北京桂××与海淀桂××在企业名称中都使用了"桂××"三字。不同之处在于，北京桂××的企业名称与商标是统一的，均含有"桂××"三字，海淀桂××的企业名称中包含"桂××"三字，但商标为"圆明园"。经过双方各自的努力，均曾同时被授予"优秀食品老字号"、"中华老字号"、质量信得过产品等称号，都是北京市糕点食品协会的会员。海淀桂××在实际经营中，经常在其包装的显著位置使用"桂××"三字，但字体与北京桂××"桂××"商标的字体不同，排列的方式也不同。其中有的包装注明了厂名、厂址、"圆明园"的商标、联系电话，但也有些外包装上突出了"桂××"三个字，也没有厂家名称、厂址和商标。北京桂××对于海淀桂××在其注册"桂××"商标前后，一直在用这种单独突出了"桂××"三字的包装一事是清楚的，但由于双方各自在市场上占据一定的份额，又属同源关系，一直未与海淀桂××发生争议，双方相安无事。

此后，为了凸显本案中出现的争议，文书按照事件发生的先后顺序叙述了当事人之间纠纷产生的起因及经过：

2003 年 9 月初中秋节前,《北京晚报》登载《月饼成堆赤手包装,稻香桂香自上庄》文章,内容为某厂未办理卫生许可证,就开始生产月饼,受桂××和稻××委托加工月饼;《华夏时报》报道"桂××月饼无生产日期";《京华时报》9 月 4 日报道"桂××月饼被责令下架",内容为因桂××月饼无生产日期,被责令下架;《劳动报》报道"月饼无生日,购买须当心",内容是桂××月饼无生产日期。这里指的"桂××"月饼均是被告海淀桂××生产的。在本次月饼事件中涉及的海淀桂××的包装上,包装盒与外包装袋是配套使用的,外包装袋上显著的位置标明了"桂××"三字,但没有加上注册商标的标记,但内部月饼盒上注明了海淀桂××为生产厂家、厂址、电话及配料厂等信息。对于当时是否注明了"圆明园"商标,海淀桂××表示不清楚,北京桂××未提供海淀桂××当时是否注明"圆明园"商标的证据。看到报道后,一些消费者以为是北京桂××的月饼存在质量问题,纷纷要求退货。

为挽回"月饼事件"造成的不良影响,北京桂××找到媒体进行纠正,海淀桂××也与媒体进行了联系。《京华时报》在 9 月 4 日报道后的第二天即 9 月 5 日作了进一步报道,在该报道中明确了之前报道的桂××月饼生产厂家的名称是海淀桂××。《北京晚报》2003 年 10 月 10 日也进行了相同内容的报道。北京桂××对要求退货的消费者进行了一定的解释,但没有效果,2003 年 9 月 7 日北京××商贸有限公司、2003 年 9 月 4 日北京××学校、2003 年 9 月 5 日北京×××理财顾问有限公司均将购买的月饼退回北京桂××,给其带来了大大超过 5 万元的经济损失。以"月饼事件"为导火索,北京桂××认为这种情况已经给其造成了不良影响和损失,在今后会给其带来更大损失,为解决纠纷,诉至法院。①

历经几番纵横方向陈述的次第交错,到这里整个案件事实已然层次清晰、内容完备地呈现于文书阅读者的面前了。

2. 分项叙述法

民商事纠纷的私权属性使得在民事、仲裁争议中,法律格外注重和保障当事人的处分权及相互之间的平等对抗,所以在最后作出裁决时对于双方当事人之间无争议的事实裁决者可直接予以认定。据此,可先行叙述当事人之间认识

①　文书片段引自北京市海淀区人民法院(2004)海民初字第 2815 号民事调解书。

上达成一致的、不存在争议的事实。然后，根据双方意见分歧的实际情况列出小标题，分段集中叙写与主题相关的争议经过或具体内容。采用这种方法必须注意叙述的完整和前后协调，做到将所有的陈述连接起来能够构成案件事实的全貌。这一方法对于突出民商事争议的特点，强调当事人之间的分歧及裁决者对分歧的最终确认十分适宜。

五、叙事者的视角和能力

具体争议中的案件事实永远只有一个，但是呈现在人们面前的同一案件的整个发生经过却常常是多层次、多侧面的。不但原告、被告之间的叙事会存在差异，即使是公安司法机关之间也难以全然一致。对于这些差别我们应当理性地看待，并进而分析产生这些差别的原因。现实中，对法律文书的叙事产生影响和制约的因素纷繁复杂且交互作用，但其中具有决定性的因素主要表现为如下两个方面。

1. 叙事者的视角

对案件事实的认知需要人们凭借自身的感官去感知，这就使得案件事实的呈现与案件事实表述者的个体因素密切相关。不同的法律文书，由于文书的制作目的不同，叙事者观察和认知案件事实的角度即叙事的视角各自相异。从不同的角度出发观察同一个案件事实，由于观察的全面或者片面、深入或者肤浅，不同的观察者传达出来的信息自然无法完全相同；而从自身需求出发来认知案件事实和从客观公正的角度出发去认知案件事实，肯定也会得出截然不同的结论。

视角作为一种叙述方式，主要涉及叙述人称、叙述立场等方面。不同的叙述主体会选择不同的视角。所谓选择就是要确定观察和表达事物的哪些方面。每一事物或事件有很多的属性，而观察者只能根据需要选择其关注的、对之有利的侧面。这个侧面形成相对特定的认知域。同一事件，观察的方式和角度不同，在认知主体头脑中形成的意识就不同，从而产生不同的表达式。叙述视角有两种：一种为"直接叙述"，即全知视角；另一种为"间接叙述"，即个性化的视角。在法律文书的叙事主体中，当事人由于自始至终曾亲身经历了案件事实，大多会选择个性化的、第一人称的视角，并且会致力于选取对自己有利的、能够印证自身主张的事实来加以陈述。而案件事实的评判者——公安司法机关、仲裁机构则只能结合已经确认的证据，采用第三人称，以全知全能的视角选择符合法律规定的要件事实进行叙述。

2. 叙事者的语言表达能力

每一份法律文书的制作者都拥有不同的专业知识背景、不同的成长环境和文化传承，对发生在身边与自身紧密相关的案件事实会有自己独到的理解和认识。语言素养高低存在差别的人，其表述案件事实的准确、完整和清晰程度自然是不可能处于同一水平的。但是，只要他或她的叙述符合法律规定的条件，该法律文书的叙事就是合乎要求的。

　　毫不夸张地说，法律文书的叙事实际上正是展现文书制作者个性的舞台。法律文书虽属于公文书，但并不全然排斥个性化和独特的风格。我国法律文书的叙事必须克服与脱离原有的陈旧模式的束缚，从实际需要出发去挖掘和创新，形成多种多样的表达方式和技巧，体现出多变的风格，使得对案件事实的陈述更容易为人们理解和接受。

　　此外，各类法律关系主体所参与其中的诉讼和非诉讼活动本身也是法律规范和调整的对象，必须遵守相应的法律规定。不但如此，各种法律活动都是在一定的时间和空间范围内进行的，为了满足对程序公正和效益的平衡追求，它还要受到时空条件的限制。所以对案件事实的表达应在特定的时空条件下遵循相应法律规范的要求，否则，即使表述者个人素养再好，其所表述的事实也会因为不符合规定而难以被接受。

第二节　说明在法律文书中的运用

一、法律文书说明的对象

　　法律文书中的说明，是指为了帮助阅读者对法律关系主体、具体事物或抽象事理形成清晰的认识而对之进行详细的解说。法律文书说明的对象按照其性质的不同可分为两个类别：一类是法律关系主体，即对参与诉讼或非诉法律活动的主体的身份情况、身体状态、组织机构及相互关系等进行解说；一类是具体的事物及抽象的事理。前者在于解说事物的性质、特征、功能和状态，后者则着眼于对事物的本质、事物内部或事物相互之间的关联予以阐释。

　　(一)对法律关系主体的说明

　　1. 对身份情况的说明

　　法律关系主体包括特定的国家机关、公民、法人或其他组织。要处理和解决法律争议或确认法律关系，首先必须确定法律关系主体。在法律活动中，核实主体的身份事项以免发生对象错误常常成为必不可少的程序。各种各样的法律文书，诸如起诉状、答辩状、起诉意见书、起诉书、判决书、仲裁裁决书、公证书等都需要交待清楚当事人或申请人的身份情况，其所采用的表达方式就是说明。

2. 对人身关系的说明

在参与涉及继承关系、婚姻关系、亲属关系、收养关系等法律活动中，法律关系主体之间所特有的人身法律关系是否存在、现状如何，有些也是法律文书需要澄清的事项，此时就应采用说明的方式进行解说。这种说明在各种关涉人身关系的公证书中最为常见。

(二) 对事物及事理的说明

1. 对证据情况的说明

法律活动中的法律事实必须依靠证据进行证明。若以事实为基础提出主张，承担举证责任的主体必须提供证据；相对方结合事实及事理对之予以反驳或回击，往往也要举证。罗列证据就是对证据情况的解说。

2. 对法律关系内容的说明

各种法律关系的具体内容，诸如各式合同的具体条款，如果与当事人之间的争议及如何确定是非责任密切相关，必要时也应当作出说明。

3. 对有关专业知识的说明

法律活动中有不少举措或事项涉及各种专业性的知识，比如鉴定意见、伤情结果、产品质量、物质形态等，若不进行一番解说，不具备该项专业知识的人员恐怕难以形成正确的认知并作出判断。这种对专业知识的解说也是说明。

二、法律文书说明的主要方法

每一个具体的说明对象都拥有若干可予说明的方面或侧面，在进行解说时，首先必须认真分析以作出判断：说明对象中的哪些方面是需要解说的，应从哪几点来进行解说。之后，就是选取合适的方法予以解说了。法律文书说明的方法较为常见的主要有：

1. 列举

将说明对象所包含的各个事项全部罗列出来，以静态的方式加以呈现就是列举。列举多用于说明对象的数量或者涉及的方面十分确定的情形。在法律文书中这是一种较为基本和常见的说明方法，对法律关系主体身份关系的说明即属于此类。

2. 描摹

运用简明质朴的语言详细介绍说明对象的外部形态或特征，就是描摹。解说物体的外部形态特征及状况选择此法较为适宜。

3. 阐释

阐释就是借助权威的界定或社会公众能够理解的语言文字阐明说明对象的本质特征，使阅读者对说明对象形成一个明确的概念。阐释的方法大多用于对专业知识的说明。如：

中华医学会于2004年12月3日出具中华医鉴[2004]×××号医疗事故技术鉴定书，该鉴定书分析意见：（1）医方对患者"荨麻疹"的诊断基本正确，但未注明可能由药物引发，也无病史及病情描述记录，包括既往药物过敏史，未按《病志书写基本规范（试行）》书写门诊病历，对后续治疗有一定影响。（2）在药物治疗上应用"百为坦"无原则错误，但处理不够充分，对患者已有肾脏损害的情况（尿蛋白"++"）未予重视，未根据患者的具体情况个体化地选用适当剂量。医方的上述过失行为，与患者的损害程度有一定的因果关系。（3）鉴于患者既往有药物过敏史，而患者自服的"感冒通"、"阿莫西林"等又是临床引起过敏反应的常见药物；患者皮肤、肾脏、外生殖器等损害，与上述药物密切相关，但部分后期症状也不能排除与"百为坦"的罕见药物不良反应有关。鉴定结论：本例构成三级丁等医疗事故，医方承担轻微责任。

4. 分解

对于比较复杂的事物，在作出说明之时可将该事物分为若干部分或若干方面，采取从整体到局部或从局部到整体的方式逐一进行解说，以帮助人们达成对事物整体的清晰认识。

5. 分类

按照说明对象的形态、性质、成因、功用等，将之分成并列的几个种类予以解说的方法为分类法。如果证据较多，证明对象内容复杂，就可将证据依种类或证明对象的不同分成各种类别进行说明。如：

一、物证照片，证实公安民警收缴的刘××等人用于作案的自制刷卡器、录像设备及笔记本电脑等设备的外貌特征。

二、书证

1. 被告人刘××的户籍资料，证实被告人刘××个人的基本情况；

2. ×市××大酒店宾客入住登记表、旅客登记簿，证实2007年7月30日，有人以"黄××"的身份证登记入住×市××大酒店509房；

3. 建设银行×市支行银行卡客户交易查询资料，证实户名为李××的信用卡于 2007 年 7 月 31 日在万年支行被支取了 10 次共计 20000 元，8 月 1 日在万年支行被支取了 5 次共计 6700 元；2007 年 7 月 31 日，户名为毛××的信用卡在万年支行被支取了 2 次共计 600 元；2007 年 7 月 31 日，户名为杨×的信用卡在万年支行被支取了 2 次共计 600 元；2007 年 7 月 31 日，户名为王××的信用卡在万年支行被支取了 3 次，共计 3100 元。

三、证人尹××的证言，证实他是建设银行×市支行营业部主任。2007 年 8 月 3 日至 7 日期间，有 3 名储户反映说自己卡上的钱被人取走了。该行通过调取这 3 名储户在银行的流水账，发现他们均在 2007 年 7 月 30 日在该行营业部旁边的自动取款机上取过钱，再通过查看当天的监控录像，发现 7 月 30 日 19 时 05 分有 2 名 30 岁左右的男子在取款机刷卡进门的地方安装了个什么东西，进门后在靠外的那部取款机上投放了 1 枚硬币类的东西，弄坏了那部取款机，然后在靠里边的那部取款机的顶部安装了个什么东西就离开了。当晚 20 时 36 分，这 2 名男子又回来，将他们安装的东西取走了。在这 1 个多小时的时间内，有 12 名储户在取款机上取过钱，其中有 4 名储户的钱于 2007 年 7 月 31 日和 8 月 1 日在中国建设银行万年支行的取款机上被人取走。名叫李××的储户损失较大，被取走 26000 余元，而李××还不知情，他所在行的工作人员于 8 月 8 日通知了李××，李××到银行核实情况后便到公安局报了案。

四、被害人的陈述

1. 被害人李××的陈述……

6. 比较

将两种以上类别相同或不同的事物、现象进行比较以突出说明对象的特征的方法，就是比较。比较主要是通过事物的差异来说明问题。

三、法律文书说明的基本要求

1. 准确

无论从属于何种法系，也无论遵循哪一种法律理念，立法者及诉讼主体、社会成员所希望达到并努力追求的理想状态始终是以真实为方针的。若想满足客观真实的要求则在解说之时必须做到准确。这反映了人们对法律活动的最基本的要求，同时也是说明的最本质的特征。无论是对相关的人、事或者理，都应从实际情况出发，以近乎科学的态度如实反映说明对象的真实状态或性质。

2. 具体

法律文书中的说明不追求高屋建瓴地以宏观抽象的视野纵谈大局，而应当结合各种法律关系中千差万别的各个说明对象有重点、有针对性地解说其与法律活动相关的特别之处。这样才符合法律文书说明的具体性的要求。

3. 完备

完备是指解说性的文字所包含的内容必须全面，对应予涉及的相关事项不能遗漏。就要素化的说明文字而言，必须交待的每一事项都应当按照要求详细列明；其他说明性文字也应采用合适的方式完整地表现其内容。

4. 明确

明确要求解说性的文字含义清楚、条理清楚、层次分明。尽管解说的内容有时不可避免地略显专业化，但通过解说之后，需要说明的问题或事项必须能让普通阅读者明白理解、不生歧义。

明确应以准确、具体、完整为基础。如果对人身事项或事物情况的说明与客观实际情况相悖，未能如实反映说明对象，制作时自难免思虑不周、有所遗漏，准确与完备的要求必然无法满足，理所当然地无法带给人确定无疑的结论，自然也就谈不上明确；可是，仅仅符合了准确的要求，但解说的文字空洞抽象，过于概念化、程式化，既不具体也没有针对性，也是与清楚明白反其道而行之的。法律文书说明的这四个要求并非各自独立，而是相辅相成的，不可偏废。

第三节　说理在法律文书中的运用

一、法律文书说理的对象

(一)说理的对象

法律文书中的说理，也就是论证说理，指的是从事法律判断的主体运用语言文字，借助于概念、判断和推理，将抽象概括的法律条文、众所周知的客观规律、社会通行的人情事理适用于具体案件或事件，从中推导出结论的全过程。在法律活动中，论证说理是提出观点或得出结论的根据。

人民法院制作的裁判文书的论证说理部分通常被称为理由，实际上说理的对象并非仅此而已。诉讼中作出裁判所依据的案件事实是根据定案证据确认的，而裁判者用文字展现自由心证的过程，即认证就是在论证说理；公诉人、当事人以及辩护人、诉讼代理人等论证自己的主张或反驳对方的观点，也是在说理。论证说理是法律文书获得力量和公信力的源泉，也是法律文书文体特色的直观体现。

(二)说理的要素

说理性的文章一般包含三要素，即论点、论据和论证。在这一点上，法律文书也不例外。

1. 论点

论点，乃法律文书所要传达的观点或主张，也即是文书制作主体对某一法律问题或事项进行判断后得出的结论。论点是论证说理的灵魂。法律文书提出论点必须满足一定的条件。首先，论点应当合法。此为广义之法，既包括各种法律、法规及其他规范性文件，也包括法律的基本原则和理念。由于人类理性认识的阶段性和局限性，制定法不可避免地存在着不合目的性、不周延性、模糊性和滞后性。因此，对法律基本原则和理念的有效解释也囊括在论点合法性的范围之内。其次，论点应尽可能合理。合法而不合理的论点，或许为法律所允许，但难以为社会公众所接受和认可，有时甚至从根本上违背了公平正义之观念，违背了社会公益。民事法律中的诚实信用、行政诉讼法中的显失公正就直接从法律上对不合理进行了否定。论点在合法的同时最好也是合理的。最后，论点必须具有可证性。缺乏可论证性的论点，论据难以寻求、论证无法展开，其合法合理性无从体现，当然也就难以为人们所理解和接纳。这三个条件兼具才算得论点正确或者选择得当。法律文书中的基本观点，即中心论点只有一个，但从属论点，也就是支持中心论点的论据则可以有多个，它们都是为中心论点服务的。如有多个论点的，必须处理好中心论点和从属论点之间的关系。

2. 论据

论据，是指用来证明论点的根据。确定论点之后，必须摆事实讲道理以证明论点。这些证明论点的事实和道理就是论据。由此，论据可分为两种：事实论据和理论论据。但论据的具体类别则是多种多样的：法律事实、证据、相关数据可以作为论据；法律条文、法学原理可以成为论据；自然规律、科学公理、经验法则、社会情理和风俗也能够成为论据。论据应当能够充分有力地证明论点，使得观点与根据达成统一。所以应当紧扣论点选取论据。法律文书的论据必须真实。论据真实，论点就可信；论据不真实，论点就可疑。法律文书的论据必须典型，就是要选用那些能够真正揭示事物本质，具有代表性的事实和理论材料作为论据。法律文书的论据还必须具有针对性，引用事实和理论材料的目的是为论证中心论点或从属论点服务的，切不可牵强附会、无的放矢，以至于架空说理，更不能强词夺理。

3. 论证

论证，就是运用论据推导出论点的方法和过程。论证使论点与论据两者有机地结合起来，构成一个统一的整体。论证必须符合正确的推理形式和过程，一般是先提出论点，然后运用论据进行分析和印证。论证的方式分为立论和驳论。在法律文书中，论证就是依据所认定的事实来确定应当适用的法律法规，并依此推导出相关结论的过程或者依靠论据采用各种方法印证自己的看法或主张。在法律活动中，这一过程的术语性表达为法律论证或法律推理。它是逻辑思维方法在法律适用领域的运用。

二、法律文书说理的角度和要求

不同的法律文书以及不同的制作者，可以从各个不同的角度来进行论证说理，也可视所解决问题的需要综合运用法、事、情，使三者融合无间，共同为印证制作者的观点与主张服务。在此基础上，法律文书论证说理还必须满足一些基本的要求。

（一）法律文书说理的角度

1. 依法论理

法律文书论证说理首当其冲应当依据法律规范。不管选取何种论证方式展开论证，也不管运用哪一种的推理模式，法律文书的说理都离不开法律规范。前已述及，法律规范既包括具体的法律规定，也包括法律原则，必要时还包括一定的法理。制定法也好，判例法也好，将其援用于每一个具体案件，皆少不了法理分析。在法律文书中，依法论理以透彻直白为上。

2. 依事论理

任何法律关系及其争议，都表现为一个具体的事件。除了根据法律规范阐明其中的道理之外，必然还有相关的事理存在。事理或与法理相通，或尚未上升为法理，但多多少少拥有其独特之处。析清法理，事理未必明了。人们常说合理合法。合理性中的"理"有不少就属于事理。依事论理应从普通人的认知能力出发进行分析判断，否则一般人无法接受。

3. 依情论理

社会由人所组成，人性的基本要求和人与人之间复杂的关系产生各种社会情理。一个国家的法律适用无法抛却正常的人伦情理。法律必须得到人情和道德的支持与维护。提倡重视人情常理体现的正是法律"以人为本"的立法宗旨。因而，在法律文书论证说理的过程中援引社会中绝大多数主体认可的情理就成为再自然不过的事情了。法律文书能够打动人与感染人也正源于此。

（二）法律文书说理的要求

1. 思路清晰，条理分明

在论证观点或得出结论时，若要使人信服，说理者头脑中必须已经具备清晰的思路。循着这理清的思绪，进行适当地安排，形成明确的条理，然后依次表达出来。这样的论证才能使文书的阅读者明了制作者的思维路径，亦步亦趋、畅行无碍地了解其看法，以至于全盘接受其主张。

2. 逐层深入、逻辑谨严

条理和思路已然确定，之后还要留意论证的推演是否环环相扣、渐次深入，而不能颠倒先后顺序。同时，还应竭力保持逻辑的严密，谨防漏洞频出，更不能强词夺理或以偏概全。否则满篇说理难成整体，授人以柄，论点十分容易为人攻破。

3. 重点突出、针对性强

主张逻辑谨严并不意味着一味求全，而应抓住主要方面重点进行论证，其余的方面则力求言简意赅，如此则既节省了篇幅也深化了论点。进一步来说，论证说理也不能浮泛空洞，而应当针对个案有的放矢。无论是据案说法，还是情理交融，都不能脱离所要论证的对象凭空而论。唯有突出重点、针对性强，才能给人留下鲜明的印象。

三、法律文书说理的模式

在法律实施的整个过程中都少不了论证说理，但是，毋庸讳言，其中最为引人关注的还是司法中的论证说理，表现于法律文书制作方面，自然就是裁判类文书的理由部分了。所以，我们可以司法判决中的理由部分为例来分析论证说理的不同模式。

在进行简要分析之前，我们首先必须知道，法律文书中的论证说理大致可分为两大类：一类是运用形式逻辑的方法进行的法律推理，称为分析推理或形式推理；一类是依价值平衡的方法进行的法律推理，称为辩证推理或实质推理。分析推理包括三种方式，即演绎推理、归纳推理、类比推理。在法律规则的内容相对确定，法律体系完整统一的情形之下，主要运用形式推理。而辩证推理则由法官在解决争议时采用，它适用于三种情形：法律未曾规定简洁的判决原则的新情形；问题的解决可以适用两个或两个以上相互抵触的前提但却必须在它们之间作出选择的情形；虽然存在着可以调整所受理案件的规则或先例，但是法院在行使其所被授予的权力时考虑到该规则或先例在此争议事实背景下缺乏充分根据而拒绝适用它的情形。① 依此，可对世界各国法律文书的说理模式作出分类。

(一)两大法系法律文书说理的模式

1. 英美法系法律文书说理的模式

英美法系国家以判例法为主，而遵循先例原则在英美判例法体系中居于核心地位，故其论证说理的模式在逻辑上属于实质推理。这些国家习惯于具体地而不是抽象地观察事物，相信经验而非抽象的概念。它们认为普遍性的规则无法囊括具体个案的种种情形，法官必须在遵循先例的前提下，具体情况具体对待，以变通先例的方式来产生新的法律规则。再加上严格的三权分立与制衡，司法权较为强大。因此，英美法系的裁判者说理多用归纳之法。

2. 大陆法系法律文书说理的模式

在大陆法系国家，法官论证说理大多采取演绎推理的方法。这是因为欧洲大陆崇尚理性主义的民主，否认归纳推理、经验的可靠性。这些国家往往拥有完备的法律体系和详尽的法律规范，重视追求普遍正义。又兼司法权弱于立法权，法官无权造法，必须严格遵循法律，故而多采此种推理模式。演绎推理最为典型和基本的就是大家非常熟悉的三段论架构。

(二)我国法律文书说理的模式

一般认为，较为接近大陆法系的我国，论证说理亦是以三段论模式为基础的。进行法律判断的法官所采用的方法为演绎性的，遵循的是形式逻辑的路径，即开始以"寻法"为大前提，也就是努力地去寻找对某一类型的抽象案件事实进行调整的法律规范；然后是小前提，即认定该案的具体事实属于大前提限定的抽象社会关系的具体表现；最后是推论，也就是判断结果。我们以民事争议中的普通侵权损害赔偿为例，将这一逻辑推理过程具体展示如下：

大前提：在构成普通侵权损害赔偿责任的条件中，需要加害人过错地或过失地实施了违法的加害行为，受害人存在实际的财产损失，并且该加害行为与受害一方的财产损失之间具有因果关系。

小前提：甲过错地实施了违法的加害行为，乙实际遭受了财产损失，甲的加害行为与乙的财产损失之间具有因果关系。

结论：甲应当承担普通侵权损害赔偿的责任。

---

① [美]E. 博登海默：《法理学、法律哲学与法律方法》，邓正来译，中国政法大学出版社 1999 年版，第 498 页。

相应的法律文书在论证说理时，必须将这样一个逻辑演绎的过程完整地表述出来。

当然，法律活动中的实际情况往往并非都如此简单，特别是在司法实践中，真正的法律判断者首先要根据证据决定案件事实，然后凭借自身所掌握的法律专业知识来判断，对于已决定的案件事实应当适用何种法律来进行处理。换句话说，也就是先有案件事实，在此基础上才能"寻法"。这也恰好说明了为什么我们要求判决书先写事实后论证理由。因此，文书理由部分应如实展现判断者的这样一个思维过程。不但如此，法律"会有需要填补的空白，也会有需要澄清的疑问和含混，还会有需要淡化的难点和错误"。因而法律判断者，尤其是法官"作为社会中的法律和秩序之含义的解释者，就必须提供那些被忽视的因素，纠正那些不确定、并通过自由决定的方法"使判断结果"与正义相互和谐"。① 尤其，当需要运用自由裁量权来处理案件时，作为法律判断者的法官必须多层次、多角度、多方面地说明自由裁量权运用的合理性。

四、法律文书说理的方法

论证说理其实是一门艺术。论证说理的方法有很多种，想要使人理解、认同法律文书中所叙之事、所依之法、所论之理，必须选取最恰当的方法。这里择其要者而言之。

(一)说理的基本方法

1. 引用论证法(或称引证法)

引证法通过援引人尽皆知的法律条文、自然规律；无可争议的科学发现、历史事件等来印证自己的观点或主张。法律文书自然需要引用法律条文。于是法条常常成为据以展开论证证明论点的论据。但法条本身是抽象的，将其引入具体的案件，必须对其内涵予以阐释，即进行法律解释。阐释的内容可以直接来源于法律条文本身的界定，也可以援引相关司法解释，还能够运用权威解释或学理上的通说。如果论证时面临出现法律空白的新问题，难以寻找到上述依据，则制作者可从法律原则出发、循法律解释之法，依靠自身的积累，综合各方面的知识阐述自己的见解，以此为据来予以论证。更有甚者，引证法所引之材料还可出自文学作品或名家名言。如：

---

① 刘作翔：《遵循先例：原则、规则和例外——卡多佐的司法哲学观》，载江平主编：《比较法在中国》第 2 卷，法律出版社 2002 年版，第 79 页。

依照《中华人民共和国合同法》第365条、第367条的规定："保管合同是保管人保管寄存人交付的保管物，并返还该物的合同"。"保管合同自保管物交付时成立，但当事人另有约定的除外"，保管合同为实践合同，即保管合同的成立，不仅须有当事人双方对保管寄存物品达成一致的意思表示，而且须向保管人移转寄存物的占有。本案中原告在使用被告上海×××有限公司杨浦店自助寄存柜时，通过"投入硬币、退还硬币、吐出密码条、箱门自动打开、存放物品、关闭箱门"等人机对话方式，取得了被告上海×××有限公司杨浦店自助寄存柜的使用权，并未发生该柜箱内物品占有的转移，即未产生保管合同成立的必备要件——保管物转移占有的事实。被告上海×××有限公司杨浦店在向消费者提供无偿使用自助寄存柜服务的同时，亦在自助寄存柜上标明的"寄包须知"中明示："本商场实行自助寄包，责任自负"，"现金及贵重物品不得寄存"，说明被告上海×××有限公司杨浦店已表明仅提供自助寄存柜的借用服务，并未作出保管消费者存入自助寄存柜内物品的承诺，被告上海×××有限公司杨浦店与原告之间并未就保管原告寄存物达成保管的一致意思表示。因此双方形成的不是保管法律关系，而是借用法律关系。①

　　这里为论证案件中当事人之间争议的法律关系究竟属于何种性质，裁判者直接援引了《中华人民共和国合同法》第365条、第367条关于保管合同的规定，以及被告提供的自助寄存柜上标明"寄包须知"的内容，通过演绎推理得出结论："双方形成的不是保管法律关系，而是借用法律关系。"这一论证显然具有较强的说服力。

　　2. 举例论证法（或称例证法）

　　举例论证法是直接运用已得到证明的案件事实本身或相关情况来印证己方所提出的观点或主张。这种方法由于材料来源于争议对象本身，论证说理直接了当，非常容易为人们所理解和接受，也是比较常见的说理方法。如：

　　本院审查认为：被告人褚××因涉嫌其他犯罪被采取强制措施期间，在司法机关尚未完全掌握被告人褚××、罗××、乔××共同贪污3551061美元的事实前，交待了这一犯罪事实，应按自首论；在侦查期间，检举他

_____

① 文书片段引自上海第二中级人民法院（2002）沪二中民初字第60号民事判决书。

人重大犯罪线索，经查证属实，有重大立功表现。被告人罗××在侦查期间检举他人侵占公共财产线索，但检举的事实未按刑事追究，立功不能成立；关于重大立功表现，指被告人罗××检举被告人褚××贪污1156万美元的重大犯罪事实，因对被告人褚××的这一指控本院不予确认，故被告人罗××重大立功表现亦不能成立，但该行为使检察机关及时追回流失在境外的巨额国有资产，可在量刑时作为酌定从轻情节。被告人乔××在同案人已经向检察机关供述了共同犯罪事实后，侦查人员向其询问时作如实供述，不属主动投案，自首不能成立，可作为认罪态度较好的情节，酌定从轻。①

本案的裁判者为了论证被告人的量刑情节，在此直接引用了判决书前文已经被证实的案件事实，其观点明晰，结论合理合法合情。

(二)说理的特别方法

1. 比喻论证法(或称喻证法)

比喻论证法意在借助于一个与需要进行论证的对象相近或相似的事例进行引喻从而证明观点或主张。有时直接从事实、法律和理论等入手论证以表明看法或澄清道理十分困难，就可以考虑运用这一方法了。采用喻证法时要格外留意比喻的事物和比喻的对象之间的相通之处，以及推理是否严谨和合乎规则，否则会适得其反。正因为存在一定的难度和风险，故这种方法在实践中并不多见，但如果运用得当，说服力也较强。

2. 反驳论证法(或称驳论法)

反驳论证法是先找准并指出对方论点的错误或论据的虚假，然后据此进行反驳。所谓论点错误是指通过论据无法必然地推导出论点而产生的一种错误论证，对此，需要根据事实、引用法律合乎逻辑地进行推导，以得出的正确结论予以反驳；对于虚假的论据，则必须明确指出其错在何处，为何不足为据。论据被驳倒了，论点及论证也就不攻自破。这种方法多用于辩护词、答辩状、上诉状、申诉状、抗诉书等文书的说理部分，各类判决书中理由的批驳部分亦可使用此法。

3. 归谬论证法(或称归谬法)

归谬论证法是以对方的观点为基础，而后完全合乎逻辑规则地进行推导，最终得出全然错误或者荒谬的结论。结论出现之际也就是对方的论点或主张被

---

① 文书片段引自云南省高级人民法院(1998)云高刑初字第1号刑事判决书。

驳倒之时。此种方法技巧性较强，要求从错误的前提出发，依循逻辑规律一步一步严密地推理。如若不然容易让人产生歪曲事实、偷换概念的看法。归谬法如果运用得当，能够充分体现出说理者的智慧和技巧，给人留下鲜明而深刻的印象。但是由于其不但强调推理者的法律推理能力，对信息接受者的理解能力及反应能力也有较高的要求，因此，在我国法律文书的论证说理中往往不是首选，亦非常用的方法。

思考题

1. 试论案件事实的两重性与法律文书叙事的关系。
2. 案件事实的叙述要素是什么？
3. 刑事案件事实主要包括哪些方面？
4. 试比较民事和行政案件事实之异同。
5. 叙述案件事实的主要方法有哪几种？
6. 叙述者对法律文书的叙事会产生怎样的影响？
7. 法律文书说明的对象包括哪些？
8. 法律文书说明的主要方法应如何运用？
9. 试述法律文书说理的三要素。
10. 如何处理好法律文书说理的角度？
11. 法律文书说理的基本要求是什么？
12. 试比较法律文书说理的模式。
13. 法律文书说理的方法主要有哪些？
14. 试论法律文书中三种表达方式的综合运用。

参考文献

1. [美]E. 博登海默. 法理学、法律哲学与法律方法[M]. 邓正来，译. 北京：中国政法大学出版社，1999.

2. [英]丹宁勋爵. 法律的正当程序[M]. 李克强，等，译. 北京：法律出版社，1999.

3. [英]丹宁勋爵. 法律的训诫[M]. 杨百揆，等，译. 北京：法律出版社，1999.

4. 黄茂荣. 民法裁判百选[M]. 北京：中国政法大学出版社，2002.

5. [美]小查理德·K. 诺伊曼. 法律推理和法律文书写作[M]. 北京：中信出版社，2003.

6. 崔林林. 严格规则与自由裁量之间——英美司法风格差异及其成因的比较研究[M]. 北京：北京大学出版社，2005.

7. 王麟. 论法律中的事实问题[J]. 法律科学，2003(1).

8. 谢晖. 论法律事实[J]. 湖南社会科学，2003(5).

9. 郑永流. 法律判断形成的模式[J]. 法学研究，2004(1).

10. 田成有，周力. 法治中的文本与语境分析[J]. 法制与社会发展，2005(1).

11. 胡之芳. 论刑事裁判中的事实[J]. 湘潭大学学报：哲学社会科学版，2006(3).

12. 王洪. 法律逻辑的基本问题[J]. 政法论坛，2006(6).

13. 刘治斌. 案件事实的形成及其法律判断[J]. 法制与社会发展，2007(2).

14. 王轶. 论民事法律事实的类型区分[J]. 中国法学，2013(1).

下　编

分论——文书制作

第五章　公安机关刑事法律文书

【内容提要】

公安机关刑事法律文书是公安机关具体执行刑事法律的重要工具，是公安机关依法履行刑事法律规定的职能、参与刑事诉讼活动的主要表现形式。

在刑事诉讼中，公安机关依法履行侦查职能，刑事法律文书是其在履行侦查职能过程中对相关问题的处理和决定的书面形式，具有内容的法律约束性、制作程序的规范性、适用对象的特定性等特点。公安机关刑事法律文书不仅是公安机关在刑事诉讼活动中行使侦查权、办理刑事案件以及对涉嫌犯罪的嫌疑人采取措施的表现形式及真实记录，也是公安机关依法履行其他职权活动的记录。

2012 年，修订后的《刑事诉讼法》颁布，公安部依据新的立法及最新的《公安机关办理刑事案件程序规定》印发了新版《公安机关刑事法律文书式样(2012版)》，将文书的种类划分为以下 8 类：(1)立案、管辖、回避文书；(2)律师参与刑事诉讼文书；(3)强制措施文书；(4)侦查取证文书；(5)技术侦查文书；(6)执行文书；(7)刑事通用文书；(8)规范性文书。

本章主要讲述公安机关刑事法律文书中具有代表性的受案登记表、立案决定书、拘留证、提请批准逮捕书、逮捕证、起诉意见书的制作。

【基本概念】

侦查文书　执行文书　受案登记表　立案决定书　拘留证　提请批准逮捕书　逮捕证　起诉意见书

第一节　概　　述

一、公安机关刑事法律文书的概念

公安机关刑事法律文书，是公安机关在参与刑事诉讼的过程中，根据《刑事诉讼法》的规定，为履行其侦查和执行职能所制作的具有法律效力或法律意义的文书的总称。

2012 年，公安部根据修订后的《刑事诉讼法》、《公安机关办理刑事案件程序规定》等，对 2002 年 12 月 18 日印发的《公安机关刑事法律文书格式》进行了修订，发布了《公安机关刑事法律文书式样(2012 版)》并于 2013 年 1 月 1 日开始启用。

二、公安机关刑事法律文书的分类

从不同的角度出发，对公安机关的刑事法律文书可进行不同分类，根据《刑事诉讼法》的规定，公安机关在刑事诉讼中的职能包括侦查权和执行权，因此，公安机关刑事法律文书相应地也可以分为侦查文书和执行文书。侦查文书包括：(1)立案、管辖、回避文书；(2)律师参与刑事诉讼文书；(3)强制措施文书；(4)侦查取证文书；(5)技术侦查文书。执行文书主要指减刑、假释及收押监管类文书。

公安部颁发的《公安机关刑事法律文书式样(2012 版)》将公安机关的刑事法律文书分为 8 类，其具体分类情况如下：

(一)侦查文书的具体种类

侦查文书共分为 5 类：

1. 立案、管辖、回避文书

该类文书包括受案登记表、受案回执、立案决定书、不予立案通知书、不立案理由说明书、指定管辖决定书、移送案件通知书、回避/驳回申请回避决定书等。

2. 律师参与刑事诉讼文书

此类文书包括提供法律援助通知书、会见犯罪嫌疑人申请表、准予会见犯罪嫌疑人决定书、通知书、不准予会见犯罪嫌疑人决定书。

3. 强制措施文书

该类文书包括拘传证、传讯通知书、取保候审决定书/执行通知书、被取保候审人义务告知书、取保候审保证书、收取保证金通知书、保存证件清单、退还保证金决定书、通知书、没收保证金决定书/通知书、对保证人罚款决定书/通知书、责令具结悔过决定书、解除取保候审决定书/通知书、监视居住决定书/执行通知书、指定居所监视居住通知书、解除监视居住决定书/通知书、拘留证、拘留通知书、延长拘留期限通知书、提请批准逮捕书、逮捕证、逮捕通知书、变更逮捕措施通知书、不予释放/变更强制措施通知书、提请批准延长侦查羁押期限意见书、延长侦查羁押期限通知书、计算/重新计算侦查羁押期限通知书、入所健康检查表、换押证、释放通知书、释放证明书。

4. 侦查取证文书

此类文书包括传唤证、提讯提解证、询问/讯问笔录、犯罪嫌疑人诉讼权利义务告知书、被害人诉讼权利义务告知书、证人诉讼权利义务告知书、未成年人法定代理人到场通知书、询问通知书、现场勘验笔录、解剖尸体通知书、笔录、调取证据通知书/取证据清单、搜查证、接受证据材料清单、查封决定书、扣押决定书、扣押清单、登记保存清单、查封/解除查封清单、协助查封/解除查封通知书、发还清单、随案移送清单、销毁清单、扣押/解除扣押邮件/电报通知书、协助查询财产通知书、协助冻结/解除冻结财产通知书、鉴定聘请书、鉴定意见通知书、通缉令、关于撤销××××字[××××]×××号通缉令的通知、办案协作函、撤销案件决定书、终止侦查决定书、起诉意见书、补充侦查报告书、没收违法所得意见书/违法所得清单、强制医疗意见书。

5. 技术侦查文书

该类文书包括采取技术侦查措施决定书、执行技术侦查措施通知书、延长技术侦查措施期限决定书、解除技术侦查措施决定书。

(二)执行文书、通用文书及规范性文书的具体种类

1. 执行文书

《公安机关刑事法律文书式样(2012 版)》将执行文书分为减刑/假释建议书、假释证明书、暂予监外执行决定书、收监执行通知书、准许拘役罪犯回家决定书、刑满释放证明书。

2. 刑事通用文书

刑事通用文书有呈请□□□□报告书、复议决定书、要求复议意见书、提请复核意见书、死亡通知书。

3. 规范性文书

规范性文书有刑事侦查卷宗(封面)、卷内文书目录、□□□□告知书。

第二节 立案、管辖、回避文书

这里主要对在刑事诉讼实践中适用较为广泛的受案登记表、立案决定书等予以重点介绍。

一、受案登记表

(一)受案登记表的概念和适用范围

受案登记表,是公安机关接受刑事案件时所制作的法律文书。受案登记表

是任何一个刑事案件都必不可少的书面文件。

根据《刑事诉讼法》第 108 条的规定，受案登记表的适用范围为以下原因而案发的刑事案件：(1)报案、举报、控告的；(2)自首的；(3)有关单位移送的；(4)公安机关当场抓获的。

(二)受案登记表的结构样式和制作程序

1. 受案登记表的结构样式

受案登记表

案件来源	□110 指令□工作中发现□报案□投案□移送□扭送□其他				
报案人	姓　名		性别	出生日期	
	身份证件种类		证件号码		
	工作单位		联系方式		
	现住址				
移送单位		移送人		联系方式	
接报民警		接报时间	年　月　日 时　分	接报地点	
简要案情或者报案记录(发案时间、地点、简要过程、涉案人基本情况、受害情况等)以及是否接受证据：					
受案意见	□属本单位管辖的行政案件，建议及时调查处理 □属本单位管辖的刑事案件，建议及时立案侦查 □不属于本单位管辖，建议移送＿＿＿＿＿处理 □不属于公安机关职责范围，不予调查处理并当场书面告知当事人 □其他＿＿＿＿＿ 受案民警：　　　　　　　　　　　　年　月　日				
受案审批	受案部门负责人：　　　　　　　　　　年　月　日				

2. 受案登记表的制作程序

《刑事诉讼法》第 109 条第 1 款和《公安机关办理刑事案件程序规定》第 168 条均要求：公安机关接受刑事案件时，应由接警人员制作报案笔录，然后制作受案登记表，并出具回执，用以向报案人说明案件已经受理，若无报案人的，则将回执附卷。办案部门负责人应当在受案审批栏签署意见。

3. 受案登记表的制作

如上所示，受案登记表属表格类文书，应依表格所列逐一填写具体内容。

（1）首先是案件来源，应根据案件的具体情况，分别在栏内选择 110 指令，工作中发现，报案、投案、移送、扭送或其他。接着填写报案人或移送单位的基本情况。报案人的基本情况包括姓名、性别、出生日期、身份证件种类及证件号码、工作单位、联系方式、现住址；移送单位的基本情况包括单位名称、移送人、联系方式。

（2）简要案情或报案记录。简要案情或报案记录应当概括案件基本情况或者报案人所提供的基本案情，要具体写明发案时间、地点、简要过程、涉案人基本情况、受害情况等。制作时可根据犯罪构成要件写明犯罪行为实施的时间、地点、手段和经过，案发主要过程；自首的，要写明其主要犯罪事实和证据，并说明其自首的情况；移送的，要写明移送单位对案件的审查结论和意见；有受害人的，写明受害人的基本情况，以及受害的事实及结果。如果存在物品损失的，应列出损失物品的名称、规格、数量、损失程度和价值等情况。

（3）受案意见。受案意见栏，应根据案件的实际情况分别选择：属本单位管辖的行政案件，建议及时调查处理；属本单位管辖的刑事案件，建议及时立案侦查；不属于本单位管辖，建议移送其他单位处理；不属于公安机关职责范围，不予调查处理并当场书面告知当事人；其他的提出相应意见。在该栏内应当由受案民警署名并注明日期。

（4）受案审批。受案审批栏是受案机关分管负责人对所接受案件处理意见的批示，包括"同意"、"不同意"、"呈请移送×××处理"等，并加盖单位公章注明日期。

在填写受案登记表后，应当填写受案回执，告知举报人或者移送人或单位，案件已由公安部门受理，并可通过相应电话查询案件进展情况，同时填写联系人和联系方式交给报案人、控告人、举报人或扭送人。

二、立案决定书

(一)立案决定书的概念和适用范围

立案决定书,是公安机关对报案、举报、控告、自首材料进行审查后,认为符合立案条件,经公安机关负责人批准后,决定对材料反映的事实进行立案侦查的法律文书。

立案决定书是公安机关对刑事案件予以侦查的合法依据,只有在立案以后,公安机关才能对案件进行侦查,采取相应的法律措施。没有立案,一般不允许对案件当事人采取法律措施。

(二)立案决定书的结构样式

××××公安局

立 案 决 定 书

×公(×)立字[2014]××号

根据《中华人民共和国刑事诉讼法》<u>第一百零七条/第一百一十条</u>之规定,决定对××××(案件名称)案立案侦查。

公安局(印)

××××年××月××日

(三)立案决定书的制作

立案决定书包括正本和存根两部分,正本是公安机关立案的有效凭证,由首部、正文和尾部组成;存根即根联,是对立案相关事项的备查记录。

1. 首部

立案决定书的首部由制作机关名称和文书名称、文书编号组成。文书编号由立案的公安机关简称、案件类别、立案年度、案件顺序号组成,如上海市公安局的立案决定书可写为:沪公(刑)立字[201×]100×号。

2. 正文

该部分的内容为法律依据及案件名称。具体表述为:"根据《中华人民共和国刑事诉讼法》第××条之规定,决定对××××案立案侦查。"若是公安机关自行办理的案件,一律依"第一百一十条",若是上级公安机关交办的,则依

"第一百零七条"。之后应当写明案件名称，案件名称应根据不同的案件情况，采取不同的命名方法：有明确的犯罪嫌疑人和涉嫌犯罪情节清楚的案件，可采取"人名+涉嫌罪名"法进行命名，如"张××故意伤害案"；犯罪嫌疑人不明而被害人和被害情况清楚的案件，可采取"被害人+被侵害情况"来命名，如"王××被抢劫案"；对于犯罪嫌疑人和被害人不明或者犯罪嫌疑人、被害人人数众多不便概括及需要保密等情形，可以案件发生时间或立案时间或者地名来命名，如"×××(地名)抢劫案"。

3. 尾部

系立案的日期，不以实际填写日期为准，而应以确定立案的日期为准并加盖公安机关公章。

立案决定书根联的作用是存档备查，填写事项包括文书编号、案件名称、案件编号，犯罪嫌疑人或被害人姓名、性别、出生日期、住址、单位及职业，批准人姓名、批准时间，办案人姓名、办案单位名称、填发时间、填发人姓名。要注意的是，这里的填发时间需要写明具体填发的时间，而非立案的时间。

第三节　强制措施类文书

强制措施类文书是公安机关立案侦查刑事案件时，对涉案的犯罪嫌疑人采取相关强制措施时所使用的具有法律效力的文书。本节就实践中常用的拘留证、提请批准逮捕书、逮捕证予以介绍。

一、拘留证

(一)拘留证的概念和法律依据

拘留证，是公安机关在刑事案件的侦查过程中，依法对被拘留人执行拘留时制作的具有法律效力的凭证式法律文书。

拘留证是侦查人员执行拘留的合法凭证，《刑事诉讼法》第83条第1款规定：公安机关拘留人的时候，必须出示拘留证。根据该法第82条的规定，拘留证适用的范围包括：(1)现行犯或者重大案件嫌疑人，符合法律规定的拘留条件；(2)涉嫌的犯罪必须已经立案；(3)必须经过公安机关有权力的负责人批准。

(二)拘留证的结构样式

拘留证附卷联的结构样式如下：

　　　　　××公安局××分局

拘　留　证

　　　　　　　　　　　　　　　×公(×)拘字[2014]××号

　　根据《中华人民共和国刑事诉讼法》第八十条之规定，兹决定对犯罪嫌疑人<u>×××</u>(性别<u>×</u>，出生日期<u>××××年××月××日</u>，住址<u>××市××区×街×号</u>)执行拘留，送<u>×××</u>看守所羁押。

　　　　　　　　　　　　　　　　　　　　公安局(印)
　　　　　　　　　　　　　　　　　　　　××××年××月××日

　　本证已于<u>201×年××月××日××时</u>向我宣布。
　　　　　　　被拘留人：(姓名、捺指印)
　　本证副本已收到，被拘留人<u>×××</u>于<u>201×年××月××日××时</u>送至我所。
　　　　　　　接收民警：(姓名)　(看守所印)

(三)拘留证的制作

　　拘留证由存根联、附卷联和交看守所联三联组成。正本是附卷联，副本是交看守所联，而存根联则留存于公安机关备查。
　　1. 存根联
　　拘留证存根联的内容包括文书编号，案件名称，案件编号，犯罪嫌疑人的姓名、性别、出生年月日、住址，拘留原因，批准人，批准日期，执行人，办案单位，填发人，填发日期等内容。
　　2. 附卷联
　　附卷联的内容如上引结构样式所示，需要有公安机关、看守所的印章以及犯罪嫌疑人的签名、捺印方有效，空缺处依照具体案件的实际内容填写即可。
　　3. 交看守所联
　　此联与附卷联的主体内容基本相同，但在表明对犯罪嫌疑人执行拘留，送看守所羁押之后，增加如下事项：

　　　　执行拘留时间：_____年___月__日___时

涉嫌罪名＿＿＿＿＿＿＿＿＿＿＿＿＿＿＿＿

属于律师会见需经许可的案件：是/否

然后加盖公安局印章并注明具体日期。

二、提请批准逮捕书

(一)提请批准逮捕书的概念和法律依据

提请批准逮捕书，是公安机关根据法律规定，对有证据证明有犯罪事实并有逮捕必要的犯罪嫌疑人，提请同级人民检察院批准逮捕而制作的法律文书。

《刑事诉讼法》第85条规定：公安机关要求逮捕犯罪嫌疑人的时候，应当写出提请批准逮捕书，连同案卷材料、证据，一并移送同级人民检察院审查批准。必要的时候，人民检察院可以派人参加公安机关对于重大案件的讨论。《中华人民共和国宪法》第37条第2款规定：任何公民，非经人民检察院批准或者决定或者人民法院决定，并由公安机关执行，不受逮捕。因此，公安机关无权决定是否逮捕犯罪嫌疑人，只能报请同级检察机关批准。

(二)提请批准逮捕书的结构样式和制作程序

1. 提请批准逮捕书的结构样式

××市公安局××分局

提请批准逮捕书

××公(×)提捕字[××××]××号

犯罪嫌疑人×××[(姓名别名、曾用名、绰号等)，性别，出生年月，出生地，身份证号码，民族，文化程度，职业或工作单位及职务，居住地，政治面貌(如是人大代表、政协委员，一并写明具体的级、届代表或委员)，违法犯罪经历以及因本案而被采取强制措施的情况。案件有多名犯罪嫌疑人的，以上内容应逐一写明]。

辩护律师×××……(写明其姓名，所在律师事务所或者法律援助机构名称，律师执业证编号)

犯罪嫌疑人×××涉嫌××(罪名)一案，由×××于××××年××月××日举报(控告、移送)至我局(写明案由、案件来源，具体为单位或者公民举报、控告、上级交办、有关部门移送、本局其他部门移交以及工作中发现等)。我局经过审查后，于××月××日立案侦查。犯罪嫌疑人×××于××××年××月××日被我局抓获归案。

经依法侦查查明：……（根据具体案件情况，详细叙述经侦查认定的犯罪事实，并说明应当逮捕理由）

认定上述事实的证据如下：

……（分列相关证据，并说明证据与犯罪事实的关系）

综上所述，犯罪嫌疑人×××……（根据犯罪构成简要说明罪状），其行为已触犯《中华人民共和国刑法》第××条第××款之规定，涉嫌××罪，符合逮捕条件。依照《中华人民共和国刑事诉讼法》第七十九条，第八十五条之规定，特提请批准逮捕。

此致

×××人民检察院

公安局（印）

××××年××月××日

附：本案卷宗××卷××页。

2. 提请批准逮捕书的制作程序

提请批准逮捕书是公安机关在刑事案件的侦查中，认为对涉案嫌疑人需要采取逮捕措施时，向人民检察院提请批准逮捕的书面文件。因此，制作提请批准逮捕书的前提是公安机关认为涉案嫌疑人需要被采取逮捕措施。众所周知，逮捕是一种非常严厉的强制措施，因此各国法律对其适用范围都进行了严格的限定，适用逮捕强制措施，必须符合法定的条件。《刑事诉讼法》第79条规定："对有证据证明有犯罪事实，可能判处徒刑以上刑罚的犯罪嫌疑人、被告人，采取取保候审尚不足以防止发生下列社会危险性的，应当予以逮捕：（一）可能实施新的犯罪的；（二）有危害国家安全、公共安全或者社会秩序的现实危险的；（三）可能毁灭、伪造证据，干扰证人作证或者串供的；（四）可能对被害人、举报人、控告人实施打击报复的；（五）企图自杀或者逃跑的。对有证据证明有犯罪事实，可能判处10年有期徒刑以上刑罚的，或者有证据证明有犯罪事实，可能判处徒刑以上刑罚，曾经故意犯罪或者身份不明的，应当予以逮捕。被取保候审、监视居住的犯罪嫌疑人、被告人违反取保候审、监视居住规定，情节严重的，可以予以逮捕。"该条规定不仅是人民检察院是否批准逮捕的法定标准，也是公安机关制作提请批准逮捕书的法律依据。依据上述规定可知，制作提请批准逮捕书必须具备下列条件：（1）有证据证明犯罪嫌疑人有犯罪事实；（2）犯罪嫌疑人可能被判处有期徒刑以上刑罚；（3）采取取保候审、监视居住不足以防止其发生社会危险性；（4）有逮捕必要的。

（三）提请批准逮捕书的制作

提请批准逮捕书亦由首部、正文和尾部三部分组成：

1. 首部

（1）标题和文书编号。如上引结构样式所示，标题包括制作机关名称和文书名称，应逐项明确。

（2）犯罪嫌疑人及其辩护律师的情况。犯罪嫌疑人的基本情况，写明犯罪嫌疑人的姓名（必要时写明其别名、曾用名和绰号等），性别，出生年月日，出生地，身份证号码，民族，文化程度，职业或工作单位及职务，居住地（包括户籍所在地、经常居住地、暂住地），政治面貌等内容。犯罪嫌疑人的违法犯罪经历、因本案而被采取的强制措施（时间、种类及执行场所）。案件有多名犯罪嫌疑人的，应逐一写明。

犯罪嫌疑人有辩护律师的，逐项写明其姓名，所在律师事务所或者法律援助机构名称，律师执业证编号。

（3）案件来源部分。主要说明案件由来的时间、受案方式、破案情况，应简要写明案件侦查过程中各个法律程序开始的时间，犯罪嫌疑人被采取的到案措施，是否拘传等。

2. 正文

这是提请批准逮捕的核心部分，是制作的重点，包括犯罪嫌疑人的犯罪事实、相关证据和提请逮捕的法律依据。

（1）犯罪事实，以"经依法侦查查明："为开头，概括叙述公安机关侦查所认定的事实。陈述事实时必须依据《刑事诉讼法》第 79 条第 1 款、第 2 款的规定，即对犯罪嫌疑人采取逮捕措施的标准来叙述。根据逮捕的法定条件，第 1 条是"有证据证明有犯罪事实"，体现在提请批准逮捕书中有两点：一是要有犯罪事实，二是要有证明犯罪事实的证据。犯罪事实即犯罪嫌疑人涉嫌刑法条文规定的某一罪名的犯罪构成要件的各方面情况，包括犯罪的时间、地点、动机、目的、手段、后果及作案经过等内容。公安机关制作提请批准逮捕书的目的是让检察机关通过阅卷、讯问犯罪嫌疑人，决定是否对犯罪嫌疑人采取逮捕措施，因此，制作提请批准逮捕书不需要像起诉意见书那样详尽地陈述犯罪嫌疑人的涉案事实，只需要列举出侦查到目前阶段所查明的事实并表明必须采取逮捕措施即可。在实践中，公安机关对犯罪嫌疑人采取刑事拘留的时间对于侦查来说往往很短，尤其是对复杂案件的侦查，在确定犯罪嫌疑人确实涉嫌刑事犯罪，尚有数罪未查明时，可就已查明的事实提请逮捕，而在逮捕后继续进行侦查。这样不仅为侦查赢得了时间，也避免了不必要的重复。第2条是"可能判处有期徒刑以上刑罚"，我国刑法对刑罚的规定采取了相对不定期刑的立法模式，而且具有较大的空间，因此，只要在叙述涉嫌犯罪的具体事实中表现出情节严重即可。关于采取取保候审、监视居住不足以防止其发生社会危险性和是否有逮捕必要的叙述，则从犯罪嫌疑人的犯罪手段、目的、动机等方面予以表述，在描述时，应竭力表现出犯罪嫌疑人的社会危险性及采取其他强制措施的可能性。

犯罪嫌疑人实施多次犯罪的犯罪事实应逐一列举；同时触犯数个罪名的犯罪嫌疑人的犯罪事实应该按照主次顺序分别列举；对于共同犯罪的案件，写明犯罪嫌疑人的共同犯罪事实及各自在共同犯罪中的地位和作用后，按照犯罪嫌疑人的主次顺序，分别叙述各个犯罪嫌疑人的单独犯罪事实。

（2）相关证据。由"认定上述事实的证据如下："引出相关证据，并说明证据与犯罪事实的关系。

（3）法律依据。根据前述犯罪嫌疑人的犯罪事实，既要直接表明犯罪嫌疑人涉嫌犯罪的法律依据，也要表明提请批准逮捕的法律依据。在叙述时，首先要说明犯罪嫌疑人涉嫌的犯罪性质、罪名，其行为触犯了刑法何条何款，涉嫌什么罪，然后根据《刑事诉讼法》第79条、第85条的规定证明其符合逮捕的条件。

3. 尾部

包括受文机关全称、公安机关的签章、制作文书的日期。提请批准逮捕书的受文机关为提请批准逮捕的公安机关的同级人民检察院。最后在附注中要写明本案卷宗材料的卷数和犯罪嫌疑人被提请批准逮捕时的羁押处所。

三、逮捕证

（一）逮捕证的概念和法律依据

逮捕证，是公安机关对符合法定条件的犯罪嫌疑人执行逮捕时所使用的法律凭证。

我国刑事诉讼法规定，对有证据证明有犯罪事实，可能判处徒刑以上刑罚的犯罪嫌疑人、被告人，采取取保候审、监视居住等方法，尚不足以防止发生社会危险性，而有逮捕必要的，公安机关应制作提请批准逮捕书，移送至同级人民检察院，由检察机关审查是否逮捕。检察机关批准逮捕的，由公安机关执行逮捕，并必须制作逮捕证。第91条第1款明确规定："公安机关逮捕人的时候，必须出示逮捕证。"

（二）逮捕证的结构样式和制作程序

1. 逮捕证的结构样式

×××公安局

逮 捕 证

×公×（××）捕字［××××］××号

根据《中华人民共和国刑事诉讼法》第七十八条之规定，经××××人民检察院批准/决定，兹由我局对涉嫌××罪的×××（性别×，出生日期××××年××月××日，住址××市××区×街×号）执行逮捕，送×××看守所羁押。

公安局（印）

××××年××月××日

本证已于××××年××月××日××时向我宣布。

被逮捕人：（姓名、捺指印）

本证副本已收到，被逮捕人×××已于××××年××月××日送至我所（如先行拘留的，填写拘留后羁押时间）。

接收民警：（姓名）　　　　　　　　　　　　　看守所（印）

××××年××月××日

（此联附卷）

2. 逮捕证的制作程序

我国宪法及刑事诉讼法规定，逮捕犯罪嫌疑人、被告人必须经过人民检察院批准或决定，或人民法院决定，由公安机关执行。对有证据证明有犯罪事实，可能判处徒刑以上刑罚的犯罪嫌疑人、被告人，采取取保候审、监视居住等方法，尚不足以防止发生社会危险性，而有逮捕必要的，公安机关应制作提请批准逮捕书，经县级以上公安机关负责人签署后，连同案卷材料和证据一并移送至同级人民检察院。检察机关接到公安机关的材料后，应由侦查监督部门的负责人进行审核。一旦作出决定，将由检察长签发决定逮捕通知书通知公安机关执行。公安机关执行逮捕必须制作逮捕证。

（三）逮捕证的制作

逮捕证由存根联、附卷联和交看守所联三联组成。逮捕证的正本是附卷联，副本为交看守所联，存根联由公安机关留存备查。

1. 存根联

存根联应依次填写案件名称，案件编号，犯罪嫌疑人姓名、性别、年龄、住址、单位及职业，逮捕原因，批准或决定逮捕的时间，批准或决定机关，执行人，办案单位，填发人，填发日期等事项。

2. 附卷联

逮捕证需要由被逮捕人具体表明向其宣布逮捕的时间并签名、捺指印，看守所填写收押日期，接收民警也应签上自己的姓名，并加盖看守所印章及公安机关的印章和填写执行人的姓名。

3. 交看守所联

此联与附卷联一致，但在文书签发日期之后下注：

执行逮捕时间××××年××月××日××时。

属于律师会见需经许可的案件：是/否

第四节　起诉意见书

一、起诉意见书的概念和法律依据

起诉意见书，是指公安机关根据法律规定，对刑事案件侦查终结后，认为犯罪事实清楚，证据确实、充分，依法应当追究犯罪嫌疑人的刑事责任，向同级人民检察院移送审查起诉时制作的提出起诉意见的法律文书。

我国《刑事诉讼法》第 160 条规定："公安机关侦查终结的案件，应当做到犯罪事实清楚，证据确实、充分，并且写出起诉意见书，连同案卷材料、证据一并移送同级人民检察院审查决定。"起诉意见书是公安机关侦查工作终结后，移送审查起诉时提出的对案件的观点和看法。起诉意见书是人民检察院提起公诉和人民法院审理案件的基础和前提。如前所述，公安机关对侦查终结的案件移送起诉时必须符合三个条件：（1）犯罪事实清楚；（2）证据确实、充分；（3）依法应当追究犯罪嫌疑人的刑事责任。只有上述条件同时具备的刑事案件，公安机关才能制作起诉意见书，连同案卷材料一并移送同级检察院审查起诉。

二、起诉意见书的结构样式和制作程序

（一）起诉意见书的结构样式

××市公安局××分局

起诉意见书

×公×诉字[××××]××号

犯罪嫌疑人×××……[犯罪嫌疑人的姓名(别名、曾用名、绰号等)，性别，出生年月日，出生地，身份证号码，民族，文化程度，职业或工作单位及职务，居住地，政治面貌，违法犯罪经历及因本案而被采取强制措施的情况。如果是单位犯罪，应写明单位的全称、地址]

辩护律师×××……[如有辩护律师，写明其姓名，所在律师事务所或者法律援助机构名称，律师执业证编号。]

犯罪嫌疑人×××涉嫌××(罪名)一案，由×××于××××年××月××日举报(控告、移送)至我局。我局经审查后，于××月××日立案侦查。同年××月××日，犯罪嫌疑人×××被抓获归案(到我局投案自首)。犯罪嫌疑人×××涉嫌×××案，现已侦查终结。

经依法侦查查明：……[详细叙述经侦查认定的所有犯罪事实，写明犯罪时间、地点、目的、动机、手段、危害后果等与定罪有关的事实要素，根据具体案件情况，围绕刑法规定的该罪的犯罪构成要件，简明扼要叙述]。

认定上述犯罪事实的证据如下：……[列举相关证据]

上述犯罪事实清楚，证据确实、充分，足以认定。

犯罪嫌疑人×××……[写明是否具有累犯、立功或者自首、和解等影响量刑的犯罪情节]

综上所述，犯罪嫌疑人×××……[根据相应的犯罪构成要件概括其罪状]，其行为已触犯《中华人民共和国刑法》第××条之规定，涉嫌××罪。依据《中华人民共和国刑事诉讼法》第一百六十条之规定，现将此案移送审查起诉。

此致

××××人民检察院

公安局(印)

××××年××月××日

附：1. 本案卷宗××卷××页。

2. 随案移交物品××件。

（二）起诉意见书的制作程序

根据《刑事诉讼法》第160条的规定，对已经侦查终结案件的处理意见，由县级以上公安机关负责人批准，重大、复杂、疑难案件应由集体讨论决定。作出移送起诉的决定后，公安机关应制作起诉意见书，由公安机关负责人签署，且连同案卷材料、证据一并移送同级人民检察院审查决定；同时还要将案件移送情况告知犯罪嫌疑人及其辩护律师。

三、起诉意见书的制作

起诉意见书由首部、正文和尾部组成。

（一）首部

起诉意见书的首部有公安机关名称、文书名称、发文字号、犯罪嫌疑人的基本情况和违法犯罪经历等方面的内容。标题、文书编号、发文字号均与提起批准逮捕书的要求相类似，在此不再赘述。关于犯罪嫌疑人的基本情况，对于犯罪嫌疑人的姓名，需要注意犯罪嫌疑人是否有别名、曾用名、绰号等，如有需要在括号内标注，若为外国公民，先写出其中文译名，然后用括号标注其外文原名及国籍；关于性别、出生年月、违法犯罪经历等情况与提请批准逮捕书一致。

（二）正文

正文的主要内容包括案件侦办情况和涉嫌的犯罪事实、起诉的意见及法律依据。

1. 案件侦办情况

主要写明案件由来和案件来源，与提请批准逮捕书基本一致，区别是最后写明犯罪嫌疑涉嫌的罪名并表明案件已经侦查终结。如："犯罪嫌疑人×××涉嫌××（罪名）一案，由×××于××××年××月××日举报（控告、移送）至我局。我局经审查后，于××月××日立案侦查。同年××月××日，犯罪嫌疑人×××被抓获归案（到我局投案自首）。犯罪嫌疑人×××涉嫌×××案，现已侦查终结。"

2. 事实与证据

关于犯罪嫌疑人的犯罪事实和证据部分与提请批准逮捕书的叙述方式基本

一致。但是，起诉意见书是公安机关侦查终结后的意见，其目的是要追诉犯罪嫌疑人而不再是提请逮捕，应当概括叙述侦查机关认定的所有犯罪事实和证据，具体表明犯罪嫌疑人实施犯罪的时间、地点、目的、动机、手段、危害后果等与定罪有关的所有事实要素。叙述时应以犯罪构成要件为指引，按照犯罪构成的四要件分别予以表述，让起诉意见书更具有说服力和严肃性。

之后，以"认定上述事实的证据如下："引出具体的证据。书写证据部分的标准是能够证明"犯罪事实清楚，证据确实、充分，足以认定"。因此，在起诉意见书中应罗列出认定犯罪嫌疑人犯罪事实的所有证据，具体包括定罪的证据和量刑的证据。

3. 起诉的意见和法律依据

起诉意见书乃公安机关对刑事案件侦查终结后移送起诉时的意见，因此，公安机关在起诉书中必须明确表述自己的观点与看法。起诉意见书是具有法律效力的权威性文书，因此，制作时必须根据法律的明确规定，就犯罪嫌疑人涉案的事实，提出公安机关的意见。需要分析论证犯罪嫌疑人行为的性质，构成了何种罪名，依法应受到何种刑法处罚；具体可表述为："综上所述，犯罪嫌疑人×××……（根据犯罪构成要件和刑法规定的罪状），其行为已触犯了《中华人民共和国刑法》第×条第×款之规定，涉嫌××罪。依照《中华人民共和国刑事诉讼法》第一百六十条之规定，现将此案移送审查起诉。"

（三）尾部

尾部包括受文机关名称、制作日期、公安机关的印鉴。起诉意见书的受文机关为人民检察院，应表述为"此致"、"××××人民检察院"。然后在文书上加盖公安机关印章。在附注中写明本案卷宗的情况、犯罪嫌疑人的羁押处所、随案移送的物品、被害人民事权利的处理情况（是否提起刑事附带民事诉讼、是否已经和解）等。

思考题

1. 制作公安机关刑事法律文书有哪些基本要求？
2. 试论述拘留证与逮捕证的区别。
3. 提请批准逮捕书的制作法律依据是什么？
4. 起诉意见书由哪几部分组成？
5. 起诉意见书应如何制作？

参考文献

1. 段钢．公安问话笔录与法律文书制作［M］．北京：中国铁道出版社，2013．

2. 李培芬．论侦查文书中犯罪事实的写作［J］．上海公安高等专科学校学报，2005(5)．

第六章　检察机关刑事法律文书

【内容提要】

检察机关刑事法律文书是与法律赋予检察机关的相关职权相互对应的。根据我国宪法、刑事诉讼法、刑法、人民检察院组织法等相关法律的规定，人民检察院在刑事诉讼中的职权包括部分刑事案件的侦查权、批准逮捕权、决定起诉权、对刑事判决的监督权(主要体现为抗诉权)。结合我国检察机关的实践，与之职权相对应的文书主要有立案决定书、刑事拘留决定书、逮捕决定书、批准逮捕决定书、起诉书、不起诉决定书、抗诉书等。

在本章重点讲述检察机关制作的批准逮捕决定书、移送起诉案件审查报告、起诉书、不起诉决定书、抗诉书等。

【基本概念】

刑事职权　批准逮捕决定书　移送起诉案件审查报告　起诉书　被告人不起诉决定书　被不起诉人　公诉人　刑事抗诉书

第一节　概　　述

一、检察机关刑事法律文书的概念

检察机关刑事法律文书，是指检察机关依法行使检察权、履行检察职责，在参与刑事诉讼的过程中，根据具体案件的需要而制作的体现检察机关法定职权的法律文书。换言之，检察机关刑事法律文书，就是检察机关在刑事诉讼活动中行使法律赋予的职权、履行法律规定职责、依法解决刑事诉讼程序和实体问题而制作的具有法律效力或法律意义的文书。

根据最高人民检察院《人民检察院法律文书格式(2012 版)》的规定，检察机关在行使职权时所使用的法律文书总共有 223 种，其中包括刑事法律文书、民事、行政法律文书以及通用法律文书。民事、行政法律文书主要用于行使检察机关监督权，通用法律文书主要用于行使检察机关检察建议权，而刑事法律文书则主要用于检察机关行使刑事检察权。本章着重介绍检察机关刑事法律文书的制作。

二、检察机关刑事法律文书的种类

最高人民检察院在 2012 年版的《人民检察院法律文书格式（2012 版）》中将 223 种法律文书分为十一类，具体分类如下：

（一）立案文书

立案文书包括：立案决定书、补充立案决定书、不立案通知书、要求说明立案理由通知书、要求说明不立案理由通知书、不立案理由审查意见通知书、立案理由审查意见通知书、通知撤销案件书、通知立案书、移送案件通知书、答复举报人通知书、指定管辖决定书、交办案件决定书、提请批准直接受理书、批准直接受理决定书、不批准直接受理决定书。

（二）回避文书

回避文书包括：回避决定书、回避复议决定书、采取强制措施决定书。

（三）辩护与代理文书

辩护与代理文书包括：侦查阶段委托辩护人/申请法律援助告知书、审查起诉阶段委托辩护人/申请法律援助告知书、提供法律援助通知书、辩护律师会见犯罪嫌疑人应当经过许可通知书、辩护律师可以不经许可会见犯罪嫌疑人通知书、许可会见犯罪嫌疑人决定书、不许可会见犯罪嫌疑人决定书、批准律师以外的辩护人与犯罪嫌疑人会见和通信/查阅案卷材料决定书、不批准律师以外的辩护人与犯罪嫌疑人会见和通信/查阅材料决定书、调取证据通知书、不予收集/调取证据决定书、许可辩护律师收集案件材料决定书、不许可辩护律师收集案件材料决定书、委托诉讼代理人告知书、纠正阻碍辩护人/诉讼代理人依法行使权利通知书、辩护人/诉讼代理人申诉/控告答复书。

（四）证据文书

证据文书包括：纠正非法取证意见书、提供证据收集合法性说明通知书、提请有关人员出庭意见书。

（五）强制措施文书

强制措施文书包括：拘传证、取保候审决定书/执行通知书、被取保候审人义务告知书、保证书、解除取保候审决定书/通知书、监视居住决定书/执行通知书(含指定居所监视居住)、指定居所监视居住通知书、被监视居住人义务告知书、解除监视居住决定书/通知书、拘留决定书、拘留通知书、拘留人大代表报告书、报请许可采取强制措施报告书、报请逮捕书、逮捕通知书、报请重新审查逮捕意见书、批准逮捕决定书、逮捕决定书、逮捕决定书(上提)、逮捕决定书(追捕)、应当逮捕犯罪嫌疑人建议书、应当逮捕犯罪嫌疑人通知书、撤销强制措施决定/通知书、撤销逮捕决定书/通知书、不批准逮捕决定书、撤销不批准逮捕决定书、不予逮捕决定书、不予逮捕决定书(上提)、撤销不予逮捕决定书、维持不予逮捕决定通知书、撤销不批准逮捕决定通知书、提请批准延长侦查羁押期限报告书、批准延长侦查羁押期限决定书、延长侦查羁押期限决定/通知书、不批准延长侦查羁押期限决定书、重新计算侦查羁押期限决定/通知书、撤销纠正违法意见决定书、羁押必要性审查建议书、核准追诉决定书、不予核准追诉决定书。

(六)侦查文书

侦查文书包括:传唤通知书、提讯/提解证、提讯情况/提解情况记载、犯罪嫌疑人诉讼权利义务告知书、证人诉讼权利义务告知书、询问通知书、调取证据通知书、调取证据清单、勘查证、勘验检查笔录、解剖尸体通知书、侦查实验笔录、搜查证、登记保存清单、查封通知书、查封/扣押财物/文件清单、协助查封通知书、解除查封通知书、扣押通知书、解除扣押通知书、退还/返还查封/扣押/调取财物/文件通知书、退还/返还查封/扣押/调取财物/文件清单、处理查封/扣押财物/文件决定书、处理查封/扣押财物/文件清单、移送查封/扣押/冻结财物/文件决定书、移送查封/扣押/冻结财物/文件清单、扣押邮件/电报通知书、解除扣押邮件/电报通知书、查询犯罪嫌疑人存款/汇款/股票/债券/基金份额款通知书、协助查询存款/汇款/股票/债券/基金份额通知书、冻结犯罪嫌疑人存款/汇款/股票/债券/基金份额通知书、解除冻结犯罪嫌疑人存款/汇款/股票/债券/基金份额通知书、协助冻结存款/汇款/股票/债券/基金份额通知书、鉴定聘请书、委托勘检书、委托鉴定书、鉴定意见通知书、复验/复查通知书、销毁清单、侦查终结财物/文件处理清单、终止对犯罪嫌疑人侦查决定书、撤销案件决定书、决定释放通知书、起诉意见书、不起诉意见书、采取技术侦查措施申请书、采取技术侦查措施决定书、采取技术侦查措施通知书、解除技术侦查措施决定书、解除技术侦查措施通知书、延长技术侦查措施申请书、延长技术侦查措施通知书、调取技术侦查证据材料通知书、技术侦查证据材料移送清单、通缉通知书。

(七)公诉文书

公诉文书包括:补充侦查决定书、提供法庭审判所需证据材料通知书、报送(移送)案件意见书、交办案件通知书、补充移送起诉通知书、起诉书(自然人犯罪案件适用)、起诉书(单位犯罪案件适用)、刑事附带民事起诉书、刑事附带民事财产保全申请书、适用简易程序建议书、证人(鉴定人)名单、申请证人(鉴定人、有专门知识的人)出庭名单、派员出席法庭通知书、换押证、公诉意见书、量刑建议书、延期审理建议书、追加起诉决定书(追加起诉遗漏罪行适用)、追加起诉决定书(追加起诉遗漏同案其他被告人适用)、变更起诉决定书、撤回起诉决定书、不起诉决定书(法定不起诉适用)、不起诉决定书(相对不起诉适用)、不起诉决定书(存疑不起诉适用)、移送不起诉案件材料通知书、移送有关主管机关处理违法所得意见书、移送有关主管机关处理违法所得清单、撤销不起诉决定书、提请抗诉报告书、抗诉请求答复书、支持刑事抗诉意见书、刑事抗诉书(二审程序适用)、刑事抗诉书(审判监督程序适用)、抗诉(上诉)案件出庭检察员意见书、撤回抗诉决定书/通知书、纠正审理违法意见书。

(八)执行监督文书

执行监督文书包括:停止执行死刑建议书、撤销停止执行死刑建议通知书、暂予监外执行提请检察意见书、减刑建议检察意见书、假释建议检察意见书、纠正不当暂予监外执行决定意见书、纠正不当减刑裁定意见书、纠正不当假释裁定意见书、减刑/假释案件出庭意见书。

(九)特别程序文书

特别程序文书包括:社会调查报告、社会调查委托函、未成年人法定代理人到场通知书、未成年人成年亲属/有关组织代表到场通知书、附条件不起诉决定书、移送附条件不起诉案件材料通知书、附条件不起诉考察意见书、撤销附条件不起诉决定书、不起诉决定书、许可查询犯罪(不起诉)记录决定书、不许可查询犯罪(不起诉)记录决定书、和解协议书、补充证据通知书(犯罪嫌疑人、被告人逃匿、死亡案件违法所得的没收程序适用)、要求说明不启动违法所得没收程序理由通知书、要求启动违法所得没收程序通知书、终止审查决定书、启动违法所得没收程序决定书、没收违法所得意见书、没收违法所得申请书、不提出没收违法所得申请决定书、抗诉书(违法所得没收案件二审程序适用)、抗诉书(违法所得没收案件审判监督程序适用)、补充证据通知书(依法不负刑事责任的精神病人的强制医疗程序适用)、要求说明不启动强制医疗程序理由通知书、要求启动强制医疗程序通知书、采取临时保护性约束措施建议书、启动强制医疗程序决定书、强制医疗申请书、不提出强制医疗申请决定书、纠正强制医疗案件不当决定意见书。

（十）申诉文书

申诉文书包括：刑事申诉审查结果通知书、刑事申诉复查决定书、刑事申诉复查通知书、纠正案件错误通知书、审查提请抗诉通知书、指令抗诉决定书。

（十一）通用或其他文书

通用或其他文书包括：复议决定书、复核决定书、纠正案件决定错误通知书、纠正违法通知书、检察意见书、检察建议书、送达回证、驳回申请决定书、调阅案卷通知书、死刑复核案件检察意见书。

三、检察机关刑事法律文书的制作要求

检察机关法律文书是一种具有法律效力或法律意义的记载各种诉讼活动的法律文书，用以反映检察机关依法行使职权处理案件的整个过程，是其认定事实，作出处理决定的重要依据以及处理决定本身。因此，需要体现事实的客观性、法律的严肃性、格式的规范性、语言的准确性。

1. 体现事实的客观性

检察机关的刑事法律文书是处理刑事案件的依据以及处理刑事案件的结论。"以事实为根据"是我国刑事司法最基本的原则，任何刑事司法必须体现事实的客观性。如果失去了事实的客观性，也就颠覆了整个刑事司法活动的意义，不仅无法达到立法的目的，也完全否决了整个社会公正赖以存在的基础。因此，任何刑事法律文书的制作必须体现事实的客观性。

2. 体现法律的严肃性

检察机关是国家的法律监督机关，检察机关的法律文书是为实现检察机关的职权而依法制作的。它是执行国家法律的重要表现形式，能够如实反映检察机关处理案件的全过程，对统一、正确地执行法律起着有力的保证作用。

3. 要求格式的规范性

检察机关的刑事法律文书，是具有法律效力或法律意义的活动，必然有着法律上的要求，在格式上也有特定的规范性。根据最高人民检察院《人民检察院法律文书格式》的规定，检察法律文书有其固定的格式，在适用上应保持格式的统一，排除随意性。这也是实现公正的重要手段。

4. 强调语言的准确性

由于检察机关刑事法律文书是检察机关处理案件及诉讼活动的过程、事实的反映，甚至是检察机关处理案件的结论，对案件的定性处理起着决定性的作用，因此检察机关的刑事法律文书必须语意准确，不能模棱两可、词义混乱。

法律是精确的技巧，现代汉语本身词汇十分丰富，含义也十分广泛，因此，检察机关刑事法律文书务必要求精确。

第二节　批准逮捕决定书

一、批准逮捕决定书的概念和法律依据

批准逮捕决定书，是指人民检察院行使法律规定的批准逮捕的职权，对公安机关提请批准逮捕的犯罪嫌疑人，认为符合法定的条件批准公安机关对其实施逮捕而制作的法律文书。

根据《宪法》第 37 条第 2 款及《人民检察院组织法》第 5 条第 3 项的规定："任何公民，非经人民检察院批准或者决定或者人民法院决定，并由公安机关执行，不受逮捕"；"对于公安机关侦查的案件，进行审查，决定是否逮捕、起诉或者免予起诉。"同时，《刑事诉讼法》第 88 条要求："人民检察院对于公安机关提请批准逮捕的案件进行审查后，应当根据情况分别作出批准逮捕或者不批准逮捕的决定。"上述法律规定明确将批准逮捕的权力赋予了人民检察院。

《刑事诉讼法》第 79 条、《人民检察院刑事诉讼规则》均规定，对于有证据证明有犯罪事实，可能判处徒刑以上刑罚的犯罪嫌疑人、被告人，采取取保候审、监视居住等方法，尚不足以防止发生社会危险性的，有逮捕必要的，检察机关应依法予以逮捕。具体包括：(1)可能实施新的犯罪的；(2)有危害国家安全、公共安全或者社会秩序的现实危险的；(3)可能毁灭、伪造证据，干扰证人作证或者串供的；(4)可能对被害人、举报人、控告人实施打击报复的；(5)可能自杀或者逃跑的。对有证据证明有犯罪事实，可能判处 10 年有期徒刑以上刑罚的，或者有证据证明有犯罪事实，可能判处徒刑以上刑罚，曾经故意犯罪或者身份不明的，应当予以逮捕。被取保候审、监视居住的犯罪嫌疑人、被告人违反取保候审、监视居住规定，情节严重的，可以予以逮捕。最高人民检察院、公安部 2001 年出台的《关于依法适用逮捕措施有关问题的规定》对"有证据证明有犯罪事实"的含义作出了解释，是指同时具备以下三种情形：(1)有证据证明发生了犯罪事实；(2)有证据证明该犯罪事实是犯罪嫌疑人实施的；(3)证明犯罪嫌疑人实施犯罪行为的证据已有查证属实的。"有证据证明有犯罪事实"，并不要求查清全部犯罪事实。其中"犯罪事实"既可以是单一犯罪行为的事实，也可以是数个犯罪行为中任何一个犯罪行为的事实。而"有逮捕必要"是指：(1)可能继续实施犯罪行为，危害社会的；(2)可能毁灭、伪

造证据、干扰证人作证或者串供的；(3)可能自杀或逃跑的；(4)可能实施打击报复行为的；(5)可能有碍其他案件侦查的；(6)其他可能发生社会危险性的情形。

二、批准逮捕决定书的结构样式和制作程序

(一)批准逮捕决定书的结构样式(第三联)

×××人民检察院

批准逮捕决定书

×检××批捕[××××]××号

×××检察院/×××公安局××分局：

你院/局于××××年××月××日以××号提请批准逮捕书提请逮捕犯罪嫌疑人×××，经本院审查认为，该犯罪嫌疑人涉嫌××犯罪，符合《中华人民共和国刑事诉讼法》第七十九条规定的逮捕条件，决定批准逮捕犯罪嫌疑人×××。请依法立即执行，并将执行情况三日以内通知本院。

××××年××月××日

(院印)

(此卷送达侦查机关)

(二)批准逮捕决定书的制作程序

根据《刑事诉讼法》第89条的规定：人民检察院对于公安机关提请批准逮捕的案件进行审查后，应当根据情况分别作出批准逮捕或者不批准逮捕的决定。人民检察院应当自接到公安机关提请批准逮捕书后的7日以内，作出批准逮捕或者不批准逮捕的决定。

公安机关提请检察机关批准逮捕需要的材料包括：证明犯罪嫌疑人实施的犯罪事实已经发生的证据，包括物证、书证等所有能够证明犯罪嫌疑人实施的犯罪事实已经发生的证据。检察机关依法对公安机关提供的证据进行审核，并依法对犯罪嫌疑人进行讯问，核实情况，然后根据事实和证据，作出是否批准逮捕的决定。若需要批准逮捕的，则制作逮捕决定书，送达公安机关，由公安机关执行逮捕。

三、批准逮捕决定书的制作

批准逮捕决定书，共分四联：第一联是存根，又称根联，主要是批准逮捕后由相关部门备案，保证下属三联来源的合法性。第二联是副本，由检察机关用来装卷备案以供留存，对外无效力。第三联是正本，送达公安机关后，公安机关根据此联填写逮捕证，并对犯罪嫌疑人依法宣布逮捕，采取逮捕强制措施。第四联也要送达公安机关，公安机关在对相关犯罪嫌疑人执行逮捕后，依法告知检察机关逮捕的执行情况。

（一）根联的制作

根联用于上级机关的督查并保证其他三联的来源，不具有任何法律效力，只是忠实反映和记录整个批准逮捕运转的程序。其制作也较简单，内容包括文号、案由、送达机关、批准人、承办人、填发人、填写时间。

公安机关提请批准逮捕的犯罪嫌疑人所涉及的案件事实等由检察机关的承办人依法进行审查后，专门作出审查逮捕意见书，对该犯罪嫌疑人的涉案事实、相关情况，以及是否需要逮捕作出说明，交由分管检察长或者主办检察官复核。决定逮捕的，由书记员依法制作批准逮捕决定书。故根联应将涉及批准逮捕程序的相关要素填写完整。

（二）第二、三联的制作

批准逮捕决定书的第二、三联内容是完全一致的。分为首部、正文、尾部。

1. 首部

（1）标题

标题包括文书制作机关的名称和文书名称，制作机关名称应写人民检察院的全称。如"上海市××区人民检察院批准逮捕决定书"。

（2）文书编号

写明批准逮捕的检察机关的简称、案件性质代字、制作年度、案件顺序号，表述为"×检×批捕〔××××〕××号"，如"沪×检刑批捕〔2014〕588号"，即代表"上海市××区人民检察院2014年第588号批准逮捕决定书"。

（3）受文机关

顶格书写提请批准逮捕的公安机关的全称，如"上海市公安局××分局"。

2. 正文

《人民检察院法律文书格式（样本）》中规定的批准逮捕决定书为填充式文书，正文部分通用内容已经具备，只需要根据具体案件，对具体犯罪嫌疑人批准逮捕的情况具体化，主要为：侦查机关提请批准逮捕的时间、提请批准逮捕书的序号、提请批准逮捕的犯罪嫌疑人的姓名；检察机关审查的结论、犯罪嫌疑人涉嫌的罪名、检察机关的决定等事项。

3. 尾部

尾部要表明文书制作的时间，并加盖人民检察院的院印。

（三）第四联

批准逮捕决定书的第四联是回执，是检察机关对犯罪嫌疑人作出批准逮捕的决定之后，由公安机关对犯罪嫌疑人执行逮捕，检察机关依法要求公安机关对逮捕情况的说明及反馈，是公安机关以自己名义向检察机关所做的说明。因此，首部是人民检察院批准逮捕决定书（回执），但是受文单位依然是该检察院，发文单位是相对应的公安机关。内容为"根据《中华人民共和国刑事诉讼法》第八十九条的规定，现将我局执行你院××××号批准逮捕决定书的情况通知如下：××××年××月××日，我局侦查员×××、×××依法将犯罪嫌疑人×××执行逮捕。"尾部写明日期并加盖公安机关的印章。

第三节　不起诉决定书

一、不起诉决定书的概念和法律依据

不起诉决定书，是指人民检察院依据法律规定，对符合法定不起诉条件的犯罪嫌疑人作出不起诉决定时制作的具有法律效力的法律文书。

不起诉决定书是人民检察院作出不起诉决定的法定载体，具有终止刑事诉讼的效力。不起诉决定书应当具有严密的逻辑性、严谨的科学性、严格的法律性和严肃的权威性。

我国《刑事诉讼法》第 171 条第 4 款规定：对于二次补充侦查的案件，人民检察院仍然认为证据不足，不符合起诉条件的，应当作出不起诉的决定。第 173 条规定：犯罪嫌疑人没有犯罪事实，或者有本法第 15 条规定的情形之一的，人民检察院应当作出不起诉决定。对于犯罪情节轻微，依照刑法规定不需要判处刑罚或者免除刑罚的，人民检察院可以作出不起诉决定。第 174 条规定：不起诉的决定，应当公开宣布，并且将不起诉决定书送达被不起诉人和他所在的单位。《人民检察院刑事诉讼规则》第 408 条规定：人民检察院作出不起诉决定后，应当制作不起诉决定书。这些都是制作不起诉决定书的法律依据。

二、不起诉决定书的结构样式和制作程序

（一）不起诉决定书的结构样式

最高人民检察院《人民检察院法律文书格式》对不起诉决定书制作了统一的规范文本，共包括三种格式，分别根据刑事诉讼法第173条第1款、第2款及第171条第4款提供了不同的结构样式。具体如下：

×××人民检察院

不起诉决定书

×检×刑不诉［××××］××号

被不起诉人……（写明姓名、性别、出生年月日、身份证号码、民族、文化程度、职业或工作单位及职务、住址，是否受过刑事处罚，采取强制措施的种类、时间、决定机关等。）

（如系被不起诉单位，则应写明名称、住所地等。）

辩护人……（写姓名、单位及职务）。

本案由×××（侦查机关名称）侦查终结，以被不起诉人×××涉嫌×××罪，于××××年××月××日移送本院审查起诉。

（如果是自侦案件，此处写"被不起诉人×××涉嫌×××一案，由本院侦查终结，于××××年××月××日移送审查起诉或不起诉"。如果案件是其他人民检察院移送的，此处应当将指定管辖、移送单位以及移送时间等写清楚。）

（如果案件曾经退回补充侦查，应当写明退回补充侦查的日期、次数以及再次移送审查起诉的时间。）

经本院依法审查查明：……

（概括叙写案件事实，其重点内容是有关被不起诉人具有的法定情节及检察机关酌情作出不起诉决定的具体理由的事实。要将检察机关审查后认定的事实和证据写清楚，不必叙写侦查机关移送审查时认定的事实和证据。对于证据不足的事实，不能写入不起诉决定书中。在事实部分中表述犯罪情节时应当以犯罪构成要件为标准，还要将体现其情节轻微的事实及符合不起诉条件的特征叙述清楚。叙述事实之后，应当将证明"犯罪情节"的各项证据一一列举，以阐明犯罪情节如何轻微。）

本院认为，犯罪嫌疑人×××实施了《中华人民共和国刑法》第××条规定的

行为，但犯罪情节轻微，具有×××情节(此处写明从轻、减轻或免除刑事处罚具体情节的表现)，根据《中华人民共和国刑法》第××条的规定，不需要判处刑罚(或者免除刑罚)。依据《中华人民共和国刑事诉讼法》第一百七十三条第二款的规定，决定对×××(被不起诉人的姓名)不起诉。

被不起诉人如不服本决定，可以自收到本决定书后七日内向本院申诉。

被害人如不服本决定，可以自收到本决定书后七日以内向×××人民检察院申诉，请求提起公诉；也可以不经申诉，直接向×××人民法院提起自诉。

×××人民检察院
××××年××月××日
(院印)

(二)不起诉决定书的制作程序

不起诉分为三种：法定不起诉、酌定不起诉和存疑不起诉。对符合这三种不起诉标准的案件需要制作不起诉决定书。

对于法定不起诉，依照《刑事诉讼法》第173条第1款的规定，人民检察院审查起诉时发现没有犯罪事实，或者具有《刑事诉讼法》第15条规定的情形之一的，必须作出不起诉决定。具体而言，法定不起诉适用的情形是：没有犯罪事实；情节显著轻微、危害不大，不认为是犯罪的；犯罪已过追诉时效的；经特赦令免除刑罚的；依照刑法告诉才处理的犯罪，没有告诉或者撤回告诉的；犯罪嫌疑人、被告人死亡的；其他法律规定免予追究刑事责任的。符合以上情形之一必须作出不起诉处理的，应当由检察长作出决定。

对于酌定不起诉，根据《刑事诉讼法》第173条第2款的规定，人民检察院决定酌定不起诉，必须同时具备两个条件：一是犯罪嫌疑人的行为已经构成犯罪；二是犯罪嫌疑人的犯罪情节轻微，依照刑法规定不需要判处刑罚或者免除刑罚。《中华人民共和国刑法》第37条规定，对于犯罪情节轻微不需要判处刑罚的，可以免予刑事处罚，根据案件的不同情况予以训诫或责令具结悔过、赔礼道歉、赔偿损失，或者由主管部门予以行政处罚或者行政处分。人民检察院根据案件情况，酌定不起诉的，应当经检察委员会讨论决定。

对于存疑不起诉，依照《刑事诉讼法》第171条第4款的规定，经二次补充侦查的案件，人民检察院仍然认为证据不足，不符合起诉条件的，应当经检察委员会讨论作出不起诉的决定。

三、不起诉决定书的制作

(一)首部

此部分包括制作文书的人民检察院的名称、文书名称和文书编号。

(二)正文

1. 被不起诉人的基本情况

被不起诉人的基本情况包括姓名、性别、出生年月日、身份证号码、民族、文化程度、职业或工作单位及职务、住址,应依次叙明。如系被不起诉单位,则应写明名称、住所地,法定代表人或主要负责人的姓名及职务。

2. 辩护人的基本情况

写明辩护人的姓名、单位及职务等事项。

3. 案由和案件来源

不起诉决定书的案由应当写移送审查起诉时或者侦查终结时认定的行为性质,而不是审查起诉部门所认定的行为性质。案件来源包括公安、国家安全机关移送,本院侦查终结、其他人民检察院移送等情况。还应当写明移送审查起诉的时间和退回补充侦查的情况,包括退回补充侦查日期、次数和再次移送日期,以及本院受理的日期。

4. 案件事实和证据情况

此部分包括否定或者指控被不起诉人行为构成犯罪的事实及作出不起诉决定根据的事实。应当根据三种不起诉的性质、内容和特点,针对案件具体情况各有侧重点地叙写。

(1)如果是根据《刑事诉讼法》第 15 条第 1 项即侦查机关认为构成犯罪而移送起诉,经检察机关审查后认定情节显著轻微、危害不大,不认为是犯罪而决定不起诉的,则不起诉决定书应当先概括叙述公安机关的起诉意见书认定的犯罪事实(如果是检察机关的自侦案件,则不写这部分),然后叙写检察机关审查后认定的事实及相应的证据,重点反映显著轻微的情节和危害程度较小的结果。

如果行为已经构成犯罪,本应当追究刑事责任,但审查过程中发现有《刑事诉讼法》第 15 条第 2~6 项规定的法定不追究刑事责任的情形,因而决定不起诉的,应当重点叙明符合法定不追究刑事责任的事实和证据,充分反映出法律规定的内容。

(2)酌定不起诉的,叙述案件事实时,应予概括,其重点内容是有关被不起诉人符合法定的情节及检察机关酌情作出不起诉决定的具体理由的事

实。要将检察机关审查后认定的事实和证据写清楚，不必叙写侦查机关移送
审查时认定的事实和证据。对于尚无充分证据予以证明的事实，不能写入不
起诉决定书中。在事实部分中表述犯罪情节时应当以犯罪构成要件为标准，
还要将体现其情节轻微的事实及符合不起诉条件的特征叙述清楚。叙述事实
之后，应当将证明犯罪情节的各项证据一一列举，以阐明犯罪情节如何
轻微。

（3）存疑不起诉即证据不足不起诉，根据刑事诉讼法和人民检察院刑事诉
讼规则的规定，作出存疑不起诉决定应当具备两个条件：一是证据不足，即据
以定罪的证据存在疑问无法查证属实，或者犯罪构成要件事实缺乏必要的证据
予以证明，或者据以定罪的证据之间的矛盾不能合理排除，或者根据证据得出
的结论具有其他可能性。二是退回补充侦查后，仍然证据不足，不符合起诉条
件。这两个条件同时具备的，经检察委员会讨论决定，可作出不起诉决定。在
事实部分先概述侦查机关主张的事实，然后表明经退回补充侦查后，检察机关
的审查意见和结论。

5. 不起诉理由、法律依据和决定事项

这一部分应根据作出不起诉决定法定事由的不同而采取相应的表述方式。

（1）法定不起诉

本院认为，×××（被不起诉人的姓名）的上述行为，情节显著轻微、危害
不大，不构成犯罪。依照《中华人民共和国刑事诉讼法》第十五条第一项和第
一百七十三条第一款的规定，决定对×××（被不起诉人的姓名）不起诉。

（2）酌定不起诉

本院认为，犯罪嫌疑人×××实施了《中华人民共和国刑法》第×条规定的
行为，但犯罪情节轻微，具有×××情节（此处写明从轻、减轻或免除刑事处罚
具体情节的表现），根据《中华人民共和国刑法》第×条的规定，不需要判处刑
罚（或者免除刑罚）。依据《中华人民共和国刑事诉讼法》第一百七十三条第二
款规定，决定对×××（被不起诉人的姓名）不起诉。

（3）证据不足不起诉

经本院审查并退回补充侦查，本院仍然认为×××（侦查机关名称）认定的
犯罪事实证据不足，不符合起诉条件。依照《中华人民共和国刑事诉讼法》第
一百七十一条第四款的规定，决定对×××（被不起诉人的姓名）不起诉。

注意所引用的法律应当引全称，所引用的法律条款要具体到条、款、项，
在酌定不起诉决定书中，只明确指出被不起诉人所触犯的刑法条款，而不写被
不起诉人"构成×罪"。

(三)尾部

1. 告知事项

(1)凡是有被害人的案件，不起诉决定书应当写明被害人享有申诉权及起诉权，并应当告知被害人申诉的上一级人民检察院的具体名称，告知被害人自诉的同级人民法院的具体名称。

(2)根据《刑事诉讼法》第173条第2款作出的不起诉决定，还应当写明被不起诉人享有申诉权。

(3)不起诉决定同时具有《刑事诉讼法》第176条和第177条所规定的情形，不起诉决定书应当统一按被不起诉人、被害人的顺序分别写明其享有的申诉权及起诉权。

2. 制作机关的签署及日期

写明作出不起诉决定的检察机关的全称，加盖院印并注明文书签发日期。

第四节 起 诉 书

一、起诉书的概念和法律依据

起诉书，是指人民检察院依据国家赋予的公诉权，将公安机关移送审查起诉或者自行侦查终结的、符合法定条件的犯罪嫌疑人交付审判，向人民法院提起公诉的具有法律效力的法律文书。

起诉书是法律明确规定的文书，具有启动刑事审判程序，强制被告人接受审判的强制性效力。检察机关向人民法院提交起诉书是不告不理原则在刑事审判中的贯彻。起诉书的形式还具有限制法官滥用权力的功能，即法官只能在起诉书指控的范围内，判定被告人的行为是否构成犯罪，而不能对起诉书未指控的事实进行审理。

我国《刑事诉讼法》第172条规定："人民检察院认为犯罪嫌疑人的犯罪事实已经查清，证据确实、充分，依法应当追究刑事责任的，应当作出起诉决定，按照审判管辖的规定，向人民法院提起公诉，并将案卷材料、证据移送人民法院。"《人民检察院刑事诉讼规则》第393条第1款规定，"人民检察院作出起诉决定后，应当制作起诉书。"此即为制作起诉书的法律依据。

二、起诉书的结构样式和制作程序

（一）起诉书的结构样式

××××人民检察院

起 诉 书

×检刑诉[××××]×号

被告人（姓名、性别、出生年月日、出生地、身份证号码、民族、文化程度、职业或工作单位及职务、住址，是否受过行政处罚、刑事处罚，因本案所被采取强制措施的情况，现羁押处所等）。

本案由××××公安局侦查终结，以被告人×××涉嫌××罪，于××××年××月××日向本院移送审查起诉。本院受理后，于××××年××月××日已告知被告人有权委托辩护人，××××年××月××日已告知被害人及其法定代理人（或者近亲属）、附带民事诉讼的当事人及其法定代理人有权委托诉讼代理人，依法讯问了被告人，听取了被害人的诉讼代理人×××和被告人的辩护人×××的意见，审查了全部案件材料……（写明退回补充侦查、延长审查起诉期限等情况）。

经依法审查查明：……（叙写经检察机关审查认定的犯罪事实）。

认定上述事实的证据如下：

……（针对上述犯罪事实，分别列出相关证据）

本院认为，……（概括论述被告人行为的性质、危害程度、情节轻重），其行为触犯了《中华人民共和国刑法》第××条（引用罪状、法定刑条款），犯罪事实清楚，证据确实充分，应当以××罪追究刑事责任。根据《中华人民共和国刑事诉讼法》第一百七十二条之规定，提起公诉，请依法判处。

此致

××××人民法院

检察员：×××

（院印）

××××年××月××日

附：

1. 被告人现在处所(在押被告人的羁押场所、被监视居住被告人的处所、取保候审被告人的住所)。

2. 证据目录××页、证人名单和主要证据复印件××份××页。(适用简易程序的案件则写侦查卷宗××册，适用简易程序建议书一份)。

3. 赃证物品清单××页。

4. 量刑建议书一份。

5. 附带民事诉讼起诉书××份。

6. 附相关法律条文。

7. 其他需要附注的事项。

(二)起诉书的制作程序

我国《人民检察院刑事诉讼规则》第390条规定：人民检察院对案件进行审查后，认为犯罪嫌疑人的犯罪事实已经查清，证据确实、充分，依法应当追究刑事责任的，应当作出起诉决定。同时，该规则第393条规定：人民检察院作出起诉决定后，应当制作起诉书。即人民检察院承办人员接到案件后，首先需要对案件进行审查并制作阅卷笔录，根据案件的具体情况，依法可以作出不起诉决定、移送其他检察院管辖决定、退回补充侦查决定、起诉决定。对作出起诉决定的案件，才需要依法制作起诉书。

三、起诉书的制作

起诉书由首部、正文和尾部组成。

(一)首部

起诉书的首部由标题和文书编号组成。

1. 标题

标题由检察院全称和起诉书三字构成。涉外案件的起诉书，应在各级人民检察院的名称前冠以"中华人民共和国"字样，文书名称为"起诉书"。

2. 文书编号

文书编号由制作起诉书的人民检察院的简称、案件性质、起诉年度、案件顺序号组成。其中，起诉年度须用四位数字表述。如上海市××区人民检察院2014年第668号刑事起诉案件，表述为"沪×检刑诉[2014]668号"。

(二)正文

起诉书的正文包括被告人的基本情况、案由、案件来源和告知权利及相关程序事项、案件事实、定案证据及起诉的理由和根据。

1. 被告人的基本情况

被告人的基本情况，包括姓名、性别、出生年月日、出生地、身份证号码、民族、文化程度、工作单位及职务、住址，前科情况，采取强制措施的情况等。如果是单位犯罪，应写明犯罪单位的名称、所在地址、法定代表人或代表的姓名、职务。如果还有应当负刑事责任的"直接负责的主管人员或其他直接责任人员"应当按上述被告人基本情况内容叙写。

被告人如有与案情有关的曾用名、别名、化名或者绰号的，应当在其姓名后面用括号注明。被告人是外国人的，应当在其中文译名后面用括号注明外文姓名(有中文姓名的一并注明)，依次叙写性别、出生年月日、文化程度、国籍、护照号码和国外居所，在中国有经常居住地或暂住地的，还应当写明经常居住地或暂住地。单位犯罪中直接负责的主管人员或其他直接责任人员，应当按上述被告人基本情况内容叙写。如果被告单位是非法人的，法定代表人改称负责人。如果被告人是聋哑人或盲人的，应当在姓名后加括号注明。职业是指案发时的职业情况，没有职业的，写"无业"，而不写"待业"。工作单位是指被告人案发时或被采取强制措施前所从业的单位，某些犯罪如果需特殊主体才能构成犯罪，也应在职业或职务中予以写明。决定起诉时已经离开原工作单位的，写"原系××单位××"。对于具有人大代表、政协委员身份的被告人(一般在起诉前已经被罢免)，应当写明"原××市(区、县等)第××届人大代表或政协委员"。人大代表被拘留、逮捕的，应当注明经过同级人大常委会(或主席团)许可的情况。

对被告人曾受到过行政处罚、刑事处罚的，应当在起诉书中按照时间先后顺序写明。叙写时，应当注明处罚的时间、原因、种类、决定机关等，刑事处罚如果涉及累犯的还应当写明释放时间。缓刑的应当写明其考验期届满时间。其中，行政处罚是该处罚作为本罪构成要件的才叙写，但是，有些犯罪虽不需要行政处罚作为构成本罪的要件，但可作为量刑情节的也应叙写，如盗窃案件中因盗窃多次受治安处罚或劳动教养又犯盗窃罪的等。

同案被告人有二人以上的，按照罪责重轻的顺序叙写。

2. 案由、案件来源和告知权利及相关程序事项

通常表述为："本案由×××公安局侦查终结，以被告人×××涉嫌××罪，于××××年××月××日向本院移送审查起诉。本院受理后，于××××年××月××日已告知被告人有权委托辩护人，××××年××月××日已告知被害人及其法定代理人(或者近亲属)、附带民事诉讼的当事人及其法定代理人有权委托诉讼代理人，依法讯问了被告人，听取了被害人的诉讼代理人×××和被告人

的辩护人×××的意见，审查了全部案件材料……"（写明退回补充侦查、延长审查起诉期限等情况）。

3. 案件事实

我国刑法是行为刑法，即刑法追究被告人刑事责任的原因是因为被告人的行为，因此，起诉书在叙述案件事实时，需要将被告人所实施的行为事实从刑法规定的犯罪构成的角度进行叙述。应当突出被告人的行为触犯了法律的事实。可依照如下方法陈述案件事实：

（1）采取一罪一写、一事一写的方式叙写犯罪事实。被告人作案多次的，按同一性质犯罪的时间顺序叙写，其中实施多次犯罪的手段相同的，可以按犯罪地或受害单位分类叙写，也可采用先总后分的方式叙写。一人犯多罪的，先表述主罪、重罪事实，后表述次罪、轻罪事实。一案中有数名被告人，且同时具有共同犯罪与单独犯罪事实的，可采取先合后分的方法叙写，即先写共同犯罪的事实，并根据各被告人在该共同犯罪中所处的地位和作用详细叙明，再写被告人单独犯罪的事实。多人多罪的，应当按照主犯、从犯或者重罪、轻罪的顺序叙述，突出主犯、重罪。国家工作人员利用职权实施的犯罪，应当写明犯罪期间在何单位任何职及其职责情况。

（2）叙写案件事实时，应当详细写明具体犯罪事实的时间、地点、实施行为的经过、手段、目的、动机、危害后果等事实要素，特别要将属于犯罪构成要件或者与定罪量刑有关的事实列为重点。对作案多起，但在犯罪手段、危害结果等方面相同的案件，可以先对相同的情节进行概括叙述，然后再逐一列举每起事实的具体时间、结果等情况，而不必详细叙述每一起犯罪事实的过程。

4. 定案证据

事实叙述完毕，另起一段以"上述事实有以下证据证明："引出具体的证据内容。叙写证据时，应采取统一列举的方式，不宜采取"一事一证"或"一罪一证"的方式，即不必在每一起案件事实后，写明据以认定的主要证据。下面结合案件的不同情况进行介绍。

（1）适用普通程序的案件，应当在起诉书中指明主要证据的名称、种类。主要证据是指《人民检察院刑事诉讼规则》第283条所规定的证据。起诉书不必对证据与事实、证据与证据之间的关系进行具体的分析、论证。适用普通程序案件的证据，原则上以刑事诉讼法的规定顺序叙写。一般的方法是："1. 证人×××的证言；2. 被害人×××的陈述；3. ××公安局的勘验笔录；4. 被告人×××的供述；……"

（2）适用简易程序的案件，应写明证据所要证明的内容。如：

1. 被告人陈××的多次供述证实，其在 2008 年 7 月 7 日在上海市外滩广场上对张××实施殴打，将其打倒在地后用脚踏踩其面部的事实。2. 被害人张××陈述及辨认笔录，证实陈××在 2008 年 7 月 7 日在上海市外滩广场上对其实施殴打，后用脚踏踩其面部的事实。3. 证人王××、田××的证言及辨认笔录，证实其两人于 2008 年 7 月 7 日在上海市外滩广场上看到陈××对张××实施殴打，后用脚踏踩其面部的事实。4. 华东政法大学法医学鉴定结论书，证实张××因外伤致鼻骨粉碎性骨折，已构成轻伤。5. 上海市公安局对案发现场拍摄的照片等书证，证实案发现场概貌。

5. 起诉的理由和根据

起诉的理由和根据是检察机关对案件审查认定的结论。包括：(1)对行为性质、危害程度、情节轻重的意见，要根据犯罪的构成要件进行概括性的表述。(2)罪名的确定、对法律条文的引用。如果罪名的确定需要引用有关立法、司法解释的，则必须写明所引用的已予公布的、有效的具体司法解释的名称及其条、款、项。(3)对于量刑情节的认定，应当在起诉书中表述，且应当注意与起诉书事实部分的一致性。如果该情节容易发生变化或发生反复，不写为宜的，可在公诉意见中视庭审情况而定。但适用简易程序的，应当将法定情节和酌定情节一并作出认定，且在"案件事实"部分叙写相关事实。(4)在起诉书中"依照刑法第×条，应当(或可以)……"后，可以叙写量刑意见。对于适用简易程序审理的案件，应当在起诉书中以一定幅度的方法明确表述量刑意见，如"依照《中华人民共和国刑法》×条×款×项的规定，建议对被告人×××在××刑期以下予以处罚"。对于适用普通程序审理被告人认罪案件的，可以在公诉意见书中表述量刑意见；对于其他适用普通程序审理的案件，可以在起诉书中用"应当(可以)减轻、从轻、从重"来表述量刑意见。(5)一人犯数罪和数人共同犯数罪的，应当按照构成要件、所触犯的法律条款、罪名的顺序一并叙写；数人犯数罪且有交叉的，应当按照构成要件、所触犯的法律条款、罪名的顺序分别叙写。

(三)尾部的制作

1. 受文机关

受文机关写明接受起诉书的人民法院的名称，分两行表述为"此致""××××人民法院"。

2. 公诉人的署名及日期

起诉书的尾部应当签署出庭公诉人的法律职务和姓名。公诉人为助理检察员的，其法律职务署为"代理检察员"；公诉人为检察长、副检察长的，应署为"检察长"、"副检察长"。起诉书的日期，为提起公诉的日期。

3. 附项

写明在押被告人的候审状况，在押或取保的均应写明；证据目录、证人名单和主要证据复印件，并注明数量；有关涉案赃证物品的情况；被害人附带民事诉讼的情况以及其他需要附注的事项。

第五节　公诉意见书

一、公诉意见书的概念及特点

(一)公诉意见书的概念与法律依据

公诉意见书，也称为公诉词，是指出庭支持公诉的检察人员在法庭上发表的，揭露和指控被告人所犯罪行的综合性发言。

我国《刑事诉讼法》第 193 条第 2 款规定，经审判长许可，公诉人、当事人和辩护人、诉讼代理人可以对证据和案件情况发表意见并且可以互相辩论。这就是制作公诉意见书的法律依据。

(二)公诉意见书的特点

1. 内容的综合性

公诉人的任务是通过出示能够证明被告人涉嫌犯罪的证据，向合议庭申明被告人的犯罪事实以及公诉人对案件定性、量刑的意见，使裁判者能够查明事实、明断是非。公诉人发表公诉意见的目的有两点：首先在法庭上对起诉书指控的事实以及出示的证据进行总结性的说明，使法官更全面地理解案件，从而依据查明的事实及法律规定，作出客观公正的裁判；其次是对合议庭的审理活动进行法律监督。公诉人在出庭时，根据我国刑事诉讼法的规定，不仅承担着指控犯罪的任务，还对法院审理案件履行监督职责。公诉意见中的监督，仅限于形式上的监督，公诉人在发表公诉意见时可以表明对庭审活动合法性的认可，实质性的监督则依靠对法院判决书提出抗诉进行。

2. 阐述的补充性

起诉书作为启动国家审判的法律文书，是由专门国家机关制作的关于指控犯罪基本事实的一种清楚、简要、明确的书面陈述，有着固定的结构样式并受制作目的的限制，只能围绕查证的犯罪事实和定性等方面紧密结合刑法的具体规定进行叙述和分析。由此，很多事项与内容无法在起诉书中得到体现，比如，被告人的认罪态度、法律之外的情节、对量刑起着重要作用的犯罪原因、社会背景等。但是起诉书的简洁性要求不容起诉书有过多的修饰及对法律之外客观事实的描述，所以，需要公诉人对与起诉书认定的犯罪、量刑等相关的情节予以补充说明。公诉意见书的结构相对灵活，可以具体案情具体对待。

3. 解说的法律性

前文已述，起诉书中关于被告人犯罪性质的定性只能依据事实，进而引用法律条文认定犯罪，如对合同诈骗罪的被告人，在起诉书的起诉理由部分通常描述为"被告人阮某以非法占有为目的，明知自己没有实际履行能力而虚构事实，以部分履行合同的方法，诱骗对方当事人履行合同，骗取对方当事人财物共计价值人民币×××元，数额较大(特别巨大)，其行为已触犯《中华人民共和国刑法》第224条第3项，犯罪事实清楚，证据确实、充分，应当以合同诈骗罪追究其刑事责任"。但对于被告人阮某非法占有的目的的外在表现以及作案手法无法予以具体说明。为了证明被告人的主观故意行为，除了在法庭调查阶段对所有证据进行证明外，还需要将非法占有的目的、作案行为、作案后果以主客观相统一的方式展示在合议庭面前，让法官了解被告人的行为事实是如何与法律相结合的。

4. 警示教育性

检察机关不仅承担着指控犯罪的任务，还担负着预防犯罪的任务。只有了解犯罪，才能预防犯罪。预防犯罪不仅要考虑一般预防，还要考虑特殊预防。因此，公诉人在法庭发表公诉意见时需要指出被告人的犯罪行为具有严重的社会危害性，不仅危害了别人，也危害了自己，如此才能达到惩戒和教育被告人的目的，并对旁听群众进行法制宣传教育。

二、公诉意见书的结构样式和制作程序

(一)公诉意见书的结构样式

公诉意见书的常见结构样式如下：

××××人民检察院

公诉意见书

被告人：×××

案　由：贩卖毒品

起诉书号：××检刑诉(2014)×××号

公诉人：×××

审判长、审判员(人民陪审员)：

根据《中华人民共和国刑事诉讼法》第 184 条、第 193 条、第 203 条、第 169 条及《中华人民共和国人民检察院组织法》第 15 条的规定，我受××人民检察院指派，代表国家以公诉人身份出席今天的法庭，就本院依法提起公诉的被告人×××贩卖毒品一案出庭支持公诉，并履行法律监督职责。公诉人就本案事实和证据认定方面发表以下公诉意见，供合议庭评议时参考。

一、根据法庭调查的情况，概述法庭质证的情况、各证据的证明作用，并运用各证据之间的逻辑关系证明被告人的犯罪事实清楚，证据确实充分。

二、根据被告人的犯罪事实，论证应适用的法律条款并提出定罪及从重、从轻、减轻处罚的意见。

三、根据庭审情况，在揭露被告人犯罪行为的社会危害性的基础上作必要的法制宣传和教育。

四、求刑意见。

综上所述，请合议庭根据本案的性质、情节、被告人的认罪悔罪态度，对其作出公正的判决。

(二)公诉意见书的制作程序

公诉意见书是经过法庭调查，在合议庭对所有证据进行核实确认以后的法庭辩论阶段，由公诉人在起诉书的基础上发表的对整个犯罪事实以及定性、量刑的总结性发言。公诉意见书还是公诉人依法履行检察机关对审判权力监督、制约的重要方法之一。

三、公诉意见书的制作

公诉意见书可分为六个部分，各个部分有着不同的内容与作用。

(一)申明法律地位，宣告法律职责完成情况

刑事审判活动中，人民检察院及人民法院的任何活动必须基于法律的明确规定才能实施。《刑事诉讼法》第 184 条及《人民检察院组织法》第 15 条分别规定，"人民法院审判公诉案件，人民检察院应当派员出席法庭支持公诉"。"人民检察院提起公诉的案件，由检察长或者检察员以国家公诉人的身份出席法庭，支持公诉，并且监督审判活动是否合法"。所以，公诉人发表公诉意见，首先要确立自己的法律地位。

上述法律明确了公诉人的任务及其地位。其任务就是指控犯罪并对刑事诉讼进行法律监督。公诉人发表公诉意见，首先可以就其法律规定的地位，及案件审理中法官的行为合法性进行确认。如：

审判长、审判员、人民陪审员：

依据《中华人民共和国刑事诉讼法》第184条和《中华人民共和国检察院组织法》第15条的规定，我受×××检察院指派，以国家公诉人的身份出席法庭，就本院提起公诉的×××涉嫌×××罪一案出庭支持公诉，并依法履行法律监督职责。

在今天的庭审中，公诉人依法对被告人进行了讯问，宣读了被告人供述、证人证言及相关辨认笔录，宣读并出示了被害单位提供的协议书等相关书证，这些证据，由侦查机关通过合法的程序取得，内容客观真实，并均经当庭质证，这一系列证据相互印证，构成了完整的证据体系，足以证明本案被告人×××的犯罪事实，同时整个庭审活动也完全符合法定程序。

(二)结合被告人及其辩护人的辩解，归纳证据

任何一个案件在质证结束后，公诉人在发表公诉意见时都必须对案件的证据进行总结论证，并予以归纳。但是根据具体案情的繁简，对证据的归纳可长可短。案情简单，被告人及其辩护人对案件事实和证据均不存在异议的情况下，公诉人可以简单的一句话——被告人及其辩护人对公诉人出示的证据及其所证明的事实没有异议，能够印证本院起诉书指控的事实成立，定性准确——予以归纳和总结。但案情复杂，控辩双方对证据的证明标准、证明范围、证明力以及证据与事实的关系有较大争议时，公诉人就需要对在庭审中所举证据进行详细论证。根据争议的焦点，从客观性、关联性、合法性方面对证据进行分析论证，围绕法庭调查阶段所出示证据之间是如何相互印证、如何形成证据锁链，进行立论。

(三)根据法庭查明的事实，阐述法律适用

何种犯罪事实适用何种法律规定，法律都是有明确规定的。在公诉人制作起诉书前，已经通过审查文书资料、讯问犯罪嫌疑人，对案件的事实以及情节了然于心。法庭上，公诉人发表公诉意见就是要紧密联系法庭查明的被告人的犯罪事实以及起诉书指控的犯罪性质，表明本案被告人所犯行为符合刑法分则规定的罪状，结合刑法理论阐明适用法律的依据，以证明起诉书中指控犯罪的正确性。

（四）联系具体案情，阐述犯罪情节

阐述犯罪情节的目的，是为了准确地量刑。我国刑法对量刑的规定一方面采取了相对确定性的立法方法，另一方面又赋予了法官较大的灵活性。因此，如何精确量刑，是公诉人与法官必须面对的难题。比如，根据《刑法》第234条及有关司法解释，故意伤害他人身体致人轻伤的，处3年以下有期徒刑、拘役或者管制。致人轻伤是定罪的标准，但实践中，被告人捅被害人十几刀可能只是致人轻伤，而有的被告人愤怒之下打被害人一个耳光，同样是致人轻伤，法律只是规定3年以下有期徒刑，如何细致划分，消除量刑的不平等性，则需要公诉人在发表公诉意见时就案件的情节予以表述。犯罪情节，包括法定从重情节，比如累犯；法定从轻、减轻情节，比如自首；酌情从轻情节，比如交待同种罪刑；法定情节需要在起诉书中予以表述，但是除法定情节之外，犯罪现场证据、作案手段、作案后被告人的行为、认罪态度等，对合议庭如何量刑，依然起着至关重要的作用，因此公诉人还需要阐述犯罪被告人的认罪态度，是否已弥补被害人、取得被害人的谅解等非法定情节予以阐述，以做到辅助法官精确量刑，更好地达到法律的公平。

（五）寻找被告人犯罪原因，惩前毖后

检察机关需要预防犯罪，需要寻找犯罪原因，不仅防止被告人再次犯罪，亦对与被告人同样处境的一般人进行警示教育。"人之初，性本善。"不是每个人生来就是犯罪分子，每个犯罪分子走向犯罪都有一个过程，这往往与其经历存在一定的联系。故而，可以首先从寻求被告人的经历、生活态度、作风等方面入手，分析查找被告人走向犯罪的历程。实践中，犯罪分子走向犯罪的过程都不是一个单一的原因，是外部环境刺激、主观追求堕落、组织纪律涣散等原因造成的。公诉人必须就犯罪分子的实际情况，进行生动的警示教育，对被告人及广大群众可以达到现身说法、醍醐灌顶的作用。

（六）提出量刑建议

量刑建议权是公诉权不可或缺的部分，是公诉权的延伸。公诉权是一种代表国家主动追诉犯罪，并将犯罪诉至审判机关，请求予以定罪处罚的诉讼请求权能。公诉人在发表公诉意见时，也应当发表量刑意见或建议，俗称求刑，其目的是根据刑事法律的规定以及具体案情中被告人的实际，提出应当判处刑罚的空间，以制约法官的量刑权力。在具体诉讼活动中，被告人及其辩护人都可以行使各自的量刑请求权，就被告人的犯罪请求法官判处何种刑罚。公诉机关的求刑权不仅是法律赋予的权力，也是公诉人根据案件事实，综合社会危害性等所有证据情况，作出的缩小刑法规定的刑罚幅度的行为，具有更强的公正性。在公诉意见书中，量刑建议是十分重要的一个组成部分。

四、公诉意见书的实例

×××人民检察院

公诉意见书

被　告　人：阮某某、陆某某

案　　　由：合同诈骗

起诉书号：×检刑诉[2008]2008 号

审判长、审判员：

根据《中华人民共和国刑事诉讼法》第 153 条、第 169 条及《中华人民共和国检察院组织法》第 15 条的规定，我受××市××区人民检察院的指派，以国家公诉人的身份出席法庭，就本院提起公诉的被告人阮某某、陆某某涉嫌合同诈骗一案出庭支持公诉，并依法履行法律监督职责。

在今天的庭审中，公诉人依法对被告人进行了讯问，被告人阮某某、陆某某在被讯问时声称起诉书的指控是真实的，但是却对共同商量诈骗的事实以及账款的归属予以否认，互相推诿。但面对公诉人的讯问，二被告人的回答矛盾重重，可以看出二被告人在今天的法庭上避重就轻，企图逃避法律处罚。接着，公诉人宣读了证人证言及相关辨认笔录，宣读并出示了被害单位提供的协议书、被告人供述等相关书证，这些证据，由侦查机关通过合法的程序取得，内容客观真实，并均经当庭质证，这一系列证据相互印证，构成了完整的证据体系，足以证明本案被告人阮某某、陆某某二人共同协商，分工负责，骗取财物后分赃的事实。为了进一步揭露犯罪，弘扬法制，公诉人现综合本案的证据和事实情况发表如下公诉意见，供合议庭评议时参考：

（一）被告人阮某某、陆某某的无罪辩解得不到证实

被告人阮某某在庭审中，对自己是受陆某某指使，完全是陆某某在操作的辩解不仅得到了被告人陆某某的否认，而且也与其第一次到达公安机关投案自首的供述相矛盾，没有任何证据予以证明。因此可以说，被告人阮某某的辩解是不成立的。

被告人陆某某的辩解，称其是受阮某某指使，赃物的买卖均系被告人阮某某决定，也与在刚才庭审中查明的事实不符。联系上家魏某某是由陆某某出面，但是阮某某却单独与魏某某签订了钢材买卖合同，并向魏某某虚构了建新

厂房的事实，这些都有二份以上证据予以证明。因此，被告人陆某某的辩解不应当予以采信。

（二）被告人阮某某的有罪供述经查证属实

被告人阮某某曾经的供述，与现有证据相互吻合，能够形成证据锁链，能够证明被告人阮某某、陆某某相互协商后，为还欠陆某某20万元借款而伙同陆某某实施合同诈骗的事实，后二被告人共同通过签订合同骗取他人财物，被告人阮某某将其犯罪所得赃物20万元用于归还陆某某的欠款，不仅得到了被告人陆某某的认可，也与庭审查明的事实一致。

（三）关于20万元赃款的去向

被告人阮某某、陆某某通过高买低卖的方法骗得现金后，将其中72万多元现金支付给了被害人魏某某，剩余的40余万元现金中的20万元被被告人阮某某用于归还其欠被告人陆某某的债务，后由被告人陆某某归还其个人债务，剩余的20余万元赃款，二被告人相互推诿，均不承认自己非法占有了赃款，这充分说明了二被告人非法占有他人财物的故意。虽然这点无法查清，但是，赃款的去向不影响本案的定罪量刑，我国《刑法》第1条、第2条明文规定，我国刑法的目的是保护人民、惩罚犯罪，保护劳动群众集体所有的财产，保护公民私人所有的财产，二被告人经过预谋，采取欺诈手段骗取被害人财物，致使被害人丧失自己财物的所有权，这已经触犯了我国刑法的规定，至于二被告人如何处分财产并不影响对其定罪量刑。

（四）被告人因合同诈骗而给被害单位带来的损失尚未得到弥补。

（五）量刑意见。综上，建议合议庭对被告人陆某某、阮某某以合同诈骗罪判处八年以上十一年以下有期徒刑，并处罚金。

请合议庭根据本案的性质、情节、被告人的认罪悔罪态度，对其作出公正的判决。

公诉意见发表完毕。

第六节　刑事抗诉书

一、刑事抗诉书的概念和法律依据

刑事抗诉书，是人民检察院认为法院的刑事判决或者裁定确有错误，依法行使其审判监督的职能，要求人民法院对案件重新审理以纠正错误而依法提出抗诉时制作的法律文书。

刑事抗诉是人民检察院依法履行审判监督职能的主要方式。《刑事诉讼法》第217条规定：地方各级人民检察院认为本级人民法院第一审的判决、裁定确有错误的时候，应当向上一级人民法院提出抗诉。同时第221条第1款规定：地方各级人民检察院对同级人民法院第一审判决、裁定的抗诉，应当通过原审人民法院提出抗诉书，并且将抗诉书抄送上一级人民检察院。原审人民法院应当将抗诉书连同案卷、证据移送上一级人民法院，并且将抗诉书副本送交当事人。第243条第3款亦规定：最高人民检察院对各级人民法院已经发生法律效力的判决和裁定，上级人民检察院对下级人民法院已经发生法律效力的判决和裁定，如果发现确有错误，有权按照审判监督程序向同级人民法院提出抗诉。据此，刑事抗诉书可分为刑事上诉程序的抗诉书和刑事审判监督程序的抗诉书两种。二者区别不大，上诉程序的刑事抗诉书在实践中适用最广泛，本节主要讲述上诉程序的刑事抗诉书的制作，同时简要介绍审判监督程序抗诉的抗诉书。

二、刑事抗诉书的结构样式和制作程序

（一）刑事抗诉书的结构样式

×××人民检察院

刑事抗诉书

×检×抗字（××××）第××号

原审被告人……（依次写明姓名、性别、出生年月日、民族、出生地、文化程度、职业、单位和职务、住址、服刑情况。有数名被告人的，依犯罪事实情节从重至轻顺序分别列出）。

××××人民法院以（××××）×刑×字第×号刑事判决书（或者裁定书）对被告人×××（姓名）×××（案由）一案判决（裁定）……（写明一审判决、裁定的情况）。经依法审查（如果是被告人及其法定代理人不服地方各级法院第一审的判决、裁定而请求人民检察院提出抗诉的，应当写明这一程序。然后再写"经依法审查），本案的事实如下"：

（概括叙述检察机关认定的事实、情节。应当根据具体案件事实、证据情况，围绕刑法规定该罪构成要件特别是争议问题，简明扼要叙写案件事实、情

节。一般应当具备时间、地点、动机、目的、关键行为、情节、数额、危害结果、作案后的表现等有关定罪量刑的事实、情节要素。一案有数罪、各罪有数次作案的，应依由重至轻或时间顺序叙写。但是，文字应当简明扼要。)

本院认为，……[以下写明，对判决(裁定)的审查意见和抗诉理由。层次是：(1)"本院认为"之后，先概括指出被告人行为危害程度、情节轻重程度，依法应当如何判决。(2)再明确指出判决(裁定)错误的核心之处，明确写明抗诉焦点，如"认定事实有误"、"适用法律不当"、"量刑畸轻"等。(3)集中阐述抗诉理由，具体分析原审判决、裁定错误所在，论证检察机关的正确意见。]

综上所述，……为维护司法公正，准确惩治犯罪，依照《中华人民共和国刑事诉讼法》第二百一十七条的规定，对××人民法院(××××)×刑×字第×号刑事判决(裁定)书提出抗诉。请依法改判。

此致
××××人民法院

××人民检察院(院印)
××××年×月×日

附：
1. 被告人现押于××××看守所；
2. 证据目录×份；
3. 证人名单×份。

(二)刑事抗诉书的制作程序

我国人民检察院刑事诉讼规则规定：在收到同级人民法院的第一审刑事判决书或者刑事裁定书后，人民检察院应当及时审查。主要审查人民法院认定的事实是否清楚，证据是否确实充分；适用法律准确与否；审判程序是否合法。由承办人员填写刑事判决、裁定审查表，提出处理意见，报审查起诉部门负责人审核。对需要提出抗诉的案件，审查起诉部门应当报请检察长决定；案情疑难或者重大复杂的案件，由检察长提交检察委员会讨论决定。对同级人民法院第一审判决的抗诉，应当在接到判决书的第2日起10日内提出；对裁定的抗诉，应当在接到裁定书后的第2日起5日内提出。人民检察院制作的刑事抗诉书应当通过原审人民法院向上一级人民法院提出，并将抗诉书副本连同案件材料报送上一级人民检察院。

三、上诉程序刑事抗诉书的制作

上诉程序抗诉适用的刑事抗诉书由首部、正文及尾部、附注组成。

（一）首部

1. 标题

标题包括制作机关名称和文书种类名称，检察机关名称的写作要求同于起诉书，文书种类名称为"刑事抗诉书"。

2. 文书编号

写明制作机关的简称、案件性质、诉讼程序代字、制作年度及案件顺序号，如武汉市洪山区人民检察院 2008 年第 23 号刑事抗诉案件，写为"洪检刑抗［2008］23 号"。如果是涉外案件，则还要冠以"中华人民共和国"字样。

（二）正文

1. 原审判决、裁定的情况

上诉程序刑事抗诉书可省略对当事人基本情况的介绍，直接叙明案由、原审人民法院名称、判决、裁定书文号、判决时间，判决结果等。如果侦查、起诉、审判阶段没有程序违法现象时，也不必写公安机关、检察机关与人民法院的办案经过。具体表述为"××××人民法院以××号刑事判决书（裁定书）对被告人×××（姓名）×××（案由）一案判决（裁定）……（判决或裁定的结果）"。

2. 检察机关的审查意见

这一部分的内容是检察机关对原审判决、裁定的审查意见，其目的是明确指出原判决、裁定的错误所在，告知二审法院，检察院的抗诉重点是什么。该部分要观点鲜明，简明扼要。具体表述为"本院经依法审查（如果是被告人及其法定代理人不服地方各级人民法院第一审的判决、裁定而请求人民检察院提出抗诉的，或者有关人民检察院提请抗诉的，应当写明这一程序，然后再写"本院经依法审查"），本案的事实如下：该判决（裁定）确有错误（包括认定事实有误、适用法律不当、审判程序严重违法），理由如下：……"

3. 抗诉理由

抗诉理由是刑事抗诉书存在的关键所在，必须根据具体案件的具体情况采用不同的方法进行陈述。针对事实确有错误、适用法律不当或审判程序严重违法等不同情况，叙述抗诉理由。在叙述该部分内容时要注意：

（1）如果法院认定的事实有误，应针对原审裁判的错误之处，提出纠正意见，强调抗诉的针对性：一是对于有多起"犯罪事实"的抗诉案件，只叙述原裁判认定事实不当的部分，认定没有错误的，只需指出"对××事实的认定无异议"即可。突出检、法两家的争议重点，体现抗诉的针对性。二是对于共同犯罪案件，也可以类似地处理，即只对原裁判漏定或错定的部分被告人的犯罪事实作重点叙述，对其他被告人的犯罪事实可简写或者不写。三是关于证据部分，应该在论述事实时有针对性地列举证据，说明证据的内容要点及其与犯罪事实的联系。刑事抗诉书中不能追诉起诉书中没有指控的犯罪事实。四是如有自首、立功等情节的，应当在刑事抗诉书中予以论述。

（2）如果法院适用法律有误，主要针对犯罪行为的本质特征，论述应该如何认定行为性质，从而正确适用法律，要从引用罪状、量刑情节等方面分别论述。

（3）如果法院的审判程序严重违法，刑事抗诉书就应该主要根据刑事诉讼法及有关司法解释的规定，逐一论述原审法院违反法定诉讼程序的事实表现，再写明影响公正判决的现实或可能性，最后阐述法律规定的正确诉讼程序。

4. 结论性意见、法律依据、决定和要求的事项

这一部分首先从抗诉理由中归纳出抗诉机关对本案的审查结论。刑事抗诉书中的结论性意见应该简洁、明确。在要求事项部分，应写明"综上所述……依照《中华人民共和国刑事诉讼法》第217条的规定，特提出抗诉，请依法改判"。

（三）尾部

1. 受文机关

写明接受且审理抗诉案件的人民法院的名称。

2. 制作机关签署

写明制作抗诉书的检察机关的全称，注明文书签发日期并加盖公章。

3. 附注

附注应说明被告人住所情况，对于未被羁押的原审被告人，应将其住所或居所明确写明，证据目录和证人名单如果与起诉书相同则无须另附。

四、审判监督程序刑事抗诉书的制作

审判监督程序的刑事抗诉书与上诉程序的刑事抗诉书的结构基本相同。审判监督程序适用的刑事抗诉书也是由首部、原审被告人基本情况、生效判决或裁定概况、对生效判决或裁定的审查意见（含事实认定）、抗诉理由、抗诉决定、尾部、附注组成。

1. 首部

与上诉程序抗诉书基本一致。对于原审被告人的基本情况，上诉程序的刑

事抗诉书省略了。但在审判监督程序中，由于抗诉机关和审判机关对具体案情不清楚，而是对下级(甚至下下级)已经发生法律效力的判决书提出抗诉，因此必须写明被告人的基本情况。

2. 正文

(1)诉讼过程、生效判决或裁定概况。如果是一审生效判决或裁定，一般要写明一审裁判的主要内容，并要写明一审裁判的生效时间；如果是二审终审的判决或裁定，应该分别写明一审和二审判决或裁定的主要内容，此外，还要写明提起抗诉的原因。具体可表述为"上海市××区人民法院以××号刑事判决书(裁定书)对被告人×××(姓名)犯×××(案由)一案判决(裁定)……(生效的判决、裁定的情况)。本院依法审查后认为：……"

(2)对生效判决或裁定的审查意见。首先要写明认定的事实及证据。由于抗诉的对象是生效的裁判，对于原判决、裁定中认定的事实或新发现的事实、证据，应该作比较详细的介绍，以减少抗诉接受方审查的时间。其次是要写明审查意见。应简明扼要写明检察机关对原判决、裁定的审查意见，目的是明确指出原判决、裁定的错误所在，告知再审法院，检察机关抗诉的重点是什么。

(3)抗诉理由。此处与二审程序抗诉基本一致。

(4)结论性意见、法律根据、决定和要求事项。结论性意见应当简洁、明确，在要求事项部分，也应该写明"特提出抗诉、请依法判处"。

3. 尾部与附注

均与上诉程序的刑事抗诉书一致。

思考题

1. 试述批准逮捕决定书的结构。
2. 不起诉决定书存在哪些差异？
3. 如何制作不起诉决定书的正文？
4. 怎样制作起诉书？
5. 公诉意见书应如何叙述案件事实？
6. 试比较两种刑事抗诉书的区别。

参考文献

1. 最高人民检察院法律政策研究室编. 检察法律文书制作与适用[M]. 北京：中国法制出版社，2002.

2. 陈国庆. 检察文书制作与范例[M]. 北京：中国人民公安大学出版社，2002.

3. 马宏俊，程稻. 法律文书写作[M]. 北京：中国人民大学出版社，2007.

第七章　人民法院刑事法律文书

【内容提要】

　　人民法院刑事法律文书是人民法院行使刑事审判权的凭证及记载。人民法院刑事法律文书是指人民法院根据法律规定，在审理刑事案件时，对案件的实体或程序问题所作的具有法律效力之书面处理决定。在司法实践中，法官在审理刑事案件中的每一个阶段性行为都有相应的文书予以固定，本章着重于重现法官审理刑事案件的步骤，介绍法官审理与裁判刑事案件必须制作的各种重要法律文书。主要包括第一审刑事判决书、刑事附带民事诉讼判决书、第二审刑事判决书、再审刑事判决书、死刑复核刑事判决书、刑事附带民事调解书等。

【基本概念】

　　第一审刑事判决书　第二审刑事判决书　刑事附带民事调解书　再审刑事判决书　死刑复核刑事裁定书

第一节　概　　述

一、人民法院刑事法律文书的概念和特点

（一）人民法院刑事法律文书的概念

　　人民法院刑事法律文书，是人民法院在刑事诉讼活动中，依法履行职权、处理实体及程序问题而制作的各种诉讼文书的总称。

　　人民法院刑事法律文书特别是其中的裁判性文书，对整个案件的质量起着至关重要的作用。最高人民法院十分重视刑事法律文书的规范，早在 1992 年 6 月 20 日印发并于 1993 年 1 月 1 日起实行了《法院诉讼文书格式（试行）》，其中就包括众多的刑事法律文书。1998 年，在总结以往经验、教训的基础上，通过对上述试行文书格式进行修改和补充，1999 年 4 月 6 日，由最高人民法院审判委员会第 1051 次会议讨论通过了《法院刑事诉讼文书样式》的正式稿

本，并实行至今。

我国的刑事诉讼法、刑法及有关司法解释在 20 世纪 90 年代发生了翻天覆地的变化，新的《法院刑事诉讼文书样式》以修改后的刑事诉讼法、刑法及有关司法解释作为根据，着力于提高人民法院刑事法律文书质量和办案质量，体现司法公正，强化法院履行法定职权处理实体及程序问题的规范性。尤其在刑事判决书方面，新《法院刑事诉讼文书样式》更强调对判决事实的叙述和证据的分析、认证，增强了判决书的说理性，为全面实施刑事诉讼法和刑法，推行控辩式的审理方式，提供了非常实用的文书样式。

(二)人民法院刑事法律文书的特点

人民法院刑事法律文书是人民法院行使刑事审判权的具体表现。人民法院借助于法律文书的形式，使法律得以落实。它既是实施法律、保护人民、惩罚犯罪的有力工具，又是宣传法制、教育公民自觉遵守法律的生动教材，更是体现法官素质和法律实效的重要窗口。因此推进人民法院刑事法律文书的发展，对于惩治和改造犯罪分子，保障公民的合法权利，维护社会法治秩序，确保社会主义现代化建设事业的顺利进行有着重要的作用。人民法院刑事法律文书同检察机关的刑事法律文书一样，也要求体现事实的客观性、法律的严肃性，要求格式的规范性、强调语言的准确性。

二、人民法院刑事法律文书的种类

从现行的《法院刑事诉讼文书样式》出发，依据不同的标准可将人民法院的刑事法律文书分为不同的类别：

1. 以文书作用为标准进行分类。新《法院刑事诉讼文书样式》规定了共计 9 类 164 种文书，其中裁判文书 45 种；决定、命令、布告 24 种；报告 19 种；笔录 13 种；证票 5 种；书函 16 种；通知 27 种；其他 8 种；书状 7 种。

2. 以案件的审级为标准进行分类，可将人民法院的刑事法律文书分为一审刑事裁判文书、二审刑事裁判文书、再审刑事裁判文书、死刑复核文书和执行文书等。

3. 以文书是否有固定格式为标准进行分类。人民法院刑事法律文书可以分为表格类、笔录类、叙述类。表格类文书均有固定的格式和统一的填写单元，只需根据具体案情具体填写即可，如出庭通知书等；笔录类文书主要叙述言语和行为，如讯问笔录、搜查笔录等；叙述类文书，既要遵循相应的结构要求，也要综合运用叙述、说明、说理等表达方式，如刑事判决书、裁定书等，制作难度相对较大。

第二节 第一审刑事判决书

一、第一审刑事判决书的概念及法律依据

第一审刑事判决书，是指人民法院依照第一审普通程序对刑事案件审理终结后，根据审理查明的事实和证据，依法对被告人是否有罪、所犯何罪，应否受到刑事处罚及何种处罚等实体问题作出的书面处理决定。

我国《刑事诉讼法》第195条规定："在被告人最后陈述后，审判长宣布休庭，合议庭进行评议，根据已经查明的事实、证据和有关的法律规定，分别作出以下判决：（一）案件事实清楚，证据确实、充分，依据法律认定被告人有罪的，应当作出有罪判决；（二）依据法律认定被告人无罪的，应当作出无罪判决；（三）证据不足，不能认定被告人有罪的，应当作出证据不足、指控的犯罪不能成立的无罪判决。"第一审刑事判决书依起诉方式的不同而有不同的分类。对检察机关依法提起公诉的案件进行判决的为公诉案件刑事判决书，而基层人民法院对于告诉才处理或者其他不需要进行侦查的轻微刑事案件所作出的判决书为自诉案件刑事判决书。新《法院刑事诉讼文书样式》中的第一审公诉案件刑事判决书有四种样式：一审公诉案件适用普通程序刑事判决书、一审公诉案件适用简易程序刑事判决书、一审公诉案件适用普通程序刑事附带民事判决书、一审单位犯罪刑事判决书。一审自诉案件刑事判决书有三种样式：一审自诉案件刑事判决书、一审自诉案件刑事附带民事判决书，以及一审自诉、反诉并案审理刑事判决书。刑事判决书的内容因起诉方式、审理程序不同而有所不同，实践中以第一审公诉案件适用普通程序的刑事判决书适用最为广泛，在刑事判决书中也最具有代表性。

二、一审公诉案件适用普通程序刑事判决书的结构样式和制作程序

（一）一审公诉案件适用普通程序刑事判决书的结构样式

××××人民法院

刑事判决书

（××××）×刑初字第××号

公诉机关××××人民检察院。

法律文书学

被告人×××(写明姓名、性别、出生年月日、民族、出生地、职业或工作单位和职务、住址和因本案所受强制措施情况等，现在何处)。

辩护人×××(写明姓名、性别、工作单位和职务)。

××××人民检察院于××××年××月××日以被告人×××犯××罪，向本院提起公诉。本院受理后，依法组成合议庭(或依法由审判员×××独任审判)，公开(或不公开)开庭审理了本案。××××人民检察院检察长(员)×××出庭支持公诉，被告人×××及其辩护人×××、证人×××等到庭参加诉讼。本案现已审理终结。

首先概述检察院指控的基本内容，其次写明被告人的供述、辩解和辩护人辩护的要点。

经审理查明，……(详写法院认定的事实、情节和证据。如果控、辩双方对事实、情节、证据有异议，应予分析否定。在这里，不仅要列举证据，而且要通过对主要证据的分析论证，来说明本判决认定的事实是正确无误的。必须坚决改变用空洞的"证据确凿"几个字来代替认定犯罪事实的具体证据的公式化的写法)。

本院认为，……[根据查证属实的事实、情节和法律规定，论证被告人是否犯罪，犯什么罪(一案多人的还应分清各被告人的地位、作用和刑事责任)，应否从宽或从严处理。对于控、辩双方关于适用法律方面的意见和理由，应当有分析地表示采纳或予以批驳]。依照……(写明判决所依据的法律条款项)的规定，判决如下：

……(写明判决结果。分三种情况：

第一，定罪判刑的，表述为：

一、被告人×××犯××罪，判处……(写明主刑、附加刑)；

二、被告人×××……(写明追缴、退赔或没收财物的决定，以及这些财物的种类和数额。没有的不写此项)。

第二，定罪免刑的表述为：

被告人×××犯××罪，免予刑事处分(如有追缴、退赔或没收财物的，续写为第二项)。

第三，宣告无罪的，表述为：

被告人×××无罪。)

如不服本判决，可在接到判决书的第二日起××日内，通过本院或者直接向××××人民法院提出上诉。书面上诉的，应交上诉状正本一份，副本×份。

审判长×××

审判员×××

审判员×××

××××年××月××日

（院印）

本件与原本核对无异

书记员×××

（二）一审公诉案件适用普通程序刑事判决书的制作程序

一审公诉案件适用普通程序刑事判决书适用于同级人民检察院向人民法院提起公诉的刑事案件，包括公安机关侦查终结经人民检察院审查决定提起公诉的刑事案件和人民检察院自行侦查终结决定提起公诉的刑事案件。在人民法院对案件审理终结后，根据已经查明的事实、证据和法律规定，作出被告人有罪或无罪、所犯何罪，是否适用刑事处罚及何种处罚判决。

法院制作一审公诉案件适用普通程序刑事判决书，首先，案件按照第一审程序已经审理终结；其次，事实与证据已经查清；最后，经合议庭评议；最后，被告人是否有罪、应否追究刑事责任均能够确定。

三、一审公诉案件适用普通程序刑事判决书首部的制作

（一）制作机关名称和文书名称

人民法院的名称一般应与院印的文字一致，但是基层人民法院应冠以省、自治区、直辖市名称；判决涉外案件时，各级法院则均应冠以"中华人民共和国"的国名。文书名称为"刑事判决书"。

（二）文书编号

由立案年度、制作法院、案件性质、审判程序的代字、案件顺序号组成。如上海市浦东新区人民法院 2014 年立案的第 6 号刑事案件，文书编号表述为"（2014）浦刑初字第 6 号"。文书编号应写在文书名称下一行的右端，其最后一字与下面的正文各行对齐，上下各空一行。

（三）公诉机关与诉讼参加人

1. 公诉机关

公诉机关直接写"公诉机关×××人民检察院"，中间不用冒号分开，也不空格，如"公诉机关上海市黄浦区人民检察院"。

被害人、法定代理人、诉讼代理人出庭参加诉讼的，需要在审判经过段的

"出庭人员"中写明，没有出庭的不写。

2. 被告人及其辩护人

被告人要写明其基本情况，包括被告人的姓名、性别、出生年月日、民族、出生地、文化程度、职业或工作单位和职务、住址和因本案所受强制措施情况、现羁押情况。若被告人的基本情况之外的情况与案件事实有关时，需要在本栏中表述，可在上述格式的基础上作相应变化。被告人有与案件事实有关系的别名、化名或者绰号的，应在其姓名后面用括号加以注明。被告人的身份，一般写被告人具体从事的职业及职务，若是没有具体职业的，则写无业。被告人为外国人的，应注明其国籍、英文译名和护照号码。被告人的出生年月日，无法查清的，也可写年龄，但对犯罪时不满 18 周岁的未成年被告人，必须以户籍为依据写明出生年月日。① 被告人的住址，应写户籍所在地，同时户籍所在地和经常居住地不一致的，分别叙述。被告人曾经受过刑事处罚、行政及保安处分等前科内容的，应写明其事由、时间及处理结论。

同案被告人为二人以上的，一般按判决结果所确定的刑罚的重轻顺序书写。被告人为单位的，要写明单位的名称和地址。还要写明"诉讼代表人"。

辩护人是律师的，只写姓名、工作单位和身份，即"辩护人×××，×××律师事务所律师"；辩护人是人民团体或者被告人所在单位推荐的，也只写姓名、工作单位和身份；辩护人是被告人的监护人、亲友的，要写明其与被告人的关系；辩护人如系人民法院指定的，写为"指定辩护人×××"，并在审理经过段和"控辩主张"部分作相应的表述。

3. 案件的由来、审判经过

该部分的内容是首部与事实之间的"过渡"，这一段内容是对于案件所经历的诉讼程序的说明。一般表述为："××××人民检察院于××××年××月××日以被告人×××犯××罪，向本院提起公诉。本院受理后，依法组成合议庭（或依法由审判员×××独任审判），公开（或不公开）开庭审理了本案。××××人民检察院检察长（或员）×××出庭支持公诉，被告人×××及其辩护人×××、

---

① 《最高人民法院关于办理死刑案件判断证据若干问题的规定》第 40 条指出：审查被告人实施犯罪时是否已满十八周岁，一般应当以户籍证明为依据；对户籍证明有异议，并有经查证属实的出生证明文件、无利害关系人的证言等证据证明被告人不满十八周岁的，应认定被告人不满十八周岁；没有户籍证明以及出生证明文件的，应当根据人口普查登记、无利害关系人的证言等证据综合进行判断，必要时，可以进行骨龄鉴定，并将结果作为判断被告人年龄的参考。

证人×××等到庭参加诉讼。本案现已审理终结。"

在表述起诉日期时，按照最高人民法院的有关规定，应为法院签收起诉书等材料的日期。如果起诉书上署名的检察员与出庭支持公诉的检察员不一致时，应以出庭支持公诉的检察员为准。

对经二审法院发回重审的案件，原审法院在重审后判决书中，应在"审理了本案"一句之后增写以下内容："本院于××××年×月×日作出(××××)刑初字第××号刑事判决，被告人×××提出上诉(或×××人民检察院提出抗诉)，×××人民法院二审后，于××××年×月×日作出(××××)×刑终字第×号刑事裁定，撤销原判，发回重审。本院依法另行组成合议庭，公开(或不公开)开庭审理了本案。"

对于法院曾经因证据不足已作出无罪判决的案件，人民检察院再次提起公诉的，法院在制作判决时应在案件审理经过段"×××人民检察院以×检×诉(××××)××号起诉书"一句前，增写"被告人×××曾于××年××月××日被×××人民检察院以犯×××罪向本院提起公诉，因证据不足，被本院宣告无罪"一段文字。

四、一审公诉案件适用普通程序刑事判决书正文的制作

一审公诉案件适用普通程序刑事判决书的正文由案件事实和证据、裁判的理由和裁判结果组成。

（一）事实

1. 全面叙述事实

事实是经过庭审依法查明有证据证明的事实，不仅是判决的基础，也是判决理由和判决结果的依据。事实部分是整个判决书的核心内容，因此制作判决书，首先要将判决书认定的事实内容叙述清楚。

判决书中的案件事实包括四个方面的内容：人民检察院指控被告人犯罪的事实和证据；被告人的供述、辩解和辩护人的辩护意见；经法庭审理查明的事实和据以定案的证据。一般分为四个自然段从两个方面进行叙述，以充分体现控辩式的审理方式。具体如下：

（1）公诉机关的指控。这一部分主要反映这样一些内容：一是公诉机关指控被告人犯罪的事实，应按照《刑事诉讼法》第181条关于"有明确的指控犯罪事实"的规定进行表述；二是指控被告人犯罪的证据，主要以公诉机关起诉时附有的证据目录、证人名单和主要证据复印件或者照片为限；三是公诉机关对本案适用法律的意见，包括对被告人的定性意见、量刑情节和具体适用法律条款的意见。

（2）被告人的供述、辩解和自行辩护的意见。若被告人的供述与公诉机关

的指控相一致，可简略地表述为"被告人×××对公诉机关的指控供认不讳"；若被告人对指控的事实有差异或者完全否认的，则应具体写明其供述部分的内容，对未作供述部分的辩解和提出的相关证据；若被告人有辩护意见的，亦应予以表明。

(3)辩护人的辩护意见和有关证据。刑事诉讼法规定，在刑事诉讼中，除被告人拒绝委托辩护人辩护或者拒绝接受指定辩护人辩护的个别特殊情形外，原则上被告人都应有其委托的辩护人或者有人民法院指定的辩护人为其进行辩护。因此，在判决书中必须写明辩护人的辩护意见和有关证据。这对于维护被告人的合法权益和帮助人民法院正确适用法律审判案件，十分重要。对辩护人的辩护意见，应当进行概括。以对公诉机关指控的事实、证据和适用法律的意见有分歧的内容为叙述的重点。

(4)经庭审查明的事实和据以定案的证据。该部分应详述、完整展现法庭查明的事实。明确表述案件发生的时间、地点、被告人的动机、目的、手段，实施行为的过程、危害结果和被告人在案件发生后的态度等，并从犯罪构成的角度来论述构成犯罪的各个方面，在叙述时应当说明被告人的量刑情节，如自首等。

表述事实时，应当以事后查明的事实为准，应写明案件发生的时间、地点，被告人的动机、目的、手段，实施行为的过程、危害结果和被告人在案发后的表现等内容，并以是否具备犯罪构成要件为重点，兼叙影响定性处理的各种情节。依法公开审理的案件，案件事实未经法庭公开调查对相关证据进行质证的，不能认定。叙述事实要层次清楚，重点突出。

2. 分析说明证据

对认定事实的证据进行说明时必须注意：(1)依法公开审理的案件，除需举证的事实外，证明案件事实的证据必须经过法庭公开举证、质证，才能认证；未经法庭公开举证、质证的，不能认定。(2)特别要注意通过对证据的具体分析、认证来证明判决所确认的犯罪事实。防止并杜绝用"以上事实，证据充分，被告也供认不讳，足以认定"的抽象、笼统的说法或者用简单的罗列证据的方法，来代替对证据的具体分析、认证。法官认证和采信证据的过程应当在判决书中充分体现出来。(3)证据要尽可能写得明确、具体。证据的写法，应当因案而异。案情简单或者控辩双方没有异议的，可以集中表述；案情复杂或者控辩双方有异议的，应当进行分析、认证；一人犯数罪或者共同犯罪案件，还可以分项或者逐人逐罪地说明证据或者对证据进行分析、认证。对控辩双方没有争议的证据，在控辩主张中可不予叙述，而只在"经审理查明"的证据部分具体表述，以避免不必要的重复。说明证据时，还应当注意保守国家秘密，保护报案人、控告人、举报人、被告人、证人的安全和名誉。

（二）判决理由

1. 判决理由的内容

判决理由是判决书中极为重要的内容，犹如判决的灵魂。法治越发达的国家，对判决书的这一部分也就越重视。判决理由是将法律事实综合归纳为法律关系的总结。理由应当对具体案件，结合法律规定和法理、必要时虑及社会情理，阐述被告人的行为是否具有社会危害性，是否符合犯罪构成，是否应当追究刑事责任，是否应以刑法惩处，进而说明公诉机关的指控是否成立，被告人及辩护人的辩护意见可否采纳。

2. 判决理由的特点

（1）具有合法性。公诉机关指控被告人涉嫌的罪名是否妥当，应当完全以刑法和《最高人民法院关于执行〈中华人民共和国刑法〉确定罪名的规定》为基础，结合法理进行论述。一人犯数罪的，一般先定重罪，后定轻罪；一般共同犯罪案件，应先分清各被告人在共同犯罪中的作用和责任，后依次确定主犯、从犯或者胁从犯、教唆犯的罪名，若是集团犯罪案件，须先依据被告人在集团犯罪中的作用，确定首要分子。

（2）具有准确性。判决书中对被告人量刑的情节务求准确。如果被告人具有从轻、减轻、免除处罚或者从重处罚等一种或者数种情节的，应当分别或者综合予以认定。

（3）具有针对性。要针对具体案情，充分进行分析论证。首先需要从被告人行为的客观方面、主观方面，主体、客体各个角度论证被告人行为的社会危害性，充分展示具体案情中被告人的行为与法律规定之间的契合性，为寻找具体法律规定说明理由。鉴于判决书的庄严性、神圣性，在判决书中切忌大话、空话、套话。

（4）具有全面性。判决书的理由应当全面分析控辩双方适用法律方面的意见，清楚地表明是否采纳及采纳理由。在援引法律条文时要注意，根据《最高人民法院关于裁判文书引用法律、法规等规范性法律文件的规定》，刑事判决的法律依据不仅包括全国人大及其常委会规定的法律，还包括司法解释在内。理由部分对所有需引用的法律都要准确、完整、具体地表明出处。要把据以定性处理的法律规定和司法解释全部引出，要援引至法律规范的条款项。引用法律条文时，要注意顺序。一份判决书需要援引两部以上的法律时，应当根据法律的权威性依次引用，对于同一部法律内部不同条文之间的引用，要先引用有关定罪与确定量刑幅度的条文，后引用从轻、减轻、免除处罚或者从重处罚的条文；判决结果既有主刑，又有附加刑内容的，应当先引用适用主刑的条文，后引用适用附加刑的条文；某种犯罪需要援引其他条款的法定刑处罚(即援引法定刑)的，应当先引用本条条文，再按本条的规定，引用相应的他罪条文。

(三)判决结果

1. 判决结果的概念

判决结果，又称主文，是判决书的结论部分。判决结果是人民法院根据查明的事实，法律的具体规定，对被告人作出处理的结论。判决结果是整个判决书的精华部分。表述判决结果必须慎之又慎，清楚明白、规范严谨，以维护判决书的权威。

2. 判决结果的内容

判决结果包括实体内容的定性、处刑及对作案工具等的处理等。

(1)被告人是否构成犯罪。如果人民法院通过审理认为被告人构成犯罪，应首先明确其所犯的罪名。罪名表述应与判决理由中确定的罪名一致。若人民法院通过审理认为被告人无罪的，刑法规定了无罪判决的三种情形：一是案件事实清楚，证据确实、充分，依据法律认定被告人无罪的；二是证据不足，不能认定被告人有罪的；三是被告人死亡，根据已查明的案件事实和认定的证据材料，能够确认被告人无罪的。在判决结果中均应写明："被告人×××无罪"。

(2)是否需要科处刑罚。首先，在罪名之后即指出判处的刑罚，如有罪科刑的，表述为，"被告人×××犯××罪，判处有期徒刑×年"。有罪免刑的，表述为，"被告人×××犯××××罪，免于刑事处罚"。如果一人犯数罪时，应在每一罪名后即表述该罪判处的刑罚，然后按照刑法总则关于数罪并罚的规定，决定执行的刑罚。其次，判处的各种刑罚应按法律规定写明全称，有期限的刑罚应当写明刑种、刑期和对羁押时间的计算方法及起止日期。根据《最高人民法院关于刑事裁判文书中刑期起止日期如何表述问题的批复》，对判处管制、拘役、有期徒刑的，应在定罪量刑段的下方，另起一行括号内表述为："刑期从判决执行之日起计算。判决执行以前先行羁押的，羁押1日折抵刑期1日，判处管制刑的，羁押1日折抵刑期2日，即自××××年××月××日(羁押之日)起至××××年××月××日止。"再次，依照《刑法》第53条规定，判处罚金的判决指定的期限，应当在判决书中写明。依有关司法解释，判决指定的期限应当从判决发生法律效力的第2日起，最长不得超过3个月。

(3)其他情形。对于下列两种情形，在判决结果中写明"被告人×××不负刑事责任"。即被告人因不满 16 周岁不予刑事处罚和被告人是精神病人在不能辨认或不能控制自己行为的时候造成危害结果不予刑事处罚的。

对于案件中涉及的财物,人民法院应当在判决书中表明对财物的处理结果,如追缴、退赔以及发还被害人合法财物。财物多、种类较杂的,也可以只在判决结果上概括表述种类和总额,对具体名称和数量另列清单写明,作为判决书的附件。如:

依照《中华人民共和国刑法》第 196 条第 1 款第(1)项、第(4)项、第 2 款、第 67 条第 1 款、第 64 条和《最高人民法院关于处理自首和立功具体应用法律若干问题的解释》第 1 条之规定,判决如下:

一、被告人朱×犯信用卡诈骗罪,判处有期徒刑三年零二个月,并处罚金人民币二万元。

(刑期从判决执行之日起计算。判决执行以前先行羁押的,羁押一日折抵刑期一日。即自××××年××月××日起至××××年××月××日止;罚金于判决生效之日起十日内缴纳。)

二、在案扣押的作案工具予以没收;在案扣押的退赔款发还各被害单位;责令被告人朱×于判决生效之日起十日内继续退赔被害单位其他损失。

五、一审公诉案件适用普通程序刑事判决书尾部的制作

尾部包括上诉权利及上诉程序的告知、裁判者的组成、裁判的日期等事项,在判决书中应依次写明。

(1)告知上诉权。在判决结果后,另起一行写明:"如不服本判决,可在接到判决书的第 2 日起 10 日内,通过本院或者直接向×××人民法院提出上诉。书面上诉的,应当提交上诉状正本壹份,副本贰份。"如果适用《刑法》第 63 条第 2 款的规定,在法定刑以下判处刑罚的,应当在交待上诉权后,另起一行写明:"本判决依法报请最高人民法院核准后生效。"

(2)合议庭组成人员或者独任审判员署名。合议庭有人民陪审员的,署名为"人民陪审员 ×××";合议庭成员有助理审判员的,署名为"代理审判员×××";助理审判员担任合议庭审判长的,与审判员担任合议庭审判长一样,署名为"审判长 ×××";院长(副院长)或者庭长(副庭长)参加合议庭的,均署名为"审判长 ×××"。

(3)作出判决的日期。当庭宣判的,应该写明当庭宣判的日期;定期或者委托宣判的，应当写签发判决书的日期。

（4）书记员署名。在年月日的下方，由书记员署名。

（5）加盖"本件与原件核对无异"戳记。书记员将正本与原本核对无异之后，加盖在正本末页的年月日的左下方、书记员署名的左上方。

（6）加盖人民法院院印。

第三节　第二审刑事判决书

一、第二审刑事判决书的概念和法律依据

第二审刑事判决书，是指中级以上的人民法院对于当事人不服下级人民法院的第一审刑事判决提出上诉或公诉机关不服第一审刑事判决提出抗诉的刑事案件，按照刑事诉讼法规定的第二审程序审理终结后，根据查证的事实和法律的规定，依法对原判决作出全部或部分改判的处理时而制作的法律文书。

我国《刑事诉讼法》第 225 条规定："第二审人民法院对不服第一审判决的上诉、抗诉案件，经过审理后，应当按照下列情形分别处理：（一）原判决认定事实和适用法律正确、量刑适当的，应当裁定驳回上诉或者抗诉，维持原判；（二）原判决认定事实没有错误，但适用法律有错误，或者量刑不当的，应当改判；（三）原判决事实不清楚或者证据不足的，可以在查清事实后改判；也可以裁定撤销原判，发回原审人民法院重新审判。"当二审法院经过审理认为一审法院的裁判确实存在错误，需要直接予以纠正而进行改判时，就必须依此制作第二审刑事判决书。

二、第二审刑事判决书的结构样式和制作程序

（一）第二审刑事判决书的结构样式

××××人民法院

刑事判决书

（××××）×刑终字第××号

原公诉机关××××人民检察院。

上诉人（原审被告人）……（写明姓名、性别、出生年月日、民族、出生

地、职业或工作单位和职务、住址及因本案所受强制措施情况等，现在何处)。

辩护人……(写明姓名、性别、工作单位和职务)。

××××人民法院审理被告人……(写明姓名和案由)一案，于××××年××月××日作出(××××)×刑初字第××号刑事判决。被告人×××不服，提出上诉。本院依法组成合议庭，公开(或不公开)开庭审理了本案。××××人民检察院检察长(员)×××出庭支持公诉，上诉人(原审被告人)×××及其辩护人×××、证人×××等到庭参加诉讼。本案现已审理终结(未开庭的改为："本院依法组成合议庭审理了本案，现已审理终结")。

……(首先概述原判决的基本内容，其次写明上诉、辩护的主要意见，再次写明检察院在二审中提出的新意见)。

经审理查明，……(写明原判决认定的事实、情节，哪些是正确的或者全部是正确的，通过分析主要证据加以确认；哪些是错误的或全部是错误的，否定的理由有哪些。如果上诉、辩护等对事实、情节提出异议，应予重点分析)。

本院认为，……〔根据二审确认的事实、情节和有关法律规定，论证原审被告人是否犯罪，犯什么罪(一案多人的还应分清各被告人的地位、作用和刑事责任)，应否从宽或从严处理。指出原判决的定罪量刑哪些正确、哪些错误，或者全部错误。对于上诉、辩护等关于适用法律、定罪量刑方面的意见和理由，应当有分析地表示采纳或者予以批驳〕。依照……(写明判决所依据的法律条款项)的规定，判决如下：

……〔写明判决结果。分两种情况：

第一，全部改判的，表述为：

"一、撤销××××人民法院(××××)×刑初字第××号刑事判决；

二、上诉人(原审被告人)×××……(写明改判的内容)。"

第二，部分改判的，表述为：

"一、维持××××人民法院(××××)×刑初字第××号刑事判决的第×项，即……(写明维持的具体内容)；

二、撤销××××人民法院(××××)×刑初字第××号刑事判决的第×项，即……(写明撤销的具体内容)；

三、上诉人(原审被告人)×××……(写明部分改判的内容)。"〕

本判决为终审判决。

审判长　×××

审判员 ×××

审判员 ×××

××××年××月××日

(院印)

本件与原本核对无异

书记员 ×××

(二)第二审刑事判决书的制作程序

我国《刑事诉讼法》第 225 条第 1 款第 2 项和第 3 项分别规定：第一审判决确有错误，应当改判的情况有：(1)原判决认定事实没有错误，但是适用法律有错误或者量刑不当的案件；(2)原判决事实不清，证据不足，经二审人民法院审理查清事实的案件。也就是说，第二审刑事判决书的适用范围包括：(1)二审人民法院改变一审人民法院判决的案件性质的；(2)二审人民法院将一审人民法院判处的徒刑缓刑予以撤销的；(3)二审人民法院补充宣告缓刑的；(4)二审人民法院补充判决附加剥夺政治权利等附加刑的；(5)对共同犯罪案件，即使部分被告人没有提出上诉，二审人民法院在对上诉部分予以改判的同时，发现没有上诉部分的内容也有错误，应予改判的，可在二审程序中一并改判，而无须再发回原审法院重审。

三、第二审刑事判决书的制作

第二审刑事判决书的结构同第一审刑事判决书基本一致，由首部、正文和尾部组成。下面分别予以介绍。

(一)首部

1. 标题

在文书上部正中书写"××××人民法院"，在法院名称下一行正中标明"刑事判决书"。

2. 文书编号

即"(年度)×刑终字第×号"。因为我国刑事审判实行二审终审制，因此程序代字用刑"终"字。

3. 抗诉机关和诉讼参加人

抗诉机关是指提起抗诉的检察机关，诉讼参加人包括提出上诉人和被上诉人及其代理人或辩护人。

二审判决书中抗诉机关和上诉人的称谓根据二审启动的原因不同而有以下

几种情况：

(1)检察机关提出抗诉的。第一项写"抗诉机关"；第二项写"原审被告人"。

(2)公诉案件的被告人提出上诉的。第一项应为"原公诉机关"；第二项应为"上诉人"，并用括号注明是"原审被告人"。未成年被告人的法定代理人或者指定代理人提出上诉的，第一项应写"原公诉机关"；第二项应写"上诉人"，并在姓名之后用括号注明其与被告人的关系；第三项应为"原审被告人"。被告人的辩护人或者近亲属经过被告人同意提出上诉的，第一项"原公诉机关"；第二项"上诉人"，并用括号注明其与被告人的关系；第三项"原审被告人"。

(3)共同犯罪案件被告人的个别或者部分提出上诉的。第一项应写"原公诉机关"，第二项为提出上诉的"上诉人"，并用括号注明其在原审中的诉讼地位；没有提出上诉的部分被告人，在第三项列写为"原审被告人"。这是因为二审人民法院必须根据法律对整个共同犯罪案件进行审理才能判断当事人的上诉是否应予支持或予以驳斥。

(4)人民检察院提出抗诉，被告人同时提出上诉的。在此情况下，根据最高人民法院的司法解释，应按抗诉程序进行审理，因此第一项为"抗诉机关"；第二项为"上诉人"。

(5)刑事附带民事诉讼案件的当事人就民事部分提出上诉的，第一项为"上诉人"；第二项为"被上诉人"，即对方当事人，并分别在括号内注明其在原审中的诉讼地位。

(6)自诉案件的自诉人提出上诉的，第一项为"上诉人"，并在括号内注明原审自诉人，第二项为"原审被告人"；被告人提出上诉的，第一项为"上诉人"，并在括号内注明原审被告人，第二项为"原审自诉人"；自诉人和被告人都提出上诉的，第一项为"上诉人"，并在括号内注明原审自诉人，第二项为"上诉人"，并在括号内注明原审被告人。

上列当事人基本情况的具体内容与事项，以及辩护人的列写，均同于第一审刑事判决书，可予参照。

4. 案件由来及审理经过

具体内容为：

××人民法院审理××人民检察院指控被告人×××(姓名)犯××(案由)罪一案，于××××年××月××日作出(年度)刑初字第×号刑事判决。原审被告人×××(姓名)不服，提出上诉。(如系被告人×××的辩护人或者近亲属提出上诉的，则表述为："经被告人同意，上诉人×××不服原判，向本院提出上诉。"如系检察机关提出抗诉的，可写为："××人民检察院不同意原判，向本院提出抗诉。")本院受理后，依法组成合议庭，公开(或者不公开)开庭审理了本案。××人民检察院指派检察员×××(姓名)出庭履行职务(如系抗诉案件，则写"出庭支持抗诉")。上诉人(或者原审被告人)×××及其辩护人×××等到庭参加诉讼。现已审理终结。

(二)正文

1. 事实

首先简要叙述原判决书认定的事实、采信的证据、判决的理由及处理的结果；其次概述上诉方及其辩护人的意见；最后概述人民检察院在二审时提出的新的主张和意见。

二审刑事判决书叙述的重点，在于针对一审判决中的错误，以及上诉、抗诉的意见和理由，根据二审审理的结果进行叙事和说理。对各方意见有分歧的要详写，没有异议的可以略写；对上诉、抗诉意见都应当进行分析、论证，充分阐明肯定或者否定的理由。要尽量避免内容上不必要的重复。二审判决认定的事实和证据与原判决事实和证据一样的，可重点叙述原判决认定的事实和证据，而对第二审的事实和证据，进行概括，简要叙述。

第二审判决是复审判决，是在第一审判决有错误的基础上进行的，同时，第二审程序是当事人上诉、公诉机关的抗诉所引发的，第二审法院应当以上诉、抗诉和人民检察院在二审中提出的问题为重点，对第一审判决的内容进行全案审查。此外，第二审法院经过审理，只有查明原判全部错误或者部分错误的时候，才适用二审判决书予以改判。因此，第二审判决书认定的事实和理由的写法，都应力求有重点和有针对性，与第一审判决书有所不同。

在本院认定的事实部分，应当根据第二审确认的事实和证据，针对上诉、抗诉等提出的异议和第一审判决的错误之处，进行重点分析论证，明辨是非、纠正错误。首先写明经二审审理查明的事实；其次写明二审据以定案的证据；对上诉、抗诉理由中与原判认定的事实、证据有异议的问题进行分析、认证。一般有以下三种写法：

(1)如果上诉、抗诉只对第一审判决适用法律和量刑有意见，而对第一审判决认定的事实没有异议，经第二审法院审理查证后，也确认原判事实没有错误的，第二审判决书只须概括地转述原判认定的事实和情节，表明予以同意即可，无须重复论证。但是，如果第二审法院对案件进行全面审查后，发现原判事实仍有错误的，则应在第二审判决书中，加以适当说明，主动地给予纠正。

（2）如果上诉、抗诉只对第一审判决认定的事实部分否认的，第二审判决书应针对有异议的部分，根据查证属实的材料和证据，详加分析论证，对原判决有错误的地方予以纠正，对原判决没有错误的给予重新确认，同时应表明对上诉、抗诉的意见予以支持或不支持。对于没有异议的事实部分，可直接予以认可。

（3）如果上诉、抗诉对第一审判决认定的事实全部否认的，第二审判决书应当根据二审查证的结果，有根有据地逐项详细论证，对正确的意见表示采纳，对错误的意见给予分析批驳，对原判决认定的事实，分别予以改正或维持。

2. 理由

在理由的阐述方面，应根据二审查明的事实、证据和有关法律规定，论证原审法院判决认定的事实、证据和适用法律是否正确。对于上诉人、辩护人或者出庭履行职务的检察人员等在适用法律、定性处理方面的意见，应当有分析地表示是否予以采纳，并阐明理由。一般有以下三种表述方法：

（1）如果上诉、抗诉只是针对第一审判决的事实提出，对适用法律没有意见，但经第二审法院审理，认为原判事实没有错误，但适用法律、定罪量刑不当的，在第二审判决书的理由部分，应当根据二审确认的事实，依照法律的规定，对第一审判决适用法律、定罪量刑不当之处予以评论，对应当适用的法律和定罪量刑重新说理。

（2）如果上诉、抗诉的第一审判决的事实无异议，只是对适用法律、定罪量刑方面提出意见的，经第二审法院审理查证后，确认第一审判决在适用法律、定罪量刑上并无不当，但部分事实有错误的，在第二审判决书的理由部分，应当根据二审重新认定的事实，依照法律和有关的法学理论，着重阐明原判在适用法律、定罪量刑上仍然正确的理由，并对上诉、抗诉的意见予以分析批驳。在这种情况下，就不能适用判决，而应予裁定维持原判。如果第一审判决在适用法律、定罪量刑上也确有错误的，则应一并采纳上诉、抗诉的意见，对原判适用法律、定罪量刑方面的错误，实事求是地适用判决给予纠正。

（3）如果上诉、抗诉既对事实的认定提出异议，又对定罪量刑不服的，经第二审法院审理查对后，确认原审判决的事实没有错误，但是适用法律、定罪量刑不当的，在第二审判决书的理由部分，应当根据二审确认的事实和上诉、抗诉所提出的适用法律、定罪量刑方面的意见和理由，进行分析论断。但是，如果二审对事实也有改动的，则应根据二审重新认定的事实和上诉、抗诉关于定罪量刑方面的意见，作出新的全部评述。

总而言之，第二审判决书与第一审判决书在叙事说理上的不同之处，就在于第二审判决书应当有针对性，紧紧围绕上诉、抗诉的意见和理由，以查证属实的事实为根据，以法律为准绳，全面而有重点地详加分析论断，修正原判的错误部分，坚持其正确部分，实事求是，以理服人。对原判正确，同时上诉、抗诉没有提出意见的地方，只需简略地予以概括或者一笔带过即可，应避免文字上的冗长和明显的重复。

3. 法律依据

法律依据包括程序法和实体法。在具体引用时，应当先引用实体法的有关规定，再引用程序法的有关规定。如适用司法解释的，应在其后一并引用。

4. 判决结果

二审刑事案件的判决结果是二审人民法院按照《刑事诉讼法》规定的第二审程序对刑事案件审理后，根据查证属实的事实、证据，结合有关刑事法律的规定，就原审判决在认定事实、适用法律和定罪判刑等案件的实体问题上是否正确作出评断，确认原判确有错误，依法作出的全部或部分改判处理的结论。

首先，二审判决书的判决结果一般分为两种情况进行表述。

全部改判的，表述为：

一、撤销××××人民法院(××××)×刑初字第×号刑事判决；

二、上诉人(原审被告人)×××……(写明改判的具体内容)。

部分改判的，可表述为：

一、维持×××人民法院(××××)×刑初字第×号刑事判决第×项，即……(写明维持的具体内容)；

二、撤销×××人民法院(××××)×刑初字第×号刑事判决第×项，即……(写明撤销的具体内容)；

三、上诉人(原审被告人)×××……(写明部分改判的具体内容)。

其次，原判决认定事实清楚、证据充分，只是认定的罪名不当的，在不加重原判决刑罚的情况下，可以判决变更罪名。

最后，判决结果应当根据对原审判决结果的改判情况作相应变动，如果原判决结果未分项表述的，第二审人民法院依法对该结果部分内容改判的，可表述为：

"一、维持×××人民法院(××××)×刑初字第×号刑事判决中……(维持的内容)；

二、撤销××××人民法院(××××)×刑初字第×号刑事判决中……(撤销的内容)。"

(三)尾部

1. 宣告判决的效力

在判决结果的左下方，另起一行写明："本判决为终审判决。"即告知检察机关和各当事人，案件为终审判决，各方均不再有上诉权或抗诉权。

2. 交代核准事宜

根据《最高人民法院关于执行〈中华人民共和国刑事诉讼法〉若干问题的解释》第287条的规定，判决书改判的结果中有判处死刑的被告人，应写为，"对原审被告人×××改判死刑的判决，由本院依法报最高人民法院核准。"不写本判决为终审判决。

二审人民法院审理上诉、抗诉案件的判决结果如果是在法定刑以下判处刑罚，并且依法应当报请最高人民法院核准的，在尾部写明："本判决报请最高人民法院核准后生效。"

3. 其他事项

二审刑事判决书尾部其他各项的内容，与第一审刑事判决书相同。

第四节 再审刑事判决书

一、再审刑事判决书的概念及法律依据

再审刑事判决书，是指人民法院按照刑事诉讼法规定的审判监督程序，对于已经发生法律效力的确有错误的刑事判决，进行重新审理后，就案件的实体问题作出的书面处理决定。

我国《刑事诉讼法》第245条规定，人民法院按照审判监督程序重新审判的案件，由原审人民法院审理的，应当另行组成合议庭进行。如果原来是第一审案件，应当依照第一审程序进行审判，所作的判决、裁定，可以上诉、抗诉；如果原来是第二审案件，或者上级人民法院提审的案件，应当依照第二审

程序进行审判，所作的判决、裁定，是终审的判决、裁定。人民法院开庭审理的再审案件，同级人民检察院应当派员出席法庭。再审刑事判决书必须依照该条文的规定，区分不同情形予以制作。

二、再审刑事判决书的结构样式和制作程序

(一)再审刑事判决书的结构样式

××××人民法院

刑事判决书

(按一审程序再审改判用)

(××××)×刑再初字第××号

原公诉机关××××人民检察院。

原审被告人……(写明姓名、性别、出生年月日、民族、出生地、职业或工作单位和职务、住址等，现在何处)。

辩护人……(写明姓名、性别、工作单位和职务)。

原审被告人……(写明姓名和案由)一案，本院于××××年××月××日作出(××××)×刑×字第××号刑事判决，已经发生法律效力。……(此处写明提起再审程序的经过)。本院依法另行组成合议庭，公开(或不公开)开庭审理了本案。××××人民检察院指派检察员×××出庭执行职务，原审被告人×××及其辩护人×××等到庭参加诉讼。本案现已审理终结(未开庭的改为"本院依法另行组成合议庭，审理了本案，现已审理终结")。

……(首先概述原审有效判决的基本内容，其次写明提起再审的主要根据和理由。如果检察院在再审中提出新的意见，应一并写明)。

经再审查明，……(写明原判决认定的事实、情节，哪些是正确的或者全部是正确的，有哪些证据足认证明；哪些是错误的或者全部是错误的，否定的理由有哪些。如果对事实、情节方面有异议，应当抓住要点，予以分析答复)。

本院认为，……〔根据再审确认的事实、情节和法律政策，论述被告人是否犯罪，犯什么罪(一案多人的还应分清各被告人的地位、作用和刑事责任)，应否从宽或从严处理。指出原判的定罪量刑，哪些是正确的，哪些是错误的或

者全部是错误的。对于申诉人及有关各方关于定罪量刑方面的主要意见和理由，应当有分析地表示采纳或予以批驳）。依照……（写明判决所依据的法律条款项）的规定，判决如下：

……（写明判决结果。分两种情况：

第一，全部改判的，表述为：

"一、撤销本院（××××）×刑×字第××号刑事判决；

二、被告人×××……（写明改判的内容）。"

第二，部分改判的，表述为：

"一、维持本院（××××）×刑×字第××号刑事判决的第×项，即……（写明维持的具体内容）；

二、撤销本院（××××）×刑×字第××号刑事判决的第×项，即……（写明撤销的具体内容）；

三、被告人×××……（写明部分改判的内容）。"]

如不服本判决，可在接到判决书的第二日起×日内，通过本院或者直接向××××人民法院提出上诉。书面上诉的，应交上诉状正本一份，副本×份。

审判长 ×××

审判员 ×××

审判员 ×××

××××年××月××日

本件与原本核对无异 　　　　　　　　　　　　　　　　　（院印）

书记员 ×××

（二）再审刑事判决书的制作程序

根据《最高人民法院关于执行〈中华人民共和国刑事诉讼法〉若干问题的解释》第389条之规定，再审案件经过重新审理后，应当按照下列情形分别处理：原判决、裁定认定事实和适用法律正确、量刑适当的，应当裁定驳回申诉或者抗诉；原判决、裁定认定事实没有错误，但适用法律有错误，或者量刑不当的，应当改判。按照第二审程序审理的案件，认为必须判处被告人死刑立即执行的，直接改判后，应当报请最高人民法院核准；应当对被告人实行数罪并罚的案件，原判决、裁定没有分别定罪量刑的，应当撤销原判决、裁定，重新定罪量刑，并决定执行的刑罚；按照第二审程序审理的案件，原判决、裁定认定事实不清或者证据不足的，可以在查清事实后改判，也可以裁定撤销原判，发回原审人民法院重新审判。原判决、裁定认定事实不清，证据不足，经再审仍无法查清，证据不足，不能认定原审被告人有罪的，应当参照上述解释的第176条第4项之规定，判决宣告被告人无罪。

从上述规定可知，再审刑事判决书适用于以下三种情况：按一审程序再审改判刑事判决书，按二审程序再审改判刑事判决书及再审后的上诉、抗诉案件刑事判决书。制作时应遵循相应的程序要求。

三、再审刑事判决书的制作

前已述及，再审刑事判决书有三种类型，最常用、最典型也最具有代表性的是按一审程序再审改判的刑事判决书，因此，本节将其作为再审判决书的代表予以论述。再审刑事判决书的结构主要由首部、正文和尾部等三部分构成。

（一）首部

1. 标题和文书编号

标题标明制作机关和文书种类名称；文书编号为"（××××）×刑再初字第××号"。

2. 公诉、抗诉机关及诉讼参加人

一是原公诉机关或原抗诉机关的表述，二是原审被告人及辩护人基本情况的表述。具体要求可参考相应程序中的刑事判决书，此处不再赘述。

3. 案件由来和审理经过

可表述为："×××人民检察院指控被告人×××犯××××罪一案，本院于×××年××月××日作出（××××）×刑初字第××号刑事判决。该判决发生法律效力后，本院于××××年××月××日作出（××××）刑监字第××号再审决定，对本案提起再审；上级人民法院指令再审的，表述为×××人民法院于××××年××月××日作出（××××）×刑监字第××号再审决定，指令本院对本案进行再审；人民检察院按审判监督程序提出抗诉的，写为：××××年××月××日，×××人民检察院按照审判监督程序向本院提出抗诉。本院依法另行组成合议庭（上级人民法院指令再审的和上级人民检察院按照审判监督程序提出抗诉的，表述为本院依法组成合议庭），公开（或者不公开）开庭审理了本案。×××人民检察院检察员×××出庭履行职务。被害人、原审被告人×××及其辩护人×××等到庭参加诉讼。现已审理终结。"

（二）正文

正文是再审刑事判决书的核心，包括事实和证据、判决理由、判决结果等内容。

1. 事实

再审案件是以原判决为前提的。因此，再审刑事判决书事实部分包括原判的内容，再审中的原审被告人的辩解和辩护人的辩护意见，人民检察院提出的意见及再审认定的事实和证据。

（1）各方意见

首先，概述原审判决认定的事实、证据、判决理由和判决结果。原判决为再审的前提。所以，再审刑事判决书应当客观地反映原判决的内容。这里需要明确两点：一是反映原判的内容，并不是要求照抄原审的判决书，而是要尽可能地高度概括；二是概述原判认定的事实、证据、判决理由和判决结果，并要注意与再审认定的事实、证据、判决理由和判决结果前后照应。

其次，概述再审中的原审被告人的辩解和辩护人的辩护意见。再审中，一般来说，原审被告人都会对自己的行为提出辩解，辩护人也会提出辩护意见。再审刑事判决书的事实部分写明上述内容，是刑事诉讼控辩式庭审的要求，是保障原审被告人诉讼权利的重要手段，也是加强针对性，提高刑事判决书质量的需要。这一内容的叙述，既要精练，又要全面反映被告人或辩护人的辩解和辩护的意见。再审中人民检察院提出的意见，也应当在事实部分加以概述。如果是自诉案件，自诉人在再审中的意见同样应一并写明。这一内容的叙述，既要精练，又要完整反映辩解和辩护的意见。

（2）再审法院认定的事实和证据

这一部分，既要写明再审法院认定的事实和证据，还应就诉讼双方对原判有异议的事实、证据作出分析、认证。这部分在"经再审查明"之后叙述，是事实部分的重点，应当叙述得比较详细。再审认定的事实，应当是有证据充分证明的事实；证据，应当写明证据的来源、证据的种类和名称，证据的内容及其所要证明的事项。例如，证人证言可表述为："证人×××出庭作证称，……（概括写明证言内容），上述证言可以证明被告人×××将被害人×××打伤的事实。"又如，鉴定意见可表述为："×××公安机关指纹鉴定意见证明，现场所留指纹，系被告人×××右手中指指纹，该鉴定意见可以证明本案系被告人×××所为。"再如，勘验笔录表述为："×××公安机关现场勘验笔录所记载的内容，可以证明被告人×××破窗入室行窃的事实。"

2. 理由

这部分应根据再审查明的事实、证据和有关法律规定，对原判和诉讼各方的主要意见作出分析，阐明改判的理由。这是根据再审查明的事实和有关的法律规定，论证为什么对原判要改判，以及怎样改判的重要论理部分。这一部分应当根据案件的不同情况论述改判的理由，要有较强的针对性和说服力。

（1）宣告无罪的，分为绝对无罪和存疑无罪两种情况：一是依据法律认为被告人无罪的，应当根据再审认定的事实、证据和有关的法律规定，通过分析论证，具体说明被告人的行为为什么不构成犯罪，原判为什么错误，并针对被告人的辩解和辩护人的辩护意见表示是否予以采纳；二是证据不足，不能认定被告人有罪的应当根据再审认定的事实、证据和有关法律规定，通过分析论证，具体说明原判认定被告人构成犯罪的证据不足，犯罪不能成立。

（2）定罪正确，量刑不当的，应当根据再审认定的事实、证据和有关的法律规定，通过分析论证，具体阐明原判为什么定罪正确，但量刑不当，以及根据本案情节对被告人为什么应当从轻、减轻、免除处罚或者从重处罚，并针对被告人的辩解和辩护人的辩护意见写明是否予以采纳及理由。

（3）变更罪名的，应当根据再审认定的事实、证据和有关的法律规定，通过分析论证，具体说明为什么原判定性有误，但被告人的行为仍构成犯罪，以及何罪，并根据本案情节应否从轻、减轻、免除处罚或者从重处罚；并针对被告人的辩解和辩护人的辩护意见说明是否予以采纳。

3. 判决结果

具体写法与一、二审刑事判决书的判决结果表述部分基本一致。

（三）尾部

须正确表述再审判决书的效力。再审案件，原审裁判是第一审审结的适用，第一审普通程序再审，所作裁判仍为一审裁判，可以上诉；原审裁判是第二审审结的适用，第二审程序再审，所作裁判为终审裁判，不得上诉。

若是最高人民法院或上级人民法院提审的再审案件，无论原审的程序为何，一律按第二审程序再审，所作裁判为终审裁判，不得上诉。这些文书效力的区别，再审判决书须分清叙明。

其他有关事项的交代亦同于相应程序的一审或二审刑事判决书。

第五节　死刑复核刑事裁定书

一、死刑复核刑事裁定书概念和法律依据

死刑复核刑事裁定书，是指最高人民法院在复核死刑案件中，对于原判在认定事实、定罪量刑、诉讼程序、适用法律等方面进行复核后，所作出的裁定予以核准或不予核准死刑时而使用的一种法律文书。

我国《刑事诉讼法》第235条规定，所有死刑案件，都应报送最高人民法院核准。为此，死刑复核刑事裁定书只能由最高人民法院依法制作。

二、死刑复核刑事裁定书的结构样式和制作程序

(一)死刑复核刑事裁定书的结构样式

中华人民共和国最高人民法院

刑事裁定书

(核准死刑用)

(××××)刑核字第××号

被告人……(写明姓名、性别、出生年月日、民族、出生地、职业或工作单位和职务、住址等，现在何处)。

××××中级人民法院于××××年××月××日以(××××)×刑初字第××号刑事判决，认定被告人×××犯××罪，判处死刑，剥夺政治权利终身。……(此处简写上诉、抗诉后经二审维持原判，或者没有上诉、抗诉经高级法院复核同意原判的情况)。××××高级人民法院依法报送本院核准。本院依法组成合议庭进行了复核。合议庭评议后，审判委员会第××次会议进行了讨论并作出决定。本案现已复核终结。

本院确认……(写明经复核肯定原判认定的犯罪事实、情节及其具体证据的内容)。

被告人×××……(阐明同意判处死刑的理由)。依照……(写明裁定所依据的法律条款项)的规定，裁定如下：

核准××××中级人民法院(××××)×刑初字第××号以××罪判处被告人×××死刑，剥夺政治权利终身的刑事判决。

本裁定送达后即发生法律效力。

审判长 ×××

审判员 ×××

审判员 ×××

$$\times\times\times\times 年\times\times 月\times\times 日$$
（院印）

本件与原本核对无异

书记员　×××

（二）死刑复核刑事裁定书的制作程序

死刑复核刑事裁定书适用于经最高人民法院复核后予以核准死刑或者不予核准死刑的案件。主要包括：原判认定事实和适用法律正确、量刑适当、诉讼程序合法的，裁定予以核准。原判判处被告人死刑并无不当，但具体认定的某一事实或者引用的法律条款等不完全准确、规范的，可以在纠正后作出核准死刑的判决或者裁定。最高人民法院复核后认为原判认定事实不清、证据不足的，裁定不予核准，并撤销原判，发回重新审判。最高人民法院复核后认为原判认定事实正确，但依法不应当判处死刑的，裁定不予核准，并撤销原判，发回重新审判。最高人民法院复核后认为原审人民法院违反法定诉讼程序，可能影响公正审判的，裁定不予核准，并撤销原判，发回重新审判。数罪并罚案件，一人有两罪以上被判处死刑，最高人民法院复核后，认为其中部分犯罪的死刑裁判认定事实不清、证据不足的，对全案裁定不予核准，并撤销原判，发回重新审判。一案中两名以上被告人被判处死刑，最高人民法院复核后，认为其中部分被告人的死刑裁判认定事实不清、证据不足的，对全案裁定不予核准，并撤销原判，发回重新审判。

最高人民法院应当遵照法律规定的程序，认真而严谨地制作死刑复核刑事裁定书。

三、死刑复核刑事裁定书的制作

（一）首部

1. 文书制作机关和文书的名称

制作机关为最高人民法院，在其名称之前应冠以"中华人民共和国"的国名。文书名称为"刑事裁定书"。

2. 文书编号

表述为：（2013）×刑复字第×号。其中程序代字为"复"，以标明本案是按死刑复核程序复核的。

3. 被告人的基本情况

被告人的姓名等身份情况及其他情况的内容与第一审刑事判决书相同。因是死刑复核，公诉机关、辩护人项均无须写。

4. 案件由来和审理经过

写明如下事项：死刑(包括死刑缓期二年执行)判决的结果；被告人是否上诉、人民检察院是否抗诉；报送复核的经过和法院。

一审宣告死刑判决后，被告人不上诉、人民检察院不抗诉的，表述为："×××中级(或者高级)人民法院审理×××人民检察院指控被告人×××犯××罪一案，于××××年××月××日以(××××)×刑初字第×号刑事判决，认定被告人×××犯××罪，判处死刑，剥夺政治权利终身。本案在法定期限内没有上诉、抗诉。死刑复核刑事裁定书中级(或者高级)人民法院依法报送本院核准。"

(二)正文

1. 事实

死刑复核刑事裁定书的事实部分应当包括原裁判的基本内容(比如原判认定的事实、证据及处理决定)，被告人的供述，辩护人的辩解与争议，复核查明的事实、证据等。

首先，概要写明原判事实的基本内容；对于高级人民法院裁定或者判决中认定的事实与原判不一致的，也应概要写明。

其次，写明复核认定的事实。原判认定事实无误的，肯定原判认定的事实没有错误，证据确实、充分；如果某些事实、证据有出入的，应当写明证据复核的情况。对于事实方面的其他异议，必要时也应当予以分析、认证。经复核查明的事实仍应引用相关证据对具体内容加以分析和证明。因为与第一、二审程序不同，死刑复核程序实行书面审理，没有庭审举证、质证、认证的过程，所以更需做到证据确凿，万无一失并在裁判文书中充分反映出来。

最后，由于死刑复核程序只是对判处死刑(包括刑缓)案件所适用的一个特别程序，因此，在复核死刑的裁判文书中的事实部分就不像其他案件那样表述为"经审理查明"，而应表述为"经复核查明"。

2. 理由

所谓死刑复核刑事裁定书的理由，指在"本院认为"之后，根据复核确认的事实、证据和有关法律规定，针对原判认定事实、适用法律、定罪量刑、诉讼程序等方面，参考原审辩解、辩护的合理意见，重点阐明裁定予以核准或不予核准的理由及其法律依据。不仅应当引用程序法，而且还应当引用实体法，同时，还应当根据案件的具体情况引用相关的司法解释。

3. 裁定结果

裁定予以核准的死刑复核文书，应根据最高人民法院《关于复核死刑案件若干问题的规定》第 2 条的规定；裁定不予核准的死刑复核文书，结合文书理由的叙述，根据最高人民法院《关于复核死刑案件若干问题的规定》第 3 条、第 4 条、第 5 条、第 6 条、第 7 条的规定作出。

裁定结果其余部分可参照二审刑事判决书判决结果部分的写法。如：

依照《中华人民共和国刑事诉讼法》第 235 条和最高人民法院《关于复核死刑案件若干问题的规定》第 2 条的规定，裁定如下：核准×××高级人民法院（2008）高刑终字第 6 号维持一审以××罪判处被告人××死刑，剥夺政治权利终身，并处没收个人全部财产的刑事裁定。

本裁定送达后即发生法律效力。

最高人民法院《关于复核死刑案件若干问题的规定》中保留了最高人民法院对少数死刑复核案件部分核准死刑前提下的有限改判的做法。规定对于一人有两罪以上被判处死刑，或者两名以上被告人被判处死刑，经复核认为其中部分犯罪或者部分被告人的死刑裁判量刑不当的，可以在对应当判处死刑的犯罪或者被告人作出核准死刑的判决的前提下，予以部分改判。保留对少数死刑复核案件特定情形下改判的做法，有助于确保复核案件审理质量，及时作出复核裁判，依法惩罚犯罪，争取案件审判取得更好的社会效果。

（三）尾部

尾部的制作应当注意：一是在裁定结果之后，写明："本裁定送达后即发生法律效力。"由于死刑复核是一种特殊程序，不是一个审级，所以不能表述为："本裁定为终审裁定。"二是依照《刑事诉讼法》第 238 条的规定，复核死刑案件和死刑缓期二年执行案件，应当由审判员三人组成合议庭进行，不能独任审判。因此，裁定书应当由合议庭组成人员署名。

尾部其他各项的书写与第二审刑事判决书相同。

第六节　刑事附带民事调解书

一、刑事附带民事调解书的概念和法律依据

刑事附带民事调解书，是指人民法院依照刑事诉讼法和民事诉讼法规定的程序，对审理终结的刑事附带民事案件，在人民法院的主持下，经当事人双方

自愿达成解决纠纷的协议，法院对该调解协议依法进行确认所制作的具有法律效力的文书。

我国《刑法》第 36 条第 1 款规定：由于犯罪行为而使被害人遭受经济损失的，对犯罪分子除依法给予刑事处罚外，并应根据情况判处赔偿经济损失。《刑事诉讼法》第 99 条第 1 款规定：被害人由于被告人的犯罪行为而遭受物质损失的，在刑事诉讼过程中，有权提起附带民事诉讼。第 206 条规定：人民法院对自诉案件，可以进行调解。根据《最高人民法院关于适用〈中华人民共和国刑事诉讼法〉的解释》第 153 条第 1 款规定："人民法院审理附带民事诉讼案件，可以根据自愿、合法的原则进行调解。经调解达成协议的，应当制作调解书。调解书经双方当事人签收后，即具有法律效力。"第 333 条规定：对第二审自诉案件，必要时可以调解。当事人也可以自行和解。调解结案的，应当制作调解书，第一审判决、裁定视为自动撤销。当事人自行和解的，应当裁定准许撤回自诉，并撤销第一审判决、裁定。刑事附带民事调解书的制作应受法律约束，在法律允许调解的情况下方有必要。

二、刑事附带民事调解书的结构样式和制作程序

(一)刑事附带民事调解书的结构样式

××××人民法院

刑事附带民事调解书

(一审自诉案件用)

(××××)×刑初字第××号

自诉人……(写明姓名、性别、出生年月日、民族、出生地、文化程度、籍贯、职业或工作单位和职务、住址等)。

被告人……(写明姓名、性别、出生年月日、民族、出生地、文化程度、籍贯、职业或工作单位和职务、住址等)。

自诉人×××以被告人×××犯×××罪，并造成经济损失为由，于××××年××月××日向本院提起控诉。本院受理后，依法组成合议庭(或者实行独任审判)，进行了审理(已开庭的写为公开或不公开开庭进行了审理)。

经审理查明，……(概写法院认定的事实)。双方当事人……(写明双方对

事实没有异议，或者基本上没有意见的情况）。

在本院主持调解下，……（写明被告人知罪认错和双方互相谅解的简要情况）。双方当事人愿意达成如下协议：

……（写明协议条款）。

上述协议符合有关法律规定，本院予以确认。

本调解书经双方当事人签收后，即具有法律效力。

审判员：×××

××××年××月××日

（院印）

本件与原本核对无异

书记员：×××

（二）刑事附带民事调解书的制作程序

从上述法律和司法解释的规定可以看出，刑事附带民事调解书适用于一、二审刑事附带民事诉讼案件，但不适用于《刑事诉讼法》第 204 条第 3 款规定的案件，即被害人有证据证明对被告人侵犯自己人身、财产权利的行为应当依法追究刑事责任，而公安机关或者人民检察院不予追究被告人刑事责任的案件，因为这种案件在性质上属于公诉案件。裁判者在制作刑事附带民事调解书时，不但要注重其实体的合法性亦应遵循程序的相关规定，应当尊重当事人的意愿，不得强行调解。

三、刑事附带民事调解书的制作

（一）首部

1. 制作机关名称和文书名称

制作机关的名称与其他同级裁判文书的表述相同，文书名称为"刑事附带民事调解书"。

2. 文书编号

与刑事判决书一样，刑事附带民事调解书的文书编号亦应由立案年度、法院简称、案件性质、审判程序代字、案件顺序号组成。

3. 诉讼参加人

自诉人的称谓为"自诉人暨附带民事诉讼原告人"。自诉人如有诉讼代理人的，应当在"自诉人"项后另起一行列项续写。

被告人、法定代理人、辩护人的基本情况亦同于同级刑事判决书的制作。

4. 案件案由和程序经过

适用第一审程序的,可表述为:"自诉人×××以被告人×××犯××罪,并造成经济损失为由,于××××年××月××日向本院提起控诉。本院受理后,依法组成合议庭(或者实行独任审判),公开(或者不公开)开庭进行了审理。"

在第二审程序中进行调解的,可表述为:"×××人民法院审理自诉人暨附带民事诉讼原告人×××诉被告人×××犯××罪并赔偿经济损失一案,于××××年××月××日作出(××××)×刑初字第×号刑事附带民事判决。原审被告人×××不服,提出上诉。本院依法组成合议庭,公开(或者不公开)开庭审理了本案。"

对于自诉案件,各部分应作相应变动,文书名称应改为"刑事调解书";在案件由来、原判决认定事实、本院审理查明以及协议条款中,删去有关附带民事诉讼的内容。

(二) 正文

1. 查明的事实

案件事实是刑事附带民事调解书的核心部分之一。根据法律规定,适用第一审程序调解的,其事实的内容包括:首先写明经法院审理查明的事实;其次写明双方当事人对认定的事实没有异议或者基本上没有意见的情况;在法院主持下双方当事人自愿达成的调解协议。适用第二审程序的调解书制作事实部分时,首先写明原审法院判决认定的事实、判决结果和上诉人的上诉理由、双方当事人的辩解;其次写明二审查明的事实和双方当事人对事实没有异议的情况;可表述为:"经审理查明,……(经二审审理查明的事实包括原审被告人给被害人造成经济损失的事实;双方当事人对此没有异议)。"

2. 调解的结果

刑事附带民事调解书的结果是写明调解协议的内容,是体现其主旨的部分,由当事人达成的相关协议条款构成。

适用第一审程序调解的,可以表述为:

在本院主持调解下,……(概述被告人认错,愿意承担民事赔偿责任和双方互相谅解的情况)。双方当事人自愿达成如下协议:

1. 被告人×××向自诉人×××赔礼道歉;

2. 自诉人×××自愿放弃对被告人×××的指控;

3. 被告人×××赔偿自诉人×××……(写明赔偿金额、支付方式、期

限），等等

适用第二审程序调解的，可表述为：

经本院主持调解，……（写明被告人承认错误，愿意赔偿经济损失的态度和双方当事人互相谅解的简要情况）。双方当事人自愿达成如下协议：

1. 原审自诉人×××自愿放弃对被告人×××刑事部分的指控；

2. 原审被告人×××赔偿原审自诉人×××……（写明赔偿金额、支付方式、期限，等等）

如：

本案在审理过程中，经本院主持调解，双方自愿达成协议如下：

一、被告人×××赔偿原告人×××、×××、×××……费等共计20万元，应于××××年×月××日之前一次性付清；

二、附带民事诉讼各原告人放弃其他诉讼请求。

三、其他无争议。

（三）尾部

适用第一审程序调解的，调解书尾部应分两行写明法院对调解协议的确认和调解的效力，表述为：

上述协议不违反有关法律规定，本院予以确认。

本调解书经双方当事人签收后即具有法律效力。

适用第二审程序调解的，调解书尾部除需写明"上述协议不违反有关法律规定，本院予以确认"以外，还应当写明：

本调解书经双方当事人签收后即具有法律效力。原审（××××）×刑初字第×号刑事附带民事判决自动撤销。

尾部其他事项同于刑事判决书。

思考题

1. 试论人民法院刑事法律文书的改革。

2. 第一审刑事判决书包括哪几个部分?

3. 第一审刑事判决书正文应如何制作?

4. 第二审刑事判决书如何论证理由?

5. 试比较第二审刑事判决书与再审刑事判决书之异同。

6. 死刑复核刑事裁定书怎样叙述事实?

7. 试述刑事附带民事调解书的结构与制作。

参考文献

1. 中国法律文书样式与制作编纂委员会.法院诉讼文书样式与制作(刑事行政卷)[M].北京:人民法院出版社,2000.

2. 卓朝君,邓晓静编著.法律文书学[M].北京:北京大学出版社,2007.

3. 卓朝君.价值定位、制度构造与现实选择——关于裁判文书发展的三重视角.//刘茂林主编.公法评论,第4卷.北京:北京大学出版社,2007.

4. 潘艳红,刘英静.最新法律文书写作规范与技巧[M].广西人民出版社,2010.

第八章 人民法院民事法律文书

【内容提要】

人民法院制作的民事法律文书种类繁多，数量也在不断增长。对于其中的民事裁判文书，社会公众关注程度非常高。因此，改革与完善其制作模式和结构，提高制作质量无可争议地成为一个热点问题。

民事裁判文书包括民事判决书、民事调解书、民事裁定书。对民事裁判文书制作的讲解其制作以按普通程序审理的第一审民事判决书为重点。第一审民事判决书有三个部分：第一部分首部，有标题、文书编号、诉讼参加人的基本情况，以及案件由来、审判组织和开庭审理经过等事项。第二部分正文，涵盖事实、理由和判决结果。事实中应写明当事人的诉辩主张、法院认定的事实和定案证据。理由包含对已查明的案件事实的定性和定量分析；对解决争议所适用的法律规定进行的论证；对当事人的诉讼主张给予的法律上的评判；引述相关法律条文。判决结果是法官对案件实体问题作出的权威性判定，应当明确、具体、完整。第三部分尾部，包括诉讼费用的负担，当事人的上诉权利、上诉期间和上诉的法院以及合议庭的署名和判决决定的日期、书记员的署名等事项。

熟悉第一审普通程序民事判决书的制作，就为学习制作其他的民事裁判文书奠定了良好的基础。当然，不同的文书各有其特点，了解这些文书的结构模式，把握好其共性和差异十分必要。

【基本概念】

人民法院民事法律文书　民事裁判文书　民事判决书　案由　案件事实定案证据　争议焦点　裁判理由　判决结果　主文　民事调解书　民事裁定书

第一节 概 述

一、人民法院民事法律文书的概念和种类

人民法院民事法律文书，是指人民法院依照民事诉讼法规定的各种诉讼程序，在审理民事案件和海事案件的过程中，为处理和解决案件的实体问题、程序问题以及其他相关问题而制作的具有法律效力或法律意义的法律文书的总称。

自 1993 年开始施行的《法院诉讼文书样式(试行)》为人民法院的民事法律文书划分了具体种类，主要有：民事案件裁判文书类，共计 39 种；决定、命令类，共计 8 种；报告、批复类，共计 7 种；笔录类，共计 10 种；证票类，共计 4 种；书函类，共计 17 种；通知类，共计 23 种；公告、布告类，共计 10 种；涉外民事、经济纠纷案件类，共计 18 种；海事案件专用文书类，共计 29 种；其他类，共计 10 种。

最高人民法院为顺应司法制度改革和实践发展的需要，在上述文书样式于实践中施行了十年之后，又印行了众多新的文书样式。例如，为了推动《关于民事诉讼证据的若干规定》的施行，最高人民法院审判委员会于 2003 年 1 月印发了《〈关于民事诉讼证据的若干规定〉文书样式(试行)》，其中包括通知书 27 种，复议决定书 2 种，裁定书 1 种，收据 1 种。2003 年 3 月，为深入贯彻《中华人民共和国海事诉讼特别程序法》，进一步规范海事审判活动，又发布了《海事诉讼文书样式(试行)》，其中规定的文书样式有：申请执行海事仲裁裁决与外国法院裁判文书类，共计 7 种；海事请求保全类，共计 14 种；海事强制令类，共计 7 种；海事证据保全类，共计 5 种；海事审判程序类，共计 15 种；设立海事赔偿责任限制基金程序类，共计 5 种；债权登记与受偿程序类，共计 8 种；船舶优先权催告程序类，共计 6 种；书状类，共计 20 种。2003 年 12 月 1 日，最高人民法院《关于适用简易程序审理民事案件的若干规定》正式实施。这是最高人民法院第一次全面、系统地对现行民事简易程序所作的司法解释。与之相对应，《民事简易程序诉讼文书样式(试行)》问世。该样式以各地基层人民法院的审判实践为基础，针对民事简易程序中存在的问题，分别就口头起诉登记表，专门适用于简易程序的民事判决书、民事裁定书和调解协议等 16 种文书的样式作出了规定。2008 年，最高人民法院制发了《民事案件案由规定》，2011 年又对其进行了修改，于 4 月 1 日生效。这一规定有助于统一

民事裁判文书中案由的表述。

2011年4月，为了进一步规范和统一民事申请再审案件诉讼文书的制作，最高人民法院结合民事再审审查工作的实际，制定了《民事申请再审案件诉讼文书样式》，并予发布。该样式共包括14种文书，分别是：民事申请再审案件受理通知书(通知申请再审人用)、民事申请再审案件受理通知书(通知被申请人用)、民事申请再审案件受理通知书(通知原审其他当事人用)、当事人送达地址确认书、调卷函、审查报告、民事裁定书(本院提审用)、民事裁定书(指令下级法院再审用)、内部函(指令下级法院再审用)、民事裁定书(驳回当事人再审申请用)、民事裁定书(审查中准许或不准许撤回再审申请用)、民事裁定书(审查中按当事人撤回再审申请处理用)、民事裁定书(终结对再审申请的审查用)、民事调解书(审查中调解达成协议用)。

二、民事裁判文书的概念与结构模式

(一)民事裁判文书的概念

民事裁判文书，是指人民法院依法行使民事审判权，在审理民事案件及执行的过程中，针对诉讼中的程序问题和案件的实体问题作出的具有法律效力的书面处理决定。

人民法院的民事裁判文书主要包括各级审判程序中的民事判决书、民事裁定书以及民事调解书，是人民法院民事法律文书的重要组成部分。众所周知，民事诉讼的目的在于解决纷争，而解决纠纷的过程及结果又必须公正、公平。在法院受理案件后，法官对之进行审理并作出裁判在任何法治国家都必须是一个严格遵循法定程序，采信证据、认定事实、适用法律并借此解决争议的活动经过。民事裁判文书应当将整个的诉讼经过及结论以书面的形式呈现出来。所以，民事裁判文书不仅要如实记录和反映诉讼程序过程，而且应当体现出裁判结果的公平与合理，表明审判权运用的公正合法，以此增强司法权的社会公信力和保障司法的权威。正因为如此，民事裁判文书的制作与改革深受瞩目。

(二)民事裁判文书的结构模式

民事裁判文书能否在诉讼审判制度内恰如其分地占有不可或缺的关键位置和真正发挥重大的作用，主要取决于其结构样式。① 由于在法制传统、法官制

---

① 王亚新：《对抗与判定——日本民事诉讼的基本结构》，清华大学出版社2002年版，第283~284页。

度以及推理模式等方面的显著差别，英美法系和大陆法系的裁判文书分别形成了各具特色的结构模式。在英美法系，裁判文书最低限度的内容是由普遍接受的惯例决定的，而这种惯例又在很大程度上根植于最高法院的审判实践。而在许多大陆法系国家，对于裁判文书所必须包含的内容，一般都在法律上明文加以规定。

从立法体例和法治传统来看，我国无疑更为接近大陆法系。在我国的诉讼法中皆明文规定了裁判文书所应包含的具体内容及事项。以民事判决书为例，我国现行的民事判决书包含三个组成部分：首部，包括标题、文书编号、诉讼参加人及其基本情况，以及案件由来、审判组织和开庭审理经过等事项；正文，包括诉辩双方意见、法院认定的证据和审理查明的事实；法院作出裁判的理由以及裁判的结果；尾部，包括诉讼费用的负担，当事人的上诉权利、上诉期间和上诉法院名称以及合议庭成员的署名和判决决定的日期等。随着审判方式改革不断深化，有不少法院从实际需要出发对民事裁判文书的结构进行了局部调整，也取得了一定的成效。

然而，合理构建裁判文书的结构模式却是一个根本性的问题，它体现着司法制度中诸多较为基本的方面，绝不仅仅是哪一部分或事项应放置在何处，哪一部分应该更为详尽和全面等这样一些简单的办法能够一蹴而就地予以解决的。如若不然将会重蹈由于学术界和实务界片面强调裁判文书的说理性而导致的覆辙：尽管裁判文书的制作者们渐渐具备了精妙的语言表达和严密的逻辑推理的技巧，然而裁判文书的合法性、正当性及公信力仍未得到应有的提高。裁判文书中那些堂而皇之的条分缕析背后却有可能布满云山雾罩的掩饰技巧。所以，实务工作者和学者们理应从更为深广的层面出发进行思考、分析和研讨，从法治传统、诉讼模式和法官素质等因素以及实践的切实需要出发综合考量我国裁判文书应采用的结构模式，并以此促进我国民事裁判文书制作质量的真正提高。

我们有理由相信在《民事诉讼法》修订之后，最高人民法院在认真总结各方经验仔细斟酌改定的法院法律文书样式将会更为规范、更契合司法实务的需求。

三、关于我国民事裁判文书是否公开合议庭意见的争议

审判实践中，对于具体案件的裁判结果，合议庭在评议时难免会有不同意

见。根据我国现行立法，裁判结论当采纳多数审判者的观点，判决书的裁判理由即依此展开。而现行《民事诉讼法》第156条明确了公众有权查阅发生法律效力的判决书、裁定书。于是，民事裁判文书向全社会公开成为了直接的法律规定。那么，这一公开是否包括对合议庭不同意见的公开呢？少数法官的意见能否在判决书中"大白于天下"呢？

早在1999年7月，广州海事法院就一改通行的"本院认为"的判决书理由的表达模式，以"本审判员认为"直接标明法官个人意见；如果合议庭成员意见一致，文书中就表述为"合议庭成员一致认为"，如果意见不一致则先写"×××审判员、×××审判员认为"，再写"×××审判员认为"，最后写"合议庭根据多数意见作出如下裁判"。

2002年，上海市第二中级人民法院的法官在制作一起民事案件的判决书时，也对合议庭在评议案件过程中出现的不同意见据实援引，并最终表明："按照少数服从多数的原则，合议庭经评议后决定按照多数意见下判。"

2005年6月22日，某出版社职工李某诉北京某电影院有限公司侵权案有了终审结果。北京市第一中级人民法院在审理此案时，合议庭形成了两种意见，一种意见是支持上诉人的请求，另一种意见是不支持上诉人的请求。在终审判决书正文的最后，有这样一段话："在两种意见中，第二种意见为多数意见。因此，本院决定驳回李某的上诉请求。"审理该案的北京市第一中级人民法院马庭长称：合议庭对此案慎之又慎，反复论证、推敲，力求使该案的审理既达到预期的法律效果，又取得良好的社会效果。将法官对该案的缜思、考虑全面地向当事人诠释，这本身也是对案件高度负责，对当事人高度负责的一种体现。充分、全面、翔实的判决论理，能够阐明判决结果的合理性，反映出法官运用司法逻辑的推理过程，一份入情入理的判决书，能够最大限度地令双方当事人心服口服。①

我们知道，裁判文书中公布裁判者的不同意见，在很多国家，尤其是在英美法系国家被采纳。其实，经过听审，裁判者对案件进行评议存在意见分歧是十分正常的，但以往这种分歧在我国只是被记入合议庭评议案件的笔录中，并不公之于众。有文章指出，在民事裁判文书中将合议庭不同意见公

---

① 《两种意见写进判决原被告均信服》，资料源自法制网 http://www.legaldaily.com.cn/misc/2005-06/23/content_158411.htm，2014年6月4日访问。

开，进行这一探索的初衷是希望通过公开不同意见的交锋，促使判决的说理分析更为全面，增加判决的透明度与可信度，进一步落实当事人和社会公众的知情权和监督权，从而使当事人从情感与理智上理解、信服法院的判决。同时还希望借此探索更好地发挥合议庭的作用，引导法官为写好判决书而自觉加强学习。①

对于该项改革举措的意义，执着的实践者认为：首先，有利于全面贯彻落实公开审判原则。改革裁判文书的书写方式，公开合议庭的合议过程，通过最大限度的公开审判，展示案件处理的具体过程，让公众看到公正是怎样实现的，有利于提高司法的透明度，有助于增强公众对司法的信心和司法制度的认同感。其次，有利于真正落实合议制度。将审判人员个人意见公之于众，可以从根本上克服合议庭合而不议，审而不判，责任模糊，缺乏制约的状况。最后，有利于提高法官队伍的素质，建立优胜劣汰、造就名法官的机制。法官要发表正确的观点，书写令人信服的判词，就必须具备扎实的法律功底、强烈的法律意识、良好的逻辑推理综合概括能力和娴熟的语言文字表达能力等。公开法官的个人意见，让法官的水平得到社会的评判，长期下去，在法官群体中必将会出现一批名法官。②

但也有学者撰文指出，我国目前尚不具备在民商事裁判文书中公开合议庭及审判委员会不同意见的条件。因为：第一，民商事诉讼程序中所查明和认定的只是具有"高度盖然性"的"法律事实"，而不可能是案件客观事实的完全重现。要求合议庭每一个成员对案件事实的认定均与客观事实完全重合，甚至对法律精神的理解亦完全一致是不可能的。在裁判文书中列举合议庭的不同意见，对当事人未必公正。第二，从社会效果看，在民商事审判中应当坚持法律效果与社会效果的统一，这也是公正司法的必然要求。在民商事裁判文书中直白表现合议庭甚至审判委员会不同意见的做法可能会引发当事人乃至社会公众对裁判结论的争议。这就为有的当事人拒不执行判决提供了借口，也容易使当

---

① 王信芳：《裁判文书公开合议庭不同意见的探索与思考》，载《政治与法律》2004年第2期。

② 《抓思想 重人才 倡改革 创业绩——前进中的广州海事法院》，中国涉外商事海事审判网发布于2002年5月30日。

事人乃至社会公众对审判的公信力产生怀疑。①

关于我国的民事裁判文书中是否应该公开合议庭的不同意见，我们认为需要结合实际情况进行决策与评判。英美法系国家实行陪审团制，案件事实的认定由陪审团负责，法官只负责案件的法律适用。而陪审团对案件事实的评议是不公开的，人们看到的只是法官对适用法律的分析与说明。我国的民事审判中并不存在陪审团，因此，不可能完全照抄照搬英美法系的做法。大陆法系的代表性国家法国的判决书中并不公开裁判者的不同意见，德国也只有宪法法院公开少数意见。

在我国公开合议庭的不同意见，除了上述已提及的弊端之外，还极有可能使法官因不同意见的公布会引发当事人及社会各界的非议而产生后顾之忧，以至于在评议案件的过程中不敢畅所欲言。这反而在一定程度上有碍于合议制功能的发挥。

第二节　第一审民事判决书

一、第一审民事判决书的概念和法律依据

第一审民事判决书，是第一审人民法院的裁判者对受理的民事案件和海事案件，按照民事诉讼法规定的第一审普通程序审理终结后，根据已查明的事实、认定的证据和有关法律规定，就案件的实体问题作出的书面处理决定。

《民事诉讼法》第152条规定："判决书应当写明判决结果和作出该判决的理由。判决书的内容包括：（一）案由、诉讼请求、争议的事实和理由；（二）判决认定的事实和理由、适用的法律和理由；（三）判决结果和诉讼费用的负担；（四）上诉期间和上诉的法院。判决书由审判人员、书记员署名，加盖人民法院印章。"这一条文非常明确地指出了民事判决书所必须包含的内容和制作的规范性要求。另外，对于适用简易程序审理的民事案件，最高人民法院已印行了专门的判决书样式。适用简易程序审理的民事案件无论是案情本身的复杂程度还是判决书的制作难度都相对较小，故而掌握好第一审普通程序的民事判决书的制作方法与技巧更为根本，也更为重要。

---

① 参见徐瑞柏：《民商事判决书改革中的几个问题》，载《法律适用》2003年第1、2期。

二、第一审民事判决书的结构样式和制作程序

（一）第一审民事判决书的结构样式

××××人民法院

民事判决书

（××××）×民初字第××号

原告……（写明姓名或名称等基本情况）。

法定代表人（或代表人）……（写明姓名和职务）。

法定代理人（或指定代理人）……（写明姓名等基本情况）。

委托代理人……（写明姓名等基本情况）。

被告……（写明姓名或名称等基本情况）。

法定代表人（或代表人）……（写明姓名和职务）。

法定代理人（或指定代理人）……（写明姓名等基本情况）。

委托代理人……（写明姓名等基本情况）。

第三人……（写明姓名或名称等基本情况）。

法定代表人（或代表人）……（写明姓名和职务）。

法定代理人（或指定代理人）……（写明姓名等基本情况）。

委托代理人……（写明姓名等基本情况）。

……（写明当事人的姓名或名称和案由）一案，本院受理后，依法组成合议庭，公开（或不公开）开庭进行了审理。……（写明本案当事人及其诉讼代理人等）到庭参加诉讼。本案现已审理终结。

原告×××诉称，……（概述原告提出的具体诉讼请求和所根据的事实与理由）。

被告×××辩称，……（概述被告答辩的主要内容）。

第三人×××述称，……（概述第三人的主要意见）。

经审理查明，……（写明法院认定的事实和证据）。

本院认为，……（写明判决的理由）。依照……（写明判决所依据的法律条款项）的规定，判决如下：

……（写明判决结果）。

……（写明诉讼费用的负担）。

如不服本判决，可在判决书送达之日起十五日内，向本院递交上诉状，并按对方当事人的人数提出副本，上诉于××××人民法院。

审判长　×××

审判员　×××

审判员　×××

本件与原本核对无异　　　　　　　××××年××月××日

（院印）

书记员　×××

（二）第一审民事判决书的制作程序

根据民事诉讼法的规定，人民法院对于审理终结的案件，一律必须公开宣告判决，并制作判决书。当庭宣判的，应当在 10 日内发送判决书；定期宣判的，宣判后立即发给判决书。人民法院在审理民事案件的过程中，若一部分事实已经查清的，可就该部分先行判决。

对于民事判决书的制作程序，《最高人民法院关于人民法院合议庭工作的若干规定》指出，合议庭的审判活动由审判长主持，全体成员平等参与案件的审理、评议、裁判，共同对案件的事实认定和法律适用负责。民事判决书通常由审判长或者承办法官制作。如果审判长或承办法官的意见与合议庭评议的结论或审判委员会的决定存在明显分歧，也可以由合议庭其他成员制作判决书。判决书草拟完毕，合议庭全体成员应当共同审核，确认无误后签名。本院院长、庭长可以对合议庭的评议意见和制作的判决书进行审核，但不得改变合议庭的评议结论。民事判决书一般应当在作出评议结论或者审判委员会作出决定后的 5 个工作日内制作完成。

当事人不服地方人民法院第一审判决的，有权在判决书送达之日起 15 日内向上一级人民法院提起上诉。第二审人民法院经过审理，认为原判决认定事实清楚，适用法律正确的，判决驳回上诉，维持原判决。此时，一审判决书生效。否则，不发生法律效力。

三、第一审民事判决书首部的制作

（一）标题

标题由制作机关名称和文书种类名称两项内容组成。

1. 制作机关名称

制作机关名称要求写明人民法院的全称，要与法院的印章保持一致。基层人民法院须冠以省、市、自治区的名称。涉外案件的民事判决书应冠以国名，如"中华人民共和国武汉海事法院"。

2. 文书种类名称

文书种类名称为"民事判决书"。

（二）文书编号

民事判决书的文书编号由立案年度、制作法院简称、案件性质、审判程序代字以及案件顺序号组成。如武汉市汉阳区人民法院 2013 年受理的第 293 号民事案件，应写为："（2013）阳民初字第 293 号"。

对审判业务庭实行大民庭的划分后，一些法院还在文书编号中标明"民一"、"民二"等字样。海事法院应在法院简称之后加上"海商"或"海事"字样。立案年度和案件顺序号均须用阿拉伯数字表示。

（三）诉讼参加人的基本情况

这一部分应当将所有的诉讼参加人依次列出。对每一位诉讼参加人都要规范书写其称谓及基本情况。

1. 当事人的基本情况

当事人为自然人的，写明其姓名、性别、出生年月日、民族、职业或工作单位和职务、住址。出生年月日用阿拉伯数字表示。少数民族应写全称。住址应写其住所地；住所地与经常居住地不一致的，写经常居住地。当事人为外国人的，应在中文译名之后用括号标注其外文原名、国籍和护照号码。

当事人为法人的，写明法人的全称和住所地，并另起一行写明其法定代表人的姓名及职务。当事人为不具备法人条件的组织或起有字号的个人合伙的，同样应写明其全称或字号和住所地，并另起一行写出其负责人的姓名、性别和职务。当事人是个体工商户的，写明业主的姓名、性别、出生年月日、民族、住址；起有字号的，在姓名之后用括号注明"系……（字号）业主"。外国企业还要在其中文译名之后用括号注明其外文名称。

有第三人的案件，在原、被告之后，列出第三人及其基本情况，内容和要求均与原、被告相同。

被告提出反诉的案件，应在本诉称谓之后用括号注明其反诉的称谓，即"原告（反诉被告）"、"被告（反诉原告）"。

当事人在诉讼中的称谓为复合称谓，即称谓加上姓名或名称，应当书写完整，如：原告××天然气有限公司。要注意不能漏列和错列当事人，尤其是未成年人为当事人的案件，不要将其法定代理人错列成当事人。共同诉讼的案件切记不要漏列共同诉讼人。

2. 诉讼代理人的基本情况

当事人的法定代理人应列项写明姓名、性别、职务或工作单位、住址，并在姓名之后用括号标注其与当事人之间的关系。

当事人的委托代理人，列项写明姓名、性别、民族、出生日期、职业或工作单位和职务、住址。如果委托代理人系当事人的近亲属，还应在姓名之后用括号注明其与当事人的关系。委托代理人是律师的，列出其姓名、所在律师事务所的名称及职务。当事人一方的两位委托代理人是同一律师事务所的律师的，应当分别写明其所在的律师事务所；同一律师事务所的实习律师与律师共同担任委托代理人的，实习律师写为"委托代理人×××，×××律师事务所实习律师"；委托代理人是法律工作者的，写为"委托代理人×××，×××法律服务所法律工作者"；法人或者其他组织的工作人员受所在单位委托代为诉讼的，写为"委托代理人×××，该公司(或厂、村委会等)工作人员(可写明职务)"。

（四）案件由来、审判组织和审理经过

1. 完整体现程序事项

本部分为程式化的内容，主要包括：原、被告的称谓，案由，审理和裁判案件的审判组织、审理经过和方式，到庭参加诉讼的人员名单，案件审理终结等事项。通常表述为："原告×××(姓名或名称)与被告×××(姓名或名称)××(案由)一案，本院于××××年××月××日受理后，依法组成合议庭，于××××年××月××日公开(或不公开)开庭进行了审理……(到庭的诉讼参加人名单)等到庭参加诉讼，本案现已审理终结。"

对于案件审理过程中较为重要的程序事项和关键环节必须在此予以交代，如管辖权异议、证据交换、诉讼中止、委托鉴定、将案件提交审判委员会审议等。当事人经两次合法传唤无正当理由拒不到庭的，写明："×告×××经本庭合法传唤无正当理由拒不到庭"；当事人未经法庭许可中途退庭的，写明："×告×××未经许可中途退庭"；不公开开庭审理的，应说明不予公开的理由；案件经过移送，或由上级法院指定管辖的，亦应交代清楚。

2. 规范表述案由

所谓案由，是民事案件名称的重要组成部分，反映案件所涉及的民事法律关系的性质，是对诉讼争议所包含的法律关系进行的概括。[①] 民事案件的案由

---

① 参见《最高人民法院关于印发修改后的〈民事案件案由规定〉的通知》法发[2011]42号。

应当依据当事人主张的民事法律关系的性质来确定。为保证案由的高度概括和简洁明了，最高人民法院将民事案件案由的表述方式原则上确定为"法律关系性质"加"纠纷"，一般不再包含争议焦点、标的物、侵权方式等要素。但是，考虑到当事人诉争的民事法律关系的性质具有复杂性，为了更准确地体现诉争的民事法律关系，在既定标准之外，也对少部分案由依据请求权、形成权或者确认之诉、形成之诉的标准进行确定；还有一些案由出于需要仍然包含了争议焦点、标的物、侵犯方式等要素。

《民事案件案由规定》以民法理论对民事法律关系的分类为基础，以法律关系的内容即民事权利类型来编排体系，结合现行立法及审判实践，将案由的编排体系划分为人格权纠纷，婚姻家庭继承纠纷，物权纠纷，合同、无因管理、不当得利纠纷，劳动争议与人事争议，知识产权与竞争纠纷，海事海商纠纷，与公司、证券、保险、票据等有关的民事纠纷，侵权责任纠纷，适用特殊程序案件案由共十大部分，并将之作为第一级案由。在第一级案由项下，细分为 43 类案由，作为第二级案由；在第二级案由项下列出了 424 种案由，作为第三级案由，第三级案由是实践中最常见和广泛使用的案由。同时，基于审判工作指导、调研和司法统计的需要，在部分第三级案由项下列出了部分第四级案由。最高人民法院要求第一审法院立案时应当根据当事人诉争的法律关系性质，首先应适用《民事案件案由规定》列出的第四级案由，第四级案由没有规定的，则适用第三级案由；第三级案由中没有规定的，适用相应的第二级案由或者第二级案由没有规定的，适用相应的第一级案由。

四、第一审民事判决书正文的制作

（一）事实部分

1. 当事人提出的事实、理由和诉讼请求

这一部分应对所有当事人在诉讼全过程中提出的诉讼请求、事实及理由进行概括。它是人民法院认定事实和证据以及作出裁判的前提和基础。制作时应全面体现当事人的诉讼主张及其理由，不但要归纳起诉状、答辩状的内容，还要综合各方当事人及其诉讼代理人在庭审过程中进行陈述、答辩、质证、辩论时所主张的事实、提出的权利请求以及关于适用法律的意见，如实反映各方当事人分歧之所在，分别用"原告诉称"、"被告辩称"、"第三人述称"引出具体内容。

此部分的核心在于突出当事人的分歧，明确争执焦点，反映当事人的诉讼请求。叙述时多采用第三人称，宜文辞简练、内容概括，切忌冗长和重复。为了尊重当事人的意见，可采取由审判人员归纳后经当事人确认的方式来进行制作。在原告的诉讼主张之后，按一定次序列出原告所举证据，写明证据名称、来源以及所要证明的待证事实。被告答辩部分也照此而行。列举证据，可采取一证一号的方式，顺次排列；也可按照证据所要证明的案件事实分组列出。被告未予答辩时，可表述为"被告×××未作出答辩"。

2. 人民法院认定的事实

该部分以"经审理查明"为开首语，或表述为"基于双方当事人的举证、质证、本院的认证及双方当事人的陈述，本院查明如下事实"。主要内容包括：当事人之间争议的民事法律关系产生的时间、地点及具体内容；该民事法律关系的发展，纠纷产生的原因、经过和后果及持续至今的状态。事实的基本要素及关键性情节应叙述清楚。双方的分歧和争执焦点必须把握准确。叙述事实通常依时间顺序，将过去已经发生但有证据证明的或者当事人一致认可的案件经过清楚明白地呈现清楚，力求客观地、全面地、真实地反映案情，同时要找准并突出重点，详述主要情节及因果关系。

一般首先交代原、被告自身的状况，然后叙述双方当事人之间争议的诉讼标的。在制作判决书时判决结果已经确定，因而制作者对整个事实的叙述始终要注意与判决结果相契合。只要是与理由部分区分责任相对应的事实便不能忽略细节，换句话说，也就是与区分是非责任相关的事实就是详述的对象。同时，对双方当事人分歧较大的事实也应结合法院观点详述，其他内容则可概括叙述。原被告在诉辩过程中未曾提及，但法院依职权调查了解到的与处理纠纷相关的情况，应在叙述完法院基于辩论主义而认定的双方争议的事实后，另起一段用"另查明"进行陈述。这样既可以避免对当事人纠纷经过陈述的中断，也完整地展现了合议庭认定的整个案件事实。

3. 人民法院认定的定案证据

法官对案件的裁判是以其认定的事实为基础的，而任何案件事实都是过去发生且无法再现的已然成为历史的事实，必须依靠定案证据予以证明。合议庭审理查明事实的过程，也就是对当事人提供的（包括人民法院依职权或依申请调取的）证据审核认定的过程。审查核实证据是法庭审理的重点，对案件的最后处理有着决定性的影响。民事判决书应对裁判依据的证据有无证明力及证明力的大小作出明确判断，并对证据的审查结论即采信或不采信公开进行解说。裁判文书中公开法官自由心证的形成经过，论证证据与其所认定的案件事实之间的推理关系。这样才符合审判公开的要求，才能有效地防止法官在自由心证过程中的主观擅断。对当事人无争议的证据，是否采纳的理由可不予表述。经当事人申请由人民法院调查收集的证据，必须写明经何方当事人申请，调查收集的证据的内容及所能证明的案件事实。

展示认证过程可采取两种方式：一种是先对当事人之间存在异议的证据材料给予分析认证，再总结当事人无异议的证据，直接予以认定；另一种是反其道而行之，先将双方当事人一致认可的证据固定下来。对当事人之间意见分歧较大的证据，根据内容的多寡，分别采取在具体分析各个争议焦点时逐一论定或集中分析认定的方式来加以表述。凡当事人所举证据皆要说明裁判者取舍的理由。若法官适用了逻辑推理和经验法则来判断证据和认定案件事实亦应进行阐释。

证据和事实可视需要分别写作，也可根据案情的复杂程度，将事实分成若干部分或阶段，叙述完每一阶段的事实后接着分析能够证明该段事实的证据。

(二) 理由部分

理由部分是将认定的案件事实与裁判结果有机联系起来的纽带，应结合判决所依据的法律规定写明判决的理由。较之修订前，新《民事诉讼法》直接明确了判决书应当表明认定事实和适用法律的理由。民事判决书的说理部分通常包含以下内容：对已查明的案件事实进行法律上的定性分析；结合案件的具体情节作法律上的定量分析，确定具体情节的法律意义，明确双方当事人的是非责任；就解决争议焦点所适用的法律规定予以论证；回应当事人的诉讼主张并给予法律上的评判；引述该案适用的法律条文。

1. 总结和评判当事人争议的焦点

结合合议庭所认定的案件事实，应归纳出双方当事人争议焦点之所在。概括争议焦点应简明扼要并用序号标明。然后在每一个争议焦点项下分别列出原被告对争议焦点的看法，紧接着根据法律、法理、事理针对争议焦点进行分析论证，表明合议庭对该争议焦点的评判结果，并表明合议庭对当事人的观点是否采纳。

2. 综述合议庭裁判的理由和法律依据

此处的开首语一般为"综上所述，本院认为："。这是合议庭根据已经认定的事实，对案件的性质、法律责任和如何适用法律所发表的权威性意见。应结合案件事实和有关法律、法规及政策，全面阐明合议庭对纠纷性质、当事人之间是非责任的划分以及如何解决纠纷的看法。说理必须有针对性，要体现出案件的个性，并注重对法律条文的阐释，体现以法为主，法、情、理三者相结合的原则，以增强判决的说服力。对于当事人的诉讼主张，合法有理的予以支持，不合法无理的不予支持，以此反映出诉讼过程中法官与当事人之间"交流"的经过。同时，还要严肃指明违法的民事行为，必要时给予适当地批驳。

对合议庭意见进行总结和综合论证后，要引述判决所依据的法律。引述法律应该准确（即要恰如其分地适合判决结果）、全面（即将据以处理的法律规定和盘托出）、具体（即引用到条文外延的最小规定）。引用法律条文必须遵循一定的条理和顺序，先法律及法律解释，后行政法规、地方性法规、自治条例或者单行条例，最后是司法解释；同时引用两部以上法律的，应当先引用基本法律，后引用其他法律；引用的法律包括实体法和程序法的，先引用实体法，后引用程序法。

引用法律法规，要具体引用到条款项。引用法律时一律写出法律的全称并加上书名号，条款项的序号用汉字表示。引用司法解释，司法解释条文序号使用汉字的，用汉字注明条文序号，如"《最高人民法院关于适用〈中华人民共和国合同法〉若干问题的解释（二）》第十条"；司法解释条文序号使用阿拉伯数字的，用阿拉伯数字注明条文序号，如"《最高人民法院关于适用〈中华人民共和国民事诉讼法〉若干问题的意见》第1条"。援引法律条文时还要处理好普通法与特别法、国内法与国际法的关系。凡特别法有明确规定的，应当适用特别法。此外，我国缔结和参加的国际条约，我国法律均确认其效力，当与国内法存在冲突的，优先适用条约，当然我国申明保留的条款除外。比如我国已先后加入了巴黎公约、伯尔尼公约、与贸易有关的知识产权协议等14个有关知识产权的国际公约。这些条约自然成为法官裁判援引的法律依据。涉外案件还应当注意准据法的采用。判决书全文引述法条导致该部分内容过多的，可考虑将其作为附录附于判决书之后。

（三）判决结果

判决结果是裁判者依国家赋予的审判权对案件的实体问题作出的权威性判定。判决结果应当明确、细致、完整。所谓明确是指要清晰地表明如何解决当事人之间的纠纷；所谓细致是指判决决定的每一事项应该具体详尽，以便负有义务、承担责任的一方当事人遵照履行和满足权利方维权的需要；完整是指纠纷所应涉及的事项不能有所缺漏，承担责任的方式为偿付财物和金钱的，应判明履行期限。判决结果必须独立和醒目。当判决结果不只一项时，应排出序号分项列明。需要驳回当事人不合理、不合法的诉讼请求的，可列为最后一项。

收取诉讼费用的要求源于国家法律，我国《民事诉讼法》第118条规定，"当事人进行民事诉讼，应当按照规定交纳案件受理费"。每一案件中收取的诉讼费用的总额是依纠纷性质或争议标的额计算出来的，当事人负担的比例及数额则由法官的裁决或双方协议确定，在判决主文中要交代清楚总额及各当事人承担的具体数额。如：

> 案件受理费人民币 9716 元，由原告××负担人民币 2716 元(已交纳)，由被告××××洁具有限公司负担人民币 6500 元(于本判决生效之日起 7 日内交纳)，由被告××××洁具有限公司北京分公司负担人民币 500 元(于本判决生效之日起 7 日内交纳)。

依《最高人民法院关于在民事判决书中增加向当事人告知民事诉讼法第二百三十二条规定内容的通知》，判决中具有金钱给付义务的，均应在所有判项之后另起一行写明："上述金钱给付义务，义务人应于本案判决生效之日起 15 日内履行完毕，逾期则应依照《中华人民共和国民事诉讼法》第二百五十三条①之规定，加倍支付迟延履行期间的债务利息。权利人可在本案生效判决确定的履行期间的最后一日起二年内，向人民法院申请执行。"以使胜诉的当事人及时获得诉讼成果，促使败诉的当事人及时履行义务。

在表述金额时必须注意：对于五位及五位以上的阿拉伯数字，数字应当连续写，中间不加空格或分节号，如 123456 元；尾数零多的，可以改写为以万、亿作单位的数，如 100000 元可以写作 10 万元。一个用阿拉伯数字书写的多位数不能移行。

五、第一审民事判决书尾部的制作

(一)交代上诉权及上诉期限

此为程式化的内容，应表述为：如不服本判决，可在判决书送达之日起 15 日内，向本院递交上诉状，并按对方当事人的人数提出副本，上诉于××××人民法院。

(二)合议庭的签署

判决书由审判长和审判员共同署名。助理审判员参加合议庭的，署助理审判员。人民陪审员参加合议庭的，署人民陪审员。

(三)判决决定的日期

当庭宣判的，判决书应标明当庭宣判的日期；定期或委托宣判的，应当标明签发判决书的日期。判决决定的日期应使用汉字。在判决书的本件上，应加盖院印和"本件与原本核对无异"的印戳。院印应居中加盖在判决决定的日期

---

① 因立法已经修订，此处所引为修订后生效的《民事诉讼法》的条文序号。

上，国徽正面朝上。印戳应加盖在年月日同一行的左侧。

六、第一审民事判决书的实例

湖北省武汉市中级人民法院

民 事 判 决 书

（2014）鄂武汉中知初字第00015号①

原告(反诉被告)武汉市某A电子有限责任公司，住所地(略)。

法定代表人阮某，总经理。

委托代理人秦某，湖北今天律师事务所律师。

委托代理人胡某，湖北今天律师事务所律师。

被告(反诉原告)武汉某B智能科技有限公司，住所地(略)。

法定代表人李某，总经理。

原告武汉市某A电子有限责任公司(简称"某A公司")诉被告武汉某B智能科技有限公司(简称"某B公司")技术委托开发合同纠纷一案，本院于2014年1月10日受理后，依法组成由审判员魏兰担任审判长，代理审判员赵千喜主审，人民陪审员付玲玲参加评议的合议庭进行了审理。本案审理期间，被告某B公司向本院提起反诉，经合议庭评议后予以准许并决定与本诉合并审理。本院于2014年3月15日公开开庭审理了本案，原告某A公司委托代理人秦某，被告某B公司法定代表人李某到庭参加诉讼。本案现已审理终结。

本诉原告某A公司诉称：2012年8月13日，我公司与某B公司签订《数字计量表采集系统开发合同》，某B公司受托研发数字计量表采集系统，我公司分期支付研发经费及报酬，双方约定在三个月内未能提供合格设备的风险责任由某B公司承担，责任承担方式为退还我公司所有支付的费用并承担违约金5000元。2012年12月4日，双方签订《数字计量表采集系统补充协议》，约定整机开发交货时间为2012年12月31日。同日，双方签订《样品制作合同》一份，我公司委托某B公司制作样品设备3台，样品硬件生产依照《数字计量表采集系统开发合同》中硬件的技术规范进行生产，并注入最新开发完成

---

① 该文书引自中国知识产权裁判文书网，http://ipr.court.gov.cn/hub/jsht/201407/t20140721_2163081.html。

的软件，交货时间为 2012 年 12 月 27 日，延期交货的按每天 200 元承担责任。合同签订后，我公司履行了相应义务，先后向某 B 公司支付首付款及相关费用共计 28750 元，而某 B 公司一直未完成研发工作，导致我公司合同目的无法实现并造成巨大损失。请求法院判令：一、被告某 B 公司返还原告某 A 公司合同款 28750 元，承担违约责任 5000 元，支付延期交货补偿款 60000 元，总计 93750 元；二、被告某 B 公司承担本案诉讼费用。审理期间，原告增加诉讼请求：解除双方 2012 年 8 月 13 日签订的《数字计量表采集系统开发合同》及 2012 年 12 月 4 日签订的《数字计量表采集系统补充协议》、《样品制作合同》。

本诉被告某 B 公司庭审口头答辩称：由于某 A 公司在合同履行过程中一直未确定设备外壳，且负责技术对接的人员发生变更，影响了我公司的开发进度，我公司不存在违约行为，请求驳回某 A 公司的诉讼请求。

反诉原告某 B 公司反诉称：2012 年 8 月 13 日，我公司与某 A 公司签订《数字计量表采集系统开发合同》后，我公司已按合同约定完成了开发方案的选择与设计、原理图设计、PCB 制板、电路板器件的焊接与调试、软件编码的设计与开发以及设备软硬件联合调试等工作，没有任何违约行为。在样品设计验收后，某 A 公司未按合同约定支付我公司第二期研发设计费用 15000 元，而是借设备外壳尺寸没有确定等拖延付款。而合同约定外壳选型和设计系某 A 公司自行确定，非我公司需要完成的工作内容，在我公司多次催促下，某 A 公司才在 2013 年 1 月 10 日以转账方式支付了 10000 元。同时，某 A 公司在 2012 年 12 月 4 日追加 3 台样机开发时，并未支付任何费用。至 2013 年 5 月某 A 公司又追加 4 台样机设计开发时，在我公司催促下某 A 公司才拖延至 5 月 17 日付款 8750 元。为履行上述合同，我公司实际投入研发设计成本 47500 元，某 A 公司只支付了 28750 元，尚欠 18750 元的技术开发费用未付。同时，因某 A 公司未按期向我公司支付技术开发款项，给我公司造成了经济损失，应承担违约责任 5000 元。为此，反诉请求法院判令：一、反诉被告某 A 公司向反诉原告某 B 公司支付 23750 元，其中合同剩余款项 18750 元，承担违约责任 5000 元；二、反诉被告某 A 公司承担诉讼费用。

反诉被告某 A 公司庭审口头答辩称：某 B 公司反诉诉称与事实不符，我公司未收到某 B 公司交付的任何样机或符合合同技术要求的软硬件系统，也从未出具验收证明，某 B 公司 2013 年 4 月 3 日出具的情况说明也自认开发工作尚未完成。某 B 公司的反诉没有事实与法律依据，请求驳回某 B 公司的反诉诉讼请求。

某 A 公司为证明其本诉诉讼主张及反诉答辩观点，向本院提交了如下四组证据：第一组证据为主体资格及管辖权证明文件，包括：证据1. 某A公司营业执照（副本）复印件；证据2. 法定代表人身份证明和法定代表人身份证复印件，拟共同证明某A公司主体适格；证据3. 某B公司工商基本信息，拟证明某B公司主体适格；证据4. (2013) 鄂武汉中仲监字第00152号裁定书，拟证明双方合同中的仲裁条款无效，某B公司住所地人民法院有权管辖。第二组证据为双方签订合同的事实，包括：证据5.《数字计量表采集系统开发合同》，拟证明双方约定的合同标的、技术标准、风险与违约责任等；证据6.《数字计量表采集系统补充协议》，拟证明双方约定的样机整体开发交货时间；证据7.《样品制作合同》，拟证明双方约定的样机制作价格及延期交货责任。第三组证据为某B公司自认违约的事实，即证据8. 某B公司2013年4月3日出具《情况说明》，拟证明某B公司未完成开发工作并应承担违约责任。第四组证据为某A公司履行合同义务的情况，包括证据9. 某A公司支付《数字计量表采集系统开发合同》及补充协议项下的款项票据2张，拟证明某A公司向某B公司支付研发款项计20000元；证据10. 某A公司向某B公司支付《样品制作合同》项下的款项收据1张，拟证明双方对《样品制作合同》中的单价、数量进行了修改，某A公司向某B公司支付了7台样机首付款8750元的事实。

某B公司对某A公司提交的证据的真实性、合法性和关联性均无异议，只是对证据10收据上填制的时间有异议，认为该收据上记载的时间2012年12月10日系涂改后形成，与某B公司留存的收据第一联上记载的付款时间2013年5月17日不符。

某B公司为支持其本诉答辩意见和反诉诉讼主张，向本院提交如下五组证据：第一组证据为主体资格及证明文件，包括证据1. 某B公司营业执照（副本）复印件；证据2. 法定代表人身份证明和法定代表人身份证复印件，拟共同证明某B公司主体适格；证据3. 某A公司工商基本信息，拟证明某A公司主体适格。第二组证据为双方签订的合同，包括证据4.《数字计量表采集系统开发合同》，拟证明双方约定的合同标的、技术标准和付款时间；证据5.《数字计量表采集系统补充协议》，拟证明双方约定了样机开发验收方式和付款方式；证据6.《样品制作合同》，拟证明双方约定了样机制作价格和交货时间，未约定付款时间。第三组证据为某B公司履行合同的情况，即证据7. 某B公司2013年4月3日出具的《情况说明》，拟证明某B公司在某A公司新技术交接人要求下出具《情况说明》，坚持继续履行合同。第四组证据为某B公司收到技术开发款项的情况，包括证据8. 某B公司收到合同首付款票据1张（编号：493589）；证据9. 某B公司收到开发合同验收款补开票据1张（编号：

4531431）；证据 10. 某 B 公司收到补充协议开发样机首付款票据 1 张（编号：4531430）；证据 11. 某 B 公司员工严某的转账支付记录，对应补开收据（编号：4531431），拟证明某 A 公司未按期足额支付技术开发款项。第五组证据为某 B 公司制作的设备，即证据 12. 数字计量表实物，拟证明某 B 公司按照合同约定制作了设备。

某 A 公司对某 B 公司提交的第一、二、三组及第四组中的证据 8、9、10 的真实性、合法性、关联性无异议，对证据 11 严某转账支付记录的真实性、合法性、关联性均有异议，认为与本案无关；对第五组证据 12 的真实性无异议，但关联性及证明目的有异议，认为从未收到某 B 公司交付的数字计量表实物，且该实物是否符合合同约定的技术标准及要求不清楚。

根据《最高人民法院关于民事诉讼证据若干问题的规定》，对当事人提交的证据对方当事人质证未提出异议的证据，即某 A 公司提交的全部证据和某 B 公司提交的证据 1-9，本院确认其证据效力；对质证有异议的证据，认证如下：某 A 公司提交的证据 10 系某 A 公司留存的收据原件，但该收据上填制的日期系涂改后形成，与某 B 公司留存的收据第一联上的时间不符，对该单据上记载的付款时间"2012 年 12 月 10 日"本院不予确认；某 B 公司提交的证据 11 与证据 9 能相互印证，在双方均认可某 B 公司 2013 年 1 月 10 日收到 10000 元款项事实的情况下，对其证据效力予以确认；某 B 公司提交的证据 12 虽仅系数字计量表电路板，但该电路板上集成的模块与硬件开发要求说明书上记载的内部硬件模块名称相对应，该证据同证明某 B 公司的履约情况相关，对其关联性本院予以认可。

经审理查明：2012 年 8 月 13 日，某 A 公司作为甲方与某 B 公司作为乙方签订一份《数字计量表采集系统开发合同》（简称"开发合同"）。该开发合同第一条约定，在约定时间内，系统原理图、系统开发包、驱动开发包、系统源码、样机 1 套以及所有和该项目有关的文字资料、电子资料均属甲方所有，并由乙方提交。甲方负责提供相应参考资料，配合乙方的研发。合同第二条对系统应达到的技术指标和参数进行了约定。合同第三条约定，自支付首付金日起，三个月内由乙方提交系统原理图、PCB 文件、提供样机 1 台。合同第 4.2 条约定，本项目研究开发经费、材料费及报酬为 30000 元，由甲方支付。明细如下：（1）硬件材料费 5000 元；（2）硬件设计费 10000 元；（3）软件设计费 12000 元；（4）调试费 3000 元。合同第 4.3 条约定，合同签订后 1 天内，甲方支付首付金 10000 元，乙方出具开发技术细节书；乙方交付 1 台样机后，甲方在 2 天内支付 15000 元；甲方验收合格，乙方交付所需资料后，甲方在 2 天内支付 5000 元。合同第五条约定，在履行本合同过程中，确因现有水平和条件难以克服的技术困难，导致研究开发部分或全部失败所造成的损失，风险责任由乙方承担；本项目风险责任确认的方式为到规定的时间内乙方未能提供合格的设备。合同第六条约定，研究开发完成的技术成果，达到了第二条所列技术指标的，由甲方出具技术项目验收证明。甲方接到乙方开发的 1 台样机后 10 天内进行测试验收。合同第七条约定，甲方违反合同第四条约定的，应承担一次性支付 5000 元违约金的违约责任；乙方违反合同第一、二、三条约定，即系统属于乙方开发的部分出现故障不能运行，或数据指标达不到合同约定要求，乙方应承担退还甲方所有支付的费用，并一次性支付甲方 5000 元违约金的违约责任。合同第十条约定，开发技术细节见合同附件 1 硬件开发说明书和附件 2 软件开发说明书。

开发合同附件 1 硬件开发要求说明书对内部硬件和外部硬件要求作了描述，其中内部硬件采用模块化设计，包括 CPU、运行内存、存储器、时钟晶振、USB 模块、RS-232 模块、Meter-Bus 模块、RS-485 模块、通用传感器端口、CAN 总线接口、GRPS 模块、以太网模块、红外光通信模块、后备电源模块、看门狗模块和蜂鸣器；外部硬件包括 7 寸 TFT 真彩色电阻触摸屏、光通信口和外壳 LED 灯等。但双方向本院提交的合同中均未包含有附件 2 软件开发说明书。某 B 公司对此解释软件开发系根据某 A 公司的要求来完成，但双方所签合同实际上并没有随附书面的软件开发说明书。在上述合同签订当日，某 A 公司向某 B 公司支付了系统开发首付款 10000 元。

2012 年 12 月 4 日，某 A 公司作为甲方与某 B 公司作为乙方签订《数字计量表采集系统补充协议》(简称"补充协议")一份。补充协议第一条约定，乙方应积极加紧开发进程，样机整体开发交货日期定于 2012 年 12 月 31 日完成，执行及验收标准参照原合同；补充协议第二条约定，甲方可单独验收硬件部分，乙方应在甲方提出验收硬件之时提供开发完毕的硬件样品一台以及硬件的所有设计资料(资料应当达到依据开发资料甲方可以通过第三方独立生产产品)，验收合格，甲方支付 10000 元；补充协议第三条约定，样机整体交货日期以后，甲方有一个月的标准工作日测试时间以解决遗留问题，期间乙方应适时提供软件全部开发资料(源代码等)供甲方验证，完成后支付合同尾款 10000 元。当天，双方另行签订《样品制作合同》一份，约定某 A 公司委托某 B 公司制作样品设备 3 台，每台价格 2600 元，样品硬件生产应依照开发合同中硬件的技术规范生产，并注入最新的开发完成的软件，所有样机自交货之日起提供 1 年的免费保修服务，交货时间为 2012 年 12 月 27 日，延期交货每天补偿

200 元。

2013 年 1 月 10 日，某 A 公司员工严某向某 B 公司支付 10000 元，某 B 公司开具的收据中载明收款事由为项目开发中期费用。2013 年 4 月 3 日，某 B 公司出具情况说明一份，说明中间由于若干原因，开发工作尚未完成，至 2013 年 4 月 3 日开发工作还在进行中。

2013 年 5 月 17 日，某 B 公司向某 A 公司开具收据一张，载明收到某 A 公司支付的 8750 元，收款事由为 7 台集中器样机的首付款。收据背面手写有"该收据款项对应《样品制作合同》，该合同中每台样机价格变更为 2500 元，数量变更为 7 台，其他条款和要求不变"。

另查明，某 B 公司向本院提交的电路板上安装了 CPU、运行内存、存储器、时钟晶振、USB 模块、RS-232 模块、Meter-Bus 模块、RS-485 模块、GRPS 模块、以太网模块等，上述模块名称和配置要求与硬件开发要求说明书中对内部硬件要求的描述基本吻合。

某 B 公司当庭陈述：(1)在 2013 年 1 月 10 日之前，该公司即将依据开发合同完成的数字计量表样机 1 台交付某 A 公司员工严某，交付形式是严某上门验收，但双方未办理书面的交付和验收手续；(2)2013 年 1 月 10 日之后，严某从某 B 公司拿走 4 台数字计量表样机，双方未办理书面的验收和交付手续；(3)某 B 公司庭审提交的电路板系根据双方样品制作合同所生产，属于剩余未交付的数字计量表样机的电路板，尚未烧写软件。

本案事实和法律争议焦点为：一、某 B 公司是否履行了数字计量表采集系统开发和交付的义务；二、如某 B 公司存在违约行为，其应承担的违约责任。

本院认为：双方 2012 年 8 月 13 日签订的开发合同及之后签订的补充协议、《样品制作合同》，系双方当事人的真实意思表示，内容并不违反法律的强制性规定，为有效合同。根据开发合同及补充协议的约定，某 B 公司受某 A 公司委托开发数字计量表采集系统，某 A 公司则向某 B 公司支付技术开发费用，从上述合同确定的权利和义务关系判断，双方当事人成就技术委托开发合同关系。

一、关于某 B 公司是否履行了数字计量表采集系统开发和交付的合同义务

《中华人民共和国合同法》(简称"合同法")第三百三十二条规定，委托开发合同的研究开发人应当按照约定制定和实施研究开发计划；合理使用研究开发经费；按期完成研究开发工作，交付研究开发成果，提供有关的技术资料和

必要的技术指导，帮助委托人掌握研究开发成果。本案中，双方约定的技术开发内容包括数字计量表采集系统样机及相应的系统开发包、驱动开发包、系统源码等软件系统，某B公司作为研究开发人应按时完成软硬件开发系统的研发和交付工作。虽然某B公司未提交双方办理硬件验收和交付的书面凭证，但综合某B公司提交的硬件开发设计成果、庭审陈述以及某A公司支付项目开发中期费用10000元等事实，可以认定某B公司已向某A公司交付了开发合同和补充协议所约定的数字计量表样机硬件设备。第一，双方2012年12月4日签订的补充协议第二条约定，某B公司应在某A公司提出验收硬件时提供开发完毕的硬件样品一台及硬件设计资料，验收合格后某A公司支付10000元。2013年1月10日，某A公司员工严某向某B公司付款10000元，该笔付款金额与补充协议第二条硬件验收合格后支付10000元的约定相吻合，也与某B公司有关"严某上门验收并拿走样机"的庭审陈述能相互印证。某A公司认为收据上记载该笔款项为项目开发中期费用，并非硬件交付验收合格后应支付的10000元，不能据此推断某A公司接收了数字计量表硬件设备。但依据开发合同第4.3条以及补充协议的约定，某A公司向某B公司支付第二期开发款项均是以交付样机或样机硬件为前提，合同和补充协议中并未有支付中期费用的其他约定。如果某B公司在2013年1月10日未交付数字计量表样机硬件设备，某A公司此时完全可以拒绝支付10000元的技术开发款项并主张某B公司违约。第二，在2012年12月4日双方签订补充协议的同时，某A公司又委托某B公司制作样品设备3台，并在之后再行追加订制4台样品设备。依据常理推断，如果某B公司当时尚未从事数字计量表的开发设计工作，某A公司不可能选择委托某B公司继续制作数字计量表并增加订制数字计量表的台数。第三，某B公司庭审中提交的电路板上已安装了CPU、运行内存、存储器、时钟晶振、USB模块、RS-232模块、Meter-Bus模块、RS-485模块、GRPS模块、以太网模块等，虽然该电路板并非硬件和软件均已设计安装完毕的数字计量表样机实物，但该电路板上安装的模块与硬件开发要求说明书中对内部硬件的要求基本相符，可以说明系为履行本案合同开发设计。因此，综合上述事实，本院认定某B公司已从事了数字计量表样机硬件设备的开发工作并向某A公司进行了交付。

关于某B公司是否完成了相关软件系统的开发设计工作和系统调试任务。根据开发合同和补充协议的约定，某B公司的开发任务不仅包括数字计量表硬件的开发设计，还应从事相关软件设计和调试工作，并应向某A公司提供软件全部开发资料(源代码等)。本案中，某B公司并未提交证据表明其已完成相关软件的开发设计并将软件开发资料交付给某 A 公司。相反，根据某 B 公司 2013 年 4 月 3 日出具的情况说明，截至 2013 年 4 月 3 日开发工作尚未完成。因此，某 B 公司仅交付数字计量表硬件样品的行为并不能代表其全面履行了开发合同和补充协议所约定的合同义务，截至本案诉讼时其未能将数字计量表样机整体(包含软件系统)交付某 A 公司，已构成违约。在某 B 公司未能按期交付数字计量表样机整体的情况下，某 A 公司作为技术开发的委托方有权拒绝向其支付合同尾款 10000 元。因此，在本案合同履行过程中，某 A 公司不存在拒不按约支付研究开发费用的违约行为，对某 B 公司请求某 A 公司支付开发合同剩余款项 10000 元并承担违约责任 5000 元的反诉诉讼请求，本院不予支持。

另外，根据双方 2012 年 12 月 4 日签订的样品制作合同及 2013 年 5 月 17 日某 B 公司开具的收据背面条款的记载，某 B 公司还应另行向某 A 公司交付 7 台数字计量表。但根据某 B 公司所举证据和庭审调查情况，某 B 公司未证明其在收取 7 台数字计量表首付款后，向某 A 公司交付了数字计量表及配套软件，其行为亦违反了《样品制作合同》中的约定义务，对其主张由某 A 公司继续支付 7 台数字计量表剩余款项 8750 元的反诉诉讼请求，本院亦不予支持。

二、关于某 B 公司应承担的违约责任

合同法第九十四条第(四)项规定，当事人一方迟延履行债务或者有其他违约行为致使不能实现合同目的，当事人可以解除合同。本案中，根据双方签订的开发合同及补充协议的约定，某 B 公司应在 2012 年 12 月 31 日之前完成数字计量表样机整体开发和交付工作。同时，根据双方签订的《样品制作合同》的约定，某 B 公司应在 2012 年 12 月 27 日交付后续增加的 3 台数字计量表。但截至某 A 公司向本院提起诉讼时，没有证据表明某 B 公司将符合合同约定的数字计量表样机整体(包含软件系统)交付某 A 公司，某 A 公司委托某 B 公司进行数字计量表采集系统开发的合同目的无法实现，其提出解除开发合同、补充协议及《样品制作合同》的请求，符合法律规定，应予支持。

合同法第九十七条规定，合同解除后，尚未履行的，终止履行；已经履行的，根据履行情况和合同性质，当事人可以要求恢复原状、采取其他补救措施、并有权要求赔偿损失。对开发合同和补充协议解除后的处理，因某 B 公司未能按期向某 A 公司交付数字计量表样机整体(包含软件系统)，其应退还已收取的技术开发费用并依照开发合同第七条的约定向某 A 公司支付违约金 5000 元。但鉴于某 B 公司已从事了数字计量表样机硬件设备的开发设计并向某 A 公司进行了交付，在某 A 公司不能返还数字计量表样机硬件设备时，应将相应的硬件材料费 5000 元和硬件设计费 10000 元从某 B 公司已收取的 20000 元技术开发费用中予以扣除。

对《样品制作合同》解除后的处理问题，因某 B 公司未证明其向某 A 公司交付了后续追加的 7 台数字计量表，其收取的 7 台数字计量表首付款 8750 元应返还某 A 公司。对某 A 公司依据《样品制作合同》要求某 B 公司负担延期交货补偿 60000 元的请求，根据合同法第一百一十四条第二款的规定，约定违约金低于造成的损失的，当事人可以请求人民法院或者仲裁机构予以增加；约定的违约金过分高于造成的损失的，当事人可以请求人民法院或者仲裁机构予以适当减少。经本院释明，某 B 公司认为该项延期交货补偿约定明显过高，请求本院予以适当减少。同时，某 A 公司未就某 B 公司逾期未交付数字计量表所产生的损失进行举证，并明确同意由法院根据情况对某 B 公司应负担的延期交货赔偿款予以酌定。本院在综合考虑某 A 公司已付款的金额、某 B 公司的履约情况等因素后，确定某 B 公司向某 A 公司支付延期交货补偿款 3000 元。

综上所述，某 B 公司作为技术委托开发合同中的研究开发人，未按约履行交付双方约定的数字计量表采集系统的合同义务，某 A 公司诉请解除双方签订的开发合同及随附补充协议、《样品制作合同》的主张成立。上述合同解除后，某 B 公司应在扣除硬件材料费和设计费后，将已收取的技术研究开发费和样品制作首付款予以返还，并负担相应的违约金、延期交货补偿款。经合议庭评议，根据《中华人民共和国合同法》第九十四条第(四)项、第九十七条、第三百三十二条、《最高人民法院关于适用〈中华人民共和国合同法〉若干问题的解释(二)》第二十九条、《中华人民共和国民事诉讼法》第一百四十二条的规定，判决如下：

一、解除原告武汉市某 A 电子有限责任公司与被告武汉某 B 智能科技有限公司 2012 年 8 月 13 日签订的《数字计量表采集系统开发合同》以及 2012 年 12 月 4 日签订的《数字计量表采集系统补充协议》、《样品制作合同》；

二、被告武汉某 B 智能科技有限公司退还原告武汉市某 A 电子有限责任公司技术开发费用 5000 元和样品制作首付款 8750 元，并支付违约金 5000 元、延期交货补偿款 3000 元；

三、驳回原告武汉市某 A 电子有限责任公司的其他诉讼请求；

四、驳回反诉原告武汉某 B 智能科技有限公司的诉讼请求。

如果未按本判决指定的期间履行给付金钱义务，应当依照《中华人民共和国民事诉讼法》第二百五十三条的规定，加倍支付迟延履行期间的债务利息。

本案本诉案件受理费 2144 元，由被告武汉某 B 智能科技有限公司负担。此款原告武汉市某 A 电子有限责任公司已经预缴，由被告武汉某 B 智能科技有限公司随前述款项一并支付给原告武汉市某 A 电子有限责任公司。本案反诉案件受理费 197 元，由反诉原告武汉某 B 智能科技有限公司负担。

如不服本判决，可在判决书送达之日起十五日内，向本院递交上诉状，并按照对方当事人的人数提出副本，上诉于湖北省高级人民法院。上诉人应在提交上诉状时按不服一审判决部分的上诉请求数额预交上诉案件受理费，款汇湖北省高级人民法院，开户银行：（略），户名：（略）。上诉人在上诉期届满后七日内仍未预交诉讼费用的，按自动撤回上诉处理。

审 判 长 　魏 兰

代理审判员 　赵千喜

人民陪审员 　付玲玲

二〇一四年六月二十三日

书 记 员 　童小雪

评析：

首先，判决书对于程序事项有着非常明晰的说明，列明了立案受理和开庭审理的时间。

其次，在判决书的主体部分，即对证据认定、本案案情、裁判理由和裁决结果地叙述和论证内容完整、事项齐全，而且用语规范，表达流畅：

1. 诉辩主张表述简明扼要

在这一部分，判决书没有细致地援引当事人的论证，而是在结构安排上采取了对应的表现手法，通过正反两方面观点针锋相对地罗列，突出了针对性，能够有效强化阅读者的认知。

2. 举证、质证与认证过程完备

该判决书对于当事人的举证，详列了证据名称与证明对象，并对质证意见表述完整，有助于阅读者全面了解当事人的态度。在认证之时，判决书不但对证据的真实性进行了评判，还特别强调了对证明力的认定结论，增强了文书的说服力和可接受性。

3. 事实叙述简洁而全面

对于合议庭认证之后确定的案件事实，判决书运用规范地书面语进行了直白地陈述，没有多余的铺陈与说明，节省了篇幅，并让人一目了然。

4. 裁判理由言简意赅

在此一部分，判决书针对当事人之间的争议焦点，有效地提炼了各自的观点，再结合案情和法律规定详细论述了合议庭的意见和结论。每一结论的得出，既有条理，又有层次感，因而观点鲜明，令人信服。

而且，整份文书前后照应，融为一体。

第三节　第二审民事判决书

一、第二审民事判决书概述

(一)第二审民事判决书的概念和法律依据

第二审民事判决书，是第二审人民法院就当事人不服一审判决提出上诉的民事和海事案件，依照民事诉讼法规定的二审程序审理终结后，根据审理查明的事实和证据，适用相关法律就案件的实体问题作出的书面处理决定。

两审终审是我国民事审判的基本制度。在我国，第二审判决就是案件的终审判决，所以第二审民事判决书也即是终审判决书。《民事诉讼法》第170条规定了第二审法院对上诉案件审理后的处理结果，包括：原判决认定事实清楚，适用法律正确的，判决驳回上诉，维持原判；原判决认定事实错误或者适用法律错误的，依法改判；原判决认定基本事实不清的，裁定撤销原判决，发回原审人民法院重审，或者查清事实后改判；原判决遗漏当事人或者违法缺席判决等严重违反法定程序的，裁定撤销原判决，发回原审人民法院重审。这一条文清楚地表明了第二审民事判决书的适用情形和二审程序不同处理结果之间的区别。

(二)第二审民事判决书的制作程序

依据《民事诉讼法》第169条的规定，二审人民法院对上诉案件应当由审判员组成合议庭进行审理。在审理方式上，二审法院一般应开庭审理；当事人没有提出新的事实、证据或者理由的，也可在合议庭阅卷和调查、询问当事人后径行判决。对于径行判决的案件，合议庭必须认真进行评议，每一位成员都要充分而完整地表达自己对案件的处理意见，共同对裁判结果负责。二审的裁判结果应是合议庭全体成员的集体决策。

二、第二审民事判决书的制作

(一)首部

1. 标题和文书编号

第二审民事判决书此项内容的制作格式和要求同于第一审民事判决书，唯有文书编号的审判程序代字用"终"表示。如湖北省高级人民法院2014年审理的第194号第二审民事案件，其文书编号为"（2014）鄂民终字第194号"。

2. 诉讼参加人的基本情况

介绍当事人的基本情况时，首先应表明其在二审中的称谓，而后用括号标注其在原审中的地位。提出上诉的一方当事人为"上诉人"，相对方则为"被上诉人"；双方当事人都提起上诉的，均列为"上诉人"。原审中有第三人且二审程序由其引发，应将其列为"上诉人"，否则仍列为第三人。当事人和其他诉讼参加人基本情况的表述要求，与第一审民事判决书相同。

对共同诉讼中当事人提出上诉的，要区分不同情形分别予以处理。在必要的共同诉讼人中，一人或者部分人提出上诉的，应注意其表述的差异：上诉人对与相对方当事人之间的权利义务分担有异议，而不涉及其他共同诉讼人利益的，对方当事人为被上诉人，未上诉的共同诉讼人依原审诉讼地位列明；上诉人仅对共同诉讼人之间的权利义务分担有异议，不涉及对方当事人利益的，未上诉的共同诉讼人为被上诉人，对方当事人依原审诉讼地位列明；上诉人对与双方当事人之间以及共同诉讼人之间的权利义务承担均存在异议的，未提出上诉的其他当事人均为被上诉人。

3. 案件由来、审判组织和审理经过

通常表述为："上诉人×××因……（写明案由）一案，不服××××人民法院（××××）×民初字第××号民事判决，向本院提起上诉。本院依法组成合议庭，于××××年××月××日公开（或不公开）开庭审理了本案。……（写明当事人及其诉讼代理人等）到庭参加诉讼。本案现已审理终结。未开庭的，写："本院依法组成合议庭审理了本案，现已审理终结。"

审理过程中出现有其他程序事项的应一并表述清楚，以保障程序公开与公平的实现。

（二）正文

1. 事实

（1）原审法院认定的事实和判决结果。在这一部分，首先应简要表述原审法院认定的事实，由"原审查明"引出。该项内容宜结合案件的具体情况对原审判决书中所认定的事实适当加以概括。为了明确二审裁判所针对的对象，也便于阅读者准确认知原审认定的全部案件情况，原审中认定的事实和证据的基本要素和关键性情节仍然应当表述清楚。紧接着概述原审裁判的理由，然后引述其所依据的法律规定和判决结果。

(2)当事人的诉辩主张。应简明扼要地列出上诉人提出的上诉请求及主要理由，若其提出了新的证据也要列明；之后表明被上诉人的答辩意见、所提出的证据及对原判决的态度。有第三人的，对于第三人的意见也应在判决书中表述清楚。

(3)二审法院认定的事实和证据。叙述二审法院认定的案情时，应依据二审合议庭所确定的证据来展开。陈述时应突出针对性，尤其对一审认定错误的情节应当详述二审认定的结果，并表明原审错在何处。对一审的定案证据要进行评判，正确的给予支持与肯定，错误的予以批驳并说明原因。二审中当事人新提出的证据，应依最高人民法院关于民事诉讼证据的司法解释的规定，判断其是否能够作为新证据为二审法院所采纳。对一审认定正确的证据和事实可直接予以认可。如：

经本院审理查明，原审判决认定事实无误。本院予以确认。

2. 理由部分

(1)归纳和评判当事人的争议焦点。在这里，裁判者应根据当事人的诉辩和庭审的情况，归纳出双方当事人之间争议的焦点，并按照一定的逻辑顺序对其进行排列，逐一加以分析论证：首先总结上诉人和被上诉人对争议焦点的看法和观点及各自的理由，然后阐述二审法院的意见，对上诉理由成立与否应予分析，对原审裁判的结论亦应给予评判，正确的维持，错误的则加以改正；也可直接针对上诉人的上诉请求，结合法理和情理条分缕析地予以阐释或说明。

(2)总结二审裁判的理由和法律依据。在对各个争议焦点作出评判之后，应依据二审法院审理查明的事实，针对上诉人的请求和理由，就原审判决认定事实和适用法律是否正确、上诉理由能否成立、上诉请求是否应予支持，以及被上诉人的答辩是否有理等，综合地进行分析评判，详析维持原判或者改判的理由。最后援引法律规定作出终审判决。

第二审民事判决书的理由部分应针对上诉人提出的上诉请求和理由而展开：原判决正确、对上诉请求不予支持的，在评判争议焦点时，必须指出上诉理由的错误或不当之处，论证为什么不予支持；原判决认定事实有错误从而导致判决不当的，应结合二审认定的证据，指出原判确认的事实为什么错了，上诉请求和理由是否符合法律、政策的规定，改判的理由何在；原判决认定的事实无误，但上诉人提出异议的，应针对异议列举相关证据进行分析，论证异议能否成立。在二审的判决书中，为了论证及批驳的需要，可将事实和理由结合起来制作，而不必截然分开。

3. 判决结果

对当事人之间争议的实体及程序问题，二审的判决结果应写出终审结论：要明确表明对原审判决的态度，到底是维持原判还是撤销原判，或者维持哪几项、撤销哪几项；对改判或加判的内容，要区别不同的情况得出明确具体的处理决定，但不必加上"改判"、"加判"的字样。改判的，先维持、后撤销、再改判或加判。如果原判在认定事实和适用法律上均无错误，二审根据该案具体情况，只对原审判决结果某一项确定的具体数额有所变动的，无须先撤销再改判，而是直接写明："变更××××人民法院（××××）×民初字第××号民事判决第×项的……为……"二审的判决结果可分为如下几种情形：

（1）维持原判的，写为："驳回上诉，维持原判。"

（2）全部改判的，写为：

"一、撤销××××人民法院（××××）×民初字第××号民事判决；

二、……（写明改判的内容，内容多的可分项书写）。"

如：

一、撤销××市××区人民法院（2009）×民初（一）字第1143号民事判决；

二、解除廖××、朱××、刘××与原××市郊区××山乡××村民委员会于1999年3月1日签订的《土地承包合同》、解除廖××与原××市郊区××山乡××村民委员会于2000年3月1日签订的《土地承包合同》；

三、××市××区××村村民委员会向廖××、朱××、刘××赔偿地上附属物经济损失人民币580000元；

四、廖××、朱××、刘××于本判决生效之日起30日内自行清理其承包的位于××岭的42亩土地上的附属物，并将该土地退回××市××区××村村民委员会；

五、驳回廖××、朱××、刘××的其他诉讼请求。

（3）部分改判的，写为：

"一、维持××××人民法院（××××）×民初字第××号判决的第×项，即……（写明维持的具体内容）；

二、撤销××××人民法院（××××）×民初字第××号判决的第×项，即……（写明撤销的具体内容）；

三、……(写明部分改判的内容，内容项的可分项书写)。"

(4)维持原判，又有加判内容的，写为：

"一、维持××××人民法院(××××)×民初字第××号民事判决；

二、……(写明加判的内容)。"

无论是维持原判，还是改判、加判等情况，在判决结果中都不要遗漏了关于二审诉讼费用分担的具体处理意见。

(三)尾部

首先应明确宣示二审判决的法律效力，即"本判决为终审判决"；然后是合议庭成员的签署；接着注明判决决定的日期并加盖人民法院的印章；最后是书记员的署名。

第四节　再审民事判决书

一、再审民事判决书概述

(一)再审民事判决书的概念和法律依据

再审民事判决书，是各级人民法院依照民诉法规定的审判监督程序，对已经发生法律效力但被认为确有错误的民事判决、裁定和调解协议，按照一审或二审程序再审终结后，就案件的实体问题作出的书面处理决定。

《民事诉讼法》第十六章第 198 条至第 213 条对审判监督程序作出了明确规定。这些条文就是制作再审民事判决书的法律依据。从第十六章条文规定可知，我国现阶段引发再审程序的途径有：当事人申请再审，人民法院决定再审(包括本院决定再审、上级法院指令再审、上级法院提审)，人民检察院提出抗诉。

(二)再审民事判决书的制作程序

在我国，审判监督程序并非一级独立的审判程序。《民事诉讼法》第 207 条规定，人民法院按照审判监督程序再审的案件，发生法律效力的原判决、裁定是由一审法院作出的，按照一审程序再审，所作的判决、裁定，当事人可以上诉。发生法律效力的原判决、裁定是由二审法院作出的，按照二审程序再审，所作的判决、裁定，是终审的判决、裁定。上级人民法院按照审判监督程序提审的案件，亦按二审程序审理，所作判决、裁定也为终审的判决、裁定。引发再审程序的不同途径及审级上的区别，使得按不同审级进行再审的案件的判决书存在诸多差异，裁判者必须依照各自所应遵循的要求来制作。

二、再审民事判决书的制作

(一) 首部

1. 标题和文书编号

再审民事判决书标题的格式和要求同于一、二审民事判决书。文书编号中审判程序代字依再审所适用的审判程序而定，之前需加上"再"字：按照一审程序再审的写为"再初"；按照二审程序再审的写为"再终"。其他亦同于一、二审民事判决书。

2. 抗诉机关和诉讼参加人的基本情况

(1) 当事人、案外人申请再审的，列为"申请再审人"；各方当事人均申请再审的，均列为"申请再审人"；案外人申请再审的，在"申请再审人"之后的括号中列明为"案外人"。再审申请书载明的被申请人列为"被申请人"。"申请再审人"、"被申请人"后的括号中按照"一审原告、反诉被告(或一审被告、反诉原告)，二审上诉人(或二审被上诉人)、原申请再审人(或原被申请人)"列明当事人在一审、二审、再审中的诉讼地位；申请再审案件经过两次以上再审的，括号中的再审诉讼地位按照当事人在最后一次再审中的诉讼地位列明。

未提出再审申请或者未被列为被申请人的原审其他当事人按照其在原审中的地位依次列明，如一审终审的，列为"一审原告"或"一审被告"、"一审第三人"；二审终审的，列为"一审原告、二审上诉人"或"一审被告、二审被上诉人"等。

(2) 再审程序是由人民检察院抗诉或者人民法院依职权启动的，首先写明提出抗诉的人民检察院，对于当事人，则按照"原申诉人(或原被申诉人)"列明。

(3) 当事人是自然人的，列明姓名、性别、民族、出生日期、职业、住址；自然人职业不明确的，可以不表述；当事人是法人或者其他组织的，列明名称、住所和法定代表人或者主要负责人的姓名、职务。当事人是自然人的，住址写为"住(具体地址)"；申请再审书上载明的地址与生效裁判或身份证上载明的住址不一致的，住址写为"住(身份证上载明的住址)，现住(申请再审书上载明的地址)"；如有两个以上当事人住址相同，应当分别写明，不能用"住址同上"代替。当事人是法人或者其他组织的，住所写为"住所地：(营业执照上载明的住所)"。

当事人诉讼代理人的表述同于一、二审民事判决书。

3. 案件由来、审判组织和审理经过

此项内容依启动再审途径的不同其程式化的表述也存在着一定的差别，必须结合案件的实际情况来说明。

（1）抗诉的再审案件

表述为："……（写明原审当事人的姓名或名称和案由）一案，本院于×××
×年××月××日作出（××××）×民×字第××号民事判决（或裁定），已经发生法
律效力。××××人民检察院于××××年××月××日对本案提出抗诉。本院依法
组成合议庭，公开（或不公开）开庭对本案进行了再审。××××人民检察院检
察长（员）×××出庭支持抗诉，……（写明参加再审的当事人及其诉讼代理人
等）到庭参加诉讼。本案现已审理终结。（未开庭的写："本院依法组成合议庭
对本案进行了再审，现已审理终结。"）"

（2）当事人申请再审的案件

表述为："申请再审人×××因与被申请人×××……纠纷一案，不服××人
民法院（××××）×民×字第××号民事判决（或裁定、调解协议），向本院申请
再审。经审查该申请符合法律规定的再审条件。本院依法另行组成合议庭，公
开（或不公开）开庭审理了本案。……（写明参加再审的当事人及其诉讼代理人
等）到庭参加诉讼。本案现已审理终结。"未开庭的写："本院依法另行组成合
议庭审理了本案，现已审理终结。"

（3）法院决定再审的案件

表述为："……（写明原审当事人的姓名或名称和案由）一案，本院于×××
×年××月××日作出（××××）×民×字第××号民事判决（或裁定），已经发生法
律效力。××××年××月××日，本院以（××××）×民监字第××号民事裁定，
决定对本案进行再审。本院依法另行组成合议庭，公开（或不公开）开庭审理
了本案。……（写明参加再审的当事人及其诉讼代理人等）到庭参加诉讼。本
案现已审理终结。（未开庭的写：本院依法另行组成合议庭审理了本案，现已
审理终结。）"

（二）正文

1. 事实部分

（1）原生效判决的具体内容。首先，适当概述原生效判决认定的案件事
实，开首语为"原审查明"。与二审民事判决书该部分的制作要求相同，对于
原判中确认的事实基本要素及关键性情节应叙述清楚。然后，表明原生效判决
作出裁判的理由、法律依据和判决结果，由"原审认为"引出。必要时应交代
清楚原生效判决执行的情况。

（2）引发再审的原由及被申请人的意见。《民事诉讼法》第200条详细罗列

了人民检察院提出抗诉和当事人申请再审的各种情形。检察机关抗诉引起再审的，应针对案件的具体情况，结合相关法律规定，表明检察院的抗诉属于何种法定情形，并阐明理由；当事人申请再审的，应当进行总体概括，做到简洁、准确、全面，避免按照再审申请书罗列的具体事实和理由照抄。申请再审的事实与理由有多个，且分为多级层次的，结构层次序数依次按照"（一）"、"1."和"（1）"写明；只有一级层次的，结构层次序数写为"1."、"2."、"3."。人民法院决定再审的，往往由当事人申诉而引发，故应概括叙述当事人申诉的主要意见及理由和请求，并说明法院决定再审的原因和依据。如：①

　　××公司申请再审称：（一）本案一、二审判决存在被告主体不适格的问题。（概括理由）。（二）本案违反法律规定，管辖错误。1. 本案不属专属管辖。2. 本案属于合同纠纷。3. 当事人对管辖地进行了约定。（三）本案判决缺乏事实依据。××公司依据《中华人民共和国民事诉讼法》第一百七十九条第一款第（二）项、第（六）项和第（七）项的规定申请再审。

被申请人以书面或口头形式发表意见的，表述为"×××提交意见认为，××的再审申请缺乏事实与法律依据，请求予以驳回"；也可以根据案件情况对被申请人的意见进行归纳。被申请人未提交书面或口头意见的，不作表述。

（3）再审认定的事实和证据。由"经再审查明"引出再审法院对事实的叙述。原生效裁判的错误通常表现为两种情形：认定事实不清、证据不足；适用法律不当。经过再审查明，原审确属事实不清的，对于争议事实应从再审认定的证据出发，具体而详细地进行叙述，并对再审争议的事实着重进行表述；原裁判认定事实清楚、证据充分，且当事人对原事实并无异议，只是认为适用法律不当的，可在事实部分直接认可原判的叙述。原审认定的事实部分正确、部分错误的，正确的部分应直接认可，纠正其错误的事实则必须详述。再审中认定的新证据，应特别指出并在表明举证质证的经过后予以分析认证。

2. 理由部分

在表明再审的理由时，以再审查明的事实及相关法律规定为基础，对检察机关提出的抗诉理由成立与否、当事人申请再审的理由和请求是否合理、当事人在原审中提出的意见应否采纳等，分别予以评判；着重论证说明原生效判决的处理结果是否正当与公平，并阐明应予改判、如何改判、或维持原判的原

---

① 参见《最高人民法院关于印发〈民事申请再审案件诉讼文书样式〉的通知》示例。

由。然后援引再审判决结果所依据的法律的条款项。

（三）尾部

按一审程序再审的，依第一审民事判决书交代关于上诉的权利等事项；按二审程序再审的，写明"本判决为终审判决"。其他同于一、二审民事判决书。

第五节　民事调解书

一、民事调解书概述

（一）民事调解书的概念和法律依据

民事调解书，是在审理民事案件的过程中，审判人员或其委托的人员遵循自愿和合法的原则进行调解，在促成双方当事人达成解决纠纷的协议后，依法制作的确认该协议法律效力的书面处理决定。

根据《民事诉讼法》第 97 条的规定，调解达成协议，人民法院应当制作调解书。调解书应当写明诉讼请求、案件的事实和调解结果。民事调解书经双方当事人签收后，才具有法律效力。民事调解书适用的程序范围非常广泛，一审、二审以及再审均能以调解的方式解决纠纷。除了《民事诉讼法》第 98 条所列无须制作调解书的案件外，其他以调解结案的案件，都需要制作民事调解书。

（二）民事调解书的制作程序

对争议双方进行疏导与劝说促其达成解决纠纷的协议，长时间以来一直是存在于我国民事诉讼中的优良传统。《民事诉讼法》将调解作为基本原则，使调解活动能够贯穿民事诉讼的全过程。审判人员可在审前也可在开庭审理时主持调解。调解必须遵循自愿与合法的原则。双方当事人自愿达成调解协议后，由审理该案的审判人员依其协议的内容制作民事调解书。

二、民事调解书的制作

（一）首部

1. 标题和文书编号

民事调解书的标题包括制作机关名称和文书种类名称。制作机关名称的写作要求同于民事判决书。文书种类名称为"民事调解书"。民事调解书的文书编号与同审级民事判决书的文书编号制作方法相同。

2. 诉讼参加人的基本情况

当事人及其诉讼代理人基本情况的写法，亦与同审级的民事判决书相同。

3. 案件由来、审判组织和审理经过

这一部分依诉讼过程中达成调解协议的程序阶段不同而有所区别。

（1）一审民事调解书。一审民事调解书的案由只需标明纠纷性质，如："案由：医疗损害赔偿纠纷"；或者表述为："原告（姓名或名称）与被告（姓名或名称）……（写明纠纷性质）一案，经本院依法进行调解，现已达成调解协议。"

（2）二审民事调解书。可表述为："上诉人×××不服××××人民法院（××××）×民初字第××号民事判决，向本院提起上诉，请求……（写明上诉请求）。"

（3）再审民事调解书。审查中调解达成协议的表述为："申请再审人×××（以下简称×××）因与被申请人×××（以下简称×××）、×××（写明原审其他当事人的姓名或名称）……（案由）纠纷一案，不服×××人民法院（××××）×民×字第×号民事判决（裁定或调解书），向本院申请再审。本院于××××年××月××日作出（××××）×民××号民事裁定，提审本案。"

（二）正文

1. 当事人的诉讼请求

调解书中应简要表明当事人提出的实体权利请求和理由，以体现其诉讼目的。

2. 案件事实

调解书的制作者对案件事实的叙述应结合达成调解的不同程序阶段所获的信息情况而展开。根据《民事诉讼法》的规定，在诉前、审前、审理过程中皆可进行调解。如果案件经过开庭审理，审判人员在查清争议事实的基础上主持调解，双方当事人自愿达成了调解协议，可叙明法院所确认的案情，但对当事人作出妥协让步的方面无须表现细节；如果案件是在庭审之前，经法院征得当事人同意进行调解并达成协议的，则以双方争议的内容为主。因为在此种情形下，审判人员并未对案件进行实体审理，无法通过定案证据准确认定案件事实，故不必详叙具体案情。再审的民事调解书中可简要写明案件事实，也可以不写。总之，与民事判决书相比，民事调解书的事实部分相对简略，主要应叙明当事人双方之间发生了何种纠纷及争议的大致经过。不过，二审的调解书应该表述一审查明的案件事实。调解书的重点在于清楚表明双方当事人达成的协议内容。《民事简易程序诉讼文书样式（试行）》中的民事调解书皆不必叙述案件事实。

3. 协议内容

协议内容就是当事人自愿达成的解决争议的协议条款。应首先表明："本案在审理过程中，经本院主持调解，双方当事人自愿达成如下协议"，再详引协议的内容。协议内容的表述务必明确、具体、准确，不生歧义，便于当事人履行；此外，完整也是制作该部分时必须注重的方面，凡由当事人达成合意必须履行的事项，诸如履行方式、期限和延期履行的责任追究等，皆不要遗漏。

调解结案的案件中诉讼费用的负担，由法院决定的，应在协议内容之后另起一行写明；如果由当事人协商解决，可列为调解协议的最后一项。

(三)尾部

1. 对协议内容的确认

确认就意味着直接表明法院对协议的态度，大多表述为："本院经审查认为，上述协议是双方自愿达成的真实意思表示，符合有关法律规定，本院予以确认。"

2. 调解书的生效

为满足立法规定的民事调解书的生效要件，其尾部应明确表明："本调解书经双方当事人签收后，即具有法律效力。"

3. 调解书的签署

最后的签署等内容同于民事判决书。

第六节　民事裁定书

一、民事裁定书的概念和法律依据

民事裁定书，是各级人民法院在审理民事、海事案件或执行生效法律文书的过程中，为保障诉讼或执行程序的顺利进行，依法对有关诉讼程序问题和部分实体问题所作的书面处理决定。

《民事诉讼法》第 154 条第 1 款规定："裁定适用于下列范围：(一)不予受理；(二)对管辖权有异议的；(三)驳回起诉；(四)保全和先予执行；(五)准许或者不准许撤诉；(六)中止或者终结诉讼；(七)补正判决书中的笔误；(八)中止或者终结执行；(九)撤销或者不予执行仲裁裁决；(十)不予执行公证机关赋予强制执行效力的债权文书；(十一)其他需要裁定解决的事项。"此外，证据保全，二审撤销原判决、发回重审，提起再审以及海事诉讼、执行程序中的诸多事项均需由人民法院作出裁定予以解决。

二、民事裁定书的结构样式和制作程序

(一)民事裁定书的结构样式

民事裁定书的结构样式相对于民事判决书而言，比较简单。处理和解决的

程序或实体事项不同，其结构样式也略有差异。在此对再审案件本院提审的民事裁定书之结构样式加以介绍。

××××人民法院

民事裁定书

(××××)×民申(民再申)字第××号

申请再审人(一、二审诉讼地位)：……(写明姓名或名称等基本情况)。

法定代表人(或负责人)：……(写明姓名和职务)。

法定代理人(或指定代理人)：……(写明姓名等基本情况)。

委托代理人：……(写明姓名等基本情况)。

被申请人(一、二审诉讼地位)：……(写明姓名或名称等基本情况)。

法定代表人(或负责人)：……(写明姓名和职务)。

法定代理人(或指定代理人)：……(写明姓名等基本情况)。

委托代理人：……(写明姓名等基本情况)。

一审原告(或生效裁判中的其他称谓)：……(写明姓名或名称等基本情况)。

法定代表人(或负责人)：……(写明姓名和职务)。

法定代理人(或指定代理人)：……(写明姓名等基本情况)。

委托代理人：……(写明姓名等基本情况)。

申请再审人×××因与被申请人×××、×××(写明原审其他当事人的姓名或名称)……(案由)纠纷一案，不服×××人民法院(××××)×民××号民事判决(裁定或调解书)，向本院申请再审。本院依法组成合议庭对本案进行了审查，现已审查终结。、

本院认为，×××的再审申请符合《中华人民共和国民事诉讼法》第二百条①第……项规定的情形。依照《中华人民共和国民事诉讼法》第一百九十八条、第二百〇四条之规定(如果是针对调解书申请再审，则表述为"×××的再审申请符合《中华人民共和国民事诉讼法》第二百〇一条的规定。依照《中华人

---

① 此处所引条文根据修订后的《民事诉讼法》对最高人民法院发布的文书样式中的条文序号进行了修改。

民共和国民事诉讼法》第一百九十八条、二百〇四条之规定"），裁定如下：

一、本案由本院提审；

二、再审期间，中止原判决（裁定或调解书）的执行。

院长×××

本件与原本核对无异　　　　　　　　×××年××月××日

（院　印）

书记员×××

该裁定书样式供上一级人民法院对当事人提出的再审申请进行审查后，认为本案符合民事诉讼法的相关规定，裁定由本院提审时使用。必须注意的是根据《民事诉讼法》第 198 条的规定，裁定书应当由人民法院院长署名。

（二）民事裁定书的制作程序

根据《民事诉讼法》第 154 条第 3 款的规定，裁定书应写明裁定结果和作出该裁定的理由。裁定书大多由审判人员、书记员署名，加盖人民法院印章。当事人不服地方人民法院第一审作出的不予受理、驳回起诉或对管辖权异议的裁定，有权在裁定书送达之日起 10 日内向二审法院提出上诉。

三、民事裁定书的制作

（一）首部

1. 标题和文书编号

标题中制作机关名称的写作要求同于民事判决书。文书种类名称为"民事裁定书"。文书编号与民事判决书一样，由立案年度、制作法院简称、案件性质、审判程序代字以及案件的顺序号组成。其中的审判程序代字也与同级民事判决书相同。但有一些裁定书的程序代字比较特别，制作时要格外留心以免出错，如：诉前财产保全，程序代字为"保"；提起再审，程序代字为"监"；执行程序，程序代字为"执"；海事强制令类的民事裁定书，程序代字为"强"；海事证据保全类，程序代字为"证"等。

2. 诉讼参加人的基本情况

一般而言，诉讼参加人基本情况的表述与同级民事判决书相同。但由于处理的具体事项不同，在有些情形下与同级民事判决书略有差异。如：不予受理起诉用的民事裁定书，只需列明起诉人的基本情况；诉前保全的民事裁定书，利害关系人称为申请人和被申请人；执行程序的民事裁定书，当事人称为申请执行人和被执行人；海事强制令类以及证据保全类的民事裁定书，当事人称为请求人和被请求人；仲裁机构提请财产保全的裁定，应先写提请财产保全的仲裁机构，称谓为提请人，然后再写申请人和被申请人；再审的民事裁定书，当事人、案外人申请再审的，列为"申请再审人"；各方当事人均申请再审的，均列为"申请再审人"；再审申请书载明的被申请人列为"被申请人"；未提出再审申请或者未被列为被申请人的原审其他当事人按照其在一审、二审、再审中的地位依次列明，如"一审原告、二审被上诉人"；对不予受理裁定申请再审的案件，只列申请再审人。

（二）正文

民事裁定书的正文通常先表明所要解决的程序事项，包括案件由来、引发裁定的原因和基本事实；然后说明裁定的理由和法律依据，内容特别简单的，该部分不必分出段落，可进行综合阐述。最后单独写明裁定结果。参看下面两个实例：

1. 驳回起诉

本院在审理原告顾×月与被告顾×芳、浙江××建材有限公司产品质量损害赔偿纠纷一案中，查明本案的原告主体系仙居县××种养殖专业合作社，该合作社的法定代表人是顾×月。顾×月以其个人的名义起诉被告顾×芳、浙江××建材有限公司，属原告主体不符，依照《中华人民共和国民事诉讼法》第一百零八条第（一）项、第一百四十条第一款第（三）项的规定，裁定如下：

驳回原告顾×月的起诉。

2. 驳回管辖权异议

上诉人××有限责任公司不服××市第一中级人民法院（2003）×一中民初字第 6356 号民事裁定，向本院提出上诉。其上诉理由是：1. 一审法院将《中华人民共和国民事诉讼法》关于侵权纠纷案件的管辖确定原则扩大至本案"请求确认不侵权"之诉，缺乏法律依据。有关"确认不侵权之诉"及其管辖问题，最高人民法院就"专利侵权纠纷"作过个案答复，但仅限于专利侵权纠纷，商标权及版权侵权纠纷与专利侵权纠纷存在明显区别。本案由原告所在地法院管辖没有事实和法律依据，本案不属于《中华人民共和国民事诉讼法》及《最高人民法院关于审理商标民事纠纷案件适用法律若干问题的解释》中规定的可由原告所在地法院管辖的任何一种情形。如果将商标纠纷案件确定为可由原告所在地法院管辖，势必造成法院管辖方面的混乱，且会影响到知识产权所有人合法诉权的行使。2. ××出版社在提起本案诉讼后又以同一事实向一审法院提起行政诉讼，系滥用诉权，浪费国家司法行政资源。故请求二审法院依法撤销一审法院所作裁定，并裁定一审法院对本案没有管辖权。

本院经审查认为，确认不侵权的诉讼请求，其内容实质上是对其实施的某一行为是否构成对他人依法享有的某项权利的侵犯而向人民法院提出的一种确认请求。人民法院审理此种纠纷所适用的相关法律与审理民事侵权纠纷是一致的。因此，确认不侵权之诉属于民事侵权纠纷，此种案件的管辖问题，亦应当适用《中华人民共和国民事诉讼法》和最高人民法院的有关司法解释。就本案而言，××出版社请求确认不侵权的具体民事行为发生在一审法院辖区内，××出版社向一审法院提起本案诉讼符合有关法律和司法解释的规定，一审法院裁定其对本案有管辖权并无不当。××有限责任公司所提上诉理由不能成立，其上诉请求不予支持。根据《中华人民共和国民事诉讼法》第一百五十三条第一款第一项、第一百五十四条的规定，裁定如下：

驳回上诉，维持原裁定。

(三) 尾部

民事裁定书的尾部同样是交代有关上诉权或文书的生效等问题，其签署的要求同于民事判决书。

思考题

1. 试评述我国民事裁判文书的结构模式。
2. 第一审民事判决书的正文由哪几部分组成？
3. 第一审民事判决书应如何论证理由？
4. 如何规范民事案件案由的写作？
5. 谈谈你对民事判决书繁简分流的看法。
6. 试比较第二审民事判决书与再审民事判决书结构之异同。
7. 你认为民事调解书的正文部分如何表述更为合理？
8. 试述民事裁定书的适用范围。
9. 你认为现行民事裁判文书存在哪些不足？

10. 试论民事裁判文书的改革。

11. 谈谈你对民事裁判文书上网的认识。

参考文献

1. 最高人民法院办公厅. 法院诉讼文书样式(试行)[M]. 长春：吉林人民出版社，1993.

2. 王亚新. 一审判决效力与二审中的诉讼外和解协议——最高人民法院公布的2号指导案例评析[J]. 法学研究，2012(4).

3. 陈界融. 论判决书内容中的法理分析[J]. 法学，1998(5).

4. 张志铭. 司法判决的结构和风格——对域外实践的比较研究[J]. 法学，1998(10).

5. 傅郁林. 民事裁判文书的功能与风格[J]. 中国社会科学，2000(4).

6. 苏力. 判决书的背后[J]. 法学研究，2001(3).

7. 胡超蓉. 民事判决书理性化探讨[J]. 四川大学学报：哲学社会科学版. 2001(3).

8. 刘莉，孙晋琪. 两大法系裁判文书说理的比较与借鉴[J]. 法律适用，2002(3).

9. 李琛. 关于民事判决书的撰写技术[J]. 法律适用，2002(4).

10. 刘建军，王颖. 裁判文书的法律价值与改革[J]. 法律适用，2002(9).

11. 徐瑞柏. 民商事判决书改革中的几个问题[J]. 法律适用，2003(1、2).

12. 左卫民，谢鸿飞. 法院的案卷制作——以民事判决书为中心[J]. 比较法研究，2003(5).

13. 江苏省高级人民法院审监庭. 再审裁判文书制作中存在的问题及其对策[J]. 法律适用，2003(7).

14. 屈昆鹏. 论裁判理由公开制度的完善[J]. 甘肃行政学院学报，2004(3).

15. 张锡敏. 裁判文书改革的若干法理思考[J]. 法律适用，2005(2).

16. 马海音. 艰难的规范之路——民事裁判文书语病浅析[J]. 兰州交通大学学报：社会科学版，2005(2).

17. 东营市中级人民法院. 裁判文书是司法权威的重要载体——关于裁判文书质量情况的调查报告[J]. 山东审判，2005(4).

18. 韩红俊. 法院的职能分工与民事判决书[J]. 河北法学，2006(9).

19. 王松. 民事裁判文书应繁简分流[J]. 法律适用，2006(12).

20. 陈晓君. 缺陷的弥补与权利的补充救济——民事裁判瑕疵补正程序[J]. 法律适用，2008(9).

第九章　人民法院行政法律文书

【内容提要】

人民法院行政法律文书，是人民法院在依法审理行政案件的过程中，为处理和解决案件的实体问题、程序问题以及其他相关事项而制作的具有法律效力或法律意义的法律文书的总称。人民法院行政法律文书是行政诉讼活动的忠实记录，是人民法院行使行政审判权的体现和司法公正的重要载体。

行政裁判文书是人民法院行政法律文书中最为重要、最具代表性的类别，主要包括行政判决书和行政裁定书。第一审行政判决书是人民法院行政裁判文书中的重点，第二审行政判决书和再审行政判决书均以其为基础，并为适应不同审级或处理结果的需要作出了必要的调整。行政裁定书主要针对程序事项，制作相对简单。

【基本概念】

人民法院行政法律文书　行政裁判文书　第一审行政判决书　第二审行政判决书　再审行政判决书　行政裁定书

第一节　概　　述

一、人民法院行政法律文书概述

（一）人民法院行政法律文书的概念

人民法院行政法律文书，是人民法院在依法审理行政案件的过程中，为处理和解决案件的实体问题、程序问题以及其他相关事项而制作的具有法律效力或法律意义的法律文书的总称。

人民法院制作的行政法律文书是整个行政诉讼活动的忠实记录，也是人民法院行使行政审判权的体现和司法公正的重要载体。

(二)人民法院行政法律文书的规范化

1992 年 6 月 20 日,最高人民法院印发了《法院诉讼文书样式(试行)》,自 1993 年 1 月 1 日起在全国试行。《法院诉讼文书样式(试行)》较为细致地规范 了人民法院行政法律文书的制作样式。

2004 年 1 月 14 日,最高人民法院下发了《关于规范行政案件案由的通 知》,要求全国各级人民法院试行。其中将行政案件的案由分为:作为、不作 为和行政赔偿三类,并具体规定了各类行政案件案由的构成要素和确定方法, 以及行政法律文书、卷宗封面案由的撰写要求。为了适应行政审判方式改革与 发展的需要,改进和提高法院诉讼文书的制作质量,最高人民法院还于 2004 年 12 月 8 日印发了《一审行政判决书样式(试行)》。该样式包括三种一审判决 书样式并附说明,分别适用于一审作为类案件、一审不作为类案件和一审行政 赔偿案件。当日,最高人民法院同时下发了《行政诉讼证据文书样式(试行)》, 包括受理通知书、参加诉讼通知书、应诉通知书等共计 33 种文书,全面、系 统地规范了行政诉讼证据文书的样式。

二、人民法院行政裁判文书概述

(一)人民法院行政裁判文书的概念

行政裁判文书,是指人民法院在行政诉讼中,为解决当事人之间具体的行 政争议,依照法律、行政法规、地方性法规,并参照行政规章,就案件的实体 问题和程序问题作出的具有法律效力的书面处理决定。

行政裁判文书是人民法院制作的各类行政法律文书中最重要的一类。行 政裁判文书是人民法院代表国家行使行政审判权,适用法律对具体案件作出 处理决定的表现形式,也是衡量行政审判质量的重要指标。制作规范、说理 充分、裁判公正的行政裁判文书,能够切实解决行政相对人与行政主体之间 的行政争议,维护行政相对人的合法权益,有效监督行政机关依法行使行政 职权。

(二)人民法院行政裁判文书的种类

根据最高人民法院《法院诉讼文书样式(试行)》和《一审行政判决书样式 (试行)》,结合行政审判实践,按照适用程序的不同,可将行政裁判文书作如 下分类:

1. 适用于第一审程序的行政裁判文书

此类文书包括一审行政判决、不予受理起诉的行政裁定书、驳回起诉的 行政裁定书、停止执行具体行政行为或驳回申请的行政裁定书、准许或不准撤诉的行政裁定书、第一审行政赔偿调解书等。

2. 适用于第二审程序的行政裁判文书

此类文书包括二审行政判决书、发回重审的行政裁定书、准许或不准撤回上诉的行政裁定书、维持或撤销一审裁定的行政裁定书等。

3. 适用于审判监督程序的行政裁判文书

此类文书包括再审行政判决书和提起再审行政裁定书。

4. 其他行政裁判文书

这一类是指在各个审判程序中都有可能出现的、通用的行政裁定书，如终结诉讼的行政裁定书、中止诉讼的行政裁定书、财产保全的行政裁定书、证据保全的行政裁定书等。另外，还有适用于执行程序的行政裁定书，如中止执行的行政裁定书、终结执行的行政裁定书等。

(三)行政裁判文书的特点

作为人民法院行使审判权的具体表现，行政裁判文书与民事、刑事裁判文书在结构层次和制作要求上具有一定的共性。但是，与刑事、民事裁判文书相比较而言，行政裁判文书尤其是第一审行政判决书，具有以下鲜明的特点：

1. 裁判内容的审查性

行政案件的审理对象是当事人之间争议的具体行政行为的合法性或者行政处罚的适当性问题。行政诉讼活动主要围绕"审查具体行政行为是否合法"来展开，体现的是司法权对行政权的监督和制约，而非简单地以定纷止争为目的查明"与行政争议有关的案件事实"，这也是行政诉讼与民事诉讼的重大区别之所在。行政裁判文书应当体现裁判内容的审查性，这就要求行政裁判文书在内容上以叙述被诉具体行政行为为起点，阐明对被诉具体行政行为合法与否的审查过程，最后表明法院的审查结论。

2. 实体裁判的多样性

实践中，人民法院对行政案件作出何种处理，主要取决于对被诉具体行政行为违法状态的审查及结论。目前，就实体裁判类型而言，《行政诉讼法》第54条规定，第一审人民法院经过审理，认为具体行政行为证据确凿，适用法律、法规正确，符合法定程序的，判决维持；主要证据不足的、适用法律、法规错误的、违反法定程序的、超越职权的或滥用职权的，判决撤销或者部分撤销，并可以判决被告重新作出具体行政行为；被告不履行或者拖延履行法定职责的，判决其在一定期限内履行；行政处罚显失公正的，可以判决变更。根据实践的需要，《最高人民法院关于执行〈中华人民共和国行政诉讼法〉若干问题的解释》(以下简称《行政诉讼法若干问题的解释》)增加了确认判决(包括确认具体行政行为合法有效或违法无效)和驳回诉讼请求的判决。

3. 法律适用的层级性

行政诉讼中的法律适用主要解决人民法院对被诉具体行政行为的合法性进行审查判断的标准问题。在我国，行政法律规范制定主体多元，等级、效力不一，故而行政裁判的法律适用显得丰富而复杂。根据《行政诉讼法》、《行政诉讼法若干问题的解释》等相关规定，人民法院审判行政案件的法律适用包括以下几类：

(1)法律、法规是行政审判的依据。法律、法规是人民法院审理行政案件直接适用的根据，人民法院无权拒绝适用。

(2)规章的参照适用。"参照"，实质上是指人民法院对规章在斟酌、鉴别后有适用选择权，对合法有效的规章可以适用为审查具体行政行为合法性的根据；对不符合或不完全符合法律、法规规定或立法宗旨的规章，人民法院有权灵活处理，可以不予适用。

(3)《行政诉讼法》对规章以下的其他规范性文件在行政诉讼中的法律地位没有明确规定，但《行政诉讼法若干问题的解释》规定，人民法院审理行政案件，对于合法有效的其他规范性文件"可以在裁判文书中引用"。

(4)人民法院审理行政案件，适用最高人民法院相关司法解释的，应当在裁判文书中援引。

第二节　第一审行政判决书

一、第一审行政判决书的概念和法律依据

第一审行政判决书，是人民法院依照行政诉讼法规定的第一审程序，对审理终结的第一审行政案件，依据法律、行政法规和地方性法规的规定，参照有关行政规章，就案件的实体问题作出的书面处理决定。

《行政诉讼法》第 54 条规定了一审行政判决的类型，《行政诉讼法若干问题的解释》第 56 条、第 57 条、第 58 条作出了补充规定：人民法院对行政案件审理终结，应当根据不同情况分别作出维持判决、撤销或者部分撤销判决、变更判决、确认判决及驳回诉讼请求判决等。

我国现行的《行政诉讼法》没有直接对行政判决书进行规制，主要由最高人民法院通过下发文件的方式来规范行政判决书的格式和内容。而《民事诉讼

法》对民事判决书的主要内容、结构和制作要求均作出了明确的规定①。实践中,《民事诉讼法》的规定对行政判决书的制作具有参考意义。

二、第一审作为类行政案件判决书的结构样式和制作程序

(一) 第一审作为类行政案件判决书的结构样式

××××人民法院

行政判决书

(一审作为类行政案件用)

(××××)×行初字第××号

原告……(写明姓名或名称等基本情况)。

法定代表人……(写明姓名、性别和职务)。

委托代理人(或指定代理人、法定代理人)……(写明姓名等基本情况)。

被告……(写明行政主体的名称和所在地址)。

法定代表人……(写明姓名、性别和职务)。

委托代理人……(写明姓名等基本情况)。

第三人……(写明姓名或名称等基本情况)。

法定代表人……(写明姓名、性别和职务)。

委托代理人(或指定代理人、法定代理人)……(写明姓名等基本情况)。

原告×××不服××××(行政主体名称)××××(具体行政行为),于××××年××月××日向本院提起行政诉讼。本院于××××年××月××日受理后,于×××× 年××月××日向被告送达了起诉状副本及应诉通知书。本院依法组成合议庭,于××××年××月××日公开(或不公开)开庭审理了本案。……(写明到庭参加庭审活动的当事人、诉讼代理人、证人、鉴定人、勘验人和翻译人员等)到庭参加诉讼。……(写明发生的其他重要程序活动,如:被批准延长本案审理期限等情况)本案现已审理终结。

被告××××(行政主体名称)(写明作出具体行政行为的行政程序)于×××× 年××月××日对原告作出××号××××决定(或其他名称),……(详细写明被

---

① 参见《民事诉讼法》第 152 条。

诉具体行政行为认定的事实、适用的法律规范和处理的内容)。被告于××××年××月××日向本院提供了作出被诉具体行政行为的证据、依据(若有经法院批准延期提供证据的情况,应当予以说明):1.……(证据的名称及内容等),证明……(写明证据的证明目的。可以按被告举证顺序,归类概括证明目的);2.……(可以根据案情,从法定职权、执法程序、认定事实、适用法律等方面,分类列举有关证据和依据;或者综合列举证据,略写无争议部分)。

原告×××诉称,……(概括写明原告的诉讼请求及理由,原告提供的证据)。

被告×××辩称,……(概括写明被告答辩的主要理由和要求)。

第三人×××述称,……(概括写明第三人的主要意见,第三人提供的证据)。

本院依法(或依原告、第三人的申请)调取了以下证据:……

经庭审质证(或交换证据),本院对以下证据作如下确认:……

经审理查明,……(经审理查明的案件事实内容)。

本院认为,……(运用行政实体及程序法律规范,对具体行政行为合法性进行分析论证,对各方当事人的诉讼理由逐一分析,论证是否成立,表明是否予以支持或采纳,并说明理由)。依照……(写明判决依据的行政诉讼法以及相关司法解释的条、款、项、目)之规定,判决如下:

……(写明判决结果)。

[判决结果分以下九种情况:

第一,维持被诉具体行政行为的,写为:

维持××××(行政主体名称)××××年××月××日作出的(××××)×字第××号……(具体行政行为名称)。

第二,撤销被诉具体行政行为的,写为:

一、撤销××××(行政主体名称)××××年××月××日作出的(××××)×字第××号……(具体行政行为名称);

二、责令××××(行政主体名称)在××日内重新作出具体行政行为(不需要重作的,此项不写;不宜限定期限的,期限不写)。

第三,部分撤销被诉具体行政行为的,写为:

一、维持××××(行政主体名称)××××年××月××日作出的(××××)×字第××号……(具体行政行为名称)的第××项,即……(写明维持的具体内容)。

二、撤销××××(行政主体名称)××××年××月××日作出的(××××)×字第××号……(具体行政行为名称)的第××项,即……(写明撤销的具体内容)。

三、责令××××(行政主体名称)在××日内重新作出具体行政行为(不需要重作的,此项不写;不宜限定期限的,期限不写)。

　　第四,判决变更行政处罚的,写为:

　　变更××××(行政主体名称)××××年××月××日作出的(××××)×字第××号行政处罚决定(或行政复议决定、或属行政处罚等性质的其他具体行政行为),改为……(写明变更内容)。

　　第五,驳回原告诉讼请求的,写为:

　　驳回原告要求撤销(或变更、确认违法等)××××(行政主体名称)××××年××月××日作出的(××××)×字第××号……(具体行政行为名称)的诉讼请求。

　　第六,确认被诉具体行政行为合法或有效的,写为:

　　确认××××(行政主体名称)××××年××月××日作出的(××××)×字第××号……(具体行政行为名称)合法(或有效)。

　　第七,确认被诉具体行政行为违法(或无效)的,写为:

　　一、确认××××(行政主体名称)××××年××月××日作出的(××××)×字第××号……(具体行政行为名称)违法(或无效)。

　　二、责令××××(行政主体名称)在××(限定的期限)内,……(写明采取的补救措施。不需要采取补救措施的,此项不写)。

　　第八,驳回原告赔偿请求的,写为:

　　驳回原告×××关于……(赔偿请求事项)的赔偿请求。

　　第九,判决被告予以赔偿的,写为:

　　被告××××(行政主体名称)于本判决生效之日起××日内赔偿原告……(写明赔偿的金额)。]

　　……(写明诉讼费用的负担)。

　　如不服本判决,可在判决书送达之日起十五日内提起上诉,向本院递交上诉状,并按对方当事人的人数递交上诉状副本,上诉于××××人民法院。

审判长　×××

审判员　×××

审判员　×××

本件与原本核对无异

××××年××月××日

(院印)

书记员　×××

（二）第一审作为类行政案件判决书的制作程序

我国《行政诉讼法》第 57 条规定：人民法院应当在立案之日起 3 个月内作出第一审判决。有特殊情况需要延长的，由高级人民法院批准，高级人民法院审理第一审案件需要延长的，由最高人民法院批准。行政判决书必须在法定期限内制作完成。合议庭制作行政判决书应当遵照《最高人民法院关于人民法院合议庭工作的若干规定》的要求：合议庭的全体成员必须参与案件的审理、评议和裁判。行政判决书一般由审判长或者承办法官制作，也可以由合议庭其他成员制作。判决书草拟完成后，应由合议庭全体成员共同审核，确认无误后署名。

三、第一审作为类行政案件判决书首部的制作

（一）标题

第一审行政判决书的标题由制作机关名称和文书种类名称两项组成。制作机关名称要求表明人民法院的全称；文书种类名称为"行政判决书"。

（二）文书编号

文书编号即"案号"，它是不同案件的序列编号，应贯彻一案一号的原则。行政判决书的文书编号由立案年度、制作法院简称、案件性质、审判程序代字以及案件的顺序号组成。如 2014 年广东省珠海市中级人民法院适用行政诉讼第一审程序审理的第 34 号案件，写为："（2014）珠中行初字第 34 号"。

（三）诉讼参加人的基本情况

1. 原告及其诉讼代理人

原告是公民的，写明姓名、性别、出生年月日、民族、职业和住址。原告是法人或者不具备法人资格的其他组织的，写明其名称（或字号）、所在地址，并另起一行列项写明法定代表人或负责人的姓名、性别和职务。原告是个体工商户的，写明业主的姓名、性别、出生年月日、民族、出生地、住址；起有字号的，在其姓名之后用括号注明"系……（字号）业主"。原告为无诉讼行为能力的公民的，除写明原告本人的基本情况外，还应列项写明其法定代理人或指定代理人的姓名、性别、住址，并在姓名后括注其与原告的关系。

群体诉讼案件，推选或指定诉讼代表人的，原告称谓为"原告暨诉讼代表人"，并写明诉讼代表人的基本情况，内容与原告基本情况相同。如涉案原告人数众多的，可在首部仅列明诉讼代表人的基本情况，原告名单及其基本情况则列入判决书的附录部分。

2. 被告及其诉讼代理人

行政诉讼的被告恒定为行政主体。行政判决书中的被告应写明被诉行政主体的全称、所在地址。然后另起一行列明其法定代表人的姓名、性别和职务。再起一行写明委托代理人的姓名、性别、职业或工作单位和职务、住址。

3. 第三人及其诉讼代理人

有第三人参加诉讼的，应写明第三人及其诉讼代理人的基本情况。第三人列在被告之后，第三人及其诉讼代理人基本情况所含事项同上。

（四）案件由来、审判组织和审理经过

这一部分主要写明案件由来、审判组织、审判方式、被告与第三人的应诉、当事人进行证据交换的情况以及开庭审理过程等程序性事项，通过简述人民法院行政诉讼各环节的具体开展，表明审判的公开和透明。通常表述为："原告×××不服××××（行政主体名称）××××（具体行政行为），于××××年××月××日向本院提起行政诉讼。本院于××××年××月××日受理后，于××××年××月××日向被告送达了起诉状副本及应诉通知书。本院依法组成合议庭，于××××年××月××日公开（或不公开）开庭审理了本案……（写明到庭参加庭审活动的当事人、诉讼代理人、证人、鉴定人、勘验人和翻译人员等）到庭参加诉讼……（写明发生的其他重要程序活动，如：被批准延长本案审理期限等情况）。本案现已审理终结。"

具体案件所涉及的程序性事项会有所不同，应结合案件诉讼过程的实际情况叙写。如有第三人参加诉讼的，可表述为："因××××与本案被诉具体行政行为有法律上的利害关系，本院依法通知其为第三人参加诉讼（公民、法人或者其他组织申请作为第三人参加诉讼的写明：因××××与本案被诉具体行政行为有法律上的利害关系，经××××申请，本院依法准许其为第三人参加诉讼）"。如当事人经两次合法传唤无正当理由未到庭的，应当写明："×告××××经本院两次合法传唤，无正当理由拒不到庭"。进行证据交换的应写明："本院于××××年××月××日组织原、被告及第三人进行了证据交换，并送达了证据清单副本"。如有被批准延长审理期限情况的，应写明批准延长审理期限批复的文号。不公开开庭审理的，应写明不予公开的理由。

四、第一审作为类行政案件判决书正文的制作

（一）事实部分

这一部分主要应写明当事人行政争议的内容，人民法院经庭审确认的证据和事实。

1. 被诉的具体行政行为和证据

行政诉讼的审理对象是具体行政行为的合法性，所以，事实部分首先应当使需要进行合法性审查的事实得到充分展示。该部分应当详细叙述被告实施具体行政行为的行政程序和具体行政行为的主要内容，包括被诉行政主体认定的事实、适用的法律规范和处理的结果。如被诉具体行政行为系非要式行为，可结合被告作出行政行为时的内部报告或庭审中双方认可的结论确定具体行政行为的内容。

根据《行政诉讼法》和《最高人民法院关于行政诉讼证据若干问题的规定》，被告对作出的具体行政行为负有举证责任。因此，在被诉具体行政行为得到展示之后，应将被告主张被诉具体行政行为合法的证据一一列举在后。一般表述为："被告×××于××××年××月××日向本院提供了作出被诉具体行政行为的证据、依据"。列举的证据应表明提供证据的时间、证据的名称、内容和证明对象。可以按被告举证顺序，归类概括证明对象；也可以根据案情，从法定职权、执法程序、认定事实、适用法律等方面，分类列举有关证据和依据；还可以综合列举证据，略写无争议部分。对于被告未提供证据的，应表述为"被告××××在法定期限内未向本院提交作出具体行政行为时的证据、依据"；被告逾期提交的，需说明法院收受或不收受证据的依据和理由；被告申请延期提供证据的，则写"被告以××××为由，于××××年××月××日向本院提出延期提供证据的书面申请，经本院准许，被告于××××年××月××日提供了证据"。

2. 当事人的诉辩主张

叙写该部分应抓住关键。"原告诉称"部分，应简明扼要地陈述原告的诉讼请求及理由，避免照抄起诉状或者详细叙述诉讼请求的具体理由。之后，要写明原告提供的证据，一般表述为："原告×××（起诉时）向本院提交了如下证据材料"。"被告辩称"部分应概述被告的答辩意见和理由，注意避免与已有内容的重复。写明被告辩称，有助于提炼、公开争议焦点。如有第三人参加诉讼，应概括写明第三人的意见和提供的证据。一般以"第三人××××述称"引出具体内容。

3. 法院调查取证的情况

如有法院依职权或者依原告、第三人的申请调查取证的情况，则需写明被调取证据的名称、证明对象和双方当事人（或者第三人）的观点；如果法院不准许调取或者经调查未能取得相应证据的，应予说明。

4. 法院认定的证据

判决书应反映出当事人举证、质证和法院认证的动态过程。以"经庭审质证，××××认为"的格式依次写明在庭审质证中各方当事人对对方所提供证据的质证意见。需要注意的是，法院根据原告或第三人的申请调取的证据，在表述中，可分别归于原告或第三人提供的证据作为质证的对象。认证部分由"经查，本院认为"导出，写明裁判者在各方质证的基础上对证据的认定情况。

裁判者认定证据应当依法从关联性、合法性、真实性三个方面来进行论证。对争议的问题，理当遵循法官职业道德，根据法律规定，运用逻辑推理和生活经验进行全面、客观、公正的分析判断，确定证据与案件事实之间的证明关系，排除不具有关联性的证据材料，为准确认定案件事实奠定基础。

判决书中对质证、认证的说明与阐释有助于增强审判的公开性，防止暗箱操作，有利于当事人服判息诉。

5. 法院认定的事实

在"经审理查明"部分（实践中也有表述为"本院根据上述有效证据认定以下事实"），应全面叙述法院依据有效证据认定的案件事实，包括：引起被告实施具体行政行为的事实；被告作出被诉具体行政行为的事实；被告作出具体行政行为适用的法律、法规或规章及其他规范性文件；人民法院对行政机关是否享有作出该具体行政行为的行政管理职权的审查情况。

通过证据交换和庭审质证，被告对原告诉讼理由中予以认可的部分与法院查明的事实相一致的，只须说明即可；如果不一致，且影响被诉具体行政行为合法性的，应当在质证后，再对这一部分事实的真实性进行认定。对依法必须经过行政复议才能提起行政诉讼的案件，还要交待清楚原告是否已经过行政复议。表述事实时，应精炼准确、详略有别，另外还要注意保守国家机密、保护当事人的声誉。

（二）理由部分

针对行政诉讼的特点，理由部分要根据查明的事实和有关法律、法规和法理，就行政主体所作的具体行政行为是否合法、原告的诉讼请求是否有理进行分析论证，阐明判决的理由。

理由部分一般以"本院认为"引出，集中阐述对被诉具体行政行为进行合法性审查的情况：首先，应当准确援引行政实体及程序法律规范，对具体行政行为的合法性进行分析论证，即依据法律、行政法规、地方性法规、自治条例和单行条例，参照国务院各部、委以及省、自治区、直辖市人民政府和较大的市人民政府制定、发布的行政规章对被诉具体行政行为的合法性予以审查。审查的内容包括：被告是否具有法定职权；被诉具体行政行为是否符合法定程序；被诉具体行政行为认定事实是否清楚，主要证据是否充分；适用法律、法规、司法解释、规章以及其他规范性文件是否正确；被告是否超越职权、滥用职权，行政处罚是否显失公正。其次，应当对各方当事人的诉讼理由逐一分析，论证其是否成立，是否应予支持或采纳。原则上，合法性审查要求人民法院对被诉具体行政行为全面审查，不受原告请求范围的限制，但判决理由的论证还是应当围绕争议焦点，详略有别。最后，写明判决所依据的实体法律规范，并分别引用《行政诉讼法》第 54 条第（一）、（二）、（三）、（四）项及相关司法解释的规定，作出适当的判决。

裁判理由至关重要，它是行政判决书的核心和灵魂。制作者应当充分尊重已查明的案件事实，依据法律推理和经验法则围绕案件中的争议焦点分析论证。应当结合个案特点充分说理，以客观、公允的立场评价被诉具体行政行为的合法性，务必使案件事实、法律适用与裁判结论之间逻辑严密，做到以理服人，寓情于法。

（三）判决结果

判决结果是人民法院对当事人之间的行政诉讼争议作出的实体处理结论。根据《行政诉讼法》和《行政诉讼法若干问题的解释》的有关规定，一审作为类行政判决可分为维持判决、撤销或者部分撤销判决、履行判决、变更判决、确认判决及驳回诉讼请求判决等。对原告一并提出行政赔偿诉讼、经法院审查认为可以合并审理的案件，可以在判决书中将行政赔偿作为原告的一项诉讼请求来处理，在判决结果上分为"驳回原告赔偿请求"和"判决被告予以赔偿"两种情况。

五、第一审作为类行政案件判决书尾部和附录的制作

（一）尾部

尾部应依次写明诉讼费用的负担，交代上诉的权利、方法、期限和上诉审法院，合议庭成员署名，判决日期、书记员署名等内容。判决书的正本，应由书记员在判决日期的左下方、书记员署名的左上方加盖"本件与原本核对无异"字样的印戳。

（二）附录

根据案件的不同需要，可将与判决有关的内容载入附录部分。如：将判决书中所援引的法律规范的条文附上，以供当事人全面了解有关法律规定的内容。又如：群体诉讼案件中原告名单及其身份情况也可以列入此部分。

第三节　第二审行政判决书

一、第二审行政判决书的概念和法律依据

（一）第二审行政判决书的概念

第二审行政判决书，是指二审人民法院在收到当事人不服一审判决提起上诉的行政案件后，按照第二审程序审理终结，就案件的实体问题依法作出的维持原判或者改判的终局性书面处理决定。

（二）第二审行政判决书的法律依据

《行政诉讼法》第 58 条规定，当事人不服人民法院第一审判决的，有权在判决书送达之日起 15 日内向上一级人民法院提起上诉。该法第 60 条规定，人民法院审理上诉案件，应当在收到上诉状之日起 2 个月内作出终审判决。有特殊情况需要延长的，由高级人民法院批准，高级人民法院审理上诉案件需要延长的，由最高人民法院批准。根据《行政诉讼法若干问题的解释》第 67 条，第二审人民法院审理上诉案件，应当对原审人民法院的裁判和被诉具体行政行为是否合法进行全面审查。

《行政诉讼法》第 61 条还对行政上诉案件的判决类型作出了规定："人民法院审理上诉案件，按照下列情形，分别处理：（一）原判决认定事实清楚，适用法律、法规正确的，判决驳回上诉，维持原判；（二）原判决认定事实清楚，但适用法律、法规错误的，依法改判；（三）原判决认定事实不清，证据不足，或者由于违反法定程序可能影响案件正确判决的，裁定撤销原判，发回原审人民法院重审，也可以查清事实后改判。当事人对重审案件的判决、裁定，可以上诉。"《行政诉讼法若干问题的解释》第 70 条特别指出：第二审人民法院审理上诉案件，需要改变原审判决的，应当同时对被诉具体行政行为作出判决。

二、第二审行政判决书的结构样式

×××× 人民法院

行政判决书

（××××）×行终字第××号

上诉人（原审×告）……（写明姓名或名称等基本情况）。

被上诉人（原审×告）……（写明姓名或名称等基本情况）。

（当事人及其他诉讼参加人的列项和基本情况，除当事人的称谓外，与一审行政判决书样式相同。）

上诉人×××因……（写明案由）一案，不服××××人民法院（××××）×行初字第××号行政判决，向本院提起上诉。本院依法组成合议庭，公开（或不公开）开庭审理了本案。……（写明到庭的当事人、诉讼代理人等）到庭参加诉讼。本案现已审理终结。（未开庭的，写"本院依法组成合议庭，对本案进行了审理，现已审理终结。"）

……（概括写明原审认定的事实和判决结果，简述上诉人的上诉请求及其主要理由和被上诉人答辩的主要内容）。

经审理查明，……（写明二审认定的事实和证据）。

本院认为，……（针对上诉请求和理由，就原审判决认定的事实是否清楚，适用法律、法规是否正确，有无违反法定程序，上诉理由是否成立，上诉请求是否应予支持，以及被上诉人的答辩是否有理等，进行分析论证，阐明维持原判或者撤销原判予以改判的理由）。依照……（写明判决所依据的法律条款项）的规定，判决如下：

……（写明判决结果。）

[分四种情况：

第一，维持原审判决的，写为：

驳回上诉，维持原判。

第二，对原审判决部分维持、部分撤销的，写为：

一、维持××××人民法院（××××）×行初字第××号行政判决第×项，即……（写明维持的具体内容）；

二、撤销××××人民法院（××××）×行初字第××号行政判决第×项，即……（写明撤销的具体内容）；

三、……（写明对撤销部分作出的改判内容。如无须作出改判的，此项不写）。

第三，撤销原审判决、维持行政机关具体行为的，写为：

一、撤销××××人民法院（××××）×行初字第××号行政判决；

二、维持××××（行政机关名称）××××年××月××日（××××）××字第××号处罚决定（复议决定或其他具体行政行为）。

第四，撤销原审判决、同时撤销或变更行政机关具体行政行为的，写为：

一、撤销××××人民法院（××××）×行初字第××号行政判决；

二、撤销（或变更）××××（行政机关名称）××××年××月××日（××××）×字第××号处罚决定（复议决定或其他具体行政行为）；

三、……（写明二审法院改判的结果。如无须作出改判的，此项不写。）]

……(写明诉讼费用的负担)。

本判决为终审判决。

审判长×××

审判员×××

审判员×××

本件与原本核对无异　　　　　　　　　×××× 年××月××日

(院印)

书记员×××

三、第二审行政判决书的制作

(一)首部

1. 标题和文书编号

标题分两行分别写出制作机关的全称和文书种类名称。第二审行政判决书的文书编号除审判程序代字由"初"改为"终"外,其他同于一审行政判决书,即"(××××)××行终字第××号"。

2. 诉讼参加人的基本情况

第二审行政案件中当事人的称谓分别是"上诉人"和"被上诉人",要用括号注明其在原审中的诉讼地位。如,"上诉人(原审原告)××××"、"被上诉人(原审被告)××××"。

原告、被告和第三人都提出上诉的,可并列为"上诉人"。当事人中一人或者部分人提出上诉,上诉后是可分之诉的,未上诉的当事人在文书中可以不列;上诉后是不可分之诉的,未上诉的当事人可以列为被上诉人。上诉案件当事人的法定代表人、诉讼代理人等,分别在该当事人项下另起一行列项书写。

3. 案件由来、审判组织和审理经过

人民法院对上诉案件,可以采取开庭审理和书面审理两种方式。当事人对原审人民法院认定的事实有争议的,或者第二审人民法院认为原审人民法院认定事实不清的,第二审人民法院应当开庭审理。开庭审理的,该部分一般表述为:"上诉人×××因……一案,不服××××人民法院(××××)×行初字第××号行政判决,向本院提起上诉。本院依法组成合议庭,公开开庭审理了本案……到庭参加诉讼。本案现已审理终结。"

《行政诉讼法》规定，人民法院对上诉案件，认为事实清楚的，可以实行书面审理。实行书面审理未开庭的，前述引文中的后半段应改为："本院依法组成合议庭，对本案进行了审理。现已审理终结。"

（二）正文

1. 事实部分

第二审行政判决书的事实，包括原审法院认定的事实和判决结果、当事人上诉争议的内容和二审法院确认的事实。

（1）原审认定的事实及判决结果。一般以"原审法院查明（或原判认定）"导出原审法院认定的事实。而后另起一段，写明原审的判决理由和判决结果，可表述为"原审法院认为，……依照……，判决……"

（2）当事人上诉争议的内容。首先应写明上诉人提出的上诉请求和主要理由，可表述为："××××不服原审判决，向本院提起上诉称"。然后，写明被上诉人答辩的主要内容，可表述为："被上诉人××××辩称"。有第三人的，还应写明第三人的意见。如"原审第三人述称"。该部分要概括简练，反映上诉争议的焦点所在，防止照抄原审判决书、上诉状和答辩状，但又要不失原意。

（3）二审认定的事实和证据。二审认定的事实和证据，要根据不同类型的案件来叙写：原审判决认定的事实清楚、上诉人无异议的，直接确认原审判决认定的事实即可。可写为"本院对原审法院查明的事实予以确认"或者"经审查，本院认定事实与原审判决认定的事实无异，本院确认原审判决查明的事实"；原审判决认定事实清楚、但上诉人提出异议的，应对有异议的部分重点分析，予以确认；原审判决认定事实不清、证据不足，经二审查清事实后改判的，则应具体叙述二审查明的事实和有关证据，予以澄清。

2. 理由部分

该部分由"本院认为"导出，主要总结和评判双方当事人争议的焦点，以及综述二审裁判的理由和法律依据。

（1）总结和评判双方当事人争议的焦点。首先归纳出双方当事人争执的焦点，通常表述为："本案当事人争议的焦点问题是……"或者"关于……（写明争议焦点）的问题"，然后根据二审合议庭的意见对该争点依法进行评判。

（2）裁判的理由和法律依据。应针对上诉请求和理由，就原审判决认定的事实是否清楚，证据是否确实充分，适用法律、法规是否正确，有无违反法定程序，上诉理由是否成立，上诉请求是否应予支持，以及被上诉人的答辩是否有理等，进行分析论证，阐明维持原判或者撤销原判予以改判的理由。该部分一定要有针对性和说服力,要注重事理分析和法理分析,回答上诉争议的主要问题,引出合乎逻辑的公正结论。二审判决所依据的法律条文,应分别引用《行政诉讼法》第61条第(一)、(二)、(三)项的规定。其中,全部改判或者部分改判的,除引用《行政诉讼法》的有关条款外,还应同时引用改判所依据的实体法的有关条款。

3. 判决结果

根据《行政诉讼法》和相关司法解释的规定,第二审人民法院审理上诉案件,应当对原审人民法院的裁判和被诉具体行政行为是否合法进行全面审查,第二审人民法院的审判并不受限制于上诉人上诉的范围。实践中,第二审判决的结果主要有维持原审判决;对原审判决部分维持、部分撤销;撤销原审判决,维持行政机关的具体行政行为;撤销原审判决,同时撤销或变更行政机关的具体行政行为等。各种判决结果的具体表述参见前引二审判决书的结构样式。

(三)尾部

1. 列明诉讼费用的负担

二审诉讼费用的负担,要区别不同情况分别决定:对驳回上诉,维持原判的案件,二审诉讼费用由上诉人承担;双方当事人都提出上诉的,由双方分担。对撤销原判,依法改判的案件,应同时对一、二两审的各项诉讼费用由谁负担,或者共同分担的问题作出决定,同时相应地变更一审法院对诉讼费用所作的处理。

2. 二审判决的效力

写明"本判决为终审判决"。

3. 合议庭成员署名和判决决定的日期

4. 书记员的署名

第四节 再审行政判决书

一、再审行政判决书概述

(一)再审行政判决书的概念

再审行政判决书,是指各级人民法院按照审判监督程序,对于一审或者二审判决、裁定已经发生法律效力的行政案件,经启动再审程序之后,依法按照一审或者二审程序再审终结,就案件的实体问题作出的书面处理决定。

（二）再审行政判决书的法律依据

《行政诉讼法》第62~64条对再审程序作出了明确规定。依法在我国启动行政诉讼再审程序有三种途径：当事人申请再审、人民法院决定再审（包括本院决定再审、上级人民法院提审、上级人民法院指令下级人民法院再审）和人民检察院提出抗诉。依照《行政诉讼法若干问题的解释》第76条、第78条的规定：人民法院按照审判监督程序再审的案件，发生法律效力的判决、裁定是由第一审人民法院作出的，按照第一审程序审理，所作的判决、裁定，当事人可以上诉；发生法律效力的判决、裁定是由第二审人民法院作出的，按照第二审程序审理，所作的判决、裁定是发生法律效力的判决、裁定；上级人民法院按照审判监督程序提审的，按照第二审程序审理，所作的判决、裁定是发生法律效力的判决、裁定。人民法院审理再审案件，应当另行组成合议庭。人民法院审理再审案件，认为原生效判决、裁定确有错误，在撤销原生效判决或者裁定的同时，可以对生效判决、裁定的内容作出相应裁判，也可以裁定撤销生效判决或者裁定，发回作出生效判决、裁定的人民法院重新审判。

在我国，再审程序是为了纠正人民法院确有错误的判决、裁定而设置的一个特殊的审判程序，不具有审级性质。人民法院启动再审程序对案件进行审理后，必须根据裁判结果制作再审行政判决书。制作再审行政判决书，应当贯彻实事求是、有错必纠的原则，体现再审程序的特点。

二、再审行政判决书的制作

（一）首部

1. 标题和文书编号

标题和文书编号的制作要求与一、二审行政判决书基本相同。不同的是文书编号中的审判程序代字由"初"字或"终"字变为"再初"或"再终"字。

2. 抗诉机关和诉讼参加人的基本情况

由人民检察院提起抗诉的，先列抗诉机关。当事人及其他诉讼参加人的列项和基本情况，除当事人的称谓外，与一审行政判决书相同。再审行政案件当事人的称谓，如果原判是一审结案的，写为："原审原告"、"原审被告"；原判是二审结案的，写为："原审上诉人"、"原审被上诉人"，在原二审的上诉中未涉及其利益的当事人，仍为："原审原告"、"原审被告"、"原审第三人"。

3. 案件由来、审判组织和审理经过

通常表述为："原审原告（或原审上诉人）×××与原审被告（或原审被上诉

人)×××……(写明案由)一案，本院(或××××人民法院)于××××年××月××日作出(××××)×行×字第××号行政判决，已经发生法律效力。……(写明进行再审的根据)。本院依法组成合议庭，公开(或不公开)开庭审理了本案。……(写明到庭的当事人、代理人等)到庭参加诉讼。本案现已审理终结(未开庭的，写"本院依法组成合议庭审理了本案，现已审理终结")。"

再审的根据分为四种情况：人民检察院按审判监督程序提出抗诉的，写为"××××人民检察院于××××年××月××日提出抗诉"；本院决定再审的，写为"本院于××××年××月××日作出(××××)×行监字第×号行政裁定，对本案提起再审"；上级人民法院指令再审的，写为"××××人民法院于××××年××月××日作出(××××)×行监字第×号行政裁定，指令本院对本案进行再审"；上级人民法院决定提审的，写为"本院于××××年××月××日作出(××××)×行监字第×号行政裁定，对本案进行提审"。

(二)正文

1. 事实部分

(1)原审生效判决的主要内容。事实部分首先应概括写明原生效判决的主要内容，包括原审生效判决书中所确认的行政争议事实、裁判的理由、法律依据和判决结果。不能省略原审的论证说理，且要说明对原生效判决执行的情况。

(2)引起再审的原由。当事人申请再审的，应写明其申请再审的主要理由和诉讼请求；人民法院决定再审的，应写明决定再审的主要理由；人民检察院抗诉引起再审的，应写明抗诉的理由。

(3)再审确认的事实和证据。由"经再审查明"导出再审法院对事实的叙述。经再审，若发现原审判决确属事实不清的，对于案件事实应当结合再审认定的证据全面、具体、详细地进行表述，且对争议事实着重给予分析论证；如果原审裁判认定的事实存在部分错误的，则概述原判确认的正确的事实，详述经再审查明的作为改判依据的新的事实。再审中认定的新证据，必须明确指出并作出分析说明。

2. 理由部分

该部分由"本院认为"导出，应主要论证原审判决适用法律、法规是否正确，检察院抗诉、当事人申请再审或者人民法院决定再审或提审的理由是否成立，阐明应予改判、如何改判，或者仍然维持原判的理由。然后，列明判决所依据的法律规范的条、款、项。

3. 判决结果

再审的判决结果，分三种情况：

(1)全部改判的，表述为：

"一、撤销本院(或××××人民法院)××××年××月××日(××××)×行×字第××号行政判决；

二、……(写明改判的内容。内容多的可分项写)。"

(2)部分改判的，表述为：

"一、维持本院(或××××人民法院)××××年××月××日(××××)×行×字第××号行政判决第×项，即……(写明维持的具体内容)；

二、撤销本院(或××××人民法院)××××年××月××日(××××)×行×字第××号行政判决第×项，即……(写明撤销的具体内容)；

三、……(写明部分改判的内容。内容多的可分项写)。"

(3)维持原判的，表述为：

"维持本院(或××××人民法院)××××年××月××日(××××)×行×字第××号行政判决。"

(三)尾部

1. 写明诉讼费用的负担

根据《人民法院诉讼收费办法》，依照审判监督程序进行提审、再审的案件，免交案件受理费。对于再审仍然维持原判的案件，不再写诉讼费用负担的项目。但对于再审结果是全部改判或部分改判的案件，由于败诉方责任的变化，应当相应地变更原判中有关诉讼费用负担的决定。

2. 交待上诉权利

按一审程序再审的，应当按照第一审行政判决书交代上诉权利、上诉方法、上诉期限和上诉法院；按二审程序再审的，当事人无上诉权，写明"本判决为终审判决"。

3. 合议庭成员署名、判决决定的日期及书记员的署名

制作要求与第一审行政判决书相同。

第五节　行政裁定书

一、行政裁定书概述

(一)行政裁定书的概念

行政裁定书，是指人民法院依照行政诉讼法的规定，在审理行政诉讼案件

以及执行过程中，为保证诉讼或执行程序的顺利进行，就需要解决的有关程序事项作出的书面处理决定。

(二)行政裁定书的法律依据

根据《行政诉讼法若干问题的解释》第 63 条的规定，裁定适用于下列范围："(一)不予受理；(二)驳回起诉；(三)管辖异议；(四)终结诉讼；(五)中止诉讼；(六)移送或者指定管辖；(七)诉讼期间停止具体行政行为的执行或者驳回停止执行的申请；(八)财产保全；(九)先予执行；(十)准许或者不准许撤诉；(十一)补正裁判文书中的笔误；(十二)中止或者终结执行；(十三)提审、指令再审或者发回重审；(十四)准许或者不准许执行行政机关的具体行政行为；(十五)其他需要裁定的事项。"

(三)行政裁定书的制作程序

需要制作行政裁定书的，由审判人员、书记员署名，并加盖人民法院印章。当事人不服地方人民法院第一审的不予受理、驳回起诉、对管辖权异议的裁定，有权在裁定书送达之日起 10 日内提起上诉。相对于行政判决书而言，行政裁定书内容单一、简明，制作难度不大。

二、行政裁定书的制作

(一)首部

1. 标题

标题由制作机关名称和文书种类名称两项组成。制作机关名称即人民法院的全称，文书种类名称为"行政裁定书"。

2. 文书编号

行政裁定书文书编号的构成同于行政判决书，由立案年度、制作法院简称、案件性质、审判程序代字以及案件的顺序号组成。审判程序代字一般与同级行政判决书相同，为"初"或者"终"。但也有一些特殊的程序代字，如：诉前财产保全，程序代字为"保"；提起再审，程序代字为"监"；执行程序，程序代字为"执"等。

3. 诉讼参加人的基本情况

诉讼参加人基本情况的内容和撰写要求大体上同于同级行政判决书。但是，行政裁定书适用广泛，在不同的诉讼程序和不同的诉讼阶段，诉讼参加人的称谓也各不相同，如：不予受理起诉用的行政裁定书，应称其为起诉人；驳回起诉、停止执行具体行政行为或驳回申请、准许或不准撤诉的行政裁定书，称为原告、被告和第三人；二审发回重审、准许或不准撤回上诉、维持或撤销一审裁定的行政裁定书，称为"上诉人（原审××）"、"被上诉人（原审××）"；执行程序的行政裁定书，当事人称为申请执行人和被执行人。需要注意的是，提起再审的行政裁定书无须交待诉讼参加人的基本情况。

（二）正文

行政裁定书的正文应依次写明裁定所针对的程序事项、裁定的依据和裁定的结果。所要解决的程序事项，包括案件由来和基本事实；裁定的依据包括作出该裁决的理由和作出裁决的法律依据；裁定的结果应该单列。

下面介绍几种具有代表性的行政裁定书正文的制作：

1. 不予受理起诉用的行政裁定书

不予受理起诉用的行政裁定书，是第一审人民法院接到起诉状后，经审查认为不符合起诉条件，依法决定不予受理时制作的书面处理决定。根据《行政诉讼法》第42条、《行政诉讼法若干问题的解释》第32条的规定，人民法院在接到起诉状后，应当组成合议庭对原告的起诉进行审查。经审查，认为符合起诉条件的，应当在7日内立案；不符合起诉条件的，应当在7日内裁定不予受理。其正文具体表述为：

××××年××月××日，本院收到×××的起诉状，……（概括写明起诉的事由）。

经审查，本院认为：……（写明不予受理的理由）。依照……（写明引用的法律条款项）的规定，裁定如下：

对×××的起诉，本院不予受理。

2. 驳回起诉用的行政裁定书

驳回起诉用的行政裁定书，是第一审人民法院对已经受理的行政诉讼案件，在审理过程中发现起诉不符合受理条件，决定驳回起诉时制作的书面处理决定。根据《行政诉讼法若干问题的解释》的规定，人民法院接到起诉状，7日内不能决定是否受理的，应当先予受理；受理后经审查不符合起诉条件的，裁定驳回起诉。其正文具体表述为：

原告×××不服××××（行政机关名称）××××年××月××日×字第×号处罚决定（复议决定或者其他具体行政行为），向本院提出诉讼。本院受理后，依法组成合议庭，公开（或者不公开）开庭审理了本案。

……（简述原告起诉的事由）。

本院认为：……(写明驳回起诉的理由)。依照……(写明引用法律的条款项)的规定，裁定如下：

驳回原告×××的起诉。

3. 停止执行具体行政行为或者驳回申请用的行政裁定书

停止执行具体行政行为或者驳回申请用的行政裁定书，是受诉人民法院在收到原告要求停止执行某一具体行政行为的申请后，经审查，决定停止执行该具体行政行为或驳回申请时制作的书面处理决定。《行政诉讼法》第44条规定，诉讼期间，不停止具体行政行为的执行。但有下列情形之一的，停止具体行政行为的执行：(1)被告认为需要停止执行的；(2)原告申请停止执行，人民法院认为该具体行政行为的执行会造成难以弥补的损失，并且停止执行不损害社会公共利益，裁定停止执行的；(3)法律、法规规定停止执行的。人民法院应根据具体情况作出停止执行具体行政行为或者驳回停止执行申请的裁定。其正文具体表述为：

原告×××不服××××(行政机关名称)××××年××月××日×字第×号处罚决定(复议机关决定或者其他具体行政行为)，向本院提起诉讼，本院已依法受理。现原告以……(简写申请停止执行具体行政行为的理由)为由，向本院申请停止执行……(简写申请执行具体行政行为的名称)。

经审查，本院认为，……(写明应当停止执行具体行政行为或者驳回申请的理由)。依照《中华人民共和国行政诉讼法》第四十四条(裁定停止执行的，尚需写明"第×项")的规定，裁定如下：

……(写明裁定结果)

裁定结果分两种情况：
第一，停止执行的，写：

"在本案诉讼期间，停止执行……(写明停止执行具体行政行为的名称)。"

第二，驳回申请的，写：

"驳回原告×××的申请。"

4. 第二审发回重审用的行政裁定书

发回重审用的行政裁定书，是第二审人民法院受理当事人不服第一审判决提起上诉的行政案件，按照第二审程序审理后，认为原判决事实不清、证据不足或者违反法定程序可能影响案件正确判决的，决定撤销原判，发回重审法院重新审判时制作的书面处理决定。其正文具体表述为：

> 上诉人×××因……(写明案由)一案，不服××××人民法院(××××)×行初字第×号行政判决，向本院提起上诉。本院依法组成合议庭，公开(或者不公开)开庭审理了本案(未开庭的，写"本院依法组成合议庭，审理了本案")。
>
> 本院认为，……(写明发回重审的理由)。依照《中华人民共和国行政诉讼法》第六十一条第(三)项的规定，裁定如下：
> 一、撤销××××人民法院(××××)×行初字第××号行政判决书；
> 二、发回××××人民法院重审。

5. 二审维持或撤销一审裁定用的行政裁定书

二审维持或撤销一审裁定用的行政裁定书，是第二审人民法院对上诉人不服一审裁定不予受理起诉或者驳回起诉的行政上诉案件，经审理后决定维持或者撤销一审裁定时制作的书面处理决定。其正文具体表述为：

> 上诉人×××不服××××人民法院(××××)×行初字第×号行政裁定，向本院提起上诉。本院依法组成合议庭，审理了本案。
>
> 本院认为，……(写明二审裁定的理由)。依照……(引用相关法律的条款项)的规定，裁定如下：

裁定结果，分两种情况：
第一，驳回上诉，维持原裁定的，写：

> "驳回上诉，维持原裁定。"

第二，撤销原裁定，应予立案受理的，写：

> "一、撤销××××人民法院(××××)×行初字第×号行政裁定；

二、本案由××××人民法院立案受理。"

6. 提起再审用的行政裁定书

提起再审用的行政裁定书，是各级人民法院对一审或二审裁判已经发生法律效力的行政案件，发现原裁判违反法律、法规的规定，确有错误，决定提起再审时制作的书面处理决定。其正文具体表述为：

原告(或上诉人)×××与被告(或被上诉人)×××……(写明案由)一案，本院(或××××人民法院)于××××年××月××日作出(××××)×行×字第××号行政判决，已经发生法律效力。当事人×××现向本院提出申诉。(未申诉的不写此句)。

本院经复查认为，……(简要写明提起再审的理由)。经本院院长提交审判委员会讨论决定(上级法院提审或指令再审的，此句不写)，依照《中华人民共和国行政诉讼法》第六十三条第×款的规定，裁定如下：

一、……[由本院再审的，写"本案由本院另行组成合议庭进行再审"；由本院提审的，写"本案由本院进行提审"；指令下级法院再审的，写"本案指令××××人民法院另行组成合议庭进行再审(指令非原审法院再审的删去'另行'二字)"]。

二、再审期间，中止原判决的执行。

(三)尾部

行政裁定书尾部落款基本同于行政判决书。值得注意的是行政裁定书种类较多，分别适用于处理不同诉讼阶段和不同情形下的具体程序问题，相应地，在行政裁定书的尾部告知当事人诉讼权利的内容也会有所不同。如，不予受理、驳回起诉和管辖权异议的裁定书应当交待上诉权利和期限。应写为："如不服本裁定，可在裁定书送达之日起十日内，向本院递交上诉状，上诉于×××人民法院。"停止执行具体行政行为或者驳回停止执行申请的裁定书应当交待申请复议的权利，表述为："如不服本裁定，可以向本院申请复议一次，复议期间不停止裁定的执行。"对二审发回重审的行政裁定不服，当事人既无上诉权，也无复议请求权，故无须交待相关权利。

二审维持或撤销一审裁定的行政裁定书则须写明"本裁定为终审裁定"。另外，驳回起诉、准许撤诉和终结诉讼的裁定书须写明诉讼费用的负担。

思考题

1. 简述行政裁判文书的特点。
2. 简述作为类第一审行政判决书的法律依据。
3. 第一审作为类行政案件判决书的正文包括哪些内容？
4. 第一审作为类行政案件判决书的判决结果有哪几种？
5. 试比较第一审民事判决书与第一审行政判决书之异同。
6. 第二审行政判决书应如何叙述案件事实？
7. 再审行政判决书怎样表述事实更为合理？
8. 试述行政赔偿调解书的适用范围。
9. 行政裁定书适用于哪些情况？
10. 说说你对行政裁判文书改革与完善的建议。

参考文献

1. 最高人民法院关于印发《一审行政判决书样式(试行)》的通知. 中华人民共和国最高人民法院公报，2005(2).
2. 最高人民法院行政诉讼证据文书样式(试行). 中华人民共和国最高人民法院公报，2005(3、4).
3. 张旭勇. 行政判决的分析与重构[M]. 北京：北京大学出版社，2006.
4. 章剑生. 行政诉讼判决研究[M]. 浙江大学出版社，2010.
5. 赵正群. 行政判例研究[J]. 法学研究，2003(1).
6. 薛刚凌. 行政判决制度研究[J]. 河南省政法管理干部学院学报，2003(2).
7. 上海市高级人民法院行政庭. 一审行政判决书样式的科学化重构[J]. 法律适用，2003(8).
8. 曹博，郭修江. 一审行政判决书写作存在的问题及对策[J]. 法律适用，2003(12).
9. 周佑勇. 作为过渡措施的案例指导制度——以"行政[2005]004号案例"为观察对象. 法学评论，2006(3).
10. 唐明. 判决书制作需要注意的几个问题——兼评(2005)广行初字第3号行政判决书. 山东审判，2007(1).
11. 黄启辉. 行政诉讼一审审判状况研究——基于对40家法院2767份裁判文书的统计分析[J]. 清华法学，2013(4).
12. 朱春华. 行政诉讼二审审判状况研究——基于对8家法院3980份裁判文书的统计分析[J]. 清华法学，2013(4).

第十章 公证文书

【内容提要】

公证文书，在广义上是指公证机构在公证过程中依法制作、出具的各种文书的通称。实践中的公证文书主要是指公证书，即狭义的公证文书。本章主要介绍狭义的公证文书。公证书是公证机构依法对当事人申请公证的民事法律行为、有法律意义的事实和文书进行审查后，确认其真实性、合法性而出具的证明文书。公证书是公证机构证明活动的结果，同时也是公证机构出具给公证当事人持有、使用的公证证明凭证。在我国，公证书具有证据效力、强制执行效力、法律行为成立要件效力。

公证书可分为定式公证书和要素式公证书两大类型。定式公证书的格式固定，制作较为简单。要素式公证书的证词则包含必备要素和选择要素两个部分，能够更为充分地满足复杂公证事项的证明需求。

【基本概念】

公证文书　公证书　定式公证书　涉外公证书　涉港澳公证书　涉台公证书　要素式公证书　保全证据公证书　现场监督公证书　合同协议公证书　继承公证书　强制执行公证书

第一节　概　　述

一、公证文书的概念

公证是国际通行的一种证明手段。根据《中华人民共和国公证法》的规定，公证是公证机构根据自然人、法人或者其他组织的申请，依照法定程序对民事法律行为、有法律意义的事实和文书的真实性、合法性予以证明的活动。在我国，公证是经国家授权的证明行为，公证机构依照法定程序对公证事项作出的确认具有法定的真实性。

广义上，公证文书是指公证机构在公证过程中依法制作、出具的各种文书的通称。主要包括：公证书、公证事务专项证书、公证决定书、公证通知书、辅助性公证文书、公证文书档案等。在实践中，公证文书主要是指公证书，即狭义的公证文书。公证书是公证机构依法对当事人申请公证的民事法律行为、有法律意义的事实和文书进行审查后，确认其真实性、合法性而出具的证明文书。公证书也是公证机构出具给公证当事人持有、使用的公证证明凭证。它是公证机构日常工作中制作、出具最多和公证当事人使用最频繁的公证文书。

二、公证文书的规范化

在我国，公证文书的规范化一直深受重视，并随着公证立法和实践的发展逐步趋于完善。我国的公证制度初创于 20 世纪 50 年代。1956 年 9 月，司法部曾制发《公证用纸格式（附说明）》，初步统一了全国的公证文书格式。1975 年 11 月，最高人民法院发布《关于印发涉外公证书格式和说明试行的通知》，附 18 种涉外公证书格式。1979 年，公证制度开始恢复重建。1981 年，司法部制发了《公证书试行格式》，计有 24 式。1982 年国务院发布实施《中华人民共和国公证暂行条例》，并明确规定应当按照司法部规定或批准的格式制作公证文书。1992 年司法部对《公证书试行格式》进行了大规模修订，发布了《公证书格式（试行）》，共拟就公证书格式 14 类 59 式。此后，司法部又相继下发了一系列规范性文件对其中的部分格式作了修改，并下发了一些新的公证书格式。

1998 年 3 月，司法部依照"将现行的定式化格式改为定式化格式与要素式格式相结合"的改革思路，开始有选择地进行要素式公证书的试点工作。2000 年 7 月，国务院批准了司法部《关于深化公证工作改革的方案》。该方案指出，积极推行要素式公证书，使公证书真正达到《民事诉讼法》要求的"作为认定案件事实的根据"的标准。2000 年 3 月，司法部发布《关于保全证据等三类公证书试行要素式格式的通知》，并下发保全证据、现场监督、合同（协议）三类要素式公证书格式在全国推行。2002 年 6 月 18 日《公证程序规则》发布。2006 年 3 月 1 日，《中华人民共和国公证法》（以下简称《公证法》）开始施行。2006 年 7 月 1 日新的《公证程序规则》施行。2008 年 4 月 23 日，中国公证协会第五届常务理事会第五次会议通过了《办理具有强制执行效力债权文书公证及出具执行证书的指导意见》。为进一步扩大要素式公证书的使用范围，2008 年 12 月司法部发布了《关于推行继承类、强制执行类要素式公证书和法律意见书格式的通知》，同时下发了继承权、强制执行公证书和法律意见书的格式要求并在全国推行。为了促使公证文书的制作更趋完善，2011 年司法部根据《公证法》

及《公证程序规则》的规定，对定式公证书的格式进行了全面清理和修订，发布了《关于推行新的定式公证书格式的通知》，并下发《定式公证书格式(2011年版)》。由此，定式公证书格式从原来的14类59式，调整为3类35式，并自2011年10月1日起在全国范围内推行。公证文书的规范化由此得到了前所未有的强化。

三、公证书的分类

按照不同的标准，可将公证书划分为不同的类别。较为常见的公证书分类有：

(一)定式公证书和要素式公证书

以制作格式为标准，公证书可分为定式公证书和要素式公证书。定式公证书，是指按照司法部规定的公证书的固定格式，由公证员根据申请公证事项的具体情况填充其中若干变量制作的公证书。要素式公证书，是指经当事人申请，公证机构依法制作、出具的，文书内容由规定的要素构成，但其行文结构、文字表达均由公证员结合具体公证事项的需要酌情撰写的公证书。

(二)民事法律行为的公证书、有法律意义的事实的公证书和有法律意义的文书的公证书

以证明对象为标准，公证书可以分为民事法律行为的公证书、有法律意义的事实的公证书和有法律意义的文书的公证书。民事法律行为的公证书，是指公证机构出具的证明有关民事法律行为真实、合法的公证书。如，证明合同签订、遗嘱订立、继承、赠与、收养、财产分割等。有法律意义的事实的公证书，是指公证机关出具的证明有关民事法律事实真实、合法的公证书。如证明出生、死亡、婚姻状况、亲属关系、学历、经历、未受刑事处罚等。有法律意义的文书的公证书，是指公证机构出具的证明有关文书上的印章、签名属实，或证明有关文书的副本、节本、影印本、译文等与原本相符的公证书。

四、公证书的结构

《公证程序规则》第42条明确规定，公证书的主要内容包括：公证书编号；当事人及其代理人的基本情况；公证证词；承办公证员的签名(签名章)、公证机构印章；出具日期。据此可将公证书的结构分为首部、正文和尾部三个部分。

(一)首部

首部包括标题、公证书编号、当事人的基本情况和公证事项等内容。

1. 标题

标题，即公证书的名称。通常应当在页面上方居中位置标明"公证书"字样，作为文书的名称。除"具有强制执行效力的债权文书公证书"以冠名的方式出现外，其他类型的公证书均无冠名，一律统称为"公证书"。

2. 公证书编号

在标题的右下方应标示公证书的编号。公证书的编号由办理公证的年度（使用阿拉伯数字，并加小括号）、公证处代码、公证类别、公证书编码（使用阿拉伯数字）组成。如，（××××）××证××字第××号。实践中，为方便公证系统的内部管理，各地公证机构的公证书编号也存在着一定的差异。

3. 申请人的基本情况

申请人，是指与公证事项有利害关系并以自己的名义向公证机构提出公证申请，在公证活动中享有权利和承担义务的自然人、法人或者其他组织。无民事行为能力人或者限制民事行为能力人申办公证，由其监护人代理。法人申办公证，应当由其法定代表人代表。其他组织申办公证，应当由其负责人代表。除法律规定的情形外，当事人、当事人的法定代理人或法定代表人，可以委托代理人代为申办公证。

申请人的基本情况是公证员在公证活动中审查的首要环节。申请人的基本情况应区分自然人、法人和其他组织的不同类型，按规定填写既定内容。公证书对申请人基本情况的记载，有助于公证机构对公证当事人身份、资格的审查和确定公证书的使用范围。

4. 公证事项

公证事项是公证所证明事项的类别或名称，由公证员根据所申请事项的属性依照司法部规定的公证事项既定类型填写。如，"公证事项：委托"、"公证事项：无犯罪记录"等。

（二）正文

公证书的正文，即公证证词，是公证书的核心部分。公证证词主要是公证机构针对当事人所申请的公证事项出具的证明意见。公证证词的主要内容包括：公证证明的对象、证明的范围、证明的内容以及证明所依据的法律规范等。定式公证书和要素式公证书的证词制作要求各不相同。定式公证书的证词结果固定、填写简明；要素式公证书证词的制作则包括必备要素和选择要素，具有一定的灵活性。制作公证证词时，公证员应当根据公证证明的对象、范围的具体情况来把握公证证词的要件、内容和法律适用。

（三）尾部

公证书的尾部包括以下内容：

1. 制作公证书的公证机构的名称

制作公证书的公证机构的名称应使用全称，且必须冠以"中华人民共和国"字样。如，"中华人民共和国××省（自治区、直辖市）××市（县）××公证处"。

2. 承办公证员的签名章（签名）

公证员签名章是公证员本人依法履行职务、加盖于公证文书上的签名图章。其形状为长方形，长4.5厘米、宽2.5厘米，不加边框。公证员的签名章中，公证员姓名的字符使用国务院公布的汉字简化字，由左至右排列书写，字迹应清晰、匀称，易于辨认。签名章必须使用蓝色印油。签名章需加盖在公证书上，被证明文件和译文页无须加盖。另外，发往个别国家（如，阿根廷）使用的公证书，在加盖公证员的签名章之后，公证员还需要在签名章的下方亲笔签名。

3. 公证机构印章

公证机构印章分为图章和钢印，均为圆形。公证机构的印章使用红色印油，押盖在公证书出证日期处，骑年跨月。公证书一般还应加盖钢印。公证书粘贴好后，在左下方从封面到封底垂直透体加盖钢印，贴照片的公证书应将照片一并用钢印穿透。

4. 公证书的出具日期

公证书的尾部应标明出具该公证书的具体年、月、日。根据《公证程序规则》第44条的规定，公证书自出具之日起生效。应当注意的是，需要审批的公证事项，批准日期为公证书的出具日期；不需要审批的公证事项，承办公证员的签发日期为公证书的出具日期；现场监督类公证需要现场宣读公证证词的，宣读日期为公证书的出具日期。

五、公证书的效力

公证书的效力是指公证书在法律上具有的效能和约束力。根据《公证法》、《民事诉讼法》等规定，我国的公证书所具有的效力主要表现在以下方面：

（一）证据效力

公证书具有证据效力，是指诉讼中若无相反证据足以推翻公证证明的情况，有效公证书即具有证明公证对象真实合法的证明力，可直接作为人民法院认定事实的根据。《公证法》第36条规定：经公证的民事法律行为、有法律意义的事实和文书，应当作为认定事实的根据，但有相反证据足以推翻该项公证的除外。《民事诉讼法》第 69 条规定：经过法定程序公证证明的法律事实和文书，人民法院应当作为认定事实的根据，但有相反证据足以推翻公证证明的除外。《最高人民法院关于民事诉讼证据的若干规定》第 9 条同样指出，已为有效公证文书所证明的事实，当事人无须举证证明，当事人有相反证据足以推翻的除外。

（二）强制执行效力

公证书的强制执行效力是指经公证机构依法赋予强制执行效力的以给付为内容的债权文书，当债务人不履行债务或者履行不适当时，债权人可以不经过诉讼程序而直接向有管辖权的人民法院申请强制执行。《公证法》第 37 条第 1 款规定："对经公证的以给付为内容并载明债务人愿意接受强制执行承诺的债权文书，债务人不履行或者履行不适当的，债权人可以依法向有管辖权的人民法院申请执行。"《民事诉讼法》第 238 条规定："对公证机关依法赋予强制执行效力的债权文书，一方当事人不履行的，对方当事人可以向有管辖权的人民法院申请执行，受申请的人民法院应当执行。公证债权文书确有错误的，人民法院裁定不予执行，并将裁定书送达双方当事人和公证机关。"

（三）法律行为成立要件效力

公证书的法律行为成立要件效力，是指特定的法律行为的设立、变更和终止必须经过公证证明才能成立并产生法律效力；如果不履行公证程序，则该项法律行为不能成立，不具有法律效力。公证书的法律行为成立要件效力体现了国家对重大经济活动和公民的重要法律行为的间接干预。如，《公证法》第 38 条规定："法律、行政法规规定未经公证的事项不具有法律效力的，依照其规定。"《民事诉讼法》第 264 条规定："在中华人民共和国领域内没有住所的外国人、无国籍人、外国企业和组织委托中华人民共和国律师或者其他人代理诉讼，从中华人民共和国领域外寄交或者托交的授权委托书，应当经所在国公证机关证明，并经中华人民共和国驻该国使领馆认证，或者履行中华人民共和国与该所在国订立的有关条约中规定的证明手续后，才具有效力。"

公证书除在国内使用外，还被广泛运用于国际交往中。按照国际惯例，经过外交认证的涉外公证书具有域外的法律效力，可获得文书使用地所在国家或地区的承认和接受。《公证法》第 33 条规定："公证书需要在国外使用，使用国要求先认证的，应当经中华人民共和国外交部或者外交部授权的机构和有关国家驻中华人民共和国使（领）馆认证。"

六、公证书的出证程序

按照《公证法》、《公证程序规则》的相关规定，公证书的出具必须经过申请、受理、审查和出证四个环节。

（一）申请

自然人、法人或者其他组织向公证机构申请办理公证，应当填写公证申请表。公证申请表由公证机构制发。申请人应当在申请表上签名并捺指印，无能力书写签名的，应盖本人印章并捺指印。申请公证的事项依法需要提供相关证明材料的，申请人还须提交有关的证明材料。

（二）受理

公证机构收到当事人提交的公证申请后，由承办公证员根据当事人提供的材料，作出是否受理的决定。对于不符合办证条件的申请，公证处作出不予受理决定的，应通知申请人并告知其对不予受理决定有异议的复议程序；公证机构受理公证申请的，应当向申请人发送受理通知单并告知当事人申请公证事项的法律意义和可能产生的法律后果，告知其在办理公证过程中享有的权利、承担的义务。公证机构受理公证申请后，按照规定应向当事人收取公证费。

（三）审查

根据《公证程序规则》的规定，公证机构受理公证申请后，应当根据不同公证事项的办证规则，依法对相关内容进行审查，如当事人的人数、身份、申请办理该项公证的资格及相应的权利；当事人的意思表示是否真实；申请公证的文书内容是否完备、含义是否清晰，签名、印鉴是否齐全；提供的证明材料是否真实、合法、充分；申请公证的事项是否真实、合法等。

为了核实公证事项的有关情况以及证明材料，公证机构可以采取以下方式：询问当事人、公证事项的利害关系人、证人；向有关单位或者个人了解情况或者核实、收集相关书证、物证、视听资料等证明材料；现场勘验；委托专业机构或者专业人员鉴定、检验检测、翻译。公证机构在审查过程中，对申请公证的事项的真实性、合法性有疑义的，认为当事人的情况说明或者提供的证明材料不充分、不完备或者有疑义的，可以要求当事人作出说明或者补充证明材料。

（四）出证

公证机构对申请的公证事项经审查后，认为符合《公证法》、《公证程序规则》及有关办证规则规定的，由承办公证员按司法部规定的要求与格式制作公证书。按照规定需要审批的公证事项，由承办公证员拟制公证书，连同被证明的文书、当事人提供的证明材料及核实情况的材料、公证审查意见，报公证机构的负责人或其指定的公证员审批后方可出证。经审查符合出证条件的，公证机构应当自受理之日起 15 个工作日内向当事人出具公证书，因不可抗力、补充证明材料或者需要核实有关情况的，所需时间不计算在出证期限内，并应当及时告知当事人。

第二节　定式公证书

一、定式公证书概述

（一）定式公证书的概念

定式公证书，是指公证机构的公证员按照司法部规定的公证书的固定格式，依申请公证事项的具体情况填充其中若干变量制作而成的公证书。定式公证书的证词部分采用固定格式，公证员对证词内容的填写应当严格套用既定格式，用语精炼、结论简明。

（二）定式公证书的适用范围

根据司法部的《定式公证书格式（2011 年版）》，定式公证书的适用范围可划分为民事法律行为类公证、有法律意义的事实类公证和有法律意义的文书类公证三大类型，共 35 式 49 种。其中，民事法律行为类公证，共 8 式，包括：委托、声明、赠与、受赠、遗嘱、保证、公司章程、认领亲子；有法律意义的事实类公证，共 24 式，包括：出生、生存、死亡、身份、曾用名、住所地（居住地）、学历、学位、经历、职务（职称）、资格、无（有）犯罪记录、婚姻状况、亲属关系、收养关系、扶养事实、财产权、收入状况、纳税状况、票据拒绝、选票、指纹、不可抗力（意外事件）、查无档案记载；有法律意义的文书类公证，共 3 式，包括：证件（执照）、文书上的签名（印鉴）、文本相符。

（三）定式公证书的制作规则

1. 遵循规定

定式公证书应严格按照我国法律规定的公证程序和国务院司法行政部门规定的定式公证书的格式制作。

2. 语言规范

制作定式公证书应当使用全国通用的语言文字，即汉字标准简化字。在民族自治地方，根据当事人的要求，可以制作当地通用的民族文字文本。

3. 依循格式

定式公证书的证词部分采用固定格式，分为固定表述和据实表述两个方面。固定表述部分要全面、完整地予以体现，不得擅自变更；据实表述的内容，则应结合公证事项的具体情况，准确填写相关变量。

4. 依序装订

公证书原本存放于公证案卷，正本按当事人人数每人一本，归档一份正本，副本依当事人需要的份数制作。公证书一般按以下顺序逐页装订：公证书封面、所证明的文件中文本(或复印件)、公证书(证词页)、所证明文件的译文、公证书译文、译文与原文相符公证书、译文与原文相符公证书译文、公证书封底。

(四)制作涉外、涉港澳台公证书的特殊要求

目前，涉外公证书、涉港澳台公证书均为定式公证书。实践中，由于外国法律规范和政策的调整以及我国港澳台地区相关机构对公证书要求的变化，国内制作出具的公证书的格式也会进行相应地调整。因此，制作涉外公证书、涉港澳台公证书除遵守国内定式公证书制作的一般规则外，还应注意一些特殊的要求：

1. 制作涉外公证书的特殊要求

(1)涉外公证事项的办理和公证书的出具只能由具有办理涉外公证业务资格的公证处和公证员负责。

(2)涉外公证书的制作不仅要符合我国法律的规定，还应当遵循国际惯例，同时不得违背使用国的法律规定。

(3)涉外公证书一般附有译文。具体而言，某一涉外公证书是否需要附译文、应附何种译文，因公证书使用国的特定要求和当事人需要的不同而有所差异。例如，发往美国使用的公证文书需附英译文，在英译文后还须另页出具译文与原文相符的公证书。

(4)发往域外使用的经历、学历、结婚公证书均需在左下方粘贴当事人2寸半身免冠照片，并加盖公证机构的钢印。其他公证书，如使用地或当事人要求粘贴照片的，公证书应当粘贴照片。例如，发往美国使用的出生公证书，发往泰国使用的未婚公证书等均是如此。

(5)使用公证专用纸制作。

(6)发往国外使用的公证书除了按照规定的程序办理外，还应送外交部或者省、自治区、直辖市外事办公室和有关国家驻我国大使馆、领事馆认证。

(7)实践中，发往域外使用的公证书往往有使用时效的限制。各个国家对涉外公证书的使用时效规定不同。一般而言，超过使用时效的公证书其法律效

力终止。

2. 制作涉港澳公证书的特殊要求

涉港澳公证书是一种特殊的国内公证文书。由于我国实行一国两制，香港、澳门地区实行与我国内地不同的政治、经济和法律制度。因此，办理涉港澳公证的法律适用、办证程序、证书采证等方面与一般的国内公证存在一定的区别。

（1）涉港澳公证事项的办理和公证书的出具须由具有办理涉外公证业务资格的公证机构和公证员负责。

（2）在适用法律方面，办理和出具涉港澳公证书既要符合全国性的法律规范，同时也要符合香港、澳门特别行政区的相关规定。

（3）在办证程序上，除遵守国内公证事项的办证程序外，还须参照涉外公证书的办证程序。

（4）香港、澳门特别行政区当事人提供的证明材料，一般要经过司法部委托的香港、澳门特别行政区的公证机构的证明。

（5）发往香港、澳门特别行政区使用的公证书可根据当事人的要求附英文译文或葡萄牙文译文。

（6）使用公证专用纸制作。

3. 制作涉台公证书的特殊要求

涉台公证书是一种特殊的国内公证书。涉台公证书的办理和出具具有很强的政策性，它既不同于涉外公证，也不同于国内一般公证，与涉港澳公证也有很大区别。

（1）涉台公证书须由省、自治区、直辖市司法厅（局）公证管理部门指定的公证机构出具。公证员也须由经办的公证机构指定并报有关司法行政机关公证管理部门备案。

（2）在适用法律上，要坚持适用我国的法律规范，同时也要考虑台湾地区的相关规定以及由于历史原因形成的特殊情况。另外，在办证过程中遇到新情况、新问题时须及时汇报请示，不得擅自变通处理。

（3）使用公证专用纸制作。

（4）发往台湾地区使用的公证书通常需要载明申请人和关系人的住址。公证书需要载明台湾同胞身份证件号码的，通常是指载明《台湾居民来往大陆通行证》或者我驻外使领馆签发的《中华人民共和国旅行证》号码，当事人提交了台湾身份证的，也可以载明台湾身份证号码（能够方便公证书在台湾使用），但是不能载明台湾"护照"号码。公证书中不得出现"中华民国"、"民国××××

年"的表述。公证书落款不得出现"中华人民共和国"字样，仅打印"××省××市(县)××公证处"。

(5)在办证程序上，比照涉港澳公证书办理。此外，还有些特殊的规定，如发往台湾地区的公证书要上报司法行政机关审查，发往台湾使用的公证书由省级以上公证员协会向台湾海基会寄送副本。

(6)台湾地区的当事人在台湾地区所作的意思表示或提供的有关材料，应经台湾地区公证机构的公证。大陆的公证机构经审核后方可予以采信。

(7)对有反对中国共产党、反对社会主义、分裂祖国、鼓吹"台独"等反动内容的材料，公证机构应当拒绝公证。

定式公证书种类繁多，以下介绍几种实践中常用的定式公证书格式及其制作。

二、委托公证书

(一)委托公证书的概念

委托公证书，是公证机构根据当事人的申请，依法制作出具的证明当事人的委托行为和在委托书上的签字真实、合法的公证书。

(二)委托公证书的结构样式

公 证 书

(××××)×证×字第××号

申请人：×××(基本情况)

公证事项：委托

兹证明×××(申请人)于××××年×月×日来到我处，在本公证员的面前，在前面的委托书上签名，并表示知悉委托的法律意义和法律后果。

×××(申请人)的委托行为符合《中华人民共和国民法通则》第五十五条的规定。

中华人民共和国××省××市(县)××公证处

公证员(签名章)

××××年××月××日

(三)委托公证书的制作

1. 首部

(1)公证书名称。写明"公证书"。

(2)公证书编号。由年度、公证处代码、公证书编码组成。一般书写为：(××××)×证×字第××号。

(3)申请人基本情况。申请人为自然人的，应写明其姓名、性别、身份证号码，还可以根据公证的内容增加出生日期、住址、联系方式等情况，发往域外使用的公证书应当注明出生日期；申请人为外国人的，应当写明国籍和护照号码；申请人为法人或其他组织的，应写明其组织名称、登记注册地址，法定代表人或者负责人的姓名、性别、身份证号码则需要另起一行注明。由代理人代办的公证事项，应当在申请人基本情况后另起一行注明代理人的姓名、性别、身份证号码。(其他定式公证书申请人基本情况的表述与此大致相同，不再赘述。)

(4)公证事项。写明"委托"。

2. 正文

表述为："兹证明×××(申请人)于××××年××月××日来到我处，在本公证员的面前，在前面的委托书上签名，并表示知悉委托的法律意义和法律后果。"

制作时，应注意以下几点：

(1)在本公证机构以外的地点办理的，地点应据实表述。

(2)证词中所引用的委托书应当写明全名。

(3)委托书签署的形式应当据实表述：仅有签名的，表述为"签名"；签名、印鉴、指纹等几种形式并存的，一并予以表述；申办公证时提交了已签署的委托书，且未作修改的，表述为"×××(申请人)在本公证员的面前确认，前面的委托书是其真实的意思表示，委托书上的签名(印鉴)是×××(申请人)本人所为"。

(4)在表明签署情况后还必须注明"并表示知悉委托的法律意义和法律后果"的字样。这一规范表述体现了公证申请人对自己的法律行为知悉、认知的程度，同时也明确了公证机构在办理该公证时负有向申请人履行谨慎告知该民事法律行为的法律意义和法律后果的义务。当然，公证当事人的"知悉认识度"与公证书上的这一规范用语相吻合的判断，必须基于询问笔录的如实记载。

(5)公证书所引用的法律规范，有新法或者专门规定的，表述应作相应调整。

(6)根据需要,可以在证词结尾处另起一行注明公证书的用途,如"本公证书用于办理继承×××在香港的遗产手续"。

3. 尾部

(1)写明公证机构的全称并加盖印章。

(2)公证员签名且加盖印章。

(3)注明公证书的出具日期。

三、遗嘱公证书

(一)遗嘱公证书的概念

遗嘱公证书,是公证机构根据当事人的申请,依法制作出具的证明遗嘱人立遗嘱的行为真实、合法的公证书。

(二)遗嘱公证书的结构样式

公 证 书

(××××)×证×字第××号

申请人:×××(基本情况)

公证事项:遗嘱

兹证明×××(申请人)于××××年×月×日来到我处,在本公证员和本处公证员×××的面前,在前面的遗嘱上签名,并表示知悉遗嘱的法律意义和法律后果。

×××(申请人)的遗嘱行为符合《中华人民共和国民法通则》第五十五条和《中华人民共和国继承法》第十七条第一款的规定。

中华人民共和国××省××市(县)××公证处

公证员 (签名章)

××××年××月××日

(三)遗嘱公证书的制作

1. 首部

(1)公证书和编号。具体内容和要求同于委托公证书。

（2）申请人基本情况。申请人，即立遗嘱人。设立共同遗嘱的，立遗嘱人均应当列为申请人。

（3）公证事项。写明"遗嘱"。

2. 正文

表述为："兹证明×××（申请人）于××××年×月×日来到我处，在本公证员和本处公证员×××的面前，在前面的遗嘱上签名，并表示知悉遗嘱的法律意义和法律后果。

×××（申请人）的遗嘱行为符合《中华人民共和国民法通则》第五十五条和《中华人民共和国继承法》第十七条第一款的规定。"

制作时，应注意以下几点：

（1）在场人员如果是公证机构的其他工作人员或者见证人，应当据实表述。

（2）应写明所引用文书（遗嘱）的全名。

（3）签署的形式应当据实表述：仅有签名的，表述为"签名"；签名、印鉴、指纹等几种形式共同存在的，一并予以表述；申办公证时提交了已签署的遗嘱书，且未作修改的，表述为"×××（申请人）在本公证员的面前确认，前面的遗嘱是其真实的意思表示，遗嘱上的签名（印鉴）是×××（申请人）本人所为"。

（4）出具公证书时所引用的民法、继承法等相关立法有新的或专门规定的，表述应相应调整。

3. 尾部

具体事项与要求同于委托公证书。

四、出生公证书

（一）出生公证书的概念

出生公证书，是指公证机构根据当事人的申请，依法制作出具的证明自然人出生于我国境内的法律事实的真实性的公证书。

（二）出生公证书的结构样式

公　证　书

（××××）×证×字第××号

申请人：×××（基本情况）

公证事项：出生

兹证明×××(申请人)于××××年×月×日在××省××市(县)出生。×××(申请人)的父亲是×××(公民身份证号码××××××××××××××××××),×××(申请人)的母亲是×××(公民身份证号码××××××××××××××××××)。

中华人民共和国××省××市(县)××公证处

公证员 (签名章)

××××年××月××日

(三)出生公证书的制作

1. 首部

(1)公证书名称和编号。具体内容和要求与委托公证书相同。

(2)申请人基本情况。写明该自然人的姓名、性别、公民身份证号码,申请人为外国人的,还应当写明国籍和护照号码。发往奥地利使用的出生公证书,应在申请人基本情况栏写明申请人的住址。

(3)公证事项。写明"出生"。

2. 正文

表述为:"兹证明×××(申请人)于××××年×月×日在××省××市(县)出生。×××(申请人)的父亲是×××(公民身份证号码×××××××××××××××××××),×××(申请人)的母亲是×××(公民身份证号码××××××××××××××××××)。"

制作时,应注意以下几点:

(1)申请人的姓名、出生日期、出生地应以居民户口簿为准,无户籍的以医院出具的出生证为准。

(2)出生日期的表述应为公历,精确到"日"。

(3)出生地精确到设区的市或市(县)。出生地应为我国行政区域内的省(自治区、直辖市)、市、县(区)的现名称,现名称与出生时的名称不一致的,可以用括号加以注明。

(4)申请人的父母一般应为生父、生母,生父或者生母不详的可予注明。申请人要求注明其父母死亡情况,且能够提供相关证明的,可在姓名后加括号注明"已故"。

(5)有些国家对发往该国使用的出生公证书还有其他特定要求的应当按照其要求制作。如,发往美国、法国使用的出生公证书应加贴当事人近期二寸半身免冠照片。

3. 尾部

具体事项与要求同于委托公证书。

五、无犯罪记录公证书

(一)无犯罪记录公证书的概念

无犯罪记录公证书,是指公证机构根据当事人的申请,依法制作出具的证明申请人在中国居住(停留)期间无犯罪记录的法律事实的真实性的公证书。

(二)无犯罪记录公证书的结构样式

公 证 书

(××××)×证×字第××号

申请人:×××(基本情况)

公证事项:无犯罪记录

兹证明×××(申请人)从××××年×月×日至××××年×月×日在中华人民共和国居住期间无犯罪记录。

中华人民共和国××省××市(县)××公证处

公证员 (签名章)

××××年××月××日

(三)无犯罪记录公证书的制作

1. 首部

(1)公证书名称和编号。制作内容与要求同于委托公证书。

(2)申请人基本情况。

(3)公证事项。写明"无犯罪记录"。

2. 正文

表述为:"兹证明×××(申请人)从××××年×月×日至××××年×月×日在中华人民共和国居住期间无犯罪记录。"

制作时,应注意以下几点:

(1)公证证词开篇应表明申请人的姓名,即"兹证明×××(申请人)"字样。申请人未达到法定刑事责任年龄的,可以增加"未达到《中华人民共和国刑法》

规定的刑事责任年龄"的表述。申请人为外国人的,公证书载明的姓名应当与护照载明的姓名一致。

(2)申请人离境之前一直在中国居住的,可以不写起始日。

(3)申请人已离境,"至××××年×月×日"可为离境之日。

(4)发往中国台湾地区使用的无犯罪记录公证书,证词表述为"在中国大陆居住期间",发往中国香港、澳门地区使用的无犯罪记录公证书,证词表述为"在中国内地居住期间"。申请人是外国驻华使领馆工作人员又无外交豁免权的,可以表述为"在××国驻中华人民共和国大使馆(或××领事馆)工作期间"。

3.尾部

具体事项与要求同于委托公证书。

六、文本相符公证书

(一)文本相符公证书的概念

文本相符公证书,是指公证机构根据当事人的申请,依法制作出具的证明具有法律意义的文书的副本或影印本与该文书的原本相符合的公证书。

(二)文本相符公证书的结构样式

公 证 书

(××××)×证×字第××号

申请人:×××(基本情况)

公证事项:副本(影印本)与原本相符

兹证明前面的副本(影印本)与×××(申请人)出示给本公证员的××××(文件名称)的原本相符。

中华人民共和国××省××市(县)××公证处

公证员 (签名章)

××××年××月××日

(三)文本相符公证书的制作

1.首部

(1)公证书名称和编号。制作内容与要求同于委托公证书。

（2）申请人基本情况。

（3）公证事项。写明"副本与原本相符"、"影印本与原本相符"或"译本与原本相符"。

2. 正文

表述为："兹证明前面的副本（影印本）与×××（申请人）出示给本公证员的××××（文件名称）的原本相符。"

制作时，应注意以下几点：

（1）该公证书的证明对象是具有法律意义的文书的副本、影印本与原本是否相符，故公证机构只对该拟证明文书进行形式审查。

（2）实践中，适用"文本相符公证书格式"出具公证书，公证机构往往自行酌定增加证明印鉴（签名）属实的内容，外交认证部门也倾向于增加证明"印鉴（签名）属实"的内容。如果增加该项证明内容，证词内容可表述为："兹证明前面的复印件与×××（申请人）出示给本公证员的××××（文件名称）的原本相符。原件上的××印鉴和××签名均属实。"在这种情况下，公证事项一栏仍表述为"复印件与原件相符"。

（3）需要证明副本（影印本）所附的×文译本内容与×文原本相符，应增加"前面的副本（影印本）所附的×文译本内容与×文原本内容相符"。

3. 尾部

具体事项与要求同于委托公证书。

第三节　要素式公证书

一、要素式公证书概述

（一）要素式公证书的概念

要素式公证书，是指经当事人申请，公证机构依法制作、出具的，文书内容由规定的要素构成，但其行文结构、文字表达均由公证员结合具体公证事项的需要酌情撰述的公证书。

要素式公证书的证词内容包括必备要素和选择要素两大部分，能够较为全面地满足复杂公证事项的证明需求。必备要素是公证书的证词中必须具备的内容；选择要素是根据公证证明的实际需要或当事人的要求，酌情在公证书的证词中写明的内容。制作要素式公证书，公证员需要根据不同公证事项的法律特征来确定公证证词的基本要素，在对相关事实予以查清、证实的基础上，依法表明有可靠证明力的公证结论。要素式公证书的证词内容丰富而灵活，能够较为全面地反映公证活动的过程，增强公证书的证明力。同时，要素式公证书的推行也对公证员的业务素质提出了更高的要求。

（二）要素式公证书的适用范围

根据司法部的规定，目前要素式公证书的适用范围主要包括：在国内使用的保全证据类公证书、现场监督类公证书、合同（协议）类公证书、继承类公证书和强制执行类公证书。

（三）要素式公证书的结构样式

公 证 书

（××××）×证×字第××号

申请人：（基本情况）

公证事项：××××

证词内容：

一、必备要素

1. 申请人全称或姓名、申请日期及申请事项。

2. 公证处审查（查明）的事实及过程。

3. 公证结论。

二、选择要素

公证员认为需要说明的其他事实或情节及附件。

中华人民共和国××省××市（县）××公证处（印章）

公证员（签名章）

××××年××月××日

（四）要素式公证书的制作要求

1. 严格遵循我国法律规定的法定公证程序和国务院司法行政部门规定的格式制作。

2. 应当使用全国通用的语言文字。在民族自治地方，根据当事人的请求，可以制作当地通用的民族文字文本。

3. 仔细辨别必备要素和选择要素的不同要求。公证证词的制作具有一定的灵活性，必备要素部分必须依照样式要求一一明确，不得遗漏；选择要素的制作则应当结合公证个案的实际情况和证明目的审慎取舍。公证证词所确认的事实及有关情况必须经过调查、核实，证词的内容必须客观、真实。

4. 证词表述应当严谨规范。公证证词的行文应注重逻辑性和时间顺序，用语应简明、规范，切忌采用虚拟、夸张等修辞手法。

5. 正文篇幅应适当，必要时可根据需要采用附件形式。要素式公证书应突出正文，切忌冗长累赘，一些难以在公证证词中逐一表明的内容或材料可以考虑作为附件。

另外，要素式公证书首部和尾部的制作事项、制作要求，与定式公证书保持一致。为避免行文重复，在下文讲解具体的要素式公证书的制作时略去。

二、保全证据公证书

(一)保全证据公证书的概念

保全证据公证书，是指公证机构根据当事人的申请，依法对与申请人权益有关的、日后可能灭失或难以取得的证据，加以收存、固定并对其过程进行记录而后制作出具的公证书。

在学理上通常将保全证据公证的对象分为两大类：一是保全事实，包括保全书证、物证、视听资料、鉴定意见、勘验笔录等；二是保全行为，包括保全证人证言、当事人陈述、录音、录像或拍摄行为、送达文书等。据此可将保全证据公证书分为保全证人证言或当事人陈述公证书；保全物证、书证公证书；保全视听资料、软件公证书；保全行为公证书等。制作保全证据公证书能够及时地固定和存留证据，为人民法院或其他解纷机构公平合理地解决纠纷提供可靠的依据，从而有效地维护申请人的合法权益。

(二)保全证据公证书的参考样式

实务中，保全证据公证书的类型较多，现以保全物证、书证公证书为例对其制作进行解析。

公 证 书

(××××)×证×字第××号

申请人：甲，住所地：××省××市××街××号。
法定代表人：×××。

委托代理人：丙，男(或女)，××××年××月××日出生，身份证号码：××××××××××××××××××,现住××省××市××街××号。

关系人：乙，男(或女)，××××年××月××日出生，身份证号码：××××××××××××××××××, 现住××省××市××街××号。

公证事项：保全待拆迁的房屋

申请人甲因建设需要，拟拆除坐落在××××(具体地址)的房屋。鉴于该房屋现由乙代管(或鉴于房屋有产权纠纷或鉴于该房屋设有抵押权)，特委托代理人丙于××××年××月××日来到我处，申请对该房屋进行证据保全。

根据《中华人民共和国公证法》和《城市房屋拆迁管理条例》的规定，本公证员与公证人员张××于××××年××月××，与乙、勘测人员周××(性别、工作单位、职务或职称)、拍摄人员徐××对上述房屋进行了勘测，制作勘测文件×份，拍摄照片××张，公证人员张××还现场制作了《工作记录》一份共××页。见证人××、××(性别、年龄、住址、身份证号码)在场。

兹证明与本公证书相粘连的《××勘测文件》、《工作记录》的复印件与原件内容相符，原件上乙、周××、张××的签名属实；本公证书所附照片共××张为徐××现场拍摄，与房屋的实际情况相符，照片底片保存于我处。

附：1. ……

2. ……

中华人民共和国××省××市(县)××公证处(印章)

公证员×××(签名章)

××××年××月××日

(三)保全证据公证书正文的制作

正文，即公证证词部分，由必备要素和选择要素构成。

1. 必备要素

保全证据公证书的必备要素包括：

(1)申请人的名称或姓名、申请公证的日期及申请事项。

(2)保全标的的基本状况。包括：物证的名称、数量、表状特征等；书证的数量、名称、页数、标题、形成时间等；保全标的为商品的，要注明商品的品牌、型号、生产厂家名称、售价等；保全的物证为房屋等不动产的，要注明位置、坐落、四至、面积、结构、附属物等。证物不在公证处的，应注明存放地点。

(3)保全证据的时间、地点。

(4)保全证据的方式方法。包括：申请人提交、公证人员提取、公证人员记录、现场勘验、照相录像、技术鉴定等。

(5)保全证据的经过。包括：参与保全的人员(包括承办公证员及在场的相关人员的人数、姓名。"相关人员"是指申请人、关系人、代理人、见证人、勘验人、鉴定人以及照相、录像、绘图人员等)；公证人员在保全过程中所做的主要工作(如对重要事实进行了现场勘验、询问，提取证据履行了提示义务等。一般性、事务性的工作可记入谈话笔录，但不写入公证证词)；证据取得的时间、方式，或证据存在的方式、处所、现状等；取得的证据的数量、种类、形式等；当事人对取得的证据予以确认的方式和过程。

(6)公证员的结论。应涵盖以下内容：保全证据的方式、方法、程序是否真实、合法，证据的内容是否真实，保全证据的存放方式及存放地点。

2. 选择要素

保全证据公证书的选择要素包括：

(1)申请保全证据的原因及用途。

(2)办理该公证事项的法律依据。

(3)有书证能够证明保全标的来源或存在的，应写明书证的名称。

(4)保全拆迁房屋时，要叙明与该房屋有关的所有权人或使用权人、代管人等。

(5)保全的证据难以长期保存的，在结论中应写明保存期限。已采取变通保全措施的，结论中亦应写明。

(6)公证书的正本和副本。

(7)附件。有附件时，附件的名称、顺序号应在公证证词中列明。

三、现场监督类公证书

(一)现场监督类公证书概述

现场监督类公证书，是指公证机构指派公证员出席特定活动现场，履行法律监督职能和公证职能后依法制作出具的证明该活动真实、合法的公证书。

现场监督类公证书，包括拍卖公证书、招标公证书、开奖公证书、股份公司创立大会公证书、股票认购证抽签公证书等。下面以拍卖公证书为例对现场监督类公证书的制作予以解析。

(二)拍卖公证书的概念

拍卖公证书，是公证机构出席拍卖现场履行职能的公证员依法制作出具的证明拍卖活动真实、合法的公证书。

拍卖公证书有利于明确拍卖各方当事人的责任，平衡拍卖人与竞买人之间的利益，预防和减少拍卖纠纷以及拍卖过程中的不法行为，从而稳定拍卖市场秩序，维护拍卖各方当事人的合法权益。

（三）拍卖公证书的参考样式

公 证 书

（××××)×证×字第××号

申请人：甲（基本情况）

公证事项：××拍卖

甲于××××年××月××日向本处提出申请，对××××年××月××日举行的拍卖活动进行现场监督公证。

经查，甲向本处提交的××、××(证明材料名称)均真实、有效。委托人××、拍卖人××、拍卖师××符合《中华人民共和国拍卖法》第三章的规定，竞买人××、××符合《拍卖公告》的规定，委托人对拍卖标的享有合法处分权。本次拍卖活动已得到××(审批机构名称)批准。甲于××××年××月××日发布了拍卖公告，并于××××年××月××日展示了拍卖标的，其拟定的拍卖规则和拍卖程序符合《中华人民共和国拍卖法》的规定。

根据《中华人民共和国拍卖法》、《中华人民共和国公证法》、《公证程序规则》的规定，本处公证员××、××于××××年××月××日在××(地点)出席了拍卖现场。经审查和监督，拍卖活动中采用的××(具体拍卖方式)和××(具体竞价形式)符合拍卖规则，拍卖结果为××以人民币××元购得拍卖标的。

兹证明本次拍卖活动及拍卖结果真实、合法、有效。

附件：（1）成交确认书

　　　（2）××××

中华人民共和国××省××市(县)××公证处(印章)

公证员×××(签名章)

××××年××月××日

(四)拍卖公证书正文的制作

1. 必备要素

拍卖公证书正文的必备要素包括：

(1)申请人的全称或姓名、申请日期及申请事项；

(2)对委托人、拍卖人、拍卖师及竞买人资格的审查情况；

(3)拍卖标的的基本情况及对其所有权或处分权的审查结果；

(4)拍卖公告及拍卖标的的展示情况；

(5)对拍卖规则内容的审查结果；

(6)拍卖活动是否得到有关部门的批准或许可；

(7)承办公证机构的名称、承办公证人员姓名及公证的法律依据；

(8)拍卖的时间、地点及拍卖过程(含拍卖方式、竞价形式)是否符合拍卖规则；

(9)拍卖结果及公证结论，应包括：当事人的资格是否合法，意思表示是否真实；拍卖程序是否真实、合法；对拍卖结果的确认(包括买受人姓名、拍卖成交价格、成交标的物名称、成交时间等)。

2. 选择要素

拍卖公证书正文的选择要素包括：

(1)申请人提供的证据材料的真实性、合法性；

(2)拍卖人对拍卖标的的来源、瑕疵及相关责任的说明；

(3)有调查取证情节的，可据查证时间对查证认定的事实在公证书中逐项列出；

(4)拍卖活动有见证人的，应将其民事主体资格状况连同"见证人×××、×××在场见证"字样一并在公证书中加以描述；

(5)公证员认为需要认定的其他事实或情节；

(6)公证书的生效日期；

(7)附件。

四、合同协议类公证书

(一)合同协议类公证书的概念

合同协议类公证书，是指公证机构指派公证员依法履行职能而制作出具的证明当事人之间签订合同(协议)的行为真实、合法的公证书。

合同协议类公证书包括一般合同(协议)公证书、土地使用权出让(或转让)合同公证书、商品房买卖合同公证书三种。

(二)合同协议类公证书的参考样式

公 证 书

(××××)×证×字第××号

申请人

甲方：××××(全称)，营业执照/社团登记证编号：××××，住所：××××。

法定代表人：×××，职务：××××。

委托代理人：×××，职务：××××。

乙方：×××(姓名)，男/女，××××年××月××日出生，现住××××/身份证号码：××××××××××××××××××。

委托代理人：×××，身份证号码：××××××××××××××××××。

公证事项：××××合同/协议。

甲、乙双方于××××年××月××日向本处申请办理前面的《××××合同/协议》公证。

经查，甲、乙双方经协商一致订立了前面的《××××合同/协议》。甲、乙双方在订立合同时具有法律规定的民事权利能力和民事行为能力(如有代理人，应写明：代理人具有相应的代理权)，双方当事人签订《××××合同/协议》的意思表示真实，合同/协议内容具体、明确，合同/协议项下标的符合法律规定的出售(或租赁等)条件，共有人×××对出售该标的物无异议。

依据上述事实，兹证明××××(甲方全称)的法定代表人(或法定代表人的代理人)与×××(乙方姓名)的委托代理人×××于××××年××月××日在××××(合同/协议签订地点)、在本公证员面前签订了前面的《××××合同/协议》。双方当事人的签约行为符合《中华人民共和国民法通则》第五十五条的规定，合同/协议内容符合《中华人民共和国合同法》的规定，合同/协议上双方当事人的签字、印鉴属实。

该合同/协议自双方签字、盖章(公证或××××部门批准/登记)之日起生效。

中华人民共和国××省××市(县)××公证处(印章)

公证员×××(签名章)

××××年××月××日

(三)合同(协议)公证书正文的制作

1. 必备要素

(1)申请人全称或姓名、申请日期及申请事项。

(2)公证处审查(查明)的事实。包括:当事人的身份、资格及签订合同的民事权利能力和行为能力;代理人的身份及代理权限;担保人的身份、资格及担保能力;当事人签订合同的意思表示是否真实,是否对合同的主要条款取得了一致意见;合同条款是否完备,内容是否明确、具体(可以简述合同的关键性内容);是否履行了法律规定的批准或许可手续。

(3)公证结论。包括:当事人签订合同的日期、地点、方式等;当事人签订合同(协议)行为的合法性(引用《中华人民共和国民法通则》第五十五条的规定);合同(协议)内容的合法性(引用《中华人民共和国合同法》或有关法律、法规的规定);当事人在合同(协议)上的签字、盖章的真实性。

2. 选择要素

(1)合同标的物的权属情况及相关权利人的意思表示(权属情况指所有权、使用权、担保物权、专有权、专用权等;相关权利人包括:与合同标的有关的共有权人、所有权人、使用权人、担保权人等。转让、承包或租赁合同标的物时,应按法律规定征得相关权利人的同意或认可);

(2)当事人对合同内容的重要解释或说明;

(3)当事人是否了解了合同的全部内容(在签订格式合同时,此点特别重要);

(4)合同生效时间及条件等(如法律规定合同需经登记或批准方能生效的,公证书中应予注明);

(5)公证员认为需要说明的其他事实或情节;

(6)附件(有附件时,附件的名称、顺序号应在公证证词中列明)。

五、继承公证书

(一)继承类公证书的概念

继承公证书,是指公证机构指派的公证员根据当事人的申请,依法制作出具的证明继承人的继承权、放弃继承、实现继承行为的真实、合法的公证书。

继承公证书,具体可分为法定继承公证书、代位继承公证书、法定继承(转继承)公证书、法定继承(有限责任公司股东资格继承)公证书、遗嘱继承公证书等。

(二)继承公证书的参考样式

1. 法定继承公证书的参考样式

公 证 书

(××××)×证×字第××号

申请人：甲，男(或女)，××××年××月××日出生，身份证号码：××××
×××××××××××××××，现住××省××市××街××号。

乙，男(或女)，××××年××月××日出生，身份证号码：××××××××××
×××××××××，现住××省××市××街××号。

丙，男(或女)，××××年××月××日出生，身份证号码：××××××××××
×××××××××，现住××省××市××街××号。

丁，男(或女)，××××年××月××日出生，身份证号码：××××××××××
×××××××××，现住××省××市××街××号。

法定/委托代理人：A，男(或女)，××××年×月×日出生，身份证号码：
×××××××××××××××××××，现住××省××市××街××号。

被继承人：戊，女(或男)，××××年×月×日出生，生前住××省××市××
街××号。

公证事项：继承权

申请人甲、乙、丙、丁/法定/委托代理人因继承被继承人戊的遗产，于×
×××年×月×日向本处申请办理继承权公证，并提供了以下证明材料：××××。

根据《中华人民共和国公证法》的规定，本处对申请人提交的权利证明及
相关证据材料进行了审查核实，并对申请人及有关人员进行了询问，现查明如
下事实：

一、被继承人戊于××××年×月×日因病在×××死亡。

二、继承人甲、乙、丙、丁/法定/委托代理人向本处申请继承被继承人戊
遗留的财产(被继承人戊生前与其配偶甲的夫妻共同财产)，包括：

(一)坐落在××××的房屋，《房屋产权证》编号：××××。

(二)存款：人民币(或美元等)××××元，现存××银行，存单号码：××
××。

(三)其他财产/财产权利。

三、据被继承人戊的所有继承人甲、乙、丙、丁称，被继承人戊生前无遗

嘱，亦未与他人签订遗赠扶养协议。继承人对被继承人生前无遗嘱及遗赠扶养协议无争议，截至本公证书出具之日亦未有他人向本处提出异议。

四、被继承人戊的配偶甲；戊的儿子乙；戊的父亲丙；戊的母亲丁。

五、现甲、乙均表示要求继承被继承人戊的遗产，丙、丁表示放弃对被继承人戊的遗产继承权。

根据上述事实并依据《中华人民共和国继承法》第三条的规定，被继承人戊死亡时遗留的上述个人合法财产为戊的遗产（或依据《中华人民共和国继承法》第三条、第二十六条的规定，上述夫妻财产的一半为死者戊的遗产）。根据《中华人民共和国继承法》第五条、第十条、第二十五条的规定，被继承人的遗产应由其配偶甲、儿子乙、父亲丙、母亲丁共同继承，因丙、丁表示放弃对被继承人戊的遗产继承权，因此，兹证明被继承人戊的遗产由甲、乙共同继承（或者根据继承人之间就分割遗产达成的协议，被继承人戊的遗产由×××、×××继承）。

中华人民共和国××省××市××公证处（印章）

公证员（签名章）

××××年××月××日

2. 遗嘱继承公证书的参考样式

公 证 书

（××××）×证×字第××号

申请人：甲，男（或女），××××年××月××日出生，身份证号码：××××××××××××××××××××，现住××省××市××街××号。

被继承人：A，女（或男），××××年××月××日出生，生前住××省××市××街××号。

公证事项：继承权

申请人甲因继承被继承人A的遗产，于××××年××月××日向本处申请办理继承权公证，并提交了如下证明材料：……

根据《中华人民共和国公证法》的规定，本处对申请人提交的权利证明及相关的证据材料进行了审查核实，并对申请人及有关人员进行了询问，现查明如下事实：

一、被继承人 A 于××××年××月××日因病在×××死亡。

二、据被继承人 A 的所有继承人×××、×××称，被继承人 A 生前未与他人签订遗赠扶养协议。但 A 生前立有遗嘱，且该遗嘱为被继承人 A 生前所立的最后一份有效遗嘱。A 的其他所有继承人对该遗嘱均予认可。

三、继承人甲向本处申请继承被继承人 A 遗留的财产：

(一)坐落在××××的房屋,《房屋产权证》编号：××××。

(二)存款：人民币(或美元等)××××元，现存×××银行，存单号码：××××。

(三)其他财产/财产权利。

兹证明 A 生前所立遗嘱未违反《中华人民共和国继承法》的规定，真实、有效。根据 A 的遗嘱，A 死亡时遗留的上述个人合法财产由甲继承。

中华人民共和国××省××市××公证处(印章)

公证员(签名章)

××××年××月××日

(三)继承类公证书正文的制作

1. 必备要素

(1)继承人的姓名、申请日期、申请事项。一般表述为："×××(继承人姓名)因继承被继承人×××的遗产，于××××年××月××日向本处申请办理继承权公证"。

(2)申请人提供的证明材料。

(3)公证机构向当事人告知了继承权公证的法律意义和可能产生的法律后果。

(4)公证机构查明(审查核实)的事实。包括：被继承人死亡的时间、地点；继承人申请继承被继承人的遗产的情况。(公证机构只对继承人申请继承的被继承人的遗产情况进行核实，即核实：个人合法财产及财产权利的种类、数量，是否与他人共有或者是夫妻共有财产，是否有典当、抵押、出质或其他权利受限制的情况，现存放何处，由何人保管。被继承人的遗产应详细列明，财产种类、数量较多的可制作成财产清单作为公证书的附件)；经向所有继承人核实，被继承人生前是否立有遗嘱、遗赠扶养协议(公证机构必须向所有法定继承人进行核实，确认被继承人生前是否立有遗嘱或与他人订立遗赠扶养协议。有遗嘱的，按照遗嘱继承或者遗赠办理；有遗赠扶养协议的，按照协议办

259

理。有遗嘱、遗赠扶养协议的必须审查其真实性、合法性，并应注意遗嘱、遗赠扶养协议是否包括被继承人全部的遗产）；被继承人的全体继承人，有无死亡的继承人；继承人与被继承人的亲属关系；代位继承的情况及其他继承人（继承人与被继承人的亲属关系，首先核实被继承人第一顺序继承人，注明其身份。没有第一顺序继承人的应予以说明；其次再核实第二顺序继承人的身份。特别应注意我国《继承法》第 10 条、第 12 条有关子女、父母、兄弟姐妹、丧偶儿媳、女婿的规定。凡符合法定条件的继承人均予以列入；代位继承情况及其他继承人，主要查明继承人与被继承人死亡的先后时间，核实代位继承的代位继承人、其他继承人是否符合条件）；继承人中有无丧失继承权的情况；有无放弃继承权的情况（继承人放弃继承权的，公证员应进行询问，询问过程应记入询问笔录，或者提交经公证的放弃继承权声明书；证词中应具体写明继承人放弃继承的遗产的范围。）

（5）公证结论。包括：法律事实和理由；被继承人遗留的个人财产为合法财产；被继承人的合法继承人；被继承人的遗产由何人继承、如何继承（情况复杂的，可以表述具体继承份额、有无代为保管遗产的人等）。

2. 选择要素

（1）被继承人的死亡原因（申请人提供的证据材料能够说明被继承人死亡原因的，可以在证词中写明。如被害死亡，尤应审查是否继承人所为，是否导致继承人丧失继承权）。

（2）继承人提供的证据材料的真实性、合法性。

（3）适用遗嘱继承的，当事人是否了解遗嘱的内容。公证机构经向所有继承人核实，用于继承的遗嘱为被继承人所立的最后一份有效遗嘱（适用遗嘱继承的，此项为必备要素）。

（4）对遗嘱见证人、执行人、遗产的使用人、保管人等事项的说明。

（5）根据遗嘱信托办理继承权公证的，应当根据遗嘱的内容，列明受托人应承担的义务。

（6）根据有关继承的特别法的规定办理继承权公证的，写明特别法的具体适用。

（7）被继承人生前未缴纳的税款和债务情况，继承人对此所作的意思表示。

（8）公证员认为需要告知的有关继承的其他法律规定及认为需要说明的其他事实或情节。

六、强制执行公证书

(一)强制执行公证书的概念

广义的强制执行公证书包括具有强制执行效力的债权文书公证书和在具有强制执行效力的债权文书公证书基础上签发的执行证书。狭义的强制执行公证书,一般是指具有强制执行效力的债权文书公证书,即对经公证的以给付现金、物品为主要内容并载明债务人自愿接受强制执行措施的债权文书,当债务人不履行或者不完全履行债务时,公证机构根据当事人的申请依法出具的公证书。

《民事诉讼法》第238条规定:对公证机关依法赋予强制执行效力的债权文书,一方当事人不履行的,对方当事人可以向有管辖权的人民法院申请执行,受申请的人民法院应当执行。公证债权文书确有错误的,人民法院裁定不予执行,并将裁定书送达双方当事人和公证机关。故下文所述强制执行公证书,仅指具有强制执行效力的债权文书公证书。

(二)具有强制执行效力的债权文书公证书的参考样式

具有强制执行效力的债权文书公证书

(××××)×证×字第××号

申请人:借款人:宋××,男,××××年××月××日出生,现住××市××区××路××号,身份证号码:××××××××××××××××××。

贷款人:××银行××市××支行,地址:××市××路××号

负责人:王××,职务。

委托代理人:李××,职业及职务。

公证事项:赋予个人住房借款合同及其补充协议强制执行效力

申请人宋××(下称"甲方")、××银行××市××支行(下称"乙方")于××××年××月××日向本处申请对前面的《个人住房借款合同》及其《补充协议》(下称"该合同及补充协议")进行公证并赋予该合同及补充协议强制执行效力。

甲方向本处提交了下述证明材料:一、甲方与其配偶毛××的身份证、居民户口簿、结婚证;二、商品房买卖合同;三、购房首付发票;四、个人职业及收入证明。

　　乙方向本处提交了下述证明材料：一、注册号为企字××××号的营业执照（副本）；二、编号为××××号的金融机构营业许可证（副本）；三、负责人王××的身份证；四、乙方委托李××为代理人的《授权委托书》；五、个人汽车消费（或住房）贷款担保方授信额度审批表、个人住房贷款审查（审批）表。

　　经查，甲乙双方依法均具有签订该合同及补充协议、建立借贷法律关系的民事权利能力和民事行为能力。本公证员就该合同及补充协议的内容及甲乙双方提交的证明材料依法进行了审查，因甲方及其配偶毛××未就该合同及补充协议项下的房产作过夫妻财产约定，故本公证员要求甲方及其配偶共同确认该合同及补充协议的内容，并告知了强制执行公证的有关法律规定、法律意义和可能产生的法律后果。在此基础上，甲乙双方经协商，订立了本公证书前面的合同及其补充协议。双方在该合同及补充协议中明确约定了借款的币种、数额、还款期限、利率及违约责任等条款；为保证债务的履行，甲方作出了自愿接受强制执行的意思表示，甲方配偶毛××在本公证员面前另行签署了对该合同及补充协议无异议的《确认书》并办理了公证（公证书编号：××××）。甲乙双方并就债务人违约时本处应债权人的申请出具《执行证书》前的核实内容、程序达成了明确、具体的约定。

　　依据上述事实，兹证明甲方宋××与乙方××银行××市××支行负责人的代理人李××于××××年××月××日在××市，在本公证员面前签署了前面的《个人住房借款合同》及其《补充协议》，当事人的签约行为符合《中华人民共和国民法通则》第五十五条的规定，该合同及补充协议的内容符合《中华人民共和国合同法》的有关规定，合同、协议上双方当事人的签字、印章均属实。

　　根据《中华人民共和国民事诉讼法》第二百三十八条、《中华人民共和国公证法》第三十七条和《最高人民法院司法部关于公证机关赋予强制执行效力的债权文书执行有关问题的联合通知》的有关规定，自前面的《个人住房借款合同》及其《补充协议》生效及债权债务形成之日起，本公证书具有强制执行效力。

中华人民共和国××市××公证处（印章）

公证员（签名章）

××××年××月××日

（三）具有强制执行效力的债权文书公证书的制作

1. 必备要素

（1）申请人的名称或姓名、申请日期及申请的公证事项。

（2）公证机构查明的事实。包括：当事人的身份情况及签订债权文书的民事权利能力与民事行为能力；代理人的身份情况及代理权限；担保人的身份情况及民事权利能力和民事行为能力；债权文书所附担保合同标的物的权属情况及相关权利人的意思表示；债权文书的主要条款是否完备，内容是否明确、具体；当事人签订债权文书的意思表示是否真实、是否对所有条款达成了一致意见；当事人是否了解、确认了债权文书的全部内容；是否履行了法律规定的批准、许可或登记手续；公证机构对强制执行公证的法律意义和可能产生的法律后果的告知；债权文书当事人对强制执行的约定及债务人/担保人自愿接受强制执行的意思表示；债权文书当事人就《执行证书》出具前公证机构核查内容、方式达成的在先约定。

（3）公证结论。包括：当事人签订债权文书的日期、地点等；当事人签订债权文书行为的合法性；债权文书内容的合法性；当事人在债权文书上签字、盖章的真实性；赋予该债权文书强制执行效力的法律依据；债权文书的生效日期、条件等（写明自债权文书生效及债权债务形成之日起，公证书具有强制执行效力）。

2. 选择要素

选择要素包括：双方当事人向公证机构提交的证据材料；当事人对债权文书的重要解释或说明；公证员认为需要说明的其他情况；附件。

思考题

1. 试述公证文书的概念和效力。

2. 出具公证书的基本条件有哪些？

3. 简述公证书的出证程序。

4. 试论公证书的法律效力。

5. 制作涉外和涉港澳台公证书应注意哪些问题？

6. 比较要素式公证书与定式公证书的异同。

7. 试论要素式公证书的发展趋势。

8. 保全证据公证书的必备要素和选择要素有哪些？

9. 合同协议公证书的必备要素和选择要素有哪些？

10. 继承公证书的的必备要素和选择要素分别是什么？

11. 试论我国公证文书的改革。

参考文献

1. 杨红波主编. 新编司法文书教程[M]. 北京：群众出版社，2003.

2. 叶青，黄群主编. 中国公证制度研究[M]. 上海：上海社会科学院出版社，2004.

3. 司法部律师公证工作指导司编. 中外公证法律制度资料汇编[M]. 北京：法律出版社，2004.

4. 杜福磊，赵朝琴主编. 法律文书写作教程[M]. 北京：高等教育出版社，2006.

5. 马宏俊主编. 法律文书写作[M]. 北京：中国人民大学出版社，2007.

6. 周道鸾主编. 法律文书教程[M]. 北京：法律出版社，2008.

7. 卓朝君，邓晓静编著. 法律文书学[M]. 北京：北京大学出版社，2007.

8. 陈卫东，刘计划主编. 法律文书写作[M]. 第2版. 北京：中国人民大学出版社，2007.

9. 宫晓冰. 中国公证制度的完善[J]. 法学研究，2003(5).

10. 李颂银. 也论公证的法律效力[J]. 法学评论，2006(3).

11. 黄祎. 关于我国公证效力的解析[J]. 政治与法律，2006(5).

12. 黄群. 继承权公证若干问题的探讨[J]. 中国司法，2006(9).

第十一章　仲裁文书

【内容提要】

仲裁协议书是争议双方依法达成的通过仲裁解决纠纷的合意，是仲裁的基础。仲裁当事人及其委托代理人为申请或参加仲裁，仲裁机构为解决争议和确定当事人之间的权利义务关系而制作的具有法律效力或法律意义的法律文书的总和即为仲裁文书。从不同的标准出发，可将仲裁文书划分为各种类别。以制作主体为标准，仲裁文书可分为：仲裁当事人及其委托代理人制作的仲裁文书和仲裁机构制作的仲裁文书。制作仲裁文书的基本要求是：遵循法律规定、符合制作规范、叙述事实客观、论证说理充分。

仲裁协议书、仲裁申请书和仲裁答辩书由仲裁当事人及其委托代理人制作。仲裁机构制作的文书主要有仲裁裁决书和仲裁调解书。仲裁裁决书与民事判决书的结构模式较为接近，只是仲裁裁决书的制作更为灵活。仲裁调解书只适用于国内仲裁，其结构模式类似于民事调解书。

【基本概念】

仲裁文书　仲裁协议书　仲裁申请书　仲裁答辩书　仲裁裁决书　仲裁调解书

第一节　概　　述

一、仲裁文书的概念和分类

（一）仲裁文书的概念

仲裁文书，是指在争议双方依法达成通过仲裁解决纠纷的合意所产生的仲裁协议的基础上，仲裁当事人及其委托代理人为申请或参加仲裁，仲裁机构为处理解决争议和确定当事人之间的权利义务关系而制作的具有法律效力或法律意义的法律文书的总称。

仲裁程序具有专业、灵活、简便、快捷的特点，且成本低廉，在解决民商事争议方面有着其他纠纷解决方式无可比拟的显著优势。仲裁庭最终作出的仲裁裁决还可以作为人民法院强制执行的根据。由此，仲裁制度已经成为我国在民事诉讼之外解决民商事争议的重要制度。可以预见，在不久的将来，越来越多的民商事纠纷将会经由仲裁得以解决。为此，我们有必要认真思索仲裁文书制作的规范性和合理性，寻求不断提高其制作质量的方法和途径，以适应社会日益发展、仲裁制度逐步健全与完善的需求。

（二）仲裁文书的分类

从不同的标准出发，可将仲裁文书划分为不同的类别。下面介绍几种较为常见的仲裁文书的分类方式：

1. 以适用范围为标准来划分，仲裁文书可分为国内仲裁文书和涉外仲裁文书。国内仲裁文书，包括申请和参加国内仲裁的当事人及其委托代理人制作的仲裁文书；国内的仲裁机构，即省、自治区和各直辖市人民政府所在的市以及其他设区的市设立的仲裁委员会等制作的仲裁文书。涉外仲裁文书，包括申请和参加涉外仲裁的当事人制作的仲裁文书；涉外的仲裁机构，即中国国际经济贸易仲裁委员会、中国海事仲裁委员会、其他有权处理涉外民商事纠纷的仲裁机构，以及国际商事仲裁机构等制作的仲裁文书。

2. 以制作主体为标准来划分，仲裁文书可分为仲裁当事人及其委托代理人制作的仲裁文书和仲裁机构制作的仲裁文书。仲裁当事人及其委托代理人制作的文书包括仲裁协议书、仲裁申请书、仲裁答辩书、仲裁反请求书、仲裁保全申请书、仲裁担保书等；仲裁机构制作的文书主要有仲裁裁定书、仲裁裁决书、仲裁调解书等。

3. 以仲裁实施阶段为标准来划分，仲裁文书可分为达成仲裁协议阶段的文书；仲裁申请和受理阶段的文书；仲裁审前准备阶段的文书；仲裁审理阶段的文书；仲裁裁决阶段的文书；仲裁执行阶段的文书。

二、仲裁文书的制作要求

民商事争议的当事人往往一方面希望纠纷能够较为迅速地得以解决，另一方面又要求自己的隐私或商业秘密得到更为有效的保护，同时也企盼民商事领域产生的纠纷会有更加专业的裁判。仲裁制度所具有的优势和特点正好顺应了当事人对纠纷解决的这种多重性需求。仲裁解纷机制的这些特色理当在仲裁文书中充分地加以体现，为此，制作仲裁文书首先应当满足如下基本要求：

1. 遵循法律规定

《中华人民共和国仲裁法》、各个仲裁委员会制定的仲裁规则以及《最高人民法院关于适用〈中华人民共和国仲裁法〉若干问题的解释》，是制作仲裁文书的主要法律法规及司法解释依据。关于仲裁协议书、仲裁申请书、仲裁答辩书、仲裁裁决书、仲裁调解书等的结构和内容，在上述法律法规中皆有着具体的规定，文书制作者必须正确而细致地加以理解和把握，认真执行。如果法律规范明确了法定期限的，仲裁文书应在该期限内制作完成。此外，由于仲裁所处理和解决的争议范围十分广泛，对于各种不同的争议，还必须遵循相关实体法的规定。

2. 符合制作规范

与其他法律文书一样，仲裁文书亦存在着各自相应的格式要求，制作之前应熟悉其具体的结构和形式。仲裁文书既要遵从相关的格式，叙述的事项必须完备齐全，前后照应；同时对已经固定的程式化的内容也不宜随意进行改变；当事人及相关人员的称谓在同一份文书中应当规范并保持一致；在文书中需要表述数字、数量单位等技术性的内容时，应当按照通行的规范标准确切地予以表达。

3. 叙述事实客观

仲裁文书必须如实地陈述纠纷事实。不管是仲裁当事人及其委托代理人还是仲裁庭的组成人员，在制作文书时都应结合自己经历或据证据判断的情况，客观地反映其所认知的争议事实。叙述事实力求做到内容完备、重点突出、逻辑严密、前后协调。事实的基本要素及关键性情节清楚明了。证据和事实可视需要分别表述，也可根据案情的复杂程度，将事实分成若干部分或阶段，叙述完每一阶段的事实后接着分析能够证明该段事实的证据。事实要与证据相辅相成，互相对应。

4. 论证说理充分

仲裁文书，尤其是仲裁裁决书应进一步强化其论证说理，以增强文书的说服力与可信度。仲裁裁决书的说理应当全面、充分、透彻，符合逻辑规律。论证说理之时不能泛泛而论，而应联系各个案件的具体案情，深入地展开，还要结合论理法则灵活地进行处理与把握。论证说理应力求详略得当，并做到以理服人，特别是当需要运用自由裁量权时，裁决者的观点、思路与推理过程必须完整展现。

第二节　仲裁协议书

一、仲裁协议书的概念与法律依据

仲裁协议书，是指当事人之间达成的将特定的民商事争议提交仲裁解决的书面协议。仲裁协议书是双方当事人所表达的采用仲裁方式解决纠纷的意愿的法律文书，是将双方当事人之间的仲裁合意书面化、法律化的形式。① 仲裁协议书既是双方当事人自愿将他们之间发生的争议提交某一仲裁机构并按其仲裁规则仲裁解决的一种书面意思表示，也是仲裁机构受理民商事仲裁案件的唯一依据。

根据我国《仲裁法》第 16 条第 2 款的规定要求，仲裁协议的内容必须具备三要素：一是要有请求仲裁的意思表示；二是要有仲裁事项；三是要有选定的仲裁委员会。同时，我国《仲裁法》第 17 条还规定："有下列情形之一的，仲裁协议无效：（一）约定的仲裁事项超出法律规定的仲裁范围的；（二）无民事行为能力人或者限制民事行为能力人订立的仲裁协议；（三）一方采取胁迫手段，迫使对方订立仲裁协议的。"当事人达成仲裁协议时应遵从法律的规定，否则会导致仲裁协议无效。

二、仲裁协议书的结构样式

仲裁协议书包括书面的仲裁协议书和合同中的仲裁条款。这两种不同的仲裁协议书，在结构样式和表现形式方面均存在着显著的差别，制作时应注意加以区分。

(一)示范仲裁条款简介

仲裁条款，是指在当事人签订的主合同中以单独的条款形式存在的书面仲裁协议。

仲裁条款包含于主合同中，故而大多内容简短、言词粗略，在完整体现当事人的真实意思表示方面容易产生歧义，从而引发争端与问题。在仲裁实践中，因仲裁条款的表述不规范致使仲裁协议无效的情形屡见不鲜。为规范仲裁协议的内容，便利当事人订立仲裁条款，促进仲裁机构仲裁权的有效行使，许多国内以及国际的仲裁机构纷纷推出了示范仲裁条款供当事人参考。

---

① 乔欣主编：《比较商事仲裁》，法律出版社 2004 年版，第 117 页。

下面集中介绍一些具有代表性的示范仲裁条款。

1. 中国国际经济贸易仲裁委员会推荐的示范仲裁条款

凡因本合同引起的或与本合同有关的任何争议，均应提交中国国际经济贸易仲裁委员会，按照申请仲裁时该会现行有效的仲裁规则进行仲裁。仲裁裁决是终局的，对双方均有约束力。

凡因本合同引起的或与本合同有关的任何争议，均应提交中国国际经济贸易仲裁委员会＿＿＿＿＿＿＿＿分会（仲裁中心），按照仲裁申请时中国国际经济贸易仲裁委员会现行有效的仲裁规则进行仲裁。仲裁裁决是终局的，对双方均有约束力。

2. 中国海事仲裁委员会推荐的示范仲裁条款

凡因本合同引起的或与本合同有关的任何争议，均应提交中国海事仲裁委员会，按照申请仲裁时该会现行有效的仲裁规则进行仲裁。仲裁裁决是终局的，对双方均有约束力。

3. 香港国际仲裁中心推荐的示范仲裁条款

（1）由香港国际仲裁中心管理的仲裁：
凡因本合同所引起的或与之相关的任何争议、纠纷或索赔，包括违约、合同的效力和终止，均应根据提交仲裁通知时有效的《香港国际仲裁中心机构仲裁规则》，在香港仲裁解决。
（2）按 UNCITRAL 规则仲裁：
凡因本合同产生或与本合同有关的争议、争执或索偿，或违约、合同的终止或有效无效，均应通过仲裁解决。仲裁按目前有效的《联合国国际贸易法委员会的仲裁规则》进行，但可作下述修改。
指定仲裁员的机构是香港国际仲裁中心。
仲裁地点在香港的香港国际仲裁中心。
只用一名仲裁员。
仲裁程序使用的语言是……
仲裁由香港国际仲裁中心按照合同签订时有效的香港国际仲裁中心的仲裁程序规则，包括对联合国国际贸易法委员会仲裁规则的补充部分，进行管理。

（3）本地仲裁：

凡因本合同产生或与本合同有关的任何争议或分歧均应提交香港国际仲裁中心并按其本地仲裁规则通过仲裁解决。

4. 伦敦国际仲裁院推荐的示范仲裁条款

（1）未来争议

合同的当事人拟将未来的争议按照伦敦国际仲裁院的规则提交仲裁的，建议使用下列条款。方括号中的词语或空格应适当地删除或填写。

由于本合同产生的或与本合同有关的任何争议，包括对其成立、效力或终止的任何问题，均应按照《伦敦国际仲裁院仲裁规则》提交仲裁并通过仲裁予以最终解决，伦敦国际仲裁院的规则被视为已经并入本条款之内。

仲裁员人数应为［一/三名］。

仲裁地点应为［国家及/或城市］。

仲裁程序使用的语言应为［　］。

合同的管辖法律应为［　］的实体法。

（2）现存争议

倘若争议已经发生，但当事人之间并无同意进行仲裁的协议或当事人拟变更解决争议的条款以便提交伦敦国际仲裁院仲裁，建议使用下列条款。方括号中的词语或空格应适当地删除或填写。

当事人之间关于［　］已经发生争议，当事人特依此协议将该争议按伦敦国际仲裁院规则提交仲裁并通过仲裁予以最终解决。

仲裁员人数应为［一/三名］。

仲裁地点应为［国家及/或城市］。

仲裁程序使用的语言应为［　］。

合同的管辖法律应为［　］的实体法。

5. 国际商会国际仲裁院推荐的示范仲裁条款

凡产生于本合同或者与本合同有关的争议，均应当提交国际商会国际仲裁院并根据国际商会仲裁规则由按本规则指定的一名或者多名仲裁员终局解决。

6. 联合国国际贸易法委员会仲裁规则推荐的示范仲裁条款

任何争议、争执或请求，凡由于本合同而引起的或与之有关的，或由于本合同的违反、终止或无效而引起的或与之有关的，均应按照《联合国国际贸易法委员会仲裁规则》仲裁解决。

注——各方当事人应当考虑增列：

(a)指定机构应为……(机构名称或人名)；

(b)仲裁员人数应为……(一名或三名)；

(c)仲裁地应为……(城市和国家)；

(d)仲裁程序中使用的语言应为……

(二)仲裁协议书的结构样式

仲裁协议书

当事人名称(或姓名)：(写明基本情况)

当事人名称(或姓名)：(写明基本情况)

我们双方愿意提请×××仲裁委员会根据其仲裁规则仲裁解决如下争议：

一、(争议内容)

1. _____

2. _____

3. 争议的事项及其所产生的法律关系

二、我们同意仲裁裁决是终局的，对双方均有约束力。

当事人名称(或姓名)：　　　　　当事人名称(或姓名)：

法定代表人：签名(盖章)　　　　法定代表人：签名(盖章)

　年　月　日　　　　　　　　　年　月　日

(三)仲裁补充协议书的结构样式

《仲裁法》第18条规定："仲裁协议对仲裁事项或者仲裁委员会没有约定或者约定不明确的，当事人可以补充协议；达不成补充协议的，仲裁协议无效."当事人达成的仲裁协议存在缺陷,不符合法定的生效要件,并不必然导致其无效,双方还可以补充协议的方式进行补救,于是就有了仲裁补充协议书。

仲裁补充协议书

根据《中华人民共和国仲裁法》,我们经过协商,愿就_____年____月____日签订的_____合同第_____条约定的仲裁事项,达成如下补充协议:

凡因执行本合同或与本合同有关的一切争议,申请_____仲裁委员会仲裁,并适用_____仲裁委员会仲裁规则。_____仲裁委员会的裁决是终局的,对双方都有约束力。

当事人名称(姓名):　　　　　　　当事人名称(姓名):
法定代表人:　　　　　　　　　　　法定代表人:
签名(盖章)　　　　　　　　　　　签名(盖章)
　　年　月　　日　　　　　　　　　　年　月　　日

三、仲裁协议书的制作

(一)首部

仲裁协议书的首部首先应标明文书标题,即仲裁协议书。然后写明达成协议的双方当事人的基本情况。

(二)正文

仲裁协议书的正文就是双方当事人所达成合意的具体内容,包括约定的仲裁事项、将争议提交的仲裁委员会的名称、仲裁裁决的效力等。

1. 选定的仲裁机构

选定具体的仲裁委员会是我国仲裁协议的法定特别生效要件。因此为避免仲裁协议的无效,当事人必须在仲裁协议书中明确约定具体的仲裁机构,也就是准确写明所选择的仲裁委员会的名称。

2. 仲裁事项

我国立法确定的仲裁事项是:平等主体的公民、法人和其他组织之间发生的合同纠纷和其他财产权益纠纷。仲裁协议书中约定的仲裁事项应当在此范围之内，否则会影响仲裁协议的效力。

仲裁事项可分为概括的仲裁事项和具体的仲裁事项。当事人协议仲裁的是全部财产权益纠纷，为概括的仲裁事项；当事人协议仲裁的是某项财产权益纠纷，为具体的仲裁事项。无论当事人请求仲裁的事项属于哪一种，皆应将之表述得清楚明白。

3. 仲裁裁决的效力

仲裁实行一裁终局的制度。仲裁裁决作出后，当事人不得就同一纠纷再次申请仲裁或者向人民法院起诉。故仲裁协议书有必要表明仲裁裁决的终局性。

除上述必备内容以外，仲裁协议书还可以根据当事人的需要，写明诸如仲裁所适用的规则、仲裁地点、仲裁费用的负担等其他方面的内容。

(三)尾部

1. 协议当事人的签署

仲裁协议书的尾部应由当事人进行签署，并加盖印章。当事人为法人或其他组织的，法定代表人或负责人亦应签名盖章；如果有委托代理人的，也应一并签名盖印。

2. 标注订立仲裁协议的日期

双方当事人应如实填写达成协议的具体日期。

第三节　仲裁申请书

一、仲裁申请书的概念和法律依据

(一)仲裁申请书的概念

仲裁申请书，是指因发生约定范围内的争议事项，仲裁协议的一方当事人请求选定的仲裁委员会受理案件并由其组织仲裁庭依法作出裁决以解决纠纷的书面请求。

(二)仲裁申请书的法律依据

根据我国《仲裁法》第 22 条的规定，当事人申请仲裁，应当向仲裁委员会提交仲裁申请书。它是仲裁机构受理仲裁案件，正式启动仲裁程序的前提和基础。

依仲裁法和最高人民法院相关司法解释的规定，申请人申请仲裁应当有以合同书、信件和数据电文(包括电报、电传、传真、电子数据交换和电子邮件)等形式达成的请求仲裁的协议;有具体的仲裁请求和事实、理由;并且提交仲裁的争议属于仲裁委员会的受理范围。申请人应向仲裁委员会提交仲裁申请书及副本。

二、仲裁申请书的结构样式和制作程序

(一)仲裁申请书的结构样式

仲裁申请书

申请人:(写明其姓名或名称及基本情况)

住所(注册登记地址):

邮政编码:	电子信箱:
电话:	传真:
法定代表人(负责人):	职务:
委托代理人:	工作单位:
地址:	邮政编码:
电话:	传真:

被申请人:(写明其姓名或名称及基本情况)

住所:

邮政编码:	电子信箱:
电话:	传真:
法定代表人(负责人):	职务:

申请仲裁所依据的仲裁协议:

仲裁请求:

(依照主次顺序逐一列明各项仲裁请求。仲裁请求的事项必须清楚明了,涉及的金额应具体、明确,并写出具体的币种;如果主张利息的,必须清晰地表明计算利息的起止时间及利率;申请人还有其他非金钱请求的,应表述权利请求的具体内容,使其具有可执行性。)

事实与理由:

(简明扼要地叙述申请人所认为的,并且有证据证明的纠纷经过,力争做

到重点突出、层次分明且条理清楚。阐述理由应言简意赅。)

此致
×××仲裁委员会
证据目录：

申请人：（印章）

委托代理人：（签字盖章）

××××年××月××日

(二)仲裁申请书的制作程序

仲裁申请书可由申请人自己制作亦可由其委托代理人代书。《武汉仲裁委员会仲裁规则》第13条规定："向本会申请仲裁，申请人应：（一）提交仲裁申请书。仲裁申请书应当写明下列事项：1. 申请人、被申请人的姓名或者名称、住所、邮政编码、电话号码、传真以及其他可能的快捷联系方式；法人或者其他组织法定代表人或者主要负责人的姓名、职务、住所、邮政编码、电话号码、传真以及其他可能的快捷联系方式；2. 具体的仲裁请求以及事实和理由；3. 证据和证据来源并附清单，证人姓名、住所和联系方式。（二）提交申请仲裁所依据的仲裁协议。（三）预缴仲裁费。"

仲裁委员会自收到当事人的仲裁申请书之日起5日内，经过审查认为申请仲裁的手续已完备且符合受理条件的，应当受理，并将受理通知书、仲裁规则、仲裁员名册送达申请人；认为申请仲裁的手续不完备的，可以要求申请人予以完备；认为不符合受理条件的，应当书面通知申请人不予受理，并说明理由。

三、仲裁申请书的制作

(一)首部

1. 文书名称

应写明"仲裁申请书"。

2. 当事人的基本情况

当事人包括申请人和被申请人，其基本情况的表述分为两种情况：当事人是自然人的，依次写明申请人及被申请人的姓名、性别、年龄、职业、工作单位和住所；当事人为法人或者其他组织的，写明名称、住所、邮政编码和法定代表人或者

275

主要负责人的姓名、职务、住所、邮政编码、电话及传真。当事人委托了律师或者其他代理人参加仲裁活动的，还应交代清楚委托代理人的情况。

具有涉外因素的案件，当事人为外国人的，写明其外文原名；当事人为中国人的，注明其身份证号码。如有需要还可写出申请人的电子邮箱地址，以便于联系。

（二）正文

仲裁申请书的正文由申请仲裁的仲裁协议、申请人提出的如何解决争议的权利主张及所依据的事实和理由等内容组成。

1. 仲裁依据

写明申请人提出仲裁申请所依据的仲裁协议。

2. 仲裁请求

应简洁清晰地表达出申请人请求仲裁机构解决的具体争议的类别，以及申请人通过仲裁所希望达到的目的和要求。仲裁请求是仲裁员衡量、评判的对象，必须具有合法性与合理性，请求的内容应当明确、具体、可行。如果请求的内容有两项以上，应分别列项表明。

3. 事实和理由

这是仲裁申请书的核心部分，支撑着申请人提出的仲裁请求。这一部分通常分为两个层次来加以表述：首先，按照叙述要素的要求，清晰完整地叙述当事人之间形成了何种性质的民商事法律关系，以及纠纷发生的原因、经过和结果，双方当事人之间争议的焦点或主要分歧。纠纷涉及的关键情节应通过详细叙写予以突出。其后，援引具体的法律条款来阐明仲裁请求的正当与合法。文书制作者应根据相关法律规定分析纠纷的法律性质，并按照责任人的行为所造成的危害后果论证其应承担的责任。

无论是谁制作仲裁申请书，应尽量选用已掌握的规范性语言，最好能够运用法律术语阐明己方的主张和观点。语言表达应尽力做到让没有亲历争议发生的仲裁员借助文书的陈述可初步了解案情，并据此判断应否受理此项争议。论证说理则应结合争议事实，围绕仲裁请求而展开。论证要有说服力，应符合逻辑、层次分明。

4. 证据和证据来源，证人姓名及住址

该部分应清楚表明提请仲裁所依据的证据的名称、来源或线索，证人的姓名、住址。

（三）尾部

1. 写明致送的仲裁委员会的名称

2. 申请人签名、盖章

申请人为法人或其他组织的，除注明单位名称加盖公章外，还应由法定代表人或主要负责人签名并盖章。

3. 提出仲裁申请的日期

4. 附项

附项通常应注明"本申请书副本×份"，申请书副本的份数由申请人按对方当事人的人数和仲裁庭组成人员的数量提供；提交的仲裁协议书或包含仲裁条款的合同副本的份数；申请人提交的证据清单，交待清楚提请仲裁所依据的证据的名称、来源或线索，证人的姓名、住址。

第四节　仲裁答辩书

一、仲裁答辩书的概念和法律依据

仲裁答辩书，是仲裁案件的被申请人针对申请人提出的仲裁请求及所依据的事实和理由进行回答和辩解而制作的仲裁文书。

《仲裁法》第 25 条第 2 款规定，被申请人收到仲裁申请书副本后，应当在仲裁规则规定的期限内向仲裁委员会提交答辩书。仲裁委员会收到答辩书后，应当在仲裁规则规定的期限内将答辩书副本送达申请人。被申请人未提交答辩书的，不影响仲裁程序的进行。可见，被申请人如要进行书面答辩，应在法定期限内提交仲裁答辩书。是否提交仲裁答辩书是被申请人的一项重要权利，被申请人为维护自身的合法权益、回应对方的请求及申辩己方的意图，有权利在与争议事项相应的仲裁规则所确定的法定期限内向仲裁庭提交仲裁答辩书。

二、仲裁答辩书的结构样式和制作程序

（一）仲裁答辩书的结构样式

仲 裁 答 辩 书

被申请人（答辩人）：（写明姓名或名称及基本情况）

住所（注册登记地址）：

邮政编码：　　　　　　　　　　电子信箱：

电话：　　　　　　　　　　　　传真：

法定代表人(负责人)：　　　　　职务：

委托代理人：　　　　　　　　　工作单位：

通信地址：　　　　　　　　　　邮政编码：

电话：　　　　　　　　　　　　传真：

申请人：(写明姓名或名称及基本情况)

住所(注册登记地址)：

邮政编码：　　　　　　　　　　电子信箱：

电话：　　　　　　　　　　　　传真：

　　答辩人_____于___年___月___日收到你会转来的_____仲裁案的仲裁申请书及有关材料，现就申请人向你会提出的仲裁请求，答辩如下：

　　……

　　　　此致

×××仲裁委员会

证据目录：

　　　　　　　　　　　　　　　　　　　答辩人：(印章)

　　　　　　　　　　　　　　　　　委托代理人：(签字盖章)

　　　　　　　　　　　　　　　　　　×××ｘ年××月××日

(二)仲裁答辩书的制作程序

　　《中国国际经济贸易仲裁委员会仲裁规则》第 14 条关于"答辩"的规定指出："(一)被申请人应自收到仲裁通知后 45 天内提交答辩书。被申请人确有正当理由请求延长提交答辩期限的，由仲裁庭决定是否延长答辩期限；仲裁庭尚未组成的，由仲裁委员会秘书局作出决定。(二)答辩书由被申请人或被申请人授权的代理人签名及/或盖章，并应包括下列内容及附件：1. 被申请人的名称和住所，包括邮政编码、电话、传真、电子邮件或其他电子通信方式；2. 对仲裁申请书的答辩及所依据的事实和理由；3. 答辩所依据的证据材料以及其他证明文件。(三)仲裁庭有权决定是否接受逾期提交的答辩书。(四)被申请人未提交答辩书，不影响仲裁程序的进行。"其他仲裁委员会仲裁规则的规定与此相类似。仲裁答辩书可由被申请人自己书写，也可请他人代书。

三、仲裁答辩书的制作

(一)首部

1. 文书名称

即"仲裁答辩书"。

2. 答辩人的基本情况

具体表述事项、要求与仲裁申请人的内容一致。若有委托代理人的,亦应写明委托代理人的情况。

3. 答辩的对象

这一部分应表明答辩人进行答辩所针对的具体案件,其内容相对较为固定。一般可表述为:"答辩人＿＿＿＿＿于＿＿＿＿＿年＿＿＿月＿＿＿日收到你会转来的＿＿＿＿＿仲裁案的仲裁申请书及有关材料,现就被答辩人向你会提出的仲裁请求,答辩如下:"或"就××仲裁委员会编号为××××的案件中,对于申请人××××年××月××日提出的仲裁请求,本公司现提出答辩如下:"。

(二)正文

仲裁答辩书的正文大多由答辩的理由和意见两部分组成:

1. 答辩的理由

仲裁答辩书以对仲裁申请书的答复与反驳为主,在驳斥对方的同时树立己方的观点,故而答辩的理由主要针对仲裁申请书的内容而展开,对其提出的意见和主张作出回答和辩解。如若认为申请人所述的事实与真实情况相悖,可区分不同情况采取相应的策略予以反击:仲裁申请书表述的事实部分正确、部分虚假的,着力反驳虚假事实,依据自身或申请仲裁机构调查收集来的证据针锋相对地说明事情的真相究竟如何;如果申请人完全隐瞒或歪曲事实的,则直接指陈其错误,全面叙述己方所掌握的真实案情。申请人援引的法律条款存在错误的,亦可提出自己认为正确的规定给予驳斥。在驳斥对方时必须注意合情合理而不能强词夺理。申请人所述属实的,则应主动认可,无须在仲裁答辩书中重复相关内容。

仲裁答辩书与仲裁申请书不同,前者以后者作为直接的反击对象,所以在制作时不能置仲裁申请书的内容而不顾去另起炉灶。被申请人应以申请人的主张和观点为基础,紧紧围绕争议事实存在与否、过错责任究竟在哪一方等问题,结合法律、情理进行分析论证,有理有力有节地进行反驳与辩解,从而维护自身的合法权益。

2. 答辩的意见

据理力争地驳斥了仲裁申请书中出现的错误之后，被申请人可顺理成章地向仲裁机构提出自己的观点和主张，请求其驳回对方所请。

被申请人如果对申请人提出反请求的，可单独提交反申请书，亦可直接在答辩书中提出反请求的具体要求，必要时单独阐明其所依据的事实、证据及理由。

(三)尾部

1. 致送的仲裁委员会的名称

2. 证据目录

列出答辩所依据的证据的名称、来源或线索，证人的姓名、住址。

3. 答辩人及其委托代理人签名、盖章

答辩人为法人或其他组织的，除注明单位名称加盖公章外，还应由法定代表人或主要负责人签名并盖章。

4. 标明答辩的日期

第五节 仲裁裁决书

一、仲裁裁决书的概念和法律依据

仲裁裁决书，是指仲裁机构受理当事人的仲裁申请后，由仲裁庭依照法定程序对案件进行审理并根据已查明的事实、认定的证据和有关法律规定，就案件的实体问题作出的具有法律效力的书面处理决定。

《仲裁法》第54条要求，"裁决书应当写明仲裁请求、争议事实、裁决理由、裁决结果、仲裁费用的负担和裁决日期。当事人协议不愿写明争议事实和裁决理由的，可以不写。裁决书由仲裁员签名，加盖仲裁委员会印章。对裁决持不同意见的仲裁员，可以签名，也可以不签名"。该条文即为制作仲裁裁决书最直接的法律依据。由于普通民商事仲裁实行一裁终局的制度，仲裁裁决作出后，当事人不得再就同一纠纷再次申请仲裁或者向人民法院起诉，故仲裁裁决是对纠纷的最终判定，具有终局性。

二、仲裁裁决书的结构样式和制作程序

(一)仲裁裁决书的结构样式

仲裁裁决书是非常典型的法律文书，亦由首部、正文、尾部三部分组成。然而，比起与之相近的民事判决书，制作仲裁裁决书的灵活性较大。正如前引

法条所规定的，对于争议事实和裁决理由，当事人如达成协议不愿写明的则可不写，而这正是民事判决书必须全力表现的核心内容。而且，各个仲裁委员会制作的裁决书或多或少存在着差异，其结构与格式并不完全一致。实践中通行的仲裁裁决书的结构大体如下：

××仲裁委员会
裁决书

（××××）×仲裁字第××号

申请人：（写明其姓名或名称及基本情况）
住所（注册登记地址）：
邮政编码：   电子信箱：
电话：   传真：
法定代表人（负责人）：   职务：
委托代理人：   工作单位：
通信地址：   邮政编码：
电话：   传真：
被申请人：（写明其姓名或名称及基本情况）
住所：
邮政编码：   电子信箱：
电话：   传真：
法定代表人（负责人）：   职务：
委托代理人：   工作单位：
通信地址：   邮政编码：
电话：   传真：
案件由来和审理经过：（交代整个仲裁过程中所涉及的有关程序事项）
双方当事人的仲裁请求与理由：
……（写明双方争议的内容及各自的主张，并列举当事人提供的证据）
仲裁庭认定的事实和证据：
……（写明仲裁庭最终查明的案件事实和认定的证据）
案件的争议焦点：
……（写明仲裁庭总结的当事人的争议焦点）

仲裁庭的意见：

……（论证作出裁决的理由）

裁决结果：

……（援引作出裁决所依据的法律条款项），裁决如下：

（一）……

（二）……

（三）本案仲裁费×××元，由×××承担。

本裁决为终局裁决，自作出之日起生效。

首席仲裁员：×××

仲　裁　员：×××

仲　裁　员：×××

××××年××月××日（印章）

书　记　员：×××

（二）仲裁裁决书的制作程序

仲裁裁决是仲裁庭对当事人提交的争议作出的权威性判定，必须如实反映仲裁庭的观点和意见。根据仲裁法的规定，仲裁裁决应当按照多数仲裁员的意见作出。若少数仲裁员有不同意见的，记入笔录。仲裁庭不能形成多数意见时，应遵从首席仲裁员的意见作出裁决。一般情况下，仲裁裁决书应由仲裁庭的全体仲裁员签名，加盖仲裁委员会印章。但是，对裁决持不同意见的仲裁员，可以签名，也可以不签名。《武汉仲裁委员会仲裁规则》还规定：不签名的仲裁员应当出具书面意见。本会将其书面意见附卷存档，也可以附裁决书后送达当事人，但该意见不属于裁决书的内容。不签名的仲裁员不出具个人意见的，视为无正当理由拒签。仲裁庭在审理案件的过程中，其中一部分事实已经清楚，可就该部分先行裁决。

仲裁裁决书自作出之日起即发生法律效力。义务人未能自觉履行仲裁裁决书中所确定的义务时，权利人可以仲裁裁决书为根据向有执行管辖权的人民法院申请强制执行，以维护自身的权益，使仲裁裁决书的裁决结果得以实现。

三、仲裁裁决书的制作

（一）首部

1. 标题

仲裁裁决书的标题包括文书制作机构的名称和文书种类名称，即"××仲裁委员会裁决书"。仲裁委员会的名称应该与其印章保持一致，写规范的全称而不能使用简称。

2. 文书编号

顺次写明案件年度、仲裁机构简称、文书性质、仲裁案件顺序号，即"（×××）×仲裁字第×号"。如武汉市仲裁委员会 2014 年受理的第 216 号仲裁案件，文书编号为："（2014）武仲裁字第 216 号"。

3. 当事人的基本情况

应当表明申请人与被申请人的基本情况，其具体内容与仲裁申请书、仲裁答辩书相同；当事人有委托代理人的，亦应一并交代清楚。

4. 案件由来和审理经过

这一部分应详细叙述自仲裁委员会收到当事人的仲裁申请直至仲裁庭作出裁决的整个过程经历的所有程序事项。首先应写明仲裁委员会受理案件所依据的仲裁协议及仲裁申请，并交代清楚具体的日期；接着说明审理本案所适用的仲裁规则；然后交代仲裁员的选定、指定及仲裁庭的组成等情况；最后表述仲裁庭开庭审理或书面审理本案的经过以及仲裁庭作出裁决的日期。如果仲裁过程中还包括仲裁委员会就案件的管辖权及仲裁协议的有效性作出的决定，向未答辩、未出庭的当事人送达有关材料及通知，以及对财产保全、证据保全申请的转交与执行，作出或执行了先行裁决等程序事项，亦应逐一说明。例如：

　　××仲裁委员会（以下简称仲裁委）根据申请人与被申请人于 2006 年 12 月 15 日签订的《"××国际城"项目策划销售委托代理合同》（以下简称《代理合同》）中的仲裁条款和申请人提交的书面仲裁申请，于 2010 年 8 月 6 日受理了双方当事人之间的上述代理合同争议案。本案编号 20100××。

　　根据《××仲裁委员会仲裁规则》（以下简称《仲裁规则》）的规定，仲裁委向申请人送达了《受理通知书》，向被申请人送达了《仲裁通知书》、《仲裁申请书》副本，向双方当事人送达了《仲裁规则》、《××仲裁委员会仲裁员名册》等材料。

　　被申请人于 2010 年 8 月 20 日提交了答辩书，仲裁庭将答辩书副本送达了申请人。

　　根据《仲裁规则》第 22 条的规定，本案适用普通程序，仲裁庭由三名仲裁员组成。申请人选定张×为仲裁员，被申请人选定李×为仲裁员，双方未能共同选定首席仲裁员。根据《仲裁规则》第 23 条的规定，仲裁委主任指定麻××为首席仲裁员。2010 年 8 月 17 日，由仲裁员张×、仲裁员李×和首席仲裁员麻××成立仲裁庭审理本案。

2010 年 10 月 31 日，仲裁庭不公开开庭审理本案。申请人的委托代理人董××和被申请人的委托代理人赵×到庭陈述了自己的主张及答辩意见，对本案证据进行了质证，回答了仲裁庭的提问，彼此进行了辩论，并作了最后陈述。

因案情复杂，本案未能在规定的期限内结案。根据《仲裁规则》第 70 条的规定，经仲裁委主任批准，本案审理期限从 2010 年 12 月 17 日延至 2011 年 2 月 17 日。

根据双方当事人提供的书面证据材料和庭审查明的事实，仲裁庭对本案依法作出裁决。

(二) 正文

仲裁裁决书的正文与民事判决书的正文比较接近，由案件事实与证据、仲裁庭的意见、裁决结果等内容组成。当然，如果当事人协议不表述这些事项的，裁决书可直接写明裁决结果与仲裁费用的负担等。

1. 当事人提出的事实、理由和仲裁请求

这一部分反映的是双方当事人在整个仲裁过程中提出的全部仲裁请求、事实及理由。这也正是仲裁员认定事实和证据及作出裁决的前提和基础。在制作时该部分应简明而概括，但对于当事人的仲裁主张及理由却要全面展现而不能有所遗漏。制作者一方面要认真归纳仲裁申请书、答辩书的内容，同时也要注意综合各方当事人及其委托代理人在审理过程中进行陈述、答辩、质证、辩论时所主张的事实、提出的权利请求以及关于适用法律的意见，如实反映各方当事人的分歧。

一般先简述申请人的主张和请求；再表述答辩人的理由和要求。之后，依一定的顺序列出申请人为支持自己的观点所举出的证据，写明证据名称、来源以及所要证明的事实。被申请人提供的证据也一并列出。同时还必须写出相对方的质证意见。

2. 仲裁庭认定的事实和证据

此部分的内容主要包括：当事人之间争议的民商事法律关系发生的时间、地点及具体内容；该法律关系的发展，纠纷的形成、经过及后果或状态。叙述事实可遵循时间顺序，将已经发生的、有证据证明的或者当事人一致认可的案件经过准确明晰地呈现出来，同时要突出重点，详述主要情节及因果关系。制作裁决书时，制作者已然得知裁决结果，因而对整个事实的叙述始终要注意与裁决结果相契合，凡是与理由部分区分责任相对应的事实不能忽略细节。对双方当事人之间分歧较大的事实也应结合仲裁庭的观点予以详述，其他则概括叙述。

仲裁庭裁决的结果是以其认定的案件事实为基础的，而任何案件事实都必须依靠定案证据予以证明。仲裁庭审理查明事实的过程，也就是对当事人提供的证据加以审核认定的过程。仲裁裁决书应与民事判决书一样，对裁决所依据的证据有无证明力及证明力的大小作出明确判断，并对证据的审查结论即采信与否公开进行说明。

3. 案件的争议焦点

确定了案件事实和证据之后，裁决书可对双方当事人之间的争议焦点进行总结。评析双方当事人之间的争议焦点，应直陈当事人各自的观点，所用语言宜简洁明确。如有多个争议焦点可用序号标注分别阐明。如：

> 本案中，双方当事人的争议焦点集中在两个方面：
>
> (一)申请人解除合同的理由是否成立？
>
> 申请人认为，被申请人没有按照约定的期限将装修完毕的商铺交付给申请人，使申请人为开业所做的种种准备均告无用，且错过了时机，签订合同的目的无法实现，故其有权要求解除合同。
>
> 被申请人则认为，双方签订的合同中并没有解除条件的约定，且不符合法定解除条件，被申请人已经完成约定的装修任务，是申请人自己不来收铺，故合同不能解除。
>
> (二)2000元律师费是否属于赔偿的范围？
>
> 申请人认为，律师费是申请人为实现权利所支出的费用，是已经发生的，律师费应当赔偿。
>
> 被申请人则认为，在中国现行法律制度下，诉讼仲裁并不必然请律师，并且从证据上看，申请人提供的证据并不能证明2000元的律师费已经发生。①

4. 仲裁庭的意见

仲裁庭依据已认定的事实和证据，结合法律规定要对案件的性质、法律责

---

① 参见《优秀裁决书选登(一)》，载《仲裁研究》2007年第4期。

任和如何适用法律发表意见。阐述仲裁庭意见须切合具体的案情，从有关法律法规出发，全面阐释对纠纷性质、当事人之间是非责任的划分以及如何解决纠纷的看法。说理必须突出针对性，体现案件的个性，并注重对法律法规条文的阐释。对于当事人的仲裁请求，合法有理的直接予以支持，不合法无理的则应据理给予驳斥。如：

二、仲裁庭意见

(一)关于申请人与被申请人之间的法律关系

经查，2011 年 11 月间申请人委托被申请人出运涉案货物。双方当事人以电传委托书、配舱通知单、提单确认书等文件的方式，进行了邀约和承诺。经双方当事人的合意，签订了装运期限为 2011 年 1 月 25 日的《货运委托书》。2011 年 11 月 24 日，被申请人发给申请人"提单确认书"。经申请人确认后，被申请人于 2011 年 11 月 25 日以承运人身份向申请人签发了提单抬头显示为被申请人，编号分别为 SJIKJ10H202、SJIKJ11H234 的两套提单。2012 年 1 月 20 日，申请人将该两套提单交还给被申请人。2012 年 1 月 21 日，被申请人应申请人的要求，将该两套提单改为电放提单，并将提单项下货物的记名收货人由原 K 公司更改为 W 公司。仲裁庭认为，申请人与被申请人通过邀约和承诺达成了国际海上货物运输合同，申请人是托运人，被申请人是承运人，两者之间存在国际海上货物运输合同关系。作为承运人的被申请人，在收回由其签发的提单后，应在卸货港将涉案货物交付给电放提单载明的记名收货人 W 公司。

(二)关于被申请人是否违约及责任分担

经查，2012 年 2 月 14 日，被申请人的卸货港代理的联系人 U 小姐发给被申请人的电函称，2 月 14 日卸货港代理发现，涉案货物已被实际承运人的港口代理公司在未收到正本提单的情况下，于 2 月 9 日签发提货单给 K 公司。卸货港代理要求被申请人告知赔偿金额数，其会向实际承运人的港口代理公司交涉。此后，被申请人与其卸货港代理及申请人往来的邮件信息内容，申请人与电放提单载明的记名收货人往来的函件等，进一步佐证了涉案货物已被实际承运人的港口代理公司交付给 K 公司。被申请人也确认涉案货物被实际承运人的港口代理公司交付给 K 公司。为此，申请人请求被申请人承担无单放货的违约责任。被申请人认为，其作为承运人，涉案货物运输是按"电放"操作，申请人以"无单放货"作为诉因是错误的，没有事实基础，应予驳回。

仲裁庭认为，根据上述(一)的认定，申请人为了将提单改为电放提单并更改记名收货人，已将提单交还给被申请人。因此，在卸货港，电放提单记载的记名收货人应能凭电放提单传真件及其身份证明到被申请人的卸货港代理办理提货手续。卸货港代理应根据电放提单传真件，指示港口代理实际承运人的港口代理公司向电放提单载明的记名收货人交付货物。电放提单不是《中华人民共和国海商法》第七十一条所规定的提单。涉案货物在交付前，处于被申请人掌管期间，作为承运人的被申请人应谨慎保管涉案货物，并应向电放提单上记载的记名收货人交付货物。然而，实际承运人的港口代理公司将涉案货物交付给了 K 公司，未将涉案货物交付给电放提单载明的记名收货人 W 公司。相对于申请人而言，被申请人作为承运人未按申请人的要求将涉案货物交付给 W 公司，构成对国际海上货物运输合同的违约。对于电放提单记载的记名收货人因此提货不着而造成申请人的经济损失，被申请人应向申请人承担违约赔偿责任。

　　(三)关于申请人的主体资格

　　被申请人提出，申请人不持有正本提单，且不是提单记载的收货人，不具有涉案提单项下的权利，其主体不适格。仲裁庭认为，申请人是涉案国际海上货物运输合同的托运人，于 2012 年 1 月 18 日收到了银行退回的两套提单后，为了将提单改为电放提单并更改记名收货人，把提单交还给被申请人。实际承运人的港口代理公司错误将涉案货物交付给 K 公司后，电放提单记载的记名收货人 W 公司因此提货不着。该记名收货人在提不到涉案货物的情况下，选择了向贸易合同的卖方即申请人主张退回定金及赔偿相关损失来解决贸易合同项下的纠纷。本案中除申请人外，不存在国际海上货物运输合同关系中可以向被申请人因港口代理公司错误交付货物而主张索赔权利的第三人，被申请人也不会承担双重赔偿责任。据此，仲裁庭认定，申请人作为托运人，是适格的主体。

　　(四)关于货款及利息损失

　　经查，申请人与被申请人各自提交了一份海关编号同为 222920110793988512 的报关单，所载明的货物是同一批货物。载明的货价合计为 124548.48 美元。申请人另提交的海关编号为 222920110793988066 的报关单，载明的货价合计为 78917.74 美元。被申请人另提交的海关编号为 222920110793271393 的报关单，载明的货价合计为 57765.27 美元。该份报关单上记载的货物与被申请人上述提交的海关编号为 222920110793988512 的报关单记载的货物商品编号、商品名称、规格型号、数量及单位完全相同，但该二份未经海关查验盖章的报关单货价合计却有66783.21美元的差额。仲裁庭认为，申请人提交的二份报关单是经海关审单、审价、查验、盖章后，准予放行的有效报关单。被申请人提交的二份报关单未经海关查验盖章，尤其编号为222920110793271393的报关单是一份注销的报关单。据此，仲裁庭采信申请人提交的二份有效的报关单。根据该二份报关单载明的货价金额，计算涉案提单项下货物价值，总计为203466.22美元。

关于货款损失，申请人按海关出口货物报关单载明的货价计算该二套提单项下货物价值，总计为203466.22美元(折合人民币1308728.39元)，仲裁庭予以认定。关于利息损失，申请人主张按同期银行贷款利率计算。仲裁庭认为，申请人没有提供贷款合同、贷款合同与涉案货物之间的关联性以及该贷款合同是否实际履行等相关的证据材料。因此，仲裁庭难以支持申请人主张按同期银行贷款利率计算利息损失的请求。仲裁庭认为应按中国人民银行同期企业活期存款利率计算，自涉案货物被无单放货之日起至实际支付之日止产生的利息损失。

(五)关于仲裁时效

《中华人民共和国海商法》第二百五十七条规定："就海上货物运输向承运人要求赔偿的请求权，时效期间为一年，自承运人交付或者应当交付货物之日起算。"涉案货物于2012年2月9日被实际承运人的港口代理公司未凭正本提单放走。因此，本案仲裁时效应自2012年2月9日起算。申请人于2013年1月18日提起仲裁，显然未超过一年的仲裁时效。

(六)关于申请人的索赔权

作为海上货物运输合同托运人的申请人是否具有索赔权，取决于其是否因作为承运人的被申请人的违约行为而遭受了实际损失。

被申请人称，申请人已经从案外人K公司收到涉案货物的货款，其并无实际损失。如申请人主张没有收到涉案货款，就应当提供出口收汇核销单。如按滚动核销处理的，则还应提供用于核销的其他货款收入的证据。

申请人称，其未收到案外人K公司的货款。虽然涉案货款已核销，也办理了出口退税，但系采用滚动核销的方式，用其他贸易合同项下收到的货款来充填的。

仲裁庭认为，外贸出口企业在相关货物出口收汇后，必须向外汇管理局办理出口收汇核销手续。同时，外贸企业凭已核销的出口收汇核销单，可向税务机关办理出口退税。申请人当庭自认涉案货物出口后，涉案货款已核销，并凭出口收汇核销单，向税务机关办理了出口退税。故可以推定申请人已经收到了涉案货款。申请人虽然称是"滚动核销"，但申请人未提供证据证明其用于核销结汇的款项不属于涉案货物的货款。据此，可以认定申请人并无实际损失。由此，被申请人的赔偿责任也相应免除。故本案申请人的仲裁请求不能得到支持。

（七）关于本案案件仲裁费

本案案件仲裁费由申请人承担。①

在对仲裁庭意见进行总结和综合论证后，还应当全面引述作出裁决所依据的法律。引述法律应准确、全面、具体。涉外案件必须注意准据法的适用。

5. 裁决结果

仲裁结果是仲裁庭依仲裁管辖权对案件实体问题作出的权威性最终判定。可参照民事判决书中判决结果的制作要求来完成。在满足具体、完整、细致、明确的条件下，写明仲裁庭对当事人提出的全部仲裁请求的回应。当事人合理的请求应予支持，不予支持的明确驳回。如果当事人承担责任的方式为偿付财物和金钱的，应写明履行的具体期限。此外，还要交代仲裁费用负担的事宜。仲裁费用的负担多采诉讼费用负担的原则，应写明双方当事人承担的具体数额。裁决结果必须独立和醒目，裁决有多项的，宜排出序号分项列明。如：

根据上述意见，仲裁庭经合议裁决如下：

（一）被申请人向申请人支付律师代理费人民币 735000 万元。

（二）驳回被申请人的全部仲裁反请求和申请人的其他仲裁请求。

（三）本案本请求仲裁费人民币 33840 元，由申请人承担人民币 16920 元，由被申请人承担人民币 16920 元；本案反请求仲裁费人民币 9120 元，全部由被申请人承担。由于申请人已预付本案本请求仲裁费，本案反请求仲裁费已由被申请人预交，故被申请人应于本裁决书送达次日起 10 日内将其应承担的本请求仲裁费连同第（一）项款项共计人民币 751920 元一次性支付给申请人。

---

① 该文书片段引自中国海事仲裁委员会网站：http://www.cmac-sh.org/tx/13-11-11.htm，2013 年 12 月 15 日访问。

(三)尾部

1. 表明仲裁裁决的效力

通常表述为"本裁决为终局裁决,自作出之日起生效"。

2. 仲裁员签名、盖章

仲裁裁决书由首席仲裁员及仲裁员签名、盖章。对裁决持不同意见的仲裁员,也可以不签名。

3. 注明日期并加盖仲裁委员会印章

仲裁裁决书的日期应以裁决决定的日期为准。

第六节　仲裁调解书

一、仲裁调解书的概念和法律依据

仲裁调解书,是指在仲裁过程中,仲裁庭依法主持调解,促使双方当事人平等自愿地达成解决纠纷的协议后所制作的存留该协议内容的具有法律效力的法律文书。

《仲裁法》第51条规定:"仲裁庭在作出裁决前,可以先行调解。当事人自愿调解的,仲裁庭应当调解。调解不成的,应当及时作出裁决。调解达成协议的,仲裁庭应当制作调解书或者根据协议的结果制作裁决书。调解书与裁决书具有同等法律效力。"据此,仲裁中双方当事人达成调解协议的可以制作仲裁调解书。但在涉外仲裁中,仲裁庭通过调解方式促成双方当事人达成和解的,除非当事人另有约定,仲裁庭应根据当事人的书面和解协议制作仲裁裁决书来结案。因而仲裁调解书只适用于国内仲裁。

二、仲裁调解书的结构样式和制作程序

(一)仲裁调解书的结构样式

××仲裁委员会
调解书

(××××)×仲调字第××号

申请人:(写明其姓名或名称及基本情况)

住所(注册登记地址)：

邮政编码：　　　　　　　　　　电子信箱：

电话：　　　　　　　　　　　　传真：

法定代表人(负责人)：　　　　　职务：

委托代理人：　　　　　　　　　工作单位：

通信地址：　　　　　　　　　　邮政编码：

电话：　　　　　　　　　　　　传真：

被申请人：(写明其姓名或名称及基本情况)

住所：

邮政编码：　　　　　　　　　　电子信箱：

电话：　　　　　　　　　　　　传真：

法定代表人(负责人)：　　　　　职务：

委托代理人：　　　　　　　　　工作单位：

通信地址：　　　　　　　　　　邮政编码：

电话：　　　　　　　　　　　　传真：

案件由来和审理经过：(交代整个仲裁过程中所涉及的有关程序事项)

双方当事人的仲裁请求与理由：

……(写明双方争议的内容及各自的主张，并列举当事人提供的证据)

在仲裁庭主持下，双方当事人本着互谅互让，协商解决问题的精神，达成调解协议，仲裁庭确认的调解结果如下：

(仲裁庭确认的调解结果)

本调解书自双方当事人签收之日起生效。

仲裁员：×××

××××年××月××日(印章)

书记员：×××

(二)仲裁调解书的制作程序

仲裁庭在进行调解时，应充分尊重当事人的意思自治，遵循自愿平等的原则；达成的调解协议应在不违背法律法规的前提下反映当事人的意愿。这是仲裁调解不同于仲裁裁决之处，此一特点应该在仲裁调解书中体现出来。《仲裁法》第52条规定："调解书应当写明仲裁请求和当事人协议的结果。调解书由仲裁员签名，加盖仲裁委员会印章，送达双方当事人。调解书经双方当事人签收后，即发生法律效力。在调解书签收前当事人反悔的，仲裁庭应当及时作出裁决。"《中国国际经济贸易仲裁委员会仲裁规则》第45条第9项还特别指出："如果调解不成功，任何一方当事人均不得在其后的仲裁程序、司法程序和其他任何程序中援引对方当事人或仲裁庭在调解过程中曾发表的意见、提出的观点、作出的陈述、表示认同或否定的建议或主张作为其请求、答辩或反请求的依据。"以此来保护当事人的合法权益不因在调解过程中的妥协和退让而受损。

三、仲裁调解书的制作

仲裁调解书同样由首部、正文、尾部三部分组成。

（一）首部

1. 标题

仲裁调解书的标题亦由制作机构名称和文书名称组成，写为"××仲裁委员会调解书"。

2. 文书编号

仲裁调解书的文书编号由制作年份、仲裁机构简称、文书性质及案件顺序号组成，表述为"（××××）×仲调字第×号"。

3. 当事人的基本情况

具体事项同于仲裁裁决书。

4. 案件由来和调解经过

该部分的具体内容和要求与仲裁裁决书相同，此处不再赘述。审前调解的，审理经过可略去，直接表明经仲裁庭主持双方当事人达成了调解协议。

（二）正文

正文部分为仲裁调解书的主体与核心，应概述双方当事人在仲裁过程中提出的主张及相关事实，详细写明当事人达成的调解协议所包含的事项与内容。

1. 双方当事人的仲裁请求与理由

与仲裁裁决书一样，这里首先表明双方当事人所争议的事实和各自提出的仲裁请求。对于双方当事人在仲裁申请书和仲裁答辩书中所表明的观点和意见应当交代清楚，使阅读者明了双方当事人争议的焦点之所在。

2. 过渡部分

通常表述为"在仲裁庭主持下，双方当事人本着互谅互让、协商解决问题的精神，达成调解协议，仲裁庭确认的调解结果如下"。

3. 案件事实

仲裁调解书中案件事实的叙述应根据不同情形分别采用不同的方式：如果

案件经过审理，仲裁员是在对争议事实已经认定清楚后主持调解，促成双方当事人自愿达成了调解协议，则写明仲裁庭所确认的案情，但当事人作出妥协让步的环节无须表现细节；如果案件是在受理后庭审之前，经仲裁庭征得当事人同意进行调解达成协议的，则主要反映双方当事人请求与答辩中争议的事实内容。因为在这种情况下，仲裁庭未对案件进行审理，事实究竟如何无从得知。总体而言，与仲裁裁决书相比，仲裁调解书事实部分的叙述相对简略。只要表明当事人双方之间发生了何种纠纷及争议的大致经过即可。

4. 协议内容

此一部分须全面地反映在仲裁员的主持下，双方当事人自愿达成的调解协议的内容。要充分体现出仲裁调解的特点，表现出对当事人调解意愿的尊重。调解协议的内容是解决当事人之间纠纷的依据，必须逐项清晰完整地罗列出来，以便于义务人依此履行自己的义务和执行机关据此采取强制执行措施。如：

根据《中华人民共和国仲裁法》第五十一条以及双方当事人签署的上述《和解协议》，仲裁庭作出如下调解书：

（一）确认申请人与被申请人于 2007 年 8 月 3 日签订的《××号仲裁案和解协议》在本调解书生效之日生效，双方均应遵照执行。

（二）被申请人向申请人支付合同款人民币 600000 元。

（三）在被申请人按《和解协议》向申请人支付相关款项后，被申请人不再就本案合同向申请人支付任何其他款项，申请人亦不再根据本案合同向被申请人主张任何权利。

（四）申请人不再就本案合同项下已交付的橱柜产品承担保修责任，本案合同项下尚未交付的全部橱柜产品归申请人所有，由申请人自行处理，被申请人不再根据本案合同就尚未交付的橱柜产品向申请人主张任何权利。

（五）申请人应在被申请人付款同时向被申请人提供金额为人民币 400000 元的发票。

（六）本案仲裁费为人民币××元，全部由被申请人承担；该笔费用已由申请人向仲裁委员会全额预缴，因此被申请人应将申请人为其垫付的仲裁费人民币××元直接支付给申请人。本案反请求费为人民币××元，全部由被申请人承担；该笔费用已与被申请人向仲裁委员会预缴的等额仲裁预付金全部相冲抵。

（七）上述被申请人应向申请人支付的款项共计人民币××元，被申请人应在本调解书生效之日起 3 日内一次性支付；如逾期未付，则被申请人应向申请人支付合同款人民币 1000000 元及仲裁费人民币××元。①

（三）尾部

1. 表明仲裁调解书的效力

具体可表述为"本调解书自双方当事人签收之日起发生法律效力"。

2. 仲裁员的签署及日期

此一部分的要求同于仲裁裁决书。

思考题

1. 制作仲裁文书的基本要求有哪些？
2. 在仲裁申请书中应怎样处理对申请人不利的事实？
3. 仲裁答辩书应如何对仲裁申请书作出答复和辩解？
4. 仲裁裁决书与民事判决书的区别何在？
5. 谈谈你对提高仲裁裁决书制作质量的看法。
6. 仲裁调解书有无必要叙述案件事实，为什么？
7. 试述仲裁文书的发展与完善。
8. 试论仲裁裁决书制作的规范性。

参考文献

1. 陈忠谦. 试论仲裁裁决书的制作 .//仲裁研究，第 12 辑. 北京：法律出版社，2007.

2. 徐妤. 读得懂的公平合理——谈仲裁裁决书通俗化问题 .//仲裁研究，第 13 辑. 北京：法律出版社，2007.

3. 王小莉. 仲裁调解书有关法律问题辨析［J］. 仲裁研究，2008（4）.

4. 杨良宜. 论仲裁裁决理由［J］. 中国海商法年刊，2009（1）.

---

① 该文书片段引自中国国际经济贸易仲裁委员会网站：http：//cn. cietac. org/Mediation/mediate_ 3. shtml，2013 年 12 月 16 日访问。

第十二章　诉　状　文　书

【内容提要】

诉状是公民、法人或其他组织为提起或参加诉讼而提交给人民法院，用以陈述案件事实和证据、阐述理由并提出诉讼请求的法律文书。诉状能够引起和推进诉讼程序，是当事人维护自身合法权益的重要手段。诉状文书的种类繁多，常见的有民事起诉状、民事答辩状、民事上诉状、刑事自诉状、刑事上诉状、行政起诉状、行政答辩状等。

本章重点讲解在实践中应用较为频繁的起诉状、答辩状、上诉状等诉状中所涉及的制作依据、制作程序、文书组成部分、注意事项等问题。通过本章的学习，将有助于阅读者理解各类诉状的含义及作用，明了各种诉状之间的相同及相异之处，进而掌握其结构与内容，熟悉诉状的制作模式和制作要点。

【基本概念】

诉状　民事起诉状　民事答辩状　民事上诉状　行政起诉状　行政答辩状
刑事自诉状　刑事上诉状

第一节　概　　　述

一、诉状的概念和种类

（一）诉状的概念

诉状，是指公民、法人或其他组织，为了维护自身的合法权利，在提起和参加诉讼时向人民法院提交的用以陈述案件事实和证据，阐述理由和提出诉讼请求的法律文书。

在实践中，诉状经常由专业律师代为制作，因此不少教材或著作将此类文书称为律师实务文书。应当注意的是，根据《中华人民共和国律师法》的规定，律师作为取得律师执业证书的专业人员，其基于当事人的委托可以代书的文书种类非常多。据有学者统计，律师从事法律业务可以制作文书的范围达五百种之多，① 由此可见，诉状只是律师代书的法律文书中的一部分，律师实务文书的范围较诉状文书要广泛得多。

(二)诉状的种类

依不同的标准可将诉状分成不同的类别。了解诉状的分类有助于人们准确把握其特点，从而提高诉状的制作质量。

以案件性质为标准诉状可分为：

1. 民事诉状，即公民、法人或其他组织为提起或参加民事诉讼而提交的诉状，如民事起诉状、民事反诉状、民事答辩状、民事上诉状、第三人参加民事诉讼申请书等。

2. 刑事诉状，即公民、法人或其他组织为提起或参加刑事诉讼而提交的诉状，如刑事自诉状、刑事附带民事起诉状等。

3. 行政诉状，即公民、法人或其他组织以及行政机关为提起或参加行政诉讼而提交的诉状，如行政起诉状、行政答辩状等。

二、诉状的作用

1. 依法维护公民、法人或其他组织的合法权益

诉状是公民、法人或其他组织，为了维护自己的权利，为提起或参加诉讼而向人民法院提交的法律文书。因此，当公民、法人或其他组织认为自身的合法权益遭到不法侵害之时，能够借助于诉状文书向司法机关提出保护其权利的请求。在我国，只要符合法定的起诉或应诉的条件，公民、法人或其他组织均可以以起诉状启动诉讼程序，以答辩状及反诉状等推进诉讼程序，并凭借司法权维护自己的合法权益。

2. 有利于诉讼的顺利进行

由于司法权具有被动性，除刑事公诉案件需由检察机关提起公诉启动诉讼程序外，民事诉讼、行政诉讼以及刑事自诉案件等均需当事人基于诉权，制作起诉状来启动诉讼程序。而且，诉讼中的其他诉状如答辩状、反诉状等，在推进诉讼程序的同时，能够帮助法官客观、全面、正确地认定案件事实，并及时作出合法合理的裁判。诉状文书的正确运用，对于诉讼程序的顺利进行不可或缺。

3. 有助于公民法律意识的提高

---

① 卓朝君、邓晓静编著：《法律文书学》，北京大学出版社 2007 年版，第 288 页。

公民、法人或其他组织在制作诉状文书或委托律师制作诉状文书的过程中，必然会加强对法律的认识与理解。诉状文书实质上是法律在实践中的运用，有助于加强公民对法律的理解与遵循，从而提高公民的法律意识。

4. 促进国家法制的发展和完善

一个国家的法律制度是否完善，其中很重要的一个方面在于公民、法人或其他组织的合法权益能否得到有效保护。司法保障是社会公正的最后一道防线，诉讼制度的健全和完善是公民、法人或其他组织实现合法权益的最为有效的方式之一。诉讼文书作为国家诉讼制度的体现，其改革与进步既反映了、同时也促进了国家法制的发展和完善。

三、诉状制作的基本要求

1. 格式规范，事项齐全

依照《中华人民共和国民事诉讼法》、《中华人民共和国行政诉讼法》、《中华人民共和国刑事诉讼法》三部诉讼法的规定，最高人民法院就诉状的样式作了统一的规范。因此，制作诉状时，要遵循规定的结构及格式规范。法律所要求的具体事项，要叙述完整，做到格式规范，事项齐全。

2. 主旨鲜明，阐述准确

制作任何一种诉状都有其特定的目的。如民事诉讼中原告制作民事起诉状，是希望以诉状启动民事诉讼程序，使自己受损的民事权益得到司法保护。因此，诉状要始终围绕着制作目的，阐明事实，提出主张。

3. 事实清楚，材料真实

诉状中应将当事人之间纠纷发生的时间、地点、涉及的人和事、原因和结果等反映案件事实的客观情况描述得清楚明白。同时，叙事力求实事求是，公允公正。文书中所依据的证据和材料要真实可信。

4. 语言规范，结构严谨

诉状的语言要求准确、规范、简洁、朴实、庄重。制作诉状力争做到言简意赅、语言规范、精确得当、结构严谨，切忌铺陈渲染、含糊其辞或杂乱无章。

第二节　民事起诉状

一、民事起诉状的概念和法律依据

民事起诉状，是指公民、法人或其他组织，在认为自己的民事权益受到侵害或者与他人发生争议时，依据事实和法律向人民法院提起诉讼，要求人民法院依法作出公正裁判的书面请求。

《中华人民共和国民事诉讼法》第120条规定："起诉应当向人民法院递交起诉状，并按照被告人数提出副本。书写起诉状确有困难的，可以口头起诉，由人民法院记入笔录，并告知对方当事人。"第121条则明确规定了起诉状应当列明的事项："起诉状应当记明下列事项：（一）原告的姓名、性别、年龄、民族、职业、工作单位、住所、联系方式，法人或者其他组织的名称、住所和法定代表人或者主要负责人的姓名、职务、联系方式；（二）被告的姓名、性别、工作单位、住所等信息，法人或者其他组织的名称、住所等信息；（三）诉讼请求和所根据的事实与理由；（四）证据和证据来源，证人姓名和住所。"从第121条的规定出发，并结合民事诉讼案件的实际，民事起诉状由首部、正文、尾部三部分组成。

民事起诉状是人民法院受理第一审民事案件，启动民事诉讼程序的依据。当事人提交起诉状是其行使起诉权的表现，是维护其合法权益的重要手段，凡是符合民事诉讼法上述规定的起诉，人民法院必须受理。民事起诉状也是人民法院受理民事案件、行使审判权的前提，是人民法院进行审理和裁判的依据之一。民事起诉状还是民事诉讼的被告应诉和答辩的依据。

二、民事起诉状的结构样式和制作程序

（一）民事起诉状的结构样式

民事起诉状

原告：……（写明姓名或名称等基本情况）

法定代表人（或负责人）：……（写明姓名、职务和联系方式）

法定代理人（或指定代理人）：……（写明姓名等基本情况）

委托代理人：……（写明姓名等基本情况）

被告：……（写明姓名或名称等基本情况）

法定代表人（或负责人）：……（写明姓名、职务和联系方式）

法定代理人（或指定代理人）：……（写明姓名等基本情况）

委托代理人：……（写明姓名等基本情况）

第三人：……（写明姓名或名称等基本情况）

法定代表人（或负责人）：……（写明姓名、职务和联系方式）

法定代理人(或指定代理人)：……(写明姓名等基本情况)

委托代理人：……(写明姓名等基本情况)

诉讼请求

1.……

2.……

事实与理由

……(扼要写明时间、地点、当事人、案情经过、结果、主张的理由及法律依据)

证据和证据来源，证人姓名和住址

……

此致

××××人民法院

具状人：×××

××××年××月××日

附：

1. 本状副本×份；

2. 证据材料×份。

(二)民事起诉状的制作程序

我国《民事诉讼法》第119条规定："起诉必须符合下列条件：(一)原告是与本案有直接利害关系的公民、法人和其他组织；(二)有明确的被告；(三)有具体的诉讼请求和事实、理由；(四)属于人民法院受理民事诉讼的范围和受诉人民法院管辖。"原告的起诉要得到法院的受理，就必须符合法律规定的条件，否则起诉不能成立。原告起诉应向人民法院递交书面的起诉状。民事起诉状，既可以由原告自行书写，也可以委托律师或者其他人代为书写。人民法院对当事人提交的起诉状应当进行审查，认为符合立案条件并决定受理后，将直接引发民事诉讼程序。原告向人民法院递交起诉状的同时，应按照被告的人数提交起诉状副本，人民法院应将原告的起诉状副本在法定期限内送达被告，以保证被告充分行使其答辩权。

三、民事起诉状的制作

(一)民事起诉状首部的制作

1. 标题

在诉状首页的正上方应居中写明"民事起诉状"。

2. 当事人的基本情况

当事人包括原告、被告、第三人,书写民事起诉状时,一般应先写原告,后写被告,再写第三人。

当事人是公民个人的,应当写明其姓名、性别、年龄、民族、职业、工作单位和住所、联系方式。出生年月日用阿拉伯数字表示。少数民族应写全称。住所应写明其住所地;住所地与经常居住地不一致的,写经常居住地。当事人为外国人的,则在中文译名之后用括号标示其外文原名、国籍和护照号码。

当事人是法人或其他组织的,分项写明法人或其他组织的名称、住所地,法定代表人或主要负责人的姓名、职务,电话等项内容。当事人是个体工商户的,写明业主的姓名、性别、出生年月日、民族、住址;起有字号的,在姓名之后用括号注明"系……(字号)业主"。外国企业则在其中文译名之后用括号注明其外文名称。

当事人有代理人的,写明代理人的姓名和基本情况,并注明是法定代理人、委托代理人,还是指定代理人。

当事人有数人时,应根据他们在案件中的地位和作用,分别依次排列。

3. 诉讼请求

诉讼请求是原告希望通过诉讼所要达到的目的。诉讼请求既包括实体权利的请求,如要求人民法院判决被告给付一定数额的金钱或判决被告依法继续履行合同等;也包括程序权利的请求,如要求法院判决被告败诉并承担诉讼费等。诉讼请求应当明确、具体、合法,不能含混不清。诉讼请求如有多项,应当分行列写。在诉讼请求一栏中,原告应尽可能的以精练的文字写明请求人民法院依法解决自己所要求的有关民事权益争议的具体事项,如请求人民法院解决损害赔偿、合同履行、或者要求给付赡养费等事项。应当注意的是,诉讼请求往往能够决定案件的成败,实践中经常出现因诉讼请求不当,本可以胜诉的案件却最终败诉的情形。如离婚案件,原告在诉讼请求中应首先明确请求人民法院判决与被告离婚;其次明确提出对子女的抚养及财产分割的意见和要求。如果原告在诉讼请求中未提出对某项财产的分割请求,那么依照"不告不理"的民事诉讼原则,人民法院在审理和裁判中不会主动涉及,原告的合法权益就会因为自己不当的诉求未能得到有效的保障。

(二)正文的制作

正文是起诉状的核心部分，其主要内容包括：

1. 事实与理由

(1)事实。起诉状中的事实是指当事人之间的民事权益纠纷或被告侵权的事实。在民事起诉状中，具状人即原告首先要紧紧围绕着诉讼目的和请求，力求全面、客观地写明双方争议的事实或被告侵权的事实。应叙述清楚案情的事实要素，如实反映争议的本来面貌，不能夸大其词，更不能凭空捏造。叙事还要详略得当，与争议事实有因果关系的事实，要详细地叙述，与案情事实关系不大但又必须交待清楚的，可以简要概括。叙事时应当注意用语的准确，表达的恰当。

(2)理由。民事起诉状中的理由是指依据民事权益争议的事实和证据，概括地分析纠纷的性质、危害、结果及责任，同时表明诉讼请求所依据的法律条文，以论证请求事项的合法和合理。民事起诉状的理由部分，基本上可分为两个层次：一是事实理由，二是法律理由。事实理由是对前述案件事实的概括和升华，不是简单的重复。即以所叙述的事实为基础，予以分析论证，说明所提出的诉讼请求是合理合法的。法律理由即引用有关法律条文，说明原告所提诉讼请求的法律依据。民事起诉状中引用法律要求全面、具体，引用法律的名称应当写全称，而不能使用简称。如应表述为《中华人民共和国民事诉讼法》，而不能写为《民事诉讼法》。引用法律条文适用条款项的，应具体引述到条、款、项。

阐明事实和理由时应注意：事实、理由的陈述要与诉讼请求的目的相一致，不能相互矛盾，也不能脱离诉讼请求毫无边际地漫谈；事实的叙述应具体、清晰、详略得当，明确关键情节。并应实事求是；阐明理由时，应以事实为依据，以法律为准绳，做到合理合法；案情简单的，事实和理由可以合写，边叙述事实边阐述理由。

2. 证据

事实、理由叙述及论证完毕之后，需要另起一段，列写证据和证据来源，以及证人姓名和住址。证据是证明所诉事实真实可靠的依据。具状人即原告所阐述的事实时必须附以确实充分的证据。证据应当根据《中华人民共和国民事诉讼法》规定的证据种类和形式提交。原告应在证据部分说明向人民法院提交的书证原件、物证原物的情况。在提交原件、原物有困难时，要说明可以提交的复制品、照片、节录本的情况；提交外文书证，应附交中文译本。提交证据时，还要说明证据来源，有证人证明的应写明证人姓名和住址。

（三）民事起诉状尾部的制作

1. 致送机关

在证据之后，另起一行空两格写"此致"，然后往下一行顶格写"×××人民法院"，要写明法院的全称。

2. 具状人签名或者盖章

写在致送机关的右下方。具状人是法人或其他组织的，应写明全称并加盖单位公章。

3. 具状时间

在具状人签名的下一行，应写明年、月、日。

4. 附项

该部分通常包括这样一些事项：本状副本×份；证据材料×份。附于起拆状正本的依据，如用抄件或复制件，应注明："经查对，抄件与原件无异。正本在开庭时递交"等字样。

第三节　民事答辩状

一、民事答辩状的概念和法律依据

民事答辩状，是民事诉讼中的被告或被上诉人收到民事起诉状或民事上诉状后，针对原告提出的诉讼请求或上诉人提出的上诉请求作出答复，并依据事实与理由进行辩驳的法律文书。

《民事诉讼法》第 125 条规定："人民法院应当在立案之日起 5 日内将起诉状副本发送被告，被告应当在收到之日起 15 日内提出答辩状。答辩状应当记明被告的姓名、性别、年龄、民族、职业、工作单位、住所、联系方式；法人或者其他组织的名称、住所和法定代表人或者主要负责人的姓名、职务、联系方式。人民法院应当在收到答辩状之日起 5 日内将答辩状副本发送原告。被告不提出答辩状的，不影响人民法院审理。"第 167 条还规定："原审人民法院收到上诉状，应当在 5 日内将上诉状副本送达对方当事人，对方当事人在收到之日起 15 日内提出答辩。人民法院应当在收到答辩状之日起 5 日内将副本送达上诉人。对方当事人不提出答辩状的，不影响人民法院审理。原审人民法院收到上诉状、答辩状，应当在 5 日内连同全部案卷和证据，报送第二审人民法院。"

民事答辩状在民事诉讼中的作用表现为：(1)被告或被上诉人，可以通过答辩状，对原告或者上诉人提起的起诉或上诉理由和根据以及请求事项，有针对性地进行答复和辩解，从而维护被告或被上诉人的合法权益。(2)被告或被上诉人通过提交答辩状，能够使人民法院全面了解诉讼双方的意见、要求，便于人民法院查明案件事实，正确裁决案件；(3)被告或被上诉人有权在法定期限内提交答辩状，充分体现了民事诉讼双方当事人诉讼地位的平等。

二、民事答辩状的结构样式和制作程序

(一)民事答辩状的结构样式

民事答辩状

答辩人：……(写明姓名或名称等基本情况)

法定代表人(或负责人)：……(写明姓名、职务和联系方式)

法定代理人(或指定代理人)：……(写明姓名等基本情况)

委托代理人：……(写明姓名等基本情况)。

因×××诉×××一案，提出答辩如下：

……(应针对起诉状、上诉状、再审申请书或申诉状的内容进行回答)

此 致

××××人民法院

答辩人：×××

××××年××月××日

附：

1. 本答辩书副本×份；

2. 证据材料×份。

(二)民事答辩状的制作程序

民事答辩状应当由民事案件的被告或被上诉人提出。依照我国民事诉讼法的规定，无论是一审还是二审，被告或被上诉人均应当在收到起诉状副本或上诉状副本之日起15日内提交答辩状。被告或被上诉人逾期未提出答辩状的，并不影响人民法院对案件的审理。人民法院应当在收到答辩状之日起5日内将答辩状副本发送原告或上诉人。

三、民事答辩状的制作

(一)民事答辩状首部的制作

1. 标题

写明"民事答辩状"。

2. 答辩人的基本情况

答辩人的基本情况所包含的事项、内容与要求与民事起诉状中当事人基本情况的制作相同。

3. 答辩案由

应当写明对何人起诉或上诉的何案进行答辩。具体为："答辩人因×××一案，现提出答辩如下："由此引出正文。

(二)民事答辩状正文的制作

1. 答辩理由

这是答辩状的主体部分。答辩理由是对起诉状或上诉状的诉讼请求的答复，是答辩人对案件的主张和看法的具体阐明，是对原告或上诉人的诉讼请求及其所依据的事实与理由进行的反驳与辩解。答辩人通过答辩理由的阐述，完全或者部分否定原告提出的诉讼请求以及依据的事实、理由和证据，并提出自己的主张和观点。

答辩理由既包括针对起诉状或上诉状中事实内容的答复与辩解，也包括对起诉状或上诉状适用法律的答复与辩解，还包括对起诉状或上诉状所附证据的答辩。答辩大多从实体方面针对对方当事人的诉讼请求及所依据的事实、理由以及证据进行答辩，还可以从程序方面入手进行反驳和辩解。

答辩时应当注意要尊重客观事实，应当有理有据，有针对性地找到起诉状或上诉状中的破绽，切中要害。答辩的语言应当中肯、准确，避免强词夺理或言之无物。

2. 答辩请求

答辩请求是答辩人在阐明答辩理由的基础上针对原告或上诉人的诉讼请求向人民法院提出应根据有关法律规定保护答辩人合法权益的请求。答辩人应当明确、肯定地提出答辩请求。一般而言，一审民事答辩状中的答辩请求主要有：请求人民法院驳回起诉，不予受理；请求人民法院否定原告请求事项的全部或一部分；提出新的主张和要求，如追加第三人等。对上诉状的答辩请求主要有请求支持原判决或原裁定，反驳上诉人的要求等。若民事答辩状中的请求事项为两项以上，应逐项列明。

3. 证据

答辩状中应列写证据和证据来源，以及证人姓名和住址。提交证据，要说明证据来源。有证人证明的应说明证人姓名和住址。

(三)民事答辩状尾部的制作

1. 致送机关

另起一行空两格写"此致"，然后往下一行顶格写"×××人民法院"，要写明法院的全称。

2. 答辩人签名或者盖章

写在致送机关的右下方。答辩人是法人或其他组织的，应写明全称，加盖单位公章。

3. 答辩时间

写在答辩人签名下一行，注明年、月、日。

4. 附项

写明下列事项：本状副本×份；证据材料×份。附于起诉状正本的依据，如用抄件或复制件，应注明："经查对，抄件与原件无异。正本在开庭时递交"等字样。

第四节 民事上诉状

一、民事上诉状的概念和法律依据

民事上诉状，是指民事诉讼的当事人或其法定代理人不服地方各级人民法院第一审的判决或裁定，在法定的上诉期内，依法定程序向上一级人民法院提出重新审理的书状。

根据我国法律规定，当事人或其法定代理人有权在法定的上诉期内，依法定的程序提起上诉。《民事诉讼法》第 164 条就表明："当事人不服地方人民法院第一审判决的，有权在判决书送达之日起 15 日内向上一级人民法院提起上诉。当事人不服地方人民法院第一审裁定的，有权在裁定书送达之日起 10 日内向上一级人民法院提起上诉。"第 165 条规定："上诉应当递交上诉状。上诉状的内容，应当包括当事人的姓名，法人的名称及其法定代表人的姓名或者其他组织的名称及其主要负责人的姓名；原审人民法院名称、案件的编号和案由；上诉的请求和理由。"

民事上诉状是二审人民法院受理案件，并进行审理的依据。当事人通过民事上诉状，阐明上诉的理由，并提出上诉请求，使二审人民法院了解上诉人对一审裁判的看法、意见、要求，有利于保护一审民事案件败诉一方当事人的合法权益；当事人或其法定代理人只要认为第一审裁判不符合事实和法律，就可以具状上诉。通过民事上诉状，二审法院可以对一审裁判认定的纠纷事实，判断的是非曲直，处理的结果等方面存在的问题进行评判，帮助人民法院正确、及时、合法地处理案件，确保审判质量，防止错案的发生。

二、民事上诉状的结构样式和制作程序

(一)民事上诉状的结构样式

民事上诉状

上诉人(原审×告)：……(写明姓名或名称等基本情况)

法定代表人(或负责人)：……(写明姓名、职务和联系方式)

法定代理人(或指定代理人)：……(写明姓名等基本情况)

委托代理人：……(写明姓名等基本情况)

被上诉人(原审×告)：……(写明姓名或名称等基本情况)

法定代表人(或负责人)：……(写明姓名、职务和联系方式)

法定代理人(或指定代理人)：……(写明姓名等基本情况)

委托代理人：……(写明姓名等基本情况)

上诉人因×××一案，不服×××人民法院××××年××月××日(××××)××字第××号×××，现提出上诉。

上诉请求：

1.……

2.……

上诉理由：

……

此致

××××人民法院

上诉人：×××

××××年××月××日

附：

1. 本上诉状副本×份；
2. 证据材料×份。

(二)民事上诉状的制作程序

民事上诉状必须由有权提起上诉的人书写。上诉必须针对法律允许上诉的裁判而且要在上诉期限内提出。不服第一审民事判决的上诉期限是在判决书送达之日起 15 日内；不服第一审民事裁定的上诉期限是在裁定书送达之日起 10 日内。民事上诉状应当通过原审人民法院提出，并且按照对方当事人或者代理人的人数提出副本，然后由原审人民法院移送第二审人民法院。原审人民法院应将民事上诉状连同原案卷和证据以及答辩状在 5 日内报第二审人民法院。

当事人直接向第二审人民法院提出上诉的，第二审人民法院应在 5 日内将民事上诉状移交原审人民法院。原审人民法院收到上诉状后，应当在 5 日内将上诉状副本送达对方当事人。对方当事人收到上诉状副本后，应当在 15 日内提出答辩状。人民法院应当在收到答辩状之日起 5 日内，将副本送达上诉人。

三、民事上诉状的制作

(一)民事上诉状首部的制作

1. 标题

写明"民事上诉状"。

2. 上诉人的基本情况

依照上诉人、被上诉人、第三人的顺序分别列写他们的基本情况。其具体内容与要求同于民事起诉状。只是注意在当事人的称谓之后，应用括号注明其在一审中所处的地位。

3. 案件来源

依次写明原审人民法院的名称、裁决的时间、文书的名称、编号，并作出上诉的意思表示。通常表述为："上诉人因×××一案，不服××××人民法院×××年××月××日(××)民字第×号民事裁决(或裁定)，现提出上诉。"

4. 上诉请求

上诉人在应说明对一审裁判是全部不服，还是部分不服。如部分不服，则应表明是对哪一部分不服；是请求撤销原审裁判，全部改变原审的处理决定，还是要求对原审裁判作部分变更。简言之，上诉人在上诉请求一项中应当概括、准确、有针对性地请求第二审人民法院撤销原审判决或裁定，发回重审，或者依法予以改判。请求改判时，既可以请求全部改判，也可以请求部分改判。此外，关于诉讼费用的承担也可以作为一个独立的上诉请求提出来。

　　如：上诉请求：
　　一、判决撤销(2008)中石民二初字第4××号民事判决书，依法进行改判。
　　二、判决被告承担诉讼费用。

(二)民事上诉状正文的制作

1. 上诉理由

上诉理由是民事上诉状的制作重点。应当注意的是，上诉是对一审裁判而不是对方当事人提出的，因此上诉人应当明确提出原审裁判在认定事实、适用法律或在适用诉讼程序方面存在的错误或不当之处，同时必须运用充分的事实、证据和有关的法律依据加以论证，以说明自己的上诉请求是合法的。一般而言，可从以下几个角度阐述上诉理由。

(1)认定事实方面。上诉人认为某一民事案件的原审裁判认定的事实不清、不当甚至完全错误时，应在上诉状中有针对性地进行反驳和论证，明确指出原审裁判所认定的事实是全部错误还是部分错误，同时客观、全面地阐述事实真相，并举出确凿、充分的证据加以证实。

(2)适用法律方面。上诉人认为原审裁判所适用的法律不当时，应当具体指出其不当之处(如：应当适用此法却适用了彼法，应当适用此条款却适用了彼条款，或者引用了一部分有关条款，而忽视了另一部分有关条款，或者曲解了法律条款等)，并举出应当适用的有关法律条款，加以分析论证。同时，民事案件由于法律关系的复杂性，实践中往往存在错误定性的问题，如果定性错误，适用法律当然也可能出现错误，上诉人可以就此问题进行分析，作为提出上诉的理由。此外，一审裁判涉及诉讼费承担问题的，如果费用的分担不符合法律的规定，上诉人也可以就此问题进行分析，作为上诉的理由。

(3)适用程序方面。上诉人如认为原审裁判有违反民事诉讼程序的，如民事案件应当先行调解而原审法院未调解就作出判决的，可作为上诉的理由提出。实践中也确实存在因违反了程序法的规定而造成案件处理不当的情况。

上诉人具体阐述上诉理由之后，可以用概括的方法进一步明确上诉主张。一般写法为："综上所述，上诉人认为×××(或原审)人民法院所作的判决(或裁定)不当,特向你院提起上诉,请求撤销原判决(或裁定),给予依法改判(或重新处理)。"

2. 上诉理由的制作要点

(1)突出针对性。上诉人应当针对原判决或裁定的不服之处,有的放矢。通过将原判决或裁定认定的事实和客观事实、证据相比较,将原判决或裁定所适用的法律和应当适用的法律条款相比较,将原判决或裁定适用的诉讼程序和应当适用的程序比较,把自己所认为的原判决或裁定中的错误之处找出来,作为反驳的依据。

(2)增强逻辑性。根据论证所得出的结论,明确提出对原裁判的主张。即在反驳原审裁判所认定的事实和适用的法律不当之后,提出请求第二审人民法院撤销、变更原裁判或者请求重新审理的结论性意见。

3. 表明新证据

如有新的证据、证人,应写明向人民法院提供的能够证明上诉要求的证据名称、件数、证人姓名和住址。提交证据,要说明证据来源。

(三)尾部的制作

1. 致送机关

应另起一行空两格写"此致",然后往下一行顶格写"×××中级(或高级人民法院)",要写明法院的全称。

2. 上诉人签名或者盖章

写在致送机关的右下方。上诉人是法人或其他组织的,应写明全称,加盖单位公章。如系律师代书,则写明×××律师事务所律师×××代书。

3. 上诉时间

写在上诉人签名下一行,标明年、月、日。

4. 附项

应列明上诉状副本×份;证据材料×份;证人的姓名和住址。

第五节　行政起诉状

一、行政起诉状的概念和法律依据

行政起诉状,是行政相对人认为行政机关以及行政机关工作人员的具体行政行为侵犯其合法权益,向人民法院提起诉讼的书状。

行政起诉状是行政相对人为维护自己的合法权益而针对有关行政机关提出

的；对受理行政诉讼的人民法院来说，行政起诉状是人民法院受理行政案件、引发行政诉讼程序的前提和基础，也是行政裁判的重要依据。

《行政诉讼法》第2条规定："公民、法人或者其他组织认为行政机关和行政机关工作人员的具体行政行为侵犯其合法权益，有权依照本法向人民法院提起诉讼。"第42条规定："人民法院接到起诉状，经审查，应当在7日内立案或者作出裁定不予受理。原告对裁定不服的，可以提起上诉。"此即为制作行政起诉状的法律依据。

二、行政起诉状的结构样式和制作程序

(一)行政起诉状的结构样式

行政起诉状

原告：……(写明姓名或名称等基本情况)。

法定代表人(或负责人)：……(写明姓名、职务和联系方式)。

法定代理人(或指定代理人)：……(写明姓名等基本情况)。

委托代理人：……(写明姓名等基本情况)。

被告：……(写明名称、地址基本情况)。

法定代表人：……(写明姓名、职务和联系方式)。

诉讼请求：

1.……

2.……

事实与理由

……(扼要写明时间、地点、当事人、案情经过、结果、主张的理由及法律依据)

证据和证据来源，证人姓名和住址

……

此致

××××人民法院

具状人：×××
××××年××月××日

附：

1. 本状副本×份；
2. 行政处理决定书××份；
3. 其他证据材料××份。

（二）行政起诉状的制作程序

提起行政诉讼必须具备下列条件：原告是认为具体行政行为侵犯其合法权益的公民、法人或者其他组织；有明确的被告；有具体的诉讼请求和事实根据；属于人民法院受案范围和受诉人民法院管辖。依照《行政诉讼法》第42条和第43条的规定，起诉应当以书面形式进行，原告应向人民法院递交起诉状，由人民法院进行审查，决定受理与否。起诉状既可以由原告自行书写，也可以委托律师或者其他人代为书写。人民法院对当事人提交的起诉状应当进行审查，认为符合立案条件并决定受理后，将直接启动行政诉讼程序。人民法院决定受理的，应当在立案之日起5日内，将起诉状副本发送被告。

三、行政起诉状的制作

（一）首部的制作

1. 标题

写明"行政起诉状"。

2. 当事人的基本情况

应分别写明原告、被告和第三人的有关情况。

原告基本情况的写法同于民事起诉状。行政诉讼的被告恒定为行政机关，列写被告时，写明行政机关或法律、法规授权组织的名称和所在地址、法定代表人（或主要负责人）的姓名、职务和联系方式。如果有第三人参加诉讼的，应当在列写原告、被告的基本情况之后，写明第三人的姓名（或名称）和基本情况，要求均与原告一致。当事人有数人时，应根据他们在案件中的地位和作用，分别依次排列。

3. 诉讼请求

诉讼请求是原告（即行政相对人）提出的请求法院予以保护其合法权益的主张。在行政诉讼中，法院主要审查具体行政行为是否合法。因此提出行政诉讼请求必须针对行政诉讼的这一特点，认为具体行政行为违法的，提起撤销之诉，请求法院判决撤销该行为；认为行政机关不作为或不履行法定职责的，提起履行之诉，请求法院判决限期履行；认为具体行政行为不当，提起变更之诉，请求法院予以合理变更；如果行政机关的侵权行为对人身、财产造成损害的，提起给付之诉，请求行政赔偿。以下为实践中普遍采用的表述方法。

（1）撤销之诉。诉讼请求可写为"请求依法撤销×××单位×××年××月××日第××号×××"。

（2）履行之诉。诉讼请求可写为"请求依法判决×××单位于×××年××月××日之前履行×××"。

（3）变更之诉。诉讼请求可写为"请求依法变更×××单位(××××)×××字第××号×××"。

（4）给付之诉。诉讼请求可写为："请求依法裁决×××单位赔偿原告×××损失×××元。"

行政诉讼的诉讼请求同样应当明确、具体。诉讼请求如有多项，分行依次列出。

（二）正文的制作

1. 事实与理由

事实与理由是行政起诉状的主体部分，在此要明确提出诉讼请求的事实根据和法律依据。事实是人民法院审理并裁判案件的基础，起诉状必须写明被告侵犯起诉人合法权益的事实经过、原因及造成的结果，指出行政争议的焦点。如果是经过行政复议后不服复议结果提出起诉的，还要写清楚复议行政机关作出复议决定的过程和结果。理由是在叙述事实的前提下，依据法律法规进行分析，论证诉讼请求的合理合法。具体可从被告实施的具体行政行为所依据的事实不真实、证据不充分；或者所适用的法律有错误；或者违反了法定程序；或者被告有超越职权范围、滥用职权的行为；或者该行政处罚过重，侵害了原告正当权益等方面进行阐述。

2. 证据

有别于民事诉讼"谁主张，谁举证"的证明原则，行政诉讼中具体行政行为合法性的举证责任由被告即行政机关承担。但原告仍需在法律规定的范围内承担举证责任，依据行政诉讼法及相关司法解释的规定，原告对下列事项承担举证责任：证明起诉符合法定条件，但被告认为原告起诉超过起诉期限的除外；在起诉被告不作为的案件中，证明其提出申请的事实；在一并提起的行政赔偿诉讼中，证明因受被诉行为侵害而造成损失的事实；其他应当由原告承担举证责任的事项。

在证据一栏中，应写明向人民法院提供的能够证明案情的证据的名称、数量，并表明证据的来源。

(三)行政起诉状尾部的制作

1. 致送机关

应另起一行空两格写"此致",然后往下一行顶格写"××××人民法院"。

2. 起诉人签名或者盖章

写在致送机关的右下方。起诉人是法人或其他组织的,应写明全称,加盖单位公章。如系律师代书,则写明×××律师事务所律师×××代书。

3. 起诉时间

写在起诉人签名下一行,写明年、月、日。

4. 附项

应列明上诉状副本×份;证据材料×份。

第六节 行政答辩状

一、行政答辩状的概念和法律依据

行政答辩状,是行政诉讼中的被告或被上诉人针对原告或上诉人在行政起诉状或上诉状中提出的诉讼请求、事实与理由,进行回答并提出反驳理由的书状。

《行政诉讼法》第43条规定:"人民法院应当在立案之日起5日内,将起诉状副本发送被告。被告应当在收到起诉状副本之日起10日内向人民法院提交作出具体行政行为的有关材料,并提出答辩状。人民法院应当在收到答辩状之日起5日内,将答辩状副本发送原告。被告不提出答辩状的,不影响人民法院审理。"《最高人民法院关于执行〈中华人民共和国行政诉讼法〉若干问题的解释》第66条第2、3、4款规定:"原审人民法院收到上诉状,应当在5日内将上诉状副本送达其他当事人,对方当事人应当在收到上诉状副本之日起10日内提出答辩状。""原审人民法院应当在收到答辩状之日起5日内将副本送达当事人。""原审人民法院收到上诉状、答辩状,应当在5日内连同全部案卷和证据,报送第二审人民法院。已经预收诉讼费用的,一并报送。"

二、行政答辩状的结构样式和制作程序

(一)行政答辩诉状的结构样式

行政答辩状

答辩机关:……(名称)。

住所地：……

法定代表人：……(写明姓名、职务和联系方式)。

委托代理人：……(写明姓名等基本情况)。

因×××诉×××一案，现答辩如下：

……

此致

××××人民法院

答辩机关(名称、公章)：

法定代表人：

××××年××月××日

附：

1. 本答辩状副本×份；

2. 证据材料×份。

(二)行政答辩状的制作程序

行政答辩状在两种情况下提出：一是原告向第一审人民法院起诉后，被告行政机关就行政起诉状提出答辩状。由于行政诉讼的被告恒定为行政机关，因此，在行政诉讼第一审程序中，有权依法提交答辩状的只有作为被告的行政机关。二是案件经第一审人民法院审理终结后，一方当事人不服，提起上诉，被上诉人就上诉状提出答辩状。此时，由于提起上诉的既可以是作为原告的行政相对人，也可以是作为被告的行政机关，因此，在行政诉讼的二审程序中，提交答辩状的既可以是行政相对人，也可以是行政机关。人民法院在收到原告的行政起诉状和上诉人的行政上诉状以后，应当在规定的期间内将副本送达被告或被上诉人，被告或被上诉人应当在法定的期限内提出答辩状。被告或被上诉人不提出答辩状的，不影响人民法院审理。有关被告提交答辩状的期限，我国行政诉讼法并未明确规定，可以参照民事诉讼法的规定：人民法院应当在收到之日起5日内将答辩状副本发送原告。被上诉人提交答辩状的期限，依照《最高人民法院关于执行〈中华人民共和国行政诉讼法〉若干问题的解释》第66条的规定，被上诉人应当在收到上诉状副本之日起10日内提出答辩状。

三、行政答辩状的制作

(一)行政答辩状首部的制作

1. 标题

写明"行政答辩状"。

2. 答辩人的基本情况

答辩人基本情况的表述与行政起诉状相同。

3. 答辩事由

应当写明对何人起诉或上诉的何案进行答辩。具体写法为:"因××一案,现提出答辩如下:"

(二)行政答辩正文的制作

行政答辩状的正文部分包括陈述答辩的事实和理由以及相关的证据。

1. 事实和理由

(1)行政机关作为答辩人进行答辩的事实和理由。依据《行政诉讼法》第32条的规定:"被告对作出的具体行政行为负有举证责任,应当提供作出该具体行政行为的证据和所依据规范性的文件。"因此,被诉的行政机关首先应当就原告或上诉人的诉求及所依据的事实、理由、证据,进行辩驳,实事求是地围绕自己所作的具体行政行为是否合法的问题,阐明自己认定的事实和作出该具体行政行为的理由,从而证明自己作出的具体行政行为的合法性。如果被告是复议机关,还须阐明改变原具体行政行为的理由、根据及其对原告是否有利;其次,还必须对作出该具体行政行为的依据包括证据和所根据的规范性文件加以具体说明,否则就会导致败诉的后果。

(2)作为第二审被上诉人的公民、法人或其他组织进行答辩时,应当对上诉人上诉的请求和事实与理由进行答复、辩解和反驳。

2. 答辩请求

答辩请求是答辩人在阐明答辩的事实和理由的基础上针对原告的诉讼请求向人民法院提出应根据有关法律规定保护答辩人合法权益的请求。答辩人应当明确、肯定地提出答辩请求。

如:

　　综上所述,答辩人认为一审判决认定事实和适用法律正确,判决结论适当,应予维持,恳请二审法院维护法律的公正和权威,驳回被答辩人的上诉。

3. 证据

答辩应列写证据和证据来源，以及证人姓名和住址。提交证据，要说明证据来源。

(三)行政答辩状尾部的制作

1. 致送机关

应另起一行空两格写"此致"，然后往下一行顶格写"×××人民法院"。

2. 答辩人签名或者盖章

写在致送机关的右下方。答辩人是行政机关或法人或其他组织的，应写明全称，加盖单位公章。

3. 答辩时间

写在答辩人签名下一行，写明年、月、日。

4. 附项

写明如下事项：本状副本×份；证据材料×份。

第七节　刑事自诉状

一、刑事自诉状的概念和法律依据

刑事自诉状，是刑事自诉案件的被害人或其法定代理人为追究被告人的刑事责任，直接向人民法院提起诉讼时所制作的书状。

《刑事诉讼法》第112条规定：对于自诉案件，被害人有权向人民法院直接起诉，被害人死亡或者丧失行为能力的，被害人的法定代理人、近亲属有权向人民法院起诉。人民法院应当依法受理。《最高人民法院关于适用〈中华人民共和国刑事诉讼法〉的解释》第262条规定："自诉状应当包括以下内容：(一)自诉人(代为告诉人)、被告人的姓名、性别、年龄、民族、出生地、文化程度、职业、工作单位、住址、联系方式；(二)被告人实施犯罪的时间、地点、手段、情节和危害后果等；(三)具体的诉讼请求；(四)致送的人民法院和具状时间；(五)证据的名称、来源等；(六)证人的姓名、住址、联系方式等。对两名以上被告人提出告诉的，应当按照被告人的人数提供自诉状副本。"可见立法对刑事自诉状的规定是较为明确和具体的。

二、刑事自诉状的结构样式和制作程序

（一）刑事自诉状的结构样式

刑事自诉状

　　自诉人：（姓名、性别、出生年月日、民族、出生地、文化程度、职业、工作单位、住址、联系方式）。

　　法定代理人（或指定代理人）：……（写明姓名等基本情况）

　　委托代理人：……（写明姓名等基本情况）

　　被告人：（姓名、性别等情况，出生年月日不详者可写其年龄）

　　法定代表人（或负责人）：……（写明姓名、职务和联系方式）

　　法定代理人（或指定代理人）：……（写明姓名等基本情况）

　　委托代理人：……（写明姓名等基本情况）

　　案由：（被告人被控告的罪名）。

　　诉讼请求：（具体的诉讼请求）。

　　事实和理由：

　　（被告人犯罪的时间、地点，侵害的客体、动机、目的、情节、手段及造成的后果。有附带民事诉讼内容的，在写明被告人的犯罪事实之后写清。理由应阐明被告人构成的罪名和法律依据）

　　证据和证据来源，证人姓名和住址

　　（主要证据及其来源，证人姓名和住址。如证据、证人在事实部分已经写明，此处只需点明证据名称、证人详细住址）

　　此致

××××人民法院

自诉人：×××

代书人：×××

××××年××月××日

　　附：

　　1. 本诉状副本×份；

　　2. 证据材料×份。

(二)刑事自诉状的制作程序

我国刑事诉讼法对于能够提起自诉的刑事案件的范围有着明确的规定,因此自诉人必须在法律规定的允许提起自诉的案件范围内才能向人民法院递交自诉状,引起自诉程序。

如果被告人是两人以上的,自诉人在告诉时需按被告人的人数提供自诉状副本。

三、刑事自诉状的制作

(一)刑事自诉状首部的制作

1. 标题

写明"刑事自诉状"。

2. 当事人的基本情况

当事人基本情况的表述内容及要求,与民事、行政起诉状相同。

3. 案由

应写明自诉人指控的被告人的罪名。

4. 诉讼请求

诉讼请求就是刑事自诉人提起刑事自诉的目的和要求。应具体写明被告人侵犯自诉人合法权益的行为性质以及在法律上所构成的罪名,向人民法院提出追究被告人刑事责任的具体请求。如果存在两个或两个以上的诉讼请求,可逐一列出。

(二)刑事自诉状正文的制作

正文主要阐述事实、理由和证据。这是刑事自诉状的核心部分。

1. 事实

事实部分应写明被告人犯罪的具体事实,包括被告人实施犯罪的时间、地点、动机、目的、手段、情节、危害结果。对时间的阐述,要根据案情需要,具体写明年、月、日、时,必要时具体到分。对地点的阐述必须确切,准确写明地名。动机应当是能够证明的,不能随意揣测。犯罪目的是被告人通过犯罪行为希望达到的结果,必须是以事实和证据进行证明。对于手段的描述应当恰如其分,以此客观反映出被告人主观恶性的大小。对于情节,要写明被告人实施犯罪的各阶段的情况和变化。如犯罪前的准备,犯罪的实施,犯罪后毁灭罪证等。对于结果,要写出犯罪所造成的危害后果的基本状态,不能凭空捏造或夸大其词。例如对伤害案件伤口的描述,可以借鉴医生的诊断结果或法医鉴定报告表述为"伤口长约××厘米或毫米，宽约××厘米或毫米，深约××厘米或毫米"。

2. 理由

阐述理由应当以本案事实为依据，以有关法条为准绳，分析被告人的犯罪行为给自诉人造成的损失和危害，以及被告人的犯罪行为所触犯的罪名和追究其刑事责任的法律依据。

制作刑事自诉状时，一般于正文最后用一段文字总结事实和理由，指明被告人的犯罪行为所触犯的罪名，重申诉讼请求。实践中经常表述为："综上所述，被告人×××（姓名）的××××行为，触犯《中华人民共和国刑法》第×××条第×款的规定，构成××××罪，请人民法院依法追究被告人的刑事责任。"

3. 证据

列明向人民法院提供的证明所指控被告人犯罪事实的证据的名称、件数和各个证据的来源，以及证人的姓名和详细住址。

(三)刑事自诉状尾部的制作

1. 致送机关

应另起一行空两格写"此致"，然后往下一行顶格写"××××人民法院"。

2. 起诉人签名或者盖章

写在致送机关的右下方。起诉人是法人的，应写明全称，加盖单位公章。如系律师代书，则写明×××律师事务所律师×××代书。

3. 起诉时间

写在起诉人签名下一行，写明年、月、日。

4. 附项

应列明自诉状副本×份；证据材料×份。

第八节　刑事上诉状

一、刑事上诉状的概念和法律依据

刑事上诉状，是刑事案件的当事人或其法定代理人，或者刑事被告人的辩护人和近亲属经被告人同意，不服地方各级人民法院作出的第一审判决、裁定，依照法定程序和期限，要求上一级人民法院撤销或变更原裁判的书状。

《刑事诉讼法》第216条规定："被告人、自诉人和他们的法定代理人，不服地方各级人民法院第一审的判决、裁定，有权用书状或者口头向上一级人民法院上诉。被告人的辩护人和近亲属，经被告人同意，可以提出上诉……对被告人的上诉权，不得以任何借口加以剥夺。"《最高人民法院关于适用〈中华人民共和国刑事诉讼法〉的解释》第299条第1款规定：地方各级人民法院在宣告第一审判决、裁定时，应当告知被告人、自诉人及其法定代理人不服判决、裁定的，有权在法定期限内以书面或者口头形式，通过本院或者直接向上一级人民法院提出上诉；被告人的辩护人、近亲属经被告人同意，也可以提出上诉；附带民事诉讼当事人及其法定代理人，可以对判决、裁定中的附带民事部分提出上诉。第300条指明：人民法院受理的上诉案件，一般应当有上诉状正本及副本。上诉状内容应当包括：第一审判决书、裁定书的文号和上诉人收到的时间，第一审人民法院的民称，上诉的请求和理由，提出上诉的时间。被告人的辩护人、近亲属经被告人同意提出上诉的，还应当写明其与被告人的关系，并应当以被告人作为上诉人。这些条文为制作刑事上诉状提供了依据。

二、刑事上诉状的结构样式和制作程序

(一)刑事上诉状的结构样式

刑事上诉状

上诉人(写明原审中的称谓)：……(写明姓名或名称等基本情况)

法定代表人(或负责人)：……(写明姓名、职务和联系方式)

法定代理人(或指定代理人)：……(写明姓名等基本情况)

委托代理人：……(写明姓名等基本情况)

被上诉人(写明原审中的称谓)：……(写明姓名或名称等基本情况)

法定代表人(或负责人)：……(写明姓名、职务和联系方式)

法定代理人(或指定代理人)：……(写明姓名等基本情况)

委托代理人：……(写明姓名等基本情况)

上诉人因×××一案，不服××××人民法院××××年××月××日(××××)××字第××××号刑事判决(或裁定)，现提出上诉。

上诉请求：

……(填写具体的上诉请求)

上诉理由：

……(阐明上诉的理由和法律依据)

此致

××××人民法院

上诉人：×××

代书人：×××

××××年××月××日

附：

1. 本上诉状副本×份；
2. 证据材料×份。

(二)刑事上诉状的制作程序

我国刑事诉讼法及相关的司法解释明确规定了提起刑事上诉必须符合相应的法定条件和法定程序：主体适格。有权提起刑事上诉的主体只能是刑事公诉案件的被告人、刑事自诉案件的自诉人、附带民事诉讼的原告人和被告人或其法定代理人以及刑事被告人的辩护人和近亲属。应当注意的是，如果是被告人的辩护人、近亲属经被告人同意提出上诉的，还应当写明提出上诉的人与被告人的关系，并应当以被告人作为上诉人；刑事上诉必须在法定期限内按照法定程序提起。判决的法定上诉期限为 10 日，裁定的法定上诉期限为 5 日。上诉人提起上诉，既可以向作出原判决或裁定的人民法院提出，也可以向上一级人民法院提出，在递交上诉状的同时，应一并递交所补充的新的证据。

三、刑事上诉状的制作

(一)刑事上诉状首部的制作

1. 标题

居中写明："刑事上诉状"。

2. 上诉人、被上诉人的基本情况

应依次写明上诉人、被上诉人的姓名、性别、出生年月日、民族、出生地、文化程度、职业、工作单位、住址、联系方式等。自诉人、被告人中的一方提出上诉的，相对一方就作为被上诉人；而刑事公诉案件的被告人提出上诉的，没有被上诉人，不能把公诉机关列为被上诉人，只需写明上诉人(一审被告人)的基本情况，同时要写明上诉人因本案所受强制措施的情况，现在何处。上诉人如系原审当事人，在上诉人后用括号注明其在原审中的诉讼称谓，如"上诉人(原审自诉人或原审被告人)×××"；上诉人是原审当事人的法定代理人或近亲属的，在上诉人的称谓后应用括号注明上诉人与当事人之间的关系，如"上诉人(原审被告人之×)×××"，然后另起一行，写明"原审被告人或原审自诉人"的基本情况。有委托代理人或辩护人的，在上诉人或被上诉人的次行写明姓名等身份情况；委托代理人或辩护人是律师的，只需写明姓名、职务和所在律师事务所的名称。

3. 案由

大多表述为："上诉人因×××一案，不服××××人民法院××××年××月××日(××××)××字第××号刑事判决(裁定)，现提出上诉。"

4. 上诉请求

上诉请求是上诉人提出上诉所要达到的目的，一般包括以下两方面的内容：一是要写明对原审裁判的态度，是部分不服，还是全部不服；二是要写明通过上诉需要达到的目的。如请求第二审法院对原审裁判作部分变更，还是撤销原判、全部改判。上诉请求的表述必须简单明了。

(二)刑事上诉状正文的制作

1. 上诉理由

在上诉理由部分，上诉人要针对原审裁判的不当进行充分地阐述与论证。上诉人可从以下几个方面展开论证：

(1)认定事实方面。如果原审裁判的事实认定存在错误，包括某种行为事实根本不存在，或有重大出入，或缺乏证据等，上诉人必须用确凿的证据说明事实真相，全部或部分地否定原审裁判认定的事实。

(2)确定案件性质方面。如果原审裁判在认定事实方面并无不妥，但在确定案件性质上有误，上诉人要说明就本案的客观事实，根据相关法律的规定应定什么罪，而原审裁判定的是什么罪，原审裁判为什么错，错在哪里。犯罪性质同刑事处罚密切相关，罪轻罪重带来的刑事处罚是不同的，上诉状应抓住这方面的问题阐述理由，以实现自己的诉求。

(3)适用法律方面。适用法律方面的不当主要是违反或不正确地运用法律条文，或错误地理解了法律规定或立法精神。这些都可能造成定罪的错误或量刑的畸轻畸重，使得罪、责、刑不相适应。上诉人认为原审裁判所适用的法律不当时，应指明原审裁判在适用法律方面的错误，提出正确适用法律的理由。

(4)审判程序方面。如果一审法院在审理案件的过程中存在违背刑事诉讼程序之处的，如没有将检察院的起诉书副本在法定期限前送达被告人、有关审判人员应该回避而未回避等，就会影响到对案件的公正审理。上诉人可将此作为上诉理由提出，请求二审人民法院通过裁决予以纠正。

2. 证据

如有新的证据、证人，应写明向人民法院提供的能够证明上诉要求的证据名称、件数、证人姓名和住址。提交证据，要说明证据来源。

(三) 刑事上诉状尾部的制作

1. 致送机关

另起一行空两格写"此致"，然后往下一行顶格写"××××人民法院"。

2. 上诉人签名或者盖章

写于致送机关的右下方。起诉人是法人的，应写明全称，加盖单位公章。如系律师代书，则写明×××律师事务所律师×××代书。

3. 上诉时间

写在起诉人签名下一行，写明年、月、日。

4. 附项

列明上诉状副本×份；证据材料×份。

思考题

1. 简述诉状的概念、种类和作用。
2. 试述民事起诉状事实与理由部分的制作。
3. 如何制作民事答辩状的答辩理由？
4. 制作行政起诉状应注意哪些事项？
5. 刑事自诉状应如何制作？
6. 简述刑事上诉状正文部分的制作。
7. 试比较民事答辩状与行政答辩状制作之异同。
8. 请说说起诉状与上诉状的制作有哪些不同。

参考文献

1. 符启林主编. 中国律师文书范本[M]. 北京：中国人民公安大学出版社，2000.

2. 中国法律文书样式与制作编纂委员会编. 律师业务文书样式与制作[M]. 北京：人民法院出版社，2001.

3. 奚小伟. 法律文书案例教程[M]. 北京：法律出版社，2005.

4. 潘庆云主编. 法律文学书教程[M]. 上海：复旦大学出版社，2005.

5. 卓朝君，邓晓静编．法律文书学[M]．北京：北京大学出版社，2007.

6. 陈卫东，刘计划主编．法律文书写作[M]．北京：中国人民大学出版社，2007.

7. 周道鸾主编．法律文书教程[M]．北京：法律出版社，2008.

8. 杨荣馨，邱星美．关于民事诉讼诉答程序、诉答文书的探讨//民事诉讼法修改重要问题研究[M]．厦门大学出版社，2011.

第十三章　法庭演说词

【内容提要】

法庭演说词是指出庭的公诉人，案件的当事人及其辩护人、诉讼代理人在法庭辩论阶段就案件的事实、证据、法律适用以及如何裁判等发表的系统性意见。法庭演说词是庭审控辩双方陈述观点、主张权利的重要途径和方式。同时，法庭演说词也有利于裁判者全面听取各方意见、查清案情，是人民法院依法公正裁判案件的重要参考。

法庭演说词有广义、狭义之分，本章主要介绍狭义的法庭演说词，即辩护词、代理词的概念、法律依据、结构样式、制作要点。

【基本概念】

法庭演说词　辩护词　代理词

第一节　概　　述

一、法庭演说词的概念与特点

(一)法庭演说词的概念

我国三大诉讼法以及《中华人民共和国律师法》都规定了公诉人，当事人及其辩护人、诉讼代理人在法庭辩论阶段有权发表自己对案件的观点和看法，有权与对方展开辩论。司法实践中，一般将公诉人、诉讼参加人在法庭辩论阶段口头发表意见的行为称为法庭演说，法庭演说的内容即为法庭演说词。由此，法庭演说词是指出庭的公诉人，案件的当事人及其辩护人、诉讼代理人在法庭辩论阶段就案件的事实、证据、法律适用以及如何裁判等发表的系统性意见。诉讼过程中常用的公诉词(也称公诉意见书)、抗诉词(也称抗诉意见书)、辩护词和代理词等皆为狭义的法庭演说词。

因本书在其他章节已讲解了公诉词等检察机关刑事法律文书的制作，为避免重复，本章主要讲解辩护词和代理词的制作。实践中当事人往往委托专业律师担任自己的辩护人或诉讼代理人，辩护词、代理词多由专业律师代为制作。

（二）法庭演说词的特点

法庭演说词一般是由发表者，即作为辩护人、诉讼代理人的律师于庭审前预先制作完成，而后在庭审法庭辩论阶段以口头形式予以发表。法庭演说词旨在向裁判者陈述对案件的事实、证据、法律适用等问题的看法，就如何裁判提出具体的请求和建议，以维护被告人、被代理人的合法权益。详言之，法庭演说词具有如下特点：

1. 说服性

发表法庭演说词的根本目的，在于通过对案件的事实和证据从法、理、情方面进行分析，提出己方的意见或建议，使演说者的观点最大可能地被审判人员在裁决案件时参考和采纳。法庭演说词论题的确立、内容的展开，辩论方式和辩论技巧的运用都必须服务于说服这一目的。法庭演说词应当言之有据，并晓之以理、动之以情，充分表达辩护意见和代理意见，追求"说服"的实际效果。但是，法庭演说不是表演，不能脱离客观事实、不宜过度渲染。

2. 主题性

法庭演说词要实现说服的目的，必须做到有的放矢、观点明确。制作法庭演说词应当全面把握案情，深入了解案件材料，针对诉讼双方争议的焦点问题提出对己方有利的意见。法庭演说词的具体内容应围绕案件的事实和证据、法律适用及如何裁决等关键问题系统地展开，力求做到主旨鲜明、证据扎实、逻辑严密、说理充分。

3. 讲演性

与其他类型的法律文书不同的是，法庭演说词是在庭审中通过口头演说传达给受众的，因而必须符合口语表达，尤其是演讲的一般特征。法庭演说词的制作应当做到：层次清晰、逻辑谨严，切忌杂乱无章；抓住重点、直指要害，切忌泛泛而谈不得要领；语言通俗、便于演说，切忌生僻晦涩、词不达意。另外，演说者还应当根据庭审中出现的具体情况及时调整、优化表述内容。演说者需要掌握基本的演讲技巧，特别是要注意发言时应态度果决、语言清晰流畅、语速适中。

二、法庭演说词的通用结构

（一）首部

法庭演说词的首部由标题、称呼语和前言组成，具体内容如下：

第十三章 法庭演说词

1. 标题

标题即法庭演说词的名称，一般书写为：辩护词或代理词；或关于×××（被告人姓名）××（案由）一案的辩护词，或××（案由）案代理词。

2. 称呼语

即对审判人员的称呼。应根据法庭组成人员的情况确定具体称呼。一般表述为"审判长、审判员"或"审判长、审判员、人民陪审员"。

3. 前言

法庭演说词的前言应说明辩护人或代理人出庭履行职责的合法性和出庭的任务，辩护人或诉讼代理人在开庭前进行的准备工作的情况，并简要提出对本案的基本看法。

（二）正文

这是法庭演说词的核心部分，主要是辩护或代理意见和结束语。正文的主要任务是逻辑清晰、重点突出地说明对案件事实、证据、理由、法律适用、诉讼程序等方面的意见和看法，并提出对案件的裁判建议。

（三）尾部

尾部通常包括制作者的署名及制作时间。

第二节 辩 护 词

一、辩护词概述

（一）辩护词的概念

辩护词，是指刑事案件的被告人或上诉人及其辩护人在法庭辩论过程中根据事实和法律，针对刑事自诉状、起诉书或刑事附带民事诉讼起诉状的指控，进行反驳和辩解，以证明被告人或上诉人无罪、罪轻，或应当减轻、免除刑事责任的法庭演说词。

根据诉讼程序的不同，辩护词可分为一审辩护词、二审辩护词和再审辩护词；根据起诉主体的不同，辩护词可分为公诉案件的辩护词与刑事自诉案件的辩护词等类别。

（二）制作辩护词的法律依据

《中华人民共和国宪法》第 125 条规定：被告人有权获得辩护。《刑事诉讼法》第 11 条规定，被告人有权获得辩护，人民法院有义务保证被告人获得辩护。第 35 条则指出：辩护人的责任是根据事实和法律，提出证明犯罪嫌疑人、被告人无罪、罪轻或者减轻、免除其刑事责任的材料和意见，维护犯罪嫌疑人、被告人的合法权益。第193条明确规定：法庭审理过程中，对与定罪、量刑有关的事实、证据都应当进行调查、辩论。经审判长许可，公诉人、当事人和辩护人、诉讼代理人可以对证据和案件情况发表意见并且可以互相辩论。审判长在宣布辩论终结后，被告人有最后陈述的权利。以上规定是制作辩护词的主要法律依据。

(三) 辩护词的功能

辩护人发表辩护词的目的就是要论证被告人或上诉人无罪、罪轻，或者应减轻甚至免除其刑事责任。辩护人在法庭上发表的辩护词是辩护人依法履行辩护职责的重要手段，也是实现被告人辩护权的重要途径，同时也有助于法庭查清案件事实、准确适用法律，正确裁判案件。辩护人的辩护意见具有相对的独立性，无须得到被告人、上诉人的事先授权或者事后追认。但是，在审判过程中被告人有权拒绝辩护人继续为其提供辩护，也可以另行委托辩护人进行辩护。实践中，辩护词在庭审后需提交法庭。根据中华全国律师协会颁布的《律师办理刑事案件规范》第130条的规定，二审案件不开庭审理的，律师应向法庭提交书面辩护意见。

二、辩护词的结构样式

辩　护　词

审判长、审判员(人民陪审员)：

根据《中华人民共和国刑事诉讼法》第××条第××款第×项的规定，我接受×××(主要被告人姓名)××(案由)一案的被告人×××的委托，(并由××律师事务所指派)担任他的辩护人，出庭为他进行辩护。

或者写：根据《中华人民共和国刑事诉讼法》第××条第××款的规定，经××××人民法院指定，并征得被告人×××(姓名)的同意，由我担任×××(主要被告人姓名)××(案由)一案的被告人×××的辩护人，出庭为他进行辩护。

开庭前辩护人认真地研究了×××人民检察院×检刑诉[××××]××号起诉书，详细查阅了本案全部卷宗材料，(×次)会见了被告人，走访了有关证人，并且对现场进行了勘查等，获得了充分的事实材料和证据。今天又出席了庭审调查，对本案有了较为全面的了解。我认为……(提出对本案的基本看法)。理由如下：

……(应从被告人的行为事实出发，对应相关的法律规定，提出被告人无罪，或罪轻或从轻、减轻、免除其刑事责任的意见和根据。)

综上所述，辩护人认为被告人……根据《中华人民共和国刑法》第×条之规定，应宣告被告人×××无罪(或免除处罚，或从轻、减轻处罚)。(或以上辩护意见，提请合议庭在合议时予以充分考虑。)

辩护人：×××

××××年××月××日

三、辩护词的制作

实际上，辩护词并无法定的格式要求。实务中，辩护词的程式主要依律师行业习惯和个人风格而定，其基本结构包括首部、正文、尾部三部分。

(一)首部的制作

辩护词的首部通常包括标题、称呼语和前言三项内容。

1. 标题

在文书首页上方居中写明"辩护词"或"关于×××(被告人姓名)××(案由)一案的辩护词"。

2. 称呼语

称呼语，即对审判人员的称呼，应根据法庭组成人员的具体情况确定，多为"审判长、人民陪审员"、"审判长、审判员、人民陪审员"或"审判长、审判员"。

3. 前言

前言主要说明辩护人出庭辩护的合法性和出庭任务、出庭前的准备工作以及对本案的基本看法。

(1)说明辩护人出庭辩护的合法性和出庭任务。根据《刑事诉讼法》第33条和第34条的规定，辩护人辩护权的来源包括被告人及其监护人、近亲属的委托和法律援助机构的指派。委托辩护的，可表述为："根据《中华人民共和国刑事诉讼法》第三十三条第×款之规定，××律师事务所接受×××(被告人姓名)××××(案由)一案的被告人×××的委托，委派本人出庭为其辩护。"指定辩护的，表述为"根据《中华人民共和国刑事诉讼法》第三十四条第×款之规定，经×××法律援助机构指派，并征得被告人×××(姓名)的同意，由我担任×××(被告人姓名)××(案由)一案的被告人×××的辩护人，出庭为其辩护。"

(2)简要说明辩护人出庭发表辩护词的根据。主要交待辩护人在开庭前为出庭辩护所做的准备工作，如查阅案卷、会见被告人、调查取证、出席庭前会议等，其目的在于向法庭表明辩护人的辩护意见是基于充分的调查、研究而作出的。

（3）阐明辩护人的辩护论点并承启下文。辩护论点是辩护人在全面综合分析研究案件材料的基础上，针对人民检察院的起诉书、抗诉书或刑事自诉状的指控内容，提出被告人或上诉人无罪、罪轻，或者减轻甚至免除刑事责任的基本观点。辩护论点主要围绕案件事实、证据、罪名认定和法律适用等问题来确定，或作无罪的辩护；或作从轻、减轻或免除刑事责任的辩护。前言部分应开宗明义地阐明辩护人对案件的基本看法和核心辩护观点，辩护词的正文即辩护理由部分应以该辩护论点为认知基础和中心，逐项深入地展开。

辩护人出庭发表辩护词的根据及主要辩护论点，一般综述为："开庭前辩护人认真地研究了××××人民检察院×检刑诉[××××]××号起诉书，详细查阅了本案全部卷宗材料，（×次）会见了被告人，走访了有关证人，获得充分的事实材料和证据。今天又出席了庭审调查，对本案有了较为全面的了解。辩护人认为……（提出对本案的基本看法）。理由如下："。

当然，辩护词也可以根据案件的复杂程度，分项列举各个辩护论点及理由。分项表述各辩护论点的，上述引文的最后部分表述为："辩护人现（就……）发表以下辩护意见：一、……（写明辩护论点及理由）。二、……（写明辩护论点及理由）。……"

（二）正文的制作

辩护词的正文包括辩护理由和结束语，这是辩护词的核心部分。

1. 辩护理由

在辩护理由部分，辩护人应当围绕公诉机关或自诉人的指控，对案件事实、适用法律和诉讼程序等进行分析，指出并论证控诉方存在的错误或者疑点并予以辩解、反驳（二审辩护词应当主要从一审判决认定的事实、适用法律等方面来进行），说服裁判者采纳自己的辩护意见。从刑事辩护实践来看，辩护理由通常从以下几个方面展开为被告人进行辩护：

（1）从犯罪事实的认定方面进行辩护。《刑事诉讼法》第6条规定，人民法院、人民检察院和公安机关进行刑事诉讼，必须以事实为根据，以法律为准绳。作为人民法院审理对象的案件事实是起诉书或刑事自诉状中"指控的犯罪事实"，而人民法院定罪量刑的案件事实则是经过庭审"认定的案件事实"。从"指控的犯罪事实"到"认定的案件事实"所依据的严格的法律程序恰恰是辩护人进行事实辩护的空间之所在。在我国，"指控的犯罪事实"只有符合刑事实体法上的犯罪构成要件才可能被认定为"犯罪事实"。犯罪事实是定罪量刑的前提和基础，犯罪事实的认定直接影响被告人的罪与非罪、罪轻与罪重。如果起诉书、刑事自诉状指控的犯罪事实与现实真相不符，如不存在被指控的犯罪事实、或者犯罪行为并非被告人所实施、或者被告人的行为与危害结果之间不存在确定的因果关系、或者情节一般的犯罪行为被指控为情节严重的犯罪行为等，辩护人应当明确指出，予以反驳和辩解以维护被告人的合法权益。由于认定犯罪事实必须有"确实、充分"的证据，所以对定罪事实的辩护要落实在案件的证据之上，对指控证据的客观性、合法性、关联性作重点分析、辩驳。如果犯罪证据不充分、证据收集不全面、证据来源不合法、主要证据之间存在矛盾冲突或者侦查机关故意隐瞒对被告人有利的证据，辩护人应在认真核查案件卷宗、及时调查取证的基础上，以扎实的证据和有力的分析反驳指控。

(2)从适用法律方面进行辩护。被告人的行为是否构成犯罪，构成何罪，罪轻还是罪重，一罪还是数罪，需要适用具体的法律规定加以确定。在公诉人或自诉人指控的某种行为事实存在的情况下，如果适用法律错误，将无罪认定为有罪，或将罪轻认定为罪重，辩护人应当从犯罪构成要件的角度分析被告人的行为，论证被告人的行为不构成犯罪或不属于起诉书中所指控的较重罪名。例如将一般的放纵走私行为认定为走私罪，辩护人应当从案件事实与证据出发，结合犯罪构成要件进行分析，提出被告人无罪、轻罪的辩护理由。此外，我国刑法实行"从旧兼从轻"的原则，对于刑法某一修正案施行以前认为是犯罪的行为，修正案没有规定为犯罪或者处刑较轻的，辩护人要明确提出适用法律的意见，以维护被告人的合法权益。

与犯罪构成要件事实相区别，量刑情节的事实针对的是犯罪确立之后对量刑有影响的事实。当被告人的行为确实构成了犯罪时，辩护人应当全面分析案情，结合刑法和司法解释的规定，找准是否存在法定从轻、减轻、免除刑事责任的情节，收集、固定、分析有关证据，提出从轻、减轻、免除刑事责任的辩护理由，请求法院在量刑时予以考虑。如存在检察机关对被告人有自首、立功等法定从轻、减轻、免除刑事责任的行为不予提及等情况，辩护人应当重点辩驳并提出从轻处理的意见。

(3)从程序方面进行辩护。如果诉讼过程中存在着违法之处，如刑讯逼供、有关办案人员应该回避而未回避，就会影响到对案件的公正处理。实践中也确实存在因违反了程序法的规定而造成对案件处理不当，损害被告人合法权益的情况。辩护人应当就此提出辩护意见。

(4)从有关情理方面进行辩护。对于犯罪事实清楚、证据确实充分、适用法律准确且被告人并不具备法定从轻、减轻、免除刑事责任情节的案件，如果存在"罪无可赦、情有可原"的情形，辩护人应抓住被告人个人情况、成长经历、犯罪时内外部环境中的特殊因素展开分析论证，同时注意援引相关刑事政策和量刑指导意见等规定，请求人民法院在裁决时予以考虑，最大限度地维护被告人的合法权益。例如，被害人存在过错(如长期虐待、威胁被告人)，或者被告人一贯表现良好因特定原因初次犯罪(如出于义愤难以自控而对被害人实施故意伤害)，或者被告人认罪态度良好且真诚悔罪(如自愿认罪并取得受害人谅解)，或者被告人具有特定的个人或家庭情况需要考虑(如有幼儿需要抚养)等。

制作辩护词应注意一审辩护词和二审辩护词侧重点的不同。一审辩护词主要针对公诉词、自诉状中不实甚至错误之处展开辩论。而二审辩护词因针对的是一审人民法院的裁决或者检察机关的抗诉，故可从以下几个方面展开辩护：一是认定事实方面。如果法院认定了检察机关未指控的事实或者认定了未经法庭调查核实的事实，辩护人应当有针对性地予以辩驳。二是犯罪证据方面。如果同时存在对被告人有利和不利的证据，裁判者未作全面衡量而只采信了对被告人不利的证据，或者辩护人发现了能证明被告人无罪、罪轻的新证据，辩护人应当积极就此开展辩护。三是量刑情节方面。如果被告人在一审判决后自愿认罪、真诚悔罪或者有自首、立功的情节，辩护人应当请求二审法院予以考虑。四是诉讼程序方面。如果一审诉讼过程中存在剥夺、限制被告人合法权益或者影响其诉讼权利正当行使的情形，辩护人应当要求二审法院予以纠正。

2. 结束语

辩护词的结束语应主要包含两项内容：一是对辩护意见进行系统概括，重申辩护的主旨，首尾呼应；二是向法庭提出请求和建议，要求法庭对辩护人的辩护意见给予足够的重视和充分的考虑，或向法庭提出对被告人如何定罪量刑、如何适用法律的具体建议。

(三)尾部的制作

辩护词的尾部由辩护人签名并注明制作的日期，具体写明年月日。

四、辩护词的制作要求

辩护词的制作应当紧密结合案件事实与法律适用，并注重以下要点：

(一)明确辩护重点，确定辩护方向

辩护词的主要辩护观点，即主旨应当明确、清晰。辩护主旨最好可以浓缩为一句或数句话简要表达，以便于听众把握辩护的中心和脉络。辩护方向则应针对公诉机关或者自诉人指控的不实、不准或者违法之处予以重点反驳、重点突破。此外，对于被告人的同一具体犯罪行为，一般不能同时提出无罪辩护和罪轻辩护两种观点。

（二）充分利用证据，注重案件细节

辩护人应当以事实为依据、以法律为准绳，以查证属实的证据作为辩护基础，不得伪造、捏造证据。对于案件证据特别是被控诉方忽视的有利于被告人的证据，辩护人应切合辩护主旨有目的、有逻辑性地排列组合起来以增强其说服力，做到"让事实自己说话"；要充分注重细节，"以点带面"地推翻公诉人或者自诉人违反客观规律、与普遍认知存在矛盾、前后逻辑冲突的指控；要特别注意防止无体系、无细节的单纯"展示"证据。

（三）注重演说效果，表达简明准确

辩护词具有讲演性，必须做到表达流畅、融情入理，引起听众的共鸣，从而实现其说服的目的。此外，因辩护词在庭审后需向法庭提交，故辩护人必须准确引用法律条文，精确到条、款、项，遣词造句应当简明扼要，不可拖沓、空洞。

五、辩护词的实例

陈××涉嫌故意伤害罪一案的辩护词①

尊敬的审判长、各位审判员：

根据《中华人民共和国刑事诉讼法》第三十三条的规定，广东晨光律师事务所接受陈××涉嫌故意伤害罪一案的被告人陈××的委托，指派我担任其辩护人。经过阅卷，会见被告人，再通过今天的庭审，为了客观、全面地查明案件事实，准确适用法律，履行辩护人职责，现就××市人民检察院提起公诉的叶××、周×、陈××涉嫌故意伤害罪一案，发表如下辩护意见，供合议庭判决时参考。

一、辩护人对××市人民检察院×检刑诉（××××）××号起诉书指控本案被告人陈××参与犯罪的重要情节提出异议。

起诉书第2页第16行至第18行称："……尔后，三被告人来到天桥对面

---

① 该辩护词由广东晨光律师事务所李孝平律师制作。该案一审法院判决认可了辩护律师对本案情节之辩和证据之辩的观点，对被告人陈××未用钢管打人的意见予以采纳，从而对被告人陈××从轻判处了缓刑。

曹××家门口，被告人叶××持刀、被告人陈××持钢管、周×用拳脚分别对胡××、徐××二人进行殴打"。公诉书指称这一事实的证据是"被告人的供述与辩解；被害人陈述；证人证言；书证、物证；鉴定结论"。

辩护人认为上述五项证据不能做到确实、充分地证明被告人陈××持钢管殴打二位受害人的事实。公诉机关的这一指控事实不清，证据不足，各证据之间断裂，不能相互印证形成完整的证据链，不能作为对被告人陈××定罪处罚的依据。理由如下：

1. 被告人陈××的供词与公诉机关的这一指控不符

在公安机关三次提审被告人的笔录中、辩护人会见被告人时听取其的辩解，以及今天的法庭庭审中，被告人陈××都一直否认持钢管殴打他人的事实。被告人的口供显然不能支持公诉机关的这一指控。

2. 从同案犯的供词来看，也不能确定陈××用钢管打人的事实

同案被告人周×在公安机关××××年×月××日××时的供词(见公安卷20页第6行至第8行)记载："问：陈××是怎么打的？答：陈××我没有看见他打对方两个男的，我只见他去追小××打的那个男的。问：从天桥加油站去打架的时候，你们是否一起去？答：我们是一起去的，我同小××走前面，陈××走在我们后面，四五米远的地方跟着我们一起的。"

同案被告人叶××在公安机关××××年××月××日××时的供词(见公安卷36页第11行至第12行，第38页倒数第5行至第2行)记载："问：当天晚上同你们打架的有几个人。答：有两个人，一个同我打，一个同周×打。问：陈××打了对方没有？答：我不知道他打了对方没有，但是后来我追跑的小伙的时候，陈××提着钢管去追的。"

以上两同案犯的供词，均不能证明陈××用钢管打人的事实。

3. 受害人徐××的陈述前后矛盾，不能证明陈××用钢管打人的事实

××××年××月××日公安机关询问徐××的第一次笔录(见公安卷54页第6行至第7行)记载："问：你是如何受伤的？答：我被曹××的朋友喊来的两个男人中一个打我头部(右眼太阳穴)一钢管。"

××××年××月××日公安机关询问徐××的笔录(见公安卷56页倒数第4行至第57页第2行)记载："问：你说你被一钢管打昏了是怎么一回事？答：我只记得对方的一个人的手中拿了一根类似钢管的东西，然后第二天我的右眼角处被打伤，我想，用手打没有这么重，所以我就说我被一钢管打昏了。"

综上，受害人徐××的陈述前后矛盾，不能作为认定陈××用钢管打人的这一事实的依据。

4. 从旁证曹××(××××年××月××日××时)的证词来看，也不能证明陈××用钢管打人的事实

曹××证词(见公安卷第70页第14行至第16行)记载："问：拿钢管的那个大个子打了没有？答：他具体打没有我没看清，他们一到就同徐××和他老表5个人打成一团，每个人具体怎么打，我就不清楚了。"

5. 法医鉴定结论与公诉机关的这一指控不符

《法医学尸体检验意见书》(关)公(刑)尸鉴(法)字(××××) ××号胡××的尸检鉴定结论为："头面部无损伤；胸、背、腹部无损伤。胡××受伤为单刃锐器伤，而不是钝器伤。受伤部位在右前臂和右大腿。"

显然，胡××的伤情与陈××无关。

《法医学活体损伤程度鉴定书》公(关)鉴(法)字(××××)×××号徐××的伤情检验情况记载："右眼周有7.5cm×3.5cm挫伤，右眼外侧有3.0cm×1.4cm擦伤痕，右膝部前侧有3.0cm×1.0cm挫裂伤，右膝部外侧存3.5cm×1.05cm擦伤痕，余无特殊发现。"

徐××的伤情检验情况，与公诉机关指控陈××用钢管打人的事实不能印证。如果陈××用钢管打徐××右眼周，那么形成的一定是挫裂伤，而不是挫裂。而另一个挫裂伤，徐××右膝部前侧有3.0cm×1.0cm挫裂伤，这一伤情与起诉书所控陈××持的钢管不能同一认定。因该钢管外径有2.5cm不可能造成3.0cm×1.0cm的体表伤。

通过对以上证据去粗取精的分析，多项证据都不能支持公诉机关对被告人陈××持钢管打人的指控。故被告人陈××没有实施犯罪的实行行为。

尊敬的审判长、各位审判员，以事实为依据、以法律为准绳，是刑事诉讼法的基本原则，这一原则要求司法机关极力寻求案件的客观真实性。存疑不诉、存疑不判，这才能体现新刑诉法精神。因此，希望合议庭对此争议情节慎重考虑。

二、恳请合议庭认真考虑被告人陈××以下的法定从轻、减轻或免除处罚的情节，对被告人陈××免除处罚。

1. 被告人陈××在本案中是从犯，具有法定从轻、减轻处罚的条件

本案的共同作案中提起犯意的不是陈××；去到作案现场首先与对方扭打的不是陈××；造成一死一伤的犯罪后果也不是陈××所为，其犯罪情节较轻。对于从犯应当综合考虑其在共同犯罪中的地位作用，以及是否实施犯罪行为等情况予以从宽处理。犯罪情节较轻的可以免除处罚。

2. 被告人陈××有自首情节

被告人陈××在案发后第二天即时到××县公安局自首，同案中最先自首，并如实交待了案情。在司法实践中，对于自首情节，应综合考虑投案的动机、时间、方式、投案人罪行轻重，如实供述程度及悔罪表现等，犯罪较轻的可以免除处罚。

3. 陈××一贯表现较好，无前科，可塑性较强

4. 陈××认罪态度较好，有悔罪表现

综上所述，恳请合议庭综合审定全案，根据我国"宽严相济"，"罚当其罪"的刑事政策，对被告人陈××从宽处理。谢谢。

辩护人：李孝平
××××年××月××日

第三节　代　理　词

一、代理词的概念和法律依据

(一)代理词的概念

代理词是指诉讼代理人为维护被代理人的合法权益，在法庭辩论阶段，以被代理人的名义就案件的事实、证据、法律适用以及如何裁判等问题发表的法庭演说词。

代理词在刑事诉讼、民事诉讼及行政诉讼中均可以制作，具体包括民事案件的当事人、行政案件的当事人、刑事自诉案件的自诉人、公诉案件的被害人、刑事附带民事案件诉讼的当事人及其近亲属委托的诉讼代理人，在法庭辩论阶段发表的代理词。根据案件性质的不同，代理词可分为刑事案件代理词、民事案件代理词、行政案件代理词；根据委托人身份的不同，可分为原告方代理词、被告方代理词、第三人代理词；根据案件诉讼程序的不同，可分为一审代理词、二审代理词、再审代理词。代理词通过对案件事实、证据、法律适用的分析，提出本方或者反驳对方的诉讼请求，并向法庭表明己方对案件处理的意见，从而有助于法院查明案件事实、准确适用法律，正确裁判案件。

不同于辩护词的是，代理词具有授权性，在一定程度上依附于委托方的意志。诉讼代理人应当以被代理人的名义，在被授权的权限范围内发表代理意见，除有特别授权外不得处分被代理人的实体权利。

（二）制作代理词的法律依据

《民事诉讼法》第49条第1款规定：当事人有权委托代理人，提出回避申请，收集、提供证据，进行辩论，请求调解，提起上诉，申请执行。第58条进一步指出："当事人、法定代理人可以委托一至二人作为诉讼代理人。下列人员可以被委托为诉讼代理人：（一）律师、基层法律服务工作者；（二）当事人的近亲属或者工作人员；（三）当事人所在社区、单位以及有关社会团体推荐的公民。"第141条还规定："法庭辩论按照下列顺序进行：（一）原告及其诉讼代理人发言；（二）被告及其诉讼代理人答辩；（三）第三人及其诉讼代理人发言或者答辩；（四）互相辩论。法庭辩论终结，由审判长按照原告、被告、第三人的先后顺序征询各方最后意见。"

《刑事诉讼法》第44条第1款规定：公诉案件的被害人及其法定代理人或者近亲属，附带民事诉讼的当事人及其法定代理人，自案件移送审查起诉之日起，有权委托诉讼代理人。自诉案件的自诉人及其法定代理人，附带民事诉讼的当事人及其法定代理人，有权随时委托诉讼代理人。第193条则表明：经审判长许可，公诉人、当事人和辩护人、诉讼代理人可以对证据和案件情况发表意见并且可以互相辩论。《行政诉讼法》第29条也规定：当事人、法定代表人，可以委托一至二人代为诉讼。律师、社会团体，提起诉讼的公民的近亲属或者所在单位推荐的人，以及人民法院许可的其他公民，可以受委托为诉讼代理人。以上法律规范为制作代理词提供了法律依据。

二、代理词的结构样式

××（刑事、民事或行政诉讼）代理词
或关于×××（案由）一案的代理词

审判长、审判员（或审判长、人民陪审员）：

根据《中华人民共和国××诉讼法》第××条第×款第×项的规定，我接受本案自诉人（或被害人或原告或被告）×××的委托（或经×××人民法院指定），（并由××律师事务所指派）担任×××的×××（权限范围）代理人，出庭参与诉讼活动。开庭前，我查阅了本案的卷宗材料，开展了调查，走访了证人，和被代理人进行了多次交谈等，获得了充分的事实材料和证据。今天又出席了庭审调查，对本案有了较为全面的了解。我认为……（提出对本案的基本看法），理由如下（或不提对本案基本看法，直接书写"现就本案争议事实，发表代理

意见如下：")

（具体写明代理意见）

综上所述，根据《中华人民共和国××法》第×条第×款之规定，请求人民法院……（或以上代理意见，提请合议庭在合议时予以充分考虑。）

诉讼代理人：×××

××××年××月××日

三、代理词的制作

（一）首部的制作

与辩护词相同，代理词的首部亦包括标题、称呼语及前言等内容。

1. 标题

标题通常为："××（民事、刑事或行政诉讼）代理词或关于×××（案由）一案的代理词"。

2. 称呼语

此亦与辩护词一样，应根据法庭组成人员的实际情况确定，大多为："审判长、人民陪审员"、"审判长、审判员、人民陪审员"或"审判长、审判员"等。

3. 前言

代理词的前言主要说明诉讼代理人出庭代理诉讼的合法性、代理权限、出庭前的准备工作以及对本案的基本看法，并承启下文。诉讼代理人出庭的合法性应表明代理权的合法来源，代理类型即属于法定代理还是委托代理，代理诉讼的权限范围。出庭前的准备工作则意在向法庭表明自己所提出的代理意见之根据。向法庭陈述自己接受委托后查阅案卷材料、调查取证、会见当事人等情况。

前言一般可表述为："根据《中华人民共和国××诉讼法》第××条第×款第×项的规定，我接受本案自诉人（或被害人或原告或被告）×××的委托（或经××人民法院指定），（并由××律师事务所指派）担任×××的代理人，……（权限范围），出庭参与诉讼活动。开庭前，我查阅了本案的卷宗材料，开展了调查，走访了证人，和被代理人进行了多次交谈，获得了充分的事实材料和证据。今天又出席了庭审调查，对本案有了较为全面的了解。我认为……（提出对本案的基本看法）理由如下："。

(二)正文的制作

代理词的正文包括代理意见和理由、结束语两个部分。

1. 代理意见和理由

这是代理词的核心内容，也是衡量代理词制作质量的主要标准。诉讼代理人要根据事实和法律，从认定事实、适用法律和诉讼程序等方面入手，全面考虑、综合分析，提出代理意见。由于案件性质、被代理人在诉讼中的地位、案件审理程序的不同，各类代理词该部分的主要内容各有侧重。

就案件的性质而言，刑事诉讼代理词(包括被害人、自诉人、刑事附带民事诉讼当事人的代理词)应当结合案件事实、证据与适用法律等问题，指控被告人的侵害行为构成犯罪并侵犯了被代理人的合法权益，提出追究被告人刑事责任及民事赔偿责任的意见；民事诉讼代理词不仅要关注法律规定，也要注重结合民法的基本原则(如意思自治、诚实信用等)和举证责任分配的原则予以举证或者反驳，证明被代理人行为的合法性、正当性、合理性，并有针对性地提出具体的诉讼请求；由于行政诉讼的审理对象、举证责任分配的原则与民事诉讼存在重大差别，行政诉讼代理词应主要围绕是否属于具体行政行为、具体行政行为违法还是合法等事项而展开，行政机关的诉讼代理人还应当注意被告对具体行政行为的合法性承担举证责任和被告不得自行向原告和证人收集证据的规定，注重对具体行政行为合法性要件及其证据的论证。

就被代理人在诉讼中的地位而言，原告方的代理词，应当阐述和补强起诉状的主要证据、诉讼请求，做好正面立论；被告方的代理词，应当重点反驳原告指控的事实、理由和依据，提出辩解理由，部分和全部否定原告的诉讼请求；第三人的代理词应当注重阐述并论证本方的观点。

就案件的审理程序而言，一审代理词主要关注案件的基本事实、证据采信、法律适用等问题；二审代理词则主要针对一审判决中存在的问题和争议。

值得注意的是，诉讼代理人只能在代理权限范围内发表意见，并且充分尊重被代理人的意志与利益。此外，除行政诉讼案件(不包括行政赔偿诉讼)外，刑事自诉、刑事附带民事诉讼、民事诉讼都存在调解结案的可能，因而诉讼代理人发表代理词时不宜言词过激，以免激化矛盾、不利于纠纷的解决，从而有损于被代理人的利益。

2. 结束语

在结束语部分，诉讼代理人应当对代理意见进行归纳、重申主旨，向法庭提出案件裁判的具体建议。

(三)尾部的制作

代理词应由诉讼代理人署名并注明制作日期。

四、代理词的实例

代 理 词①

尊敬的审判员：

根据《中华人民共和国民事诉讼法》第五十八条第×款的规定，受当事人邹××(下称被告)的委托，广东晨光律师事务所指派本律师担任李××(下称原告)诉被告房屋租赁合同纠纷一案中被告的诉讼代理人。现代理人根据庭审情况并依据相关法律规定发表如下代理意见：

本案争议的焦点是被告是否拖欠原告租金。代理人认为：根据双方长期的交易习惯以及原告扣除电费、租金退还押金的事实，足以证明原告的租金已经结清，被告不存在拖欠原告租金的问题。具体分析如下：

1. 原告从未向被告出具过租金收据，出具租金收据并不是双方的交易习惯。在长达十年的租赁期间内，无论是被告通过银行转账还是现金支付，原告均没有向被告出具租金收据。双方的租金均以月结的形式结清。

2. 原告称被告从2009年开始一直没有足额支付租金没有事实依据，也与事实相悖。因金融危机发生，服装销售生意不景气，双方口头约定租金每月减少4000元，所以在2009年6月至2011年5月实际租金标准为每月51000元(原合同约定为每月55000元)，2012年6月至2012年5月的实际租金标准为每月56000元(原合同约定为每月60000元)，原告每月按此标准支付租金，被告从未对此提出任何异议，说明双方的行为已经认可双方之前的口头约定，故原告主张被告从未足额支付租金没有事实依据。相反，恰恰是证明被告信守约定，每月按时足额支付租金。原告以没有合同约定为由，否定每月减少4000元的事实，与本案的实际情况也是相冲突的，因为双方变更租金从未以书面形式出现，从2012年6月1日到2013年3月31日，租金标准调整为每月70000元，2013年4月，租金标准为每月90000元，均没有合同约定。如果不是口头约定的存在，租金凭什么调整？原告的说法显然自相矛盾。

---

① 该代理词由广东晨光律师事务所曾健律师制作。本案被告在一审败诉，二审胜诉。被告提出上诉后，二审法院认定被上诉人(原审原告)未如实陈述实情，有失诚信，判决驳回被上诉人(原审原告)全部诉讼请求。

3. 原告向被告退还押金证明双方租金已经结清

（1）押金本身具有担保与违约金的双重功能，同时退还押金的过程也是双方对房屋租赁结算的过程。如果被告曾经拖欠租金或仍拖欠租金，在退还的押金中应该有所体现，甚至不应该退还押金。而在2013年4月20日退还的押金中不仅扣除了8390元电费，还扣除了2013年4月份8天的租金24000元（3000元/天×8天），原告退还被告押金27610元（60000-5390-24000），显然在当时，原告不仅认可被告不存在违约，而且对租金还进行了结算。

（2）原告代理人称退还押金仅是希望被告尽快退场的考量，不同意被告结清租金的说法与事实相悖。需要特别提醒法庭注意的是：

首先，本案完全符合结算的要求。原告不是简单地退还被告押金，即退还60000元押金，或仅扣除电费后退还押金，而是在退还的押金中还扣除了欠付租金，这不是结算又是什么？

其次，被告在2013年4月5日就交还了房屋钥匙，而押金直到2013年4月20日才退还。被告退场在先，原告退押金在后。按原告的说法，应该是原告退押金在先，被告退场在后。原告是因为不得已先退押金再让被告退场，但被告交钥匙时原告都未退押金，可见不存在退还押金是为了让被告尽快退场的事实和前提。

再次，原告将租金算至2013年4月8日，而且将租金标准从原先的每月70000元，大幅提至每月90000元（即3000元/天），并无合同，被告也接受了这一事实，充分说明原告处于租赁合同的主导一方，试想一下，如果被告拖欠原告巨额租金，被告怎么可能请求退还押金？

4. 假如被告长期拖欠租金，原告不可能仍多次与被告续租。庭审时，原告多次承认被告在租赁期间续租愿望强烈，多次请求原告续租。在被告有强烈的续租愿望的情况下，如果像原告所称，被告从2009年开始就一直未足额缴纳租金，甚至多次不支付租金，原告怎么可能多次与被告续租。原告主张被告拖欠租金完全不符合最基本的常识或常理。

代理人认为，原告的起诉违背诚实信用，属恶意诉讼，企图利用法院的判决使其非法利益得以实现。诚实信用是民事活动的帝王条款，原告的行为却与之背道而驰：首先，原告主张被告从2009年开始就未足额缴纳租金，事实已经证明原告的主张并无事实依据（前面已经详细陈述，在此不再赘述）。其次，原告在起诉状中刻意隐瞒退还押金的事实，庭审中在被告充分证据的证明以及法官多次追问下才不得以承认，原告刻意隐瞒退还押金为的就是企图达到隐瞒双方已经对租金进行结算的事实。为了非法获利，原告情愿再次向被告退还

60000 元押金，不可不谓用心良苦，企图利用法院作为其非法获利工具的目的昭然若揭。

综上所述，代理人认为，根据双方长期的交易习惯以及退还押金的事实，已经足以证明双方租金已经结清的事实，被告不存在拖欠原告租金的问题。在此，请求法院明辨是非，查明案件事实，依法驳回原告的诉讼请求，维护被告的合法权益。恳请法庭充分考虑以上代理意见。

诉讼代理人：广东晨光律师事务所曾健律师

2013 年 9 月 1 日

思考题

1. 简述法庭演说词的通用结构。
2. 辩护词的序言包括哪些内容？
3. 阐明辩护理由时可从哪些角度出发？
4. 代理词的前言部分通常应叙写什么内容？
5. 简述刑事、民事、行政案件代理词分析论证的差异。
6. 试比较辩护词与代理词之异同。

参考文献

1. 田文昌. 中国名律师辩护词代理词精选：田文昌专辑[M]. 北京：法律出版社，1998.

2. 刘桂明. 雄辩之魅：中国名律师办案实录[M]. 上海：复旦大学出版社，2000.

3. 符启林. 中国律师文书范本[M]. 北京：中国人民公安大学出版社，2000.

4. 中国法律文书样式与制作编纂委员会编著. 律师业务文书样式与制作[M]. 北京：人民法院出版社，2001.

5. [美]盖瑞·史宾塞. 最佳辩护[M]. 魏丰，等，译. 北京：世界知识出版社，2003.

6. 卓朝君. 论民事代理词理由角度之选择[J]. 政法论坛，1996(2).

7. 张清. 目的原则视野下的刑事辩护词研究[J]. 修辞学习，2006(4).

第十四章　笔录文书

【内容提要】

笔录是一种较为独特的实录体法律文书，具有忠实性、合法性、即时性等特点。笔录的种类繁多，根据不同的标准可对之进行不同的分类。笔录制作应注意的问题是：确认法律关系是制作笔录的根本点，确认要素是制作笔录的要点，确认个案特点是笔录制作的关键。

现场勘查笔录是叙述体笔录的代表。现场勘查笔录的核心内容是正文，即现场勘查的经过及结论，需要详实地记录经现场勘查了解到的所有信息。现场勘查笔录与现场照相、现场绘图一起共同组成现场勘查记录。

讯问笔录是非常重要的言谈体笔录。讯问笔录应当全面且实事求是地记录侦查人员与被讯问人之间的问答中所透露出来的与案情有关的内容。讯问结束，笔录应交由被讯问人核对后签名、捺指印。侦查人员、翻译人员等亦应在讯问笔录上签名或者盖章。

人民法院的书记员制作的法庭审理笔录和合议庭评议笔录对案件的最终处理意义重大，记录其内容时应当详实，同时应注意遵循法定程序。

【基本概念】

笔录　实录体法律文书　言谈体笔录　叙述体笔录　现场勘查笔录　中心现场　讯问笔录　法庭审理笔录　合议庭评议笔录

第一节　概　　述

一、笔录的概念与特点

(一) 笔录的概念

在法律活动中，凡是以实录的形式记录下来的文字材料，均可称为笔录。笔录主要包括公安机关、检察机关、人民法院、监狱等司法机关、行政执法机关以及公证、律师、仲裁等法律机构在进行诉讼及非诉法律活动中如实记录的各种文字资料。

在诉讼中，笔录贯穿整个诉讼过程的始终。在受案、立案、侦查、起诉、审判、宣判、执行等过程中都有相应的笔录存在。笔录具有法律效力或者法律意义。因为它忠实记载了诉讼活动的实际情况，能够证明某一事实的客观存在，故可作诉讼证据使用。此外，笔录还是检查执法情况，总结执法经验教训，加强业务建设、完善法制的重要参考资料。

(二)笔录的特点

1. 忠实性

笔录的忠实性也称客观性，这是笔录文书最基本的特征。笔录用书面文字再现法律活动的现场、经过、材料及对话内容等情况，是对诉讼活动和非诉讼法律活动客观、忠实的记录。笔录的内容必须客观真实、实事求是。笔录的制作者应当如实记录自己的所见所闻，而不得凭借主观愿望擅自变动、取舍，更不能弄虚作假、生编硬造。否则，笔录的作用就无从发挥，笔录也就失去了存在的价值。

2. 合法性

作为一种法律文书，笔录的制作必须符合法律规定。笔录的合法性主要表现在三个方面：即制作主体的合法、制作程序的合法和制作形式的合法。具体而言，笔录必须由法定的主体依照法定程序，按照法律规定的形式来制作。唯其如此，笔录所具有的法律效力和意义才能得以体现。

3. 即时性

笔录具有"即现即记，即记即成"的特点。笔录必须在记录客体呈现的当场制作，与正在进行的执法执纪活动同步进行，不得事后加工、修改、润饰、变动。只有这样才能确保记录内容的准确，也能有效防止因记忆或者其他因素对笔录的客观性所产生的不利影响。不及时制作笔录会使其证明力和证据能力受到减损甚至质疑。事后擅自修改、伪造、变造笔录的，要承担相应的纪律或法律责任。

二、笔录的分类

由于笔录的适用范围十分广泛，又兼记录对象的多种多样，故而其种类繁多。我们可依不同的标准对之进行不同的分类。

（一）按记录对象的法律性质划分

按记录对象的法律性质划分，可分为诉讼笔录、非诉讼笔录。

所谓诉讼笔录，是指公安司法人员及时制作的、反映诉讼活动各阶段真实过程、具有一定法律效力或法律意义的笔录。比如搜查笔录、讯问笔录等；非诉讼笔录是指诉讼笔录以外所有的其他笔录。比如行政执法笔录等。

（二）按笔录的制作主体划分

按笔录的制作主体划分可分为公安机关的立案侦查类笔录、人民检察院的审查起诉类笔录、人民法院的审判类笔录、公证机关的公证类笔录、仲裁机关的仲裁类笔录、司法行政机关的司法行政类笔录、行政机关的行政类笔录、律师的诉讼和非诉讼活动笔录等。

（三）按记录的客体划分

按记录的客体划分可分为言谈体笔录、叙述体笔录。

所谓言谈体笔录，是以记录问话人和答话人的对话为主的笔录。言谈体笔录通过记录对话，反映办案人员的诉讼活动和案件的情况。它要求记载的内容必须近乎纯客观，除个别文字需要作技术处理外，对于问话人和答话人之间的问答，记录者应用文字"录"下其对话的内容，具有"录音"的效果。有些笔录还在关键处用简练的文字记录下被问人的喜怒哀乐，或反常的举止动作。询问笔录、调查笔录、讯问笔录、法庭审理笔录和合议庭评议笔录等属于言谈体笔录；叙述体笔录，是以叙述方式记载案件事实情况的笔录。叙述体笔录主要通过客观叙述办案人员的诉讼和执行活动以及案件事实情况，对现场采取纯客观的记录，把案件中的人、景、物客观有序地记录下来，读之使人身临其境。现场勘查笔录、侦查实验笔录、辨认笔录等就属于叙述体笔录。言谈体笔录与叙述体笔录是笔录最基本的划分，形成了笔录的两种不同风格。

三、笔录制作应注意的问题

1. 确认法律关系是制作笔录的根本点

法律关系是法律在调整人们行为的过程中形成的权利义务关系，刑事法律关系即是刑法在调整人们行为的过程中形成的刑事权利义务关系，民事法律关系则是民法在调整人们行为的过程中所形成的民事权利义务关系。司法实践中，确认法律关系，即是对案件的确认。比如确认刑事案件的根本，就是确认犯罪构成。一个犯罪构成就是一个罪名。有多少个犯罪构成就有多少个罪名。对犯罪主体、主观方面、客体、客观方面的认识是犯罪构成确认的前提条件。

对犯罪构成要件认识不清，就不可能识别犯罪，在我国刑法规定的 400 多种犯罪中，也就不可能分清此罪与彼罪了。必须将刑事法律关系与民事法律关系、行政法律关系相互区别，必须把具体刑事法律关系的犯罪构成要件识别清楚。总之，刑事法律关系的确认最终都落实到对犯罪构成要件的确认上。在刑事案件的笔录中，犯罪构成四个要件的呈现顺序是：先主体，其次客观方面，再次是主观方面，最后是客体。这与刑事诉讼的阶段相一致。一般而言，在违法犯罪案件侦查的初期，大多不涉及客体的内容。在查处案件的过程中，宣布对犯罪嫌疑人采取强制措施，以及侦查终结后，才涉及引用相关条款和记录侵害的客体等内容。

2. 确认要素是制作笔录的要点

通常，在确认法律关系以后，应当考虑笔录记录的要点。案件的要素主要包括当事人的身份要素和案情事实要素。笔录一般应当围绕这两个方面的要素进行记录。首先记录的应该是案件当事人的身份要素。当然，在最初受案或立案侦查的案件中，这些情况不一定清楚与准确，但仍必须尽可能去记录明白。随着诉讼进程的不断深入，不同诉讼阶段的笔录会逐渐把当事人的身份要素记载得详细而正确；其次是对案件事实要素的记录。案件事实要素也不是一开始就清晰明确的。但记录者必须有意识去围绕事实要素进行记录。总之，要素清楚，即案件当事人的身份要素与事实要素清楚，笔录才会记之有物，记之有矢。否则，在制作笔录时会感到无所适从，无从下笔。

3. 确认个案特点是笔录制作的关键

司法实践中没有一模一样的案件，就是同类别的案件也各有特点。比如刑事案件犯罪构成的四个要件，每个罪名都由它构成，但每类罪名的构成要件都不同。体现个案特点是制作每一种罪名的刑事案件笔录的关键。以盗窃案为例，盗窃罪是指以非法占有为目的，秘密窃取数额较大的公私财物的行为。盗窃罪是常见的一种犯罪，历来是打击的重点，因而盗窃案的笔录最为常见。在制作盗窃罪的笔录时，除记明盗窃罪的犯罪构成外，应突出盗窃罪的个案特点，主要表现在：（1）被告人的年龄。在盗窃案件中，被告人的年龄具有重要的法律意义。依照刑法的规定，已满 14 周岁不满 16 周岁的少年，犯惯窃罪、重大盗窃罪，应当负刑事责任。但是，他们实施的一般盗窃行为不负刑事责任，对已满 14 周岁不满 18 周岁的行为人实施的盗窃犯罪，依法应该从轻或减轻处罚。基于以上法律规定，在制作盗窃罪的笔录时，必须准确记录被告人的出生日期。（2）盗窃财物的价值。盗窃公私财物的数额，乃是否构成盗窃罪的重要条件。盗窃财物数额的大小、性质，可以表明行为的社会危害性大小，是区别罪与非罪、衡量罪轻罪重的重要标志。因此，必须记录得具体明确。（3）盗窃手段。盗窃罪的一个重要标志是秘密窃取，这是盗窃罪区别于其他侵犯财产犯罪的主要因素。因此，对被告人的盗窃手段应详细记录。（4）盗窃情节。情节，具体而言，就是指刑事案件的事实叙述要素，往往一个要素的加重，情节就重；一个要素减轻，情节就相对减轻，所以事实要素的轻重应当记录明白。个案特点是笔录制作的灵魂，一份笔录制作质量的高低，应当以个案特点是否记清为标准。

第二节　现场勘查笔录

一、现场勘查笔录的概念和法律依据

现场勘查笔录，是刑事侦查人员在勘验检查与犯罪有关的场所时，记录现场勘查过程以及勘查人员在现场提取的证据等情况的笔录。

刑事案件现场勘验、检查的任务在于发现、固定、提取与犯罪有关的痕迹、物证及其他信息，存储现场信息资料，判断案件性质，分析犯罪过程，确定侦查方向和范围，为侦查破案、刑事诉讼提供线索和证据。它是我国刑事诉讼法规定的一项重要的刑事侦查措施。现场勘查笔录作为对勘验、检查活动的客观记载，具有综合证明力。它不是单一地反映案件事实，而是反映各种证据材料之间存在或形成的具体环境条件和相互关系。它可以为分析案件情况、发现侦查线索、确定侦查方向、恢复现场原状、查明案件事实等提供依据；也能够为鉴定提供材料，帮助确定与鉴定有关的事实，从而作出准确的分析判断；它还能用于审查、鉴别其他证据的真实性。另外，它也是了解勘验、检查活动是否符合法定程序、收集的证据是否可靠的重要途径。

《刑事诉讼法》第126条规定，侦查人员对于与犯罪有关的场所、物品、人身、尸体应当进行勘验或者检查。在必要的时候，可以指派或者聘请具有专门知识的人，在侦查人员的主持下进行勘验、检查。第131条规定：勘验、检查的情况应当写成笔录，由参加勘验检查的人和见证人签名或者盖章。这些规定为制作现场勘查笔录提供了明确的法律依据。

二、现场勘查笔录的结构样式和制作程序

(一)现场勘查笔录的结构样式

现场勘查笔录

现场勘验单位：_____

指派/报告单位：_____ 时间：__ 年__ 月__ 日__ 时__ 分

勘验事由：_____

现场勘验开始时间_____ 年____ 月____ 日___ 时___ 分

现场勘验结束时间_____ 年____ 月____ 日___ 时___ 分

现场地点：_____

现场保护情况：(空白处记载保护人、保护措施、是原始现场还是变动现场等情况)

天气：阴□/晴□/雨□/雪□/雾□，温度：_____ 湿度：_____ 风向：_____

勘验前现场的条件：变动现场□/原始现场□_____

现场勘验利用的光线：自然光□/ 灯光□/

现场勘验指挥人：_____ 单位_____ 职务_____

现场勘验情况：(空白处记载现场勘验详细情况，包括现场方位和现场概貌、中心现场位置，现场是否有变动，变动的原因，勘验过程、提取痕迹物证情况、现场周边搜索情况、现场访问情况以及其他需要说明的情况)

_____

_____

_____

                                          第 页 共 页

现场勘验制图____张；照相____张；录像____分钟；录音____分钟。

现场勘验记录人员：

笔录人：_____

制图人：_____

照相人：_____

录像人：_____

录音人：_____

现场勘验人员：＿＿＿＿＿＿＿＿＿＿＿＿＿＿＿＿＿＿＿＿＿＿＿＿＿＿

本人签名：＿＿＿＿＿＿ 单位＿＿＿＿＿＿＿＿＿＿＿ 职务＿＿＿＿＿＿＿

本人签名：＿＿＿＿＿＿ 单位＿＿＿＿＿＿＿＿＿＿＿ 职务＿＿＿＿＿＿＿

本人签名：＿＿＿＿＿＿ 单位＿＿＿＿＿＿＿＿＿＿＿ 职务＿＿＿＿＿＿＿

本人签名：＿＿＿＿＿＿ 单位＿＿＿＿＿＿＿＿＿＿＿ 职务＿＿＿＿＿＿＿

本人签名：＿＿＿＿＿＿ 单位＿＿＿＿＿＿＿＿＿＿＿ 职务＿＿＿＿＿＿＿

本人签名：＿＿＿＿＿＿ 单位＿＿＿＿＿＿＿＿＿＿＿ 职务＿＿＿＿＿＿＿

现场勘验见证人：＿＿＿＿＿＿＿＿＿＿＿＿＿＿＿＿＿＿＿＿＿＿＿＿＿＿

本人签名＿＿＿＿＿＿ 性别＿＿ 出生日期＿＿＿＿＿ 住址＿＿＿＿＿＿＿

本人签名＿＿＿＿＿＿ 性别＿＿ 出生日期＿＿＿＿＿ 住址＿＿＿＿＿＿＿

年 月 日

第 页 共 页

附件

（二）现场勘查笔录的制作程序

根据刑事诉讼法及相关法律规定，侦查人员对于与犯罪有关的场所、物品、人身、尸体应当进行勘验或者检查，并利用各种技术手段及时提取与案件有关的痕迹、物证；在必要的时候，可以指派或者聘请具有专门知识的人，在侦查人员的主持下进行勘验、检查。执行勘查的侦查人员接到通知后，应当立即赶赴现场；侦查人员勘查现场时，应当持有刑事犯罪现场勘查证。侦查人员应当对犯罪现场的有关情况进行全面勘查。现场勘验、检查笔录应当客观、全面、详细、准确、规范，能够作为核查现场或者恢复现场原状的依据，符合法定的证据要求。现场勘查笔录作为案件的重要证据，在案件侦查终结时存入诉讼卷。

三、现场勘查笔录的制作

现场勘查笔录属于叙述体笔录，由首部、正文和尾部组成。

（一）首部的制作

1. 文书名称

2. 现场勘验的单位、指派/报告单位及时间

应逐项填写实施现场勘查的单位名称、指派或报告的单位名称以及具体的时间。

3. 勘验事由

该部分应表明实施现场勘验的原因及目的。

4. 现场勘验的时间

详细列明现场勘验开始和结束的时间，要精确到分。

5. 现场地点

应当填写清楚勘验、检查活动实施的具体地点，如××市××区××街××号。

6. 现场保护情况

必须填写好现场保护人员的姓名、工作单位等信息，其采取的具体保护措施，并说明现场是原始现场还是变动现场等情况。

7. 勘验时的天气情况

详细表明进行现场勘查时的天气条件，注明温度、湿度、风向等。

8. 勘验前现场的条件和现场勘验利用的光线

要说明勘验前的现场是变动现场还是原始现场；现场勘验时是利用的自然光还是灯光。

9. 勘查指挥人员的信息

写明现场勘查指挥人员的姓名、单位及职务。

(二) 正文的制作

现场勘查笔录的正文主要记录现场勘验的详细情况，包括现场方位和现场概貌、中心现场位置、现场是否有变动、变动的原因、勘验过程、提取痕迹物证的情况、现场周边搜索的情况、现场访问的情况以及其他需要说明的事项等。

1. 现场方位和现场概貌

现场，是指犯罪分子作案的地点，包括犯罪分子作案的场所及其作案时遗留的痕迹与物品所在的场所。首先应指明现场所处的位置，对此，可结合现场方位图加以说明。现场有室内现场和室外现场之别。室内现场可依据所在建筑物予以指明，并写明它在该建筑物中所处的位置。室外现场则根据其与临近的、确定且为人所熟悉的地点的相互距离来定位。

确定现场的方位之后，还应记录现场四周的情形。室内现场，应表明所在的市区县、街道、居民区(或乡、村、组)门牌号或楼幢、楼层、单元号数，现场的左邻右舍毗邻而居的房屋和四周街巷通道情况等事项。室外现场，则必须表明周围的建筑、地形、地势、道路以及交通和人员往来状况。由于发现案件的地点未必就是案发地点，周围环境中可能隐藏着真正的案件发生地。因此，对四周环境的记录不能太过粗略。

2. 中心现场及勘验的情况

中心现场是反映犯罪事实最充分最集中的地方，也是实施犯罪或者遗留痕迹物证最多的场所。记录清楚中心现场的勘查情况，有利于分析判断案情、犯罪动机、手段，更有利于对犯罪嫌疑人的"刻画"，为侦破案件创造条件。所以中心现场的勘查情况必须记录得具体、详细、清晰。

（1）中心现场及有关情况。详细记录中心现场的位置、范围及状态，如房屋、门窗等可供进出的通道情况，现场内陈列的家俱的状态及现场中所见的异常情况等。

（2）现场变动及反常情况。应准确描述现场的原始状态和发生的各种变化，尤其要注意有些看起来似乎并不重要的变化，因为很可能这些变化就是某一侦查环节的重要线索。所以在勘验、检查之初理当详细观察，并全面记录各种变动及反常情况。

（3）勘验、检查的具体情况。记录时，可分三步进行：首先，按照勘验、检查的顺序，对现场中心和外围进行客观描述，重点记录现场的空间结构和特点。然后，在此基础上重点记录现场发生的一切变动及变化情况。如果依据现场遗留的有关证据能确定现场发生位移，应记录下来。表述空间时，固定方位必须使用指向确定的方位名词，如"东南西北"等。最后，详细介绍在勘验、检查过程中所发现的痕迹、物证的位置、种类、形态特征等，重点反映各种现场证据实际存在的环境和条件以及各种现场证据之间、各种状况之间、证据与状况之间的空间关系。要准确把握不同性质案件的特点，突出重点，繁简得当。语言要规范，表述应准确，尽可能使用专业术语。

（4）现场外围搜索及访问等情况。对在现场中心没有发现提取到有价值痕迹、物证的案件，应特别注意及时开展对外围现场的搜索，及时记录搜索中发现的痕迹、物证。在现场勘验时如果对有关人员进行了访问，以了解与案件相关的一些情况，应该如实记录。

（三）尾部的制作

现场勘查笔录尾部主要包括现场绘制图、现场照相的数量，以及录像、录音的时长；现场勘验记录人员的姓名及分工情况；现场勘验、检查活动的参加人员以及见证人的签名。应分别写明各自的姓名、单位及职务。现场勘验见证人则注明性别、出生日期和住址。最后是笔录制作的日期。签名应为有关人员的亲笔签名，不能代为签名，以保证现场勘查笔录的真实性与合法性。最后是附件的内容，应结合本次现场勘验、检查所获得的附件情况，逐一注明。

第三节　讯问笔录

一、讯问笔录的概念和法律依据

讯问笔录，是指刑事侦查人员在办理刑事案件的过程中，依法对犯罪嫌疑人进行讯问时，记载讯问情况的文字记录。

讯问笔录全面地记录了犯罪嫌疑人的供述和辩解，为侦查人员分析案情，开展相关侦查取证活动提供了直接的依据。经过查证核实的讯问笔录，可被采纳为证据。另外，讯问笔录对分析、判断犯罪嫌疑人供述和辩解的真伪，了解和掌握犯罪嫌疑人的犯罪根源、犯罪思想、犯罪心理及其思想动向，以及发现新的犯罪或新的犯罪分子，防止冤假错案和检查办案质量等，皆具有重要意义。因此，侦查人员应当认真准确地制作讯问笔录。

我国《刑事诉讼法》第118条第1款规定：侦查人员在讯问犯罪嫌疑人的时候，应当首先讯问犯罪嫌疑人是否有犯罪行为，让他陈述有罪的情节或者无罪的辩解，然后向他提出问题。犯罪嫌疑人对侦查人员的提问，应当如实回答。但是对与本案无关的问题，有拒绝回答的权利。第120条规定，讯问笔录应当交犯罪嫌疑人核对，对于没有阅读能力的，应当向他宣读。如果记载有遗漏或者差错，犯罪嫌疑人可以提出补充或者改正。犯罪嫌疑人承认笔录没有错误后，应当签名或者盖章。侦查人员也应当在笔录上签名。犯罪嫌疑人请求自行书写供述的，应当准许。必要的时候，侦查人员也可以要犯罪嫌疑人亲笔书写供词。

二、讯问笔录的结构样式和制作程序

(一)讯问笔录的结构样式

讯 问 笔 录

时间____年__月__日__时__分至____年__月__日__时__分
地点_____
询问/讯问人(签名)_____、_____工作单位_____
记录人(签名)_____工作单位_____
被询问/讯问人_____性别____年龄____出生日期_____

身份证件种类及号码＿＿＿＿＿＿＿＿＿＿＿＿＿＿＿＿＿＿＿＿＿

现住址＿＿＿＿＿＿＿＿＿＿＿＿＿＿＿＿ 联系方式＿＿＿＿＿＿＿＿

户籍所在地＿＿＿＿＿＿＿＿＿＿＿＿＿＿＿＿＿＿＿＿＿＿＿＿＿＿

(口头传唤/被扭送/自动投案的被询问/讯问人于＿月＿日＿时＿分到达，＿

月＿日＿时＿分离开，本人签名：＿＿＿＿＿＿＿＿＿)。

问：＿＿＿＿＿＿＿＿＿＿＿＿＿＿＿＿＿＿＿＿＿＿＿＿＿＿＿＿＿

答：＿＿＿＿＿＿＿＿＿＿＿＿＿＿＿＿＿＿＿＿＿＿＿＿＿＿＿＿＿

＿＿＿＿＿＿＿＿＿＿＿＿＿＿＿＿＿＿＿＿＿＿＿＿＿＿＿＿＿＿＿

＿＿＿＿＿＿＿＿＿＿＿＿＿＿＿＿＿＿＿＿＿＿＿＿＿＿＿＿＿＿＿

＿＿＿＿＿＿＿＿＿＿＿＿＿＿＿＿＿＿＿＿＿＿＿＿＿＿＿＿＿＿＿

＿＿＿＿＿＿＿＿＿＿＿＿＿＿＿＿＿＿＿＿＿＿＿＿＿＿＿＿＿＿＿

＿＿＿＿＿＿＿＿＿＿＿＿＿＿＿＿＿＿＿＿＿＿＿＿＿＿＿＿＿＿＿

第　　页　共　　页

(二)讯问笔录的制作程序

我国刑事诉讼法及相关司法解释均要求：讯问犯罪嫌疑人必须由人民检察院或者公安机关的侦查人员负责进行。讯问的时候，侦查人员不得少于2人。讯问同案的犯罪嫌疑人，应当个别进行。讯问笔录应当交犯罪嫌疑人核对或向其宣读，并由其在笔录上逐页签名、捺指印。这些条文对讯问笔录的内容、制作的条件和程序规定得极为明确。在办理刑事案件的过程中，可能要对犯罪嫌疑人进行多次讯问，每次讯问都应当制作讯问笔录。

三、讯问笔录的制作

(一)首部的制作

讯问笔录的首部包括文书名称(已印制好)，讯问的时间、地点，讯问人、记录人的基本情况，被讯问人即犯罪嫌疑人的身份情况等事项。其中，讯问的时间要精确到某时某分，讯问地点应当填写讯问的具体地点，讯问人、记录人的基本情况包括姓名和单位；被讯问人的基本情况要逐一写明其姓名、性别、年龄及出生年月日，其身份证件的种类及号码，现在的住址、联系方式，还要表明其户籍所在地。然后填注被讯问人到达及离开的时间，也要具体到何时何分，最后由其签名。

（二）正文的制作

讯问笔录的正文是讯问经过的完整记录，是讯问笔录的主体部分，应当准确详实地记录讯问人与被讯问人之间一问一答所反映出来的与案件有关的内容。

1. 被讯问人的基本情况

第一次进行讯问时应当详细记明被讯问人的基本情况，包括姓名、别名、曾用名、绰号、性别、民族、出生年月日、出生地点、身份证件号码、文化程度、现住址、职业和工作单位、政治面貌、是否人大代表和政协委员、家庭情况、社会经历、是否受过刑事或行政处罚等情况。被讯问人说不清出生年月日的，可以先记其生肖和农历年月日，但应当注明，以便核查。

关于被讯问人是否受过刑事处罚的情况，如已受过处分，应具体记明何时因何问题被何地法院判处何种刑事处罚、何时刑满释放，刑事处罚包括受过免于刑事处罚的判决；若因本案已经被行政拘留，由于与折抵刑期有关，必须明确记录其起止时间及地点。

2. 依法完整载明告知事项

（1）介绍侦查人员的身份。同时应记载"出示证件（或证明文件）"的事项，不能笼统地表述为"介绍身份"。

（2）告知诉讼权利义务。第一，告知犯罪嫌疑人回答问题的要求，表述为："根据《中华人民共和国刑事诉讼法》第118条的规定，你对我们的提问应当如实回答"。第二，告知犯罪嫌疑人有聘请律师的权利，表述为："根据《中华人民共和国刑事诉讼法》第33条的规定，自本次讯问之日起，你有权委托辩护人"。第三，告知犯罪嫌疑人有申请回避的权利，表述为："根据《中华人民共和国刑事诉讼法》第28条的规定，你有申请回避的权利（具体宣布相关内容）"。这里需要特别注意的是，讯问犯罪嫌疑人"以上内容听清楚没有？"这句话绝非赘述。因为，告知事项无论多具体、明确，讯问笔录上没有犯罪嫌疑人承认已听清楚，表示已懂得这些内容的记录，是不严谨的。

3. 讯问目的性内容的记录

讯问目的性内容的记录包括讯问人提出的与案件相关的问题和犯罪嫌疑人的供述及辩解两部分，还包括讯问过程中发生的特殊事项等。具体包括以下几个方面：

（1）时间和地点。时间以犯罪嫌疑人实施犯罪行为的时间为主，也包括其他与案件事实有关的时间，如产生犯罪动机的时间、预谋策划的时间、购买违法犯罪工具的时间、销赃的时间等。记录人必须要有时间概念，记录犯罪的时间要尽量具体、精确。地点以实施犯罪行为的地点为主，兼及其他所有与案件有关的场所。记录地点亦应尽可能具体，否则会影响对违法犯罪事实的呈现，也不利于后续侦查工作的顺利进行。

（2）相关人的情况。这里的相关人是指与案件有关的所有人，包括犯罪嫌疑人、被害人、证人及其他知情人。应尽可能记清其姓名、年龄、性别、特征、住址、工作单位、简历及主要社会关系等，以便于开展调查取证工作。

（3）动机、目的和手段。讯问笔录必须准确地记录犯罪动机，只有这样才能有助于判断案件性质和考察犯罪嫌疑人的主观恶性程度，量刑或处理时也可作为一种情节予以参考。犯罪目的是嫌疑人对实施违法犯罪行为在主观上所希望达到的外部结果，也属于犯罪的主观方面。准确地记录犯罪目的，有助于正确认定案件的性质。手段是犯罪嫌疑人为达到其目的而采取的具体犯罪方法。在笔录中准确地反映犯罪手段有助于区分犯罪性质，反映主观恶性程度和衡量情节轻重，同时也使案件事实显得要素齐全、清楚完整。

（4）经过和结果。犯罪经过包括犯罪预备、实施（含未遂或中止等）以及逃跑和被抓获等整个过程。实施犯罪的环节是记录的重点，应当尽可能完整地再现原始的犯罪过程，使阅读笔录的人能形象地把握案件全貌。结果，即犯罪行为的危害结果，既包括犯罪行为所造成的现实的、直接的破坏或损害，也指由此而必然导致的潜在的破坏或损害。

（5）证据。讯问笔录中记录答话所涉及的证据情况，应把握如下几点：一是作案工具的来源、特征及其下落；二是赃款赃物的特征、数额、存放位置与环境。讯问时要重点记录犯罪嫌疑人被抓获时缴获赃物的经过（清点登记的详细情况）、赃物的下落以及销赃或转移赃物的时间、参与人、地点和处置方式等，以便与其他证据相互印证。

此外，有的案件还包括其他一些特殊要素即该案所特有的影响定罪量刑的事实和情节，如共同犯罪中的地位与责任、有无自首情节、有无立功表现，以及犯罪嫌疑人的刑事、民事责任年龄等，也都要一一记录清楚。

（三）尾部的制作

讯问笔录的尾部主要是履行法定的核对手续和签名。根据《刑事诉讼法》第120条的规定，讯问记录的正文记录完毕后，应当交犯罪嫌疑人核对，对于没有阅读能力的，应当向他宣读。如果记载有遗漏或者差错，犯罪嫌疑人可以提出补充或者改正。犯罪嫌疑人承认笔录没有错误后，应当签名或盖章。

所以讯问结束后，记录人应当首先编写笔录页码，然后让犯罪嫌疑人核对笔录。笔录核对后，凡补充或者改正处，包括记录时原涂改处，均应由犯罪嫌疑人捺手印；同时在笔录除最后一页以外的每页末尾右下角签名、捺指印。

犯罪嫌疑人拒绝签名、捺指印的，侦查人员应当在笔录尾部注明。讯问聋、哑犯罪嫌疑人时，应当有通晓聋、哑手势的人参加，并在讯问笔录上注明犯罪嫌疑人的聋、哑情况，以及翻译人的姓名、工作单位和职业。讯问不通晓当地语言文字的犯罪嫌疑人，应当配备翻译人员。侦查人员、翻译人员也应在讯问笔录上签名或者盖章，并写明年月日。

第四节　法庭审理笔录

一、法庭审理笔录的概念和法律依据

法庭审理笔录，是人民法院在依法审理各类诉讼案件时，由书记员当庭记载全部法庭审理活动的文字材料。

《刑事诉讼法》第 201 条第 1 款规定，法庭审判的全部活动，应当由书记员写成笔录，经审判长审阅后，由审判长和书记员签名。《民事诉讼法》第 147 条第 1 款也规定，书记员应当将法庭审理的全部活动记入笔录。行政诉讼法虽未直接规定相应条款，但它本身有很多内容是为了避免重复而遵循民事诉讼法的规定的。故此，三大诉讼法都明确规定了应将法庭审理的全过程如实记录下来。以上法律规定，是制作法庭审理笔录的法律依据。

法庭审理笔录具有重要的法律意义。它既是法院核实证据、认定事实、作出裁判、制作裁判文书的依据，还是加强审判监督、检查办案和执法情况、总结经验教训的宝贵资料。

二、法庭审理笔录的结构样式和制作程序

(一)法庭审理笔录的结构样式

以刑事诉讼案件一审法庭审理笔录为例

××××人民法院

法庭审理笔录

（第×次）

开庭时间：_____年_____月_____日_____时_____分

闭(休)庭时间：_____年_____月_____日_____时_____分

地点：_____

是否公开审理：_____ 旁听人数：_____

审判人员：_____ 书记员：_____

出庭检察人员：_____ 记录人：_____

案由：_____

被告人：_____ 辩护人：_____

被害人：_____ 诉讼代理人：_____

出庭活动记录如下：

书记员：宣读法庭规则，进行开庭前的准备。

审判长：宣布开庭，查明被告人身份情况、告知其诉讼权利和义务，宣布合议庭组成人员、书记员、公诉人名单。

在法庭调查阶段：公诉人宣读起诉书，向被告人发问，双方出示证据并进行质证等。

在法庭辩护阶段：公诉人同被告人、辩护人围绕事实证据的认定和法律的适用进行辩论。

审判长：法庭辩论结束，现在由被告人作最后陈述。

被告人：（最后陈述）。

审判长：（宣布休庭）。

被告人：（签名）

审判长：（签名）　　　　　　　　　　书记员：（签名）

（二）法庭审理笔录的制作程序

根据法律规定，法庭审理笔录由书记员制作完成，之后应当交给当事人阅读或者向他宣读。当事人认为记载有遗漏或者差错的，可以请求补充或者改正。当事人承认没有错误后，应当签名或者盖章。拒绝签名盖章的，记明情况附卷。

三、法庭审理笔录的制作

（一）首部的制作

1. 标题

标题由制作机关和文书名称组成，即××人民法院法庭审理笔录。

2. 表明本次为第几次开庭，标明开庭的时间和地点

3. 宣布开庭审理的案件的案由和审判方式

公开审理的，应当注明大概的旁听人数。对不公开审理的，应当根据《刑事诉讼法》第 183 条、《民事诉讼法》第 134 条、《行政诉讼法》第 45 条的规定，记明不公开审理的具体理由。

4. 记明宣布开庭的情况

先由书记员宣布法庭纪律。民事和行政案件由书记员查明当事人和其他诉讼参与人是否到庭。开庭审理时，刑事案件由审判长查明当事人是否到庭，宣布案由；民事和行政案件由审判长核对当事人，宣布案由；然后统一由审判长宣布合议庭的组成人员、书记员、公诉人、辩护人、诉讼代理人、鉴定人和翻译人员的名单；告知当事人诉讼权利义务，询问当事人是否申请回避。若当事人申请回避的，要记载申请的理由和法院就此作出的决定。

(二) 正文的制作

1. 法庭调查

刑事案件，首先由公诉人宣读起诉书，再由被告人、被害人就起诉书指控的犯罪进行陈述。公诉人可以讯问被告人。被害人、附带民事诉讼的原告人和辩护人、诉讼代理人，经审判长许可，可以向被告人发问。审判人员可以讯问被告人。民事和行政案件则先由当事人进行陈述，审判人员可以对当事人发问。诸如起诉书、起诉状和答辩状等，检察机关和当事人必须向法庭提交，在庭审之前已有文书在卷，记录时可在作出说明之后略去具体内容。但如果当事人变更了诉讼请求，则不能省略。

进入举证质证阶段，在询问证人、鉴定人之前，根据我国《刑事诉讼法》第 185 条、《民事诉讼法》第 138 条第(2)项的规定，审判人员应当告知其诉讼权利义务、有意作伪证或者隐匿罪证要负的法律责任。对此要如实记明。经审判长许可，先由提供证人的一方对证人发问，再由相对方对证人提出问题。公诉人、当事人、辩护人与诉讼代理人可以对鉴定人发问。审判人员可以询问证人、鉴定人。当事人辩护人和诉讼代理人有权申请通知新的证人到庭，调取新的物证，申请重新鉴定或者勘验。是否准许由法庭决定。

在民事、行政案件的法庭审理笔录中，应清楚记载证据的名称、来源、内容以及其与待证事实的关系，双方当事人对证据的异议。当事人质证，主要记录其针对证据的效力和证明力发表的意见。

2. 法庭辩论

法庭调查结束后，即进入法庭辩论阶段。根据《刑事诉讼法》第 193 条的规定，公诉人、当事人和辩护人、诉讼代理人可以对证据和案件情况发表意见并且可以相互辩论。对上述人员发表的意见和辩论发言，应当记明基本内容。根据《民事诉讼法》第 141 条的规定，在法庭辩论时，先由原告及其诉讼代理人发言，后由被告及其诉讼代理人答辩，再由第三人及其诉讼代理人发言或答辩，最后当事人相互之间进行辩论。对上述人员的发言、答辩以及辩论的内容，应当依次记明。

刑事诉讼的庭审中，审判长在宣布法庭辩论结束后，被告人有最后陈述的权利。同样，依民事诉讼法的规定，法庭辩论终结后，由审判长按照原告、被告、第三人的先后顺序征询各方的最后意见。对当事人依照上述法律规定进行的最后陈述、发表的最后意见，应当将发言要点记明。《民事诉讼法》第 142 条还规定，法庭辩论终结，可以进行调解。法庭是否进行了调解，调解有没有达成协议，笔录中应当记录清楚。

3. 合议庭评议

我国《刑事诉讼法》第 195 条规定，在被告人最后陈述后，审判长宣布休庭，由合议庭进行评议；《民事诉讼法》第 142 条规定，调解不成的，应当及时判决。如果是当庭判决，合议庭应当及时进行评议。因为评议笔录需要单独制作，所以在法庭审理笔录中只需注明"合议庭休庭评议"即可。

4. 宣告判决

合议庭评议结束后，继续开庭。当庭宣判的，宣判内容记入庭审笔录。定期宣判的，另行制作宣判笔录。在宣告判决时，应当记明下列内容：判决结果，当事人对判决的态度；告知当事人上诉权利、上诉期限和上诉的法院，并问明当事人是否提起上诉以及当事人的表示；宣告离婚判决的，必须告知当事人在判决发生法律效力之前不得另行结婚。刑事案件当庭宣判的，应当在 5 日内将判决书送达当事人和提起公诉的人民检察院，民事案件当庭宣判的，应当在 10 日内发送判决书。审判员依法告知此项内容，也应当记明。定期宣告判决的各类案件，应当说明在宣判后，当即发送判决书。

5. 庭审中可能出现的情况

当法庭审理中，出现需要通知新的证人、调取新的物证、重新鉴定或者勘验等情形的，可以延期审理。当出现法定的某种情形，需要延期审理时，应当记明具体的原因；在审理刑事、民事案件的过程中，出现违反或严重扰乱法庭秩序的情形，以及法庭对此作出相应的处理决定，如实记入笔录；民事案件当事人拒不到庭或者擅自中途退庭，以及法庭对此作出的处理，也必须一一记录在案。

(三)尾部的制作

法庭审理笔录要由有关人员签名或盖章。法庭审理笔录应当交当事人阅读或者向当事人宣读。当事人认为记载有遗漏或者差错的,可以请求补充或者改正。当事人认为没有错误后,应当签名或者盖章。依照法律规定,法庭审理笔录经审判人员审阅后,最后在笔录尾部由审判人员和书记员签名。

笔录中的证人证言、鉴定意见部分,应当当庭宣读或者交给证人、鉴定人阅读。证人、鉴定人在承认没有错误后,应当签名或者盖章。

第五节　合议庭评议笔录

一、合议庭评议笔录的概念和法律依据

合议庭评议笔录,是指书记人员对在审判长宣布休庭后,合议庭根据已经查明的事实、认定的证据和有关的法律规定对案件进行评议,得出最终的处理意见时的整个过程所作的文字记录。

《刑事诉讼法》第 195 条规定:在被告人最后陈述后,审判长宣布休庭,合议庭进行评议,根据已经查明的事实、证据和有关的法律规定,分别作出以下判决:……《民事诉讼法》第 42 条亦规定:合议庭评议案件,实行少数服从多数的原则。评议应当制作笔录,由合议庭成员签名。评议中的不同意见,必须如实记入笔录。行政诉讼中同样必须制作合议庭评议笔录。合议庭评议笔录既是制作裁判文书的依据,又是检查办案情况、总结经验教训的参考资料。

二、合议庭评议笔录的制作程序

合议庭行使审判权对案件进行审理和裁判时,全体成员必须平等参与案件的审理、评议与裁判,共同对案件的事实认定和适用法律负责。审判长的主要职责就在于主持合议庭的审判活动、主持合议庭对案件进行评议。合议庭评议案件应当在庭审结束后 5 个工作日内进行,合议庭评议案件时,先由承办法官对案件事实和证据是否确实、充分以及适用法律等发表意见,再由其他审判人员发言,审判长最后发表意见;审判长作为承办法官的,由审判长最后发表意见;评议案件的裁判结果时,由审判长最后陈述观点与意见,并根据评议情况总结合议庭评议的结论性意见。合议庭成员进行评议的时候,应当认真负责,充分阐述意见,独立行使表决权,不得拒绝陈述或者仅作同意与否的简单表态;合议庭成员对评议结果的表决,以口头表决的形式进行。合议庭如果意见

分歧，应当按多数人的意见作出决定，但是少数人的意见应当写入笔录。合议庭评议笔录由书记员制作，由合议庭的组成人员签名。在制作合议庭笔录时必须严格遵从上述要求。

三、合议庭评议笔录的结构内容

（一）首部

标题为"评议笔录"或"合议庭评议笔录"。若是刑事案件，案由部分写"×××（被告人姓名）××（罪名）一案"；若是民事、行政案件，则写"×××（原告姓名或名称）诉×××（被告姓名或名称）×××（案由）一案"。评议的时间、地点和参加评议人员的姓名、职务以及书记员的姓名等，也应逐一写明。

（二）正文

合议庭评议笔录的正文应当记叙评议的过程和评议的结果，特别是对案件性质、事实和证据的认定，确定适用的法律条款以及处理决定等方面的意见，要清楚、具体地记录在案。

1. 一审刑事案件合议庭评议笔录的正文

笔录正文主要记明：(1)对犯罪事实和证据的认定。(2)对被告人行为性质的认定，即是否构成犯罪，构成何种罪名等。(3)对被告人的处理决定。若认定被告人有罪，是科刑还是免予刑事处罚，如果是前者则科以何种刑罚，有无附加刑，是否数罪并罚，是否适用缓刑等。(4)附带民事诉讼如何处理，赃物、证物以及违禁物品如何处理等。

2. 一审民事、行政案件合议庭评议笔录的正文

主要记明：(1)对纠纷事实和证据的认定；(2)对纠纷性质、是非责任、权利义务、合法与非法等的判定；(3)当事人争执的焦点和法院的处理决定；(4)适用的法律条款；(5)对事实不清、证据不足采取何种措施，等等。行政案件除应记明被告作出的具体行政行为情况外，其他内容大体与民事案件大体相似。

实践中，合议庭评议笔录往往是制作判决书的直接依据。因此，书记员制作笔录时，一定要准确、客观、全面地记载评议的情况。同时还应该注意保守秘密，因为无论是公开审理还是不公开审理的案件，合议庭评议均是在保密的情况下进行的，评议的过程和评议时的不同意见均需要保密。

（三）尾部

合议庭评议笔录的尾部应由合议庭全体成员以及书记员签名或者盖章，并注明年月日。

思考题

1. 试述笔录的概念与特点。
2. 制作笔录应注意的问题是什么？
3. 现场勘查笔录记录的主体是什么，由哪几部分组成？
4. 讯问笔录的制作应注意哪些问题？
5. 在讯问的同时进行录音、录像会对讯问笔录的制作产生怎样的影响？
6. 法庭审理笔录应记录的具体内容有哪些？
7. 请谈谈法庭审理笔录与其他言谈体笔录的区别。
8. 合议庭评议笔录记录的对象是什么？

参考文献

1. 沙贵君，钱义编．现场勘查笔录制作规范[M]．北京：中国人民公安大学出版社，2004.

2. 薛伟宏．检察机关办案笔录制作技巧[M]．北京：中国检察出版社，2005.

3. 段钢．公安问话笔录与法律文书制作[M]．北京：中国铁道出版社，2013.

4. 汤松辉．制作讯问笔录时应注意的几个问题[J]．人民检察，2002(12).

5. 李蕤，靳新．犯罪现场重建证据的分类及其影响因素[J]．北京人民警察学院学报，2005(5).

6. 王卉．动作语言在讯问中的作用、解读和记录[J]．福建公安高等专科学校学报，2005(5).

7. 宋鲁韬．关于刑事案件现场勘查工作的思考[J]．公安研究，2008(1).